THE ENGLISHMEN

爱情、战争与英国在印度统治的终结

最后的英国人

Love, War, and the End of Empire

DEBORAH BAKER

〔美〕黛博拉·贝克 著

徐臻 译

献给莉拉

我是最后一个统治印度的英国人

贾瓦哈拉尔·尼赫鲁

目 录

主人公 ⋯⋯⋯⋯⋯⋯⋯⋯⋯⋯⋯⋯⋯⋯⋯⋯⋯⋯⋯ 001

致 谢 ⋯⋯⋯⋯⋯⋯⋯⋯⋯⋯⋯⋯⋯⋯⋯⋯⋯⋯⋯ 001

序 言 ⋯⋯⋯⋯⋯⋯⋯⋯⋯⋯⋯⋯⋯⋯⋯⋯⋯⋯⋯ 001

第一部分　像在山上一样生活

1　湖区 ⋯⋯⋯⋯⋯⋯⋯⋯⋯⋯⋯⋯⋯⋯⋯⋯⋯⋯⋯ 003

2　蒸汽船和纺车 ⋯⋯⋯⋯⋯⋯⋯⋯⋯⋯⋯⋯⋯⋯⋯ 015

3　孟加拉巴布 ⋯⋯⋯⋯⋯⋯⋯⋯⋯⋯⋯⋯⋯⋯⋯⋯ 033

4　冲断层 ⋯⋯⋯⋯⋯⋯⋯⋯⋯⋯⋯⋯⋯⋯⋯⋯⋯⋯ 049

5　三角关系 ⋯⋯⋯⋯⋯⋯⋯⋯⋯⋯⋯⋯⋯⋯⋯⋯⋯ 061

6　艺术学院 ⋯⋯⋯⋯⋯⋯⋯⋯⋯⋯⋯⋯⋯⋯⋯⋯⋯ 080

第二部分　客观的眼睛

7　完美的怪物 ⋯⋯⋯⋯⋯⋯⋯⋯⋯⋯⋯⋯⋯⋯⋯⋯ 093

8　世界之地母神 ⋯⋯⋯⋯⋯⋯⋯⋯⋯⋯⋯⋯⋯⋯⋯ 113

9　我是小间谍 ⋯⋯⋯⋯⋯⋯⋯⋯⋯⋯⋯⋯⋯⋯⋯⋯ 135

10　莫斯科特工 ⋯⋯⋯⋯⋯⋯⋯⋯⋯⋯⋯⋯⋯⋯⋯⋯ 155

11　在冰山上 ⋯⋯⋯⋯⋯⋯⋯⋯⋯⋯⋯⋯⋯⋯⋯⋯⋯ 175

12　从老鼠头上摘帽子 ⋯⋯⋯⋯⋯⋯⋯⋯⋯⋯⋯⋯⋯ 201

13　爱的真谛 ⋯⋯⋯⋯⋯⋯⋯⋯⋯⋯⋯⋯⋯⋯⋯⋯⋯ 221

第三部分　上帝的陨落

14　陌生而精明的明天 …………………………………………… 247

15　放大的地球 …………………………………………………… 265

16　印度代表 ……………………………………………………… 281

17　无尽的悲伤 …………………………………………………… 300

18　从天而降的男孩 ……………………………………………… 319

19　无法相容的神，无法调和的差异 ………………………… 335

20　夜幕降临 ……………………………………………………… 360

跋 ………………………………………………………………… 364

注　释 …………………………………………………………… 366

参考文献 ………………………………………………………… 404

索　引 …………………………………………………………… 415

探险家与英国皇家地理学会（*Royal Geographical Society*，*RGS*）

约翰·奥登（John Auden），印度地质调查局（Geological Survey of India，GSI）的地质学家

迈克尔·斯彭德（Michael Spender），测量员、地图绘制者

阿瑟·L. 欣克斯（Arthur L. Hinks），英国皇家地理学会及埃佛勒斯委员会（Mount Everest Committee）秘书

埃里克·希普顿（Eric Shipton），探险家，1935 年珠穆朗玛峰勘测探险的领队

比尔·蒂尔曼（Bill Tilman），登山家，1938 年珠穆朗玛峰探险的领队

比尔·韦杰（Bill Wager），研究格陵兰的地质学家、攀登珠峰者

弗兰克·斯迈思（Frank Smythe），1931 年攀登卡美特山（Kamet）的领队，攀登珠峰者

休·拉特利奇（Hugh Ruttledge），1933 年、1936 年珠穆朗玛峰探险的领队

荣赫鹏爵士（Sir Francis Younghusband），埃佛勒斯委员会首任主席、探险家、军人

英国作家

W. H. 奥登（W. H. Auden，全名为威斯坦·休·奥登）、

斯蒂芬·斯彭德（Stephen Spender）、克里斯托弗·伊舍伍德（Christopher Isherwood）、路易斯·麦克尼斯（Louis MacNeice），以及乔治·奥威尔（George Orwell）

伦敦艺术圈

南希·夏普（Nancy Sharp）、威廉·科德斯特里姆（William Coldstream），以及有"尤斯顿路的维也纳"之称的索尼娅·布劳内尔（Sonia Brownell）

加尔各答《相识》的聊天者

苏丁吉纳特·达塔（Sudhindranath Datta，简称"苏丁"），诗人、知识分子、《相识》（*Parichay*）期刊创始人

阿普鲁巴·昌达（Apurba Chanda），苏丁学生时代的友人、拉宾德拉纳特·泰戈尔（Rabindranath Tagore）的秘书、公务员，后担任沙希德·苏拉瓦底（Shaheed Suhrawardy）的秘书

拉宾德拉纳特·泰戈尔，诺贝尔文学奖得主、《相识》的资助者

巴桑塔·库马尔·马利克（Basanta Kumar Mallik），牛津出身的浪子，曾提出"冲突理论"

哈桑·沙希德·苏拉瓦底（Hassan Shahid Suhrawardy），艺术史教授、亲俄分子、反布尔什维克主义者（anti-Bolshevist）

侯赛因·沙希德·苏拉瓦底（Huseyn Shaheed Suhrawardy），哈桑顽劣的弟弟，穆斯林联盟（Muslim League）的政治家

苏肖本·萨卡尔（Susobhan Sarkar），加尔各答大学（Calcutta University）的艺术史教授

希林杰拉德·穆克吉（Hirendranath Mukherjee），加尔各答

大学的历史和政治哲学讲师

汉弗莱·豪斯（Humphry House），苏肖本·萨卡尔在牛津大学的友人，生性堕落的牧师，加尔各答大学的文学教授

迈克尔·约翰·卡里特（Michael John Carritt），印度文职机构的官员

迈克尔·斯科特牧师（Reverend Michael Scott），教区牧师

穆尔克·拉吉·安纳德（Mulk Raj Anand），小说家、印度民族主义者

普罗泰普（Protap）、巴拉特（Bharat）、明妮（Minnie）、安妮拉（Anila）以及谢拉·邦纳吉（Sheila Bonnerjee），印度国民大会党（Indian National Congress，简称"国大党"）首任主席 W. C. 邦纳吉（W. C. Bonnerjee）的孙辈

林赛·埃默森（Lindsay Emmerson），《政治家》（*Statesman*）的编辑

辛巴达·辛克莱（Sinbad Sinclair），巴拉特石油公司（Burmah Shell）的高级管理人员，埃莉诺（Elinor）的丈夫

亚米尼·罗伊（Jamini Roy），画家

沙拉金尼·奈都（Sarojini Naidu），诗人、国大党领袖

秘密日记作者

亲属

乔治·奥古斯塔斯（George Augustus）和康斯坦丝·罗莎莉·奥登（Constance Rosalie Auden），伯纳德（Bernard）、约翰（John）和威斯坦（Wystan）的父母

哈罗德·斯彭德（Harold Spender）和维奥莱特·舒斯特·斯彭德（Violet Schuster Spender），迈克尔（Michael）、克里斯

蒂娜（Christine）、斯蒂芬（Stephen）和汉弗莱（Humphrey）的父母

约翰·艾尔弗雷德·斯彭德（John Alfred Spender）（妻子"梅"，Aunt May），《威斯敏斯特公报》（*Westminster Gazette*）编辑、印度题材作家、斯彭德家孩子们的叔叔

乔治·欧内斯特·舒斯特（George Ernest Schuster），印度财政部部长、斯彭德家孩子们的舅舅

舒斯特（Schuster）外祖母，负责照顾斯彭德家的孩子

埃丽卡·哈尔曼（Erika Haarmann），迈克尔·斯彭德的第一任德国妻子

玛格丽特·马歇尔（Margaret Marshall），约翰·奥登的精神分析师，第一任妻子

民族主义者、共产主义者、顽固派和保守派

莫罕达斯·卡拉姆昌德·甘地（Mohandas Gandhi），曾领导 1920 ~ 1922 年非暴力不合作运动（Civil Disobedience campaigns）、1930 年"食盐进军"（Salt March）、1942 年"退出印度"运动（Quit India Uprising），国大党领袖

莫蒂拉尔·尼赫鲁（Motilal Nehru），国大党领袖，贾瓦哈拉尔·尼赫鲁（Jawaharlal Nehru）的父亲

贾瓦哈拉尔·尼赫鲁，国大党领袖

苏巴斯·钱德拉·鲍斯（Subhas Chandra Bose），孟加拉革命家、刚愎自用的国大党成员

穆罕默德·阿里·真纳（Muhammad Ali Jinnah），全印穆斯林联盟（All India Muslim League）领袖

P. C. 乔希（P. C. Joshi），印度共产党（Communist Party of

India）首任总书记

M. N. 罗易（M. N. Roy），墨西哥共产党（Mexican Communist Party）和印度共产党创始人、共产国际（Comintern）成员

本·布拉德利（Ben Bradley），反对帝国主义大同盟（League Against Imperialism，简称"反帝大同盟"）秘书、英国共产党（Communist Party of Great Britain）领导人，在密鲁特阴谋案（Meerut Conspiracy Case）中被定罪

S. S. 密拉志卡尔（S. S. Mirajkar），印度共产党员，在密鲁特阴谋案中被定罪

温斯顿·丘吉尔（Winston Churchill），前陆军中尉、顽固派，第二次世界大战期间的英国首相

波比·休斯顿女士（Lady Poppy Houston），顽固派，曾慷慨地资助英国航空事业

约翰·安德森爵士（Sir John Anderson），孟加拉的地方长官、伦敦民防大臣、战时内阁成员

维克托·亚历山大·约翰·霍普（Victor Alexander John Hope），第二代林利斯戈侯爵（2nd Marquess of Linlithgow），在位时间最长的印度总督，1936～1943 年

利奥·埃默里（Leo Amery），第二次世界大战期间的印度事务大臣（Secretary of State for India）

致　谢

我在思考如何书写二战时期的印度时，第一次读到有关约翰·比克内尔·奥登的资料。有种视角认为，第二次世界大战意味着让一部分国家彻底摆脱英国的统治。然而，很少有书从这一视角来看待这场战争和之前十年的状况。1926～1953年间，约翰·奥登是印度地质调查局的地质学家。我在他的资料中找到许多通信，来自他在加尔各答的孟加拉人朋友圈，以及他的喜马拉雅山脉探险家朋友们。还有他和弟弟威斯坦之间跨越数十年的通信。威斯坦·休·奥登（Wystan Hugh Auden）与两次世界大战期间成长起来的英国作家如此密不可分，日后他们以"奥登一代"（Auden generation）而闻名。

我一向好奇英国向德国宣战后，W. H. 奥登为什么选择留在美国。奥登亲历了希特勒和纳粹主义的崛起。他发表演讲，撰写了许多诗歌、散文，警告世人法西斯主义的危险，以及该如何对抗它。所以，英国在1939年9月3日宣战后，他没有回国曾引起许多朋友和同时代人的不满。从奥登写给哥哥约翰的信中，我重新理解了他当初为什么离开，后来又为什么选择不再回来。虽然约翰·奥登在加尔各答的朋友们也挣扎在政治忠诚、英勇无畏、无法摆脱英式作风等相似的难题中，但作为殖民的一方，他们对1930年代的政治动荡又持有不同见解，而这些想法决定了战火燃烧到加尔各答时他们的经历和所做的选择。因此，我打从心底感谢纽约公共图书馆（New York Public

Library）的伯格收藏室（Berg Collection）收集的藏品，以及那里的档案保管员、图书管理员和工作人员。当初正是伯格收藏室的负责人艾萨克·格维尔茨（Isaac Gewirtz）建议我阅读约翰·奥登的资料。

我在写作和为本书搜集资料期间，阅读了许多描写战时印度的出版物。对我帮助最大的是亚斯明·汗（Yasmin Khan）撰写的《战火中的英属印度》（*The Raj at War*）和斯里纳特·拉加万（Srinath Raghavan）撰写的《印度的战争》（*India's War*）。早年，马杜斯利·慕克吉（Madhusree Mukerjee）所著的《丘吉尔的秘密战争》（*Churchill's Secret War*）也是我的重要参考资料。我个人非常感谢耐心帮助我慢慢加深对印度理解的人们。首先是我的婆婆安贾莉·高希（Anjali Ghosh）、已经过世的公公塞伦德拉·钱德拉·高希（Shailendra Chandra Ghosh）。我还非常感谢我先生的姐姐柴塔莉·巴苏（Chaitali Basu），以及聪明的外甥女马莉尼（Malini），她读了本书"相识阿达"的部分，加注了孟加拉语文献。贾达普大学（Jadavpur University）文化文献与记录学院（School of Cultural Texts and Records）的创始人、苏丁·达塔未出版作品的编辑苏坎塔·乔杜里（Sukanta Chaudhuri）也帮了大忙。苏普利亚·乔杜里（Supriya Chaudhuri）介绍我认识了萨基尼·穆克吉（Sajni Mukherjee），后者又告诉我汉弗莱·豪斯创作的内容古怪诡谲的《我是小间谍》（*I Spy with My Little Eye*）一书，还交给我珍贵的《相识》杂志原件，古里·查特吉（Gouri Chatterjee）为我作了翻译。十分感谢苏纳达·K. 达塔－雷（Sunanda K. Datta-Ray）向我讲述了邦纳吉家族的故事。曾担任西孟加拉邦（West Bengal）内政部长的普拉萨德·兰詹·雷（Prasad Ranjan Ray）让我阅读了警察博物馆（Police Museum）保存的文献。

　　我得到了许多人在地质学知识上的帮助，他们都是研究喜马拉雅山脉的杰出地质学家，包括 K. S. 瓦迪尔（K. S. Valdiya）、谢卡尔·帕塔克（Shekar Pathak）、拉苏尔·索尔卡比（Rasoul Sorkhabi）。我最想感谢的是乔尔杰·格鲁伊奇（Djordje Grujic）。他回答了一长串问题，包括本书涉及地质学知识的各章节，以及本书的数个修改版本。经验丰富的达里娅·欧莱什季娜（Darya Oreshkina）修改了有关地质测量的章节。最后，作家、博物学家伊曼纽尔·西奥菲勒斯（Emmanuel Theophilus）是我们在加瓦尔喜马拉雅山脉（Garhwal Himalaya）的根戈德里地区（Gangotri）徒步时的杰出向导。我们的厨师拉朱·科兰加（Raju Koranga）总防止我失去落脚点；还有坚韧的"三人组"——莫尼·普拉萨·乔希（Moni Prasa Joshi）、莫尼·克里希纳·卡夫（Moni Krishna Kafle）和图拉拉（Tularam），他们背着沉重的装备爬上了极其陡峭、湿滑的斜坡。一个人会读到大量有关探险的作品，可自己真的尝试时果然别有收获。

　　我有幸和许多经验丰富、专业过硬的档案学家打交道。我首先要感谢梅德曼汉姆收藏室（Medmenham Collection）的克里斯蒂娜·哈尔索尔（Christine Halsall）。她纠正了我一个军事门外汉所犯的好几个错误。亨廷顿图书馆（Huntington Library）的休·霍德森（Sue Hodson）、怀俄明大学（University of Wyoming）美国文化遗产中心（American Heritage Center）的雷切尔·德雷尔（Rachael Dreyer）、哈里·兰塞姆人文研究中心（Harry Ransom Humanities Research Center）的纳塔莉·泽尔特（Natalie Zelt）、加尔各答的印度国家图书馆（National Library）的萨米尔·派克（Samir Paik）、伦敦大学学院（University

College London）的丹·米切尔（Dan Mitchell）和曼迪·怀斯（Mandy Wise）、牛津大学图书馆（Bodleian）的科林·哈里斯（Colin Harris）和夏洛特·麦基洛普-马什（Charlotte McKillop-Mash）、位于邱园（Kew）英国国家档案馆（National Archives）的汉娜·格里菲思（Hannah Griffiths）、人民历史博物馆（People's History Museum）的朱莉·帕里（Julie Parry），以及在大英图书馆（British Library）负责印度事务部档案（Indian Office Records）的安东尼娅·穆恩（Antonia Moon）都热心回答了我提出的无穷无尽的问题，还为我复印了大量相关资料。我还要感谢茉莉娅·瓦格纳（Julia Wagner），她翻译了一部分有关埃丽卡·哈尔曼（Erika Haarmann）的德文资料。

安妮塔·莫尼（Anita Money）、菲利普（Philip）、贾森（Jason）、简·斯彭德（Jane Spender）、米兰达（Miranda）和朱丽叶·科德斯特里姆（Juliet Coldstream）都准许我阅读他们父母的信件、照片和各种文件。我几乎无法用语言表达对以下几位人士的谢意，阿米亚·德夫（Amiya Dev）提供了苏丁吉纳特·达塔的相关文献，已经去世的乔恩·斯塔尔沃西（Jon Stallworthy）提供了路易斯·麦克尼斯的相关文献，约翰·萨瑟兰（John Sutherland）提供了斯蒂芬·斯彭德的相关文献，彼得·帕克（Peter Parker）提供了克里斯托弗·伊舍伍德的相关文献，汉弗莱·卡彭特（Humphrey Carpenter）提供了 W. H. 奥登的相关文献。理查德·达文波特-海因斯（Richard Davenport-Hines）撰写的《奥登》（Auden）一书，从敏感又易懂的独特视角观察了这位诗人的丰富想象。我必须感谢爱德华·门德尔松（Edward Mendelson），他是奥登遗嘱的执行人以及奥登诗集的编辑，为我的初稿殚精竭虑。

最先给予这本书肯定的人是我的经纪人萨拉·查尔方特（Sarah Chalfant），格雷沃尔夫出版社（Graywolf Press）的菲奥娜·麦克雷（Fiona McCrae）很快便跟进了此事。我和身在美国、英国和印度的编辑做了许多沟通。老练又不知疲倦的编辑伊桑·努沙斯基（Ethan Nosowsky）优雅地看着我几易其稿。玛丽·拜尔斯（Mary Byers）在编辑上眼光敏锐独到。查托＆温达斯出版社（Chatto & Windus）的朱丽叶·布鲁克（Juliet Brooke）提供了许多与众不同的新鲜锐利视角。本书写作早期，企鹅兰登书屋（Penguin Random House）印度办公室的梅鲁·戈卡莱（Meru Gokhale）和玛纳斯·苏布拉马尼亚姆（Manasi Subramaniam）帮我厘清了许多思路。我还从古根海姆基金会（Guggenheim Foundation）和怀廷基金会（Whiting Foundation）得到了慷慨资助，可以说如果没有他们就没有这本书。非常感谢从一开始就阅读本书初稿的阿迪娜·霍夫曼（Adina Hoffman）和德博拉·科恩（Deborah Cohen），我也必须向你们道歉，让你们看到了我的种种尝试和失败。

非常感谢一路走来向我提供过种种帮助，与我有过各种交流、提供我落脚之处的人们（以下按字母顺序排列）：拉维·阿格拉沃尔（Ravi Agrawal）、玛丽萨·阿特金森（Marisa Atkinson）、帕沙·查特吉（Partha Chatterjee）、克里斯托弗·克拉克（Christopher Clark）、妮科尔·约科·达勒桑德罗（Nicole Yoko D'Alessandro）、阿姆兰·达斯古普塔（Amlan Dasgupta）、罗西·达斯特吉尔（Rosie Dastgir）、基兰·德赛（Kiran Desai）、凯蒂·杜布林斯基（Katie Dublinski）、约翰·盖普（John Gapper）、D. W. 吉布森（D. W. Gibson）、林德尔·戈登（Lyndall Gordon）、克里斯托弗·哈珀（Christopher Harper）、爱德华·赫希（Edward

xviii

Hirsch）、考特尼·霍德尔（Courtney Hodell）、比科·伊耶（Pico Iyer）、穆库尔·凯沙文（Mukul Kesavan）、梅拉妮·洛卡伊（Melanie Locay）、扬娜·马库瓦（Yana Makuwa）、劳拉·麦克菲（Laura McPhee）、潘卡吉·米什拉（Pankaj Mishra）、玛丽·芒特（Mary Mount）、普拉桑·慕克吉（Prasun Mukherjee）、娜迪达·帕尔丘杜里（Nandita Palchoudhuri）、塞西尔·平托（Cecil Pinto）、伊丽莎白·鲁宾（Elizabeth Rubin）、马杜米娜·森（Madhumina Sen）、苏布拉塔·辛哈（Subrata Sinha）、拉胡尔·斯里瓦斯塔瓦（Rahul Srivastava）、米歇尔·斯蒂芬森（Michele Stephenson）、简·斯特劳斯（Jean Strouse）、斯特拉·蒂利亚德（Stella Tillyard）、珍妮（Jeannie）、彼得（Peter），以及埃玛·沃恩（Emma Vaughn）、乔纳森·韦斯塔韦（Jonathan Westaway）和史蒂夫·伍德沃德（Steve Woodward）。

最后，我要向我的先生阿米塔夫（Amitav）致以最深的谢意。我无法想象自己的生活和工作中没有他的存在，他写的书，他煮的饭，他介绍我认识的朋友们。还有莉拉（Lila）和纳扬（Nayan），感谢他们总是随时候命。

序　言 xix

拉合尔难民营，星期三，1947 年 9 月 3 日

　　英属印度统治落幕之际无疑会上演一场盛大、华丽的仪式，大英帝国向来注重这些：烟花、军乐队、盛大的阅兵式。在德里，人群挤满从总督府（Government House）通往纪念拱门（Memorial Arch）^① 的国王大道 （Kingsway）两侧。虽然没有身披锦缎华服的象队表演，但官方举行了庄重的宣誓仪式，崭新的旗帜冉冉升起。总而言之，这堪称两年前签署停战协议以来最大的新闻，而且远比人们想象的更具表演性。考虑到这点，英国 BBC 广播电台派出一组摄制人员记录各项庆祝活动，还派出路易斯·麦克尼斯同行，让他撰写几部广播剧。

　　虽然路易斯·麦克尼斯在学校读过几部吉卜林^②、泰戈尔的作品，可除此之外，他几乎对印度一无所知。他模糊地记得，二十多年前的学生时代，牛津大学辩论社举办过一次有关印度的辩论。可印度和我有什么关系，他自问，想到要去那么远的地方，他不禁感到一阵担忧。他的不情愿还有其他理由。他不

---

①　即印度门（India Gate），又称德里门，纪念第一次世界大战中牺牲的 7 万名英属印度陆军官兵。——译者注

②　吉卜林（Kipling，1865 - 1936）：出生于印度孟买（Bombay）的英国诗人，代表作有《丛林之书》（*The Jungle Book*）、《勇敢的船长们》（*Captains Courageous*）。——译者注

是真的喜欢印度人，这是其一。其二，印度哲学家那套东西总让他感到不舒服。[1]有位印度朋友——长相英俊，喜欢穿花色衣服的作家——曾尝试说服他，正是英国人编造了印度精神的概念。那个男人说，伟大的拉宾德拉纳特·泰戈尔，同时也是杰出诗人，其实是从英国人身上得到了神秘暗示。[2]

路易斯寻思，即便如此，有什么必要从西方视角观察印度呢？他是来自北爱尔兰的诗人。他和调解印度 – 英国之间永无休止的争吵究竟有什么关系？印度人说，是你们摧毁了我们的国家、我们的文化。辩护者反驳，是我们给你们的国家带来发展，给你们带来教育。印度人说，我们的国家被你们瓜分，被你们统治。英国人却回答，是我们给你们带来了法律和秩序。暴政。托管。我们的敌人。你们的朋友。[3]没完没了。

还有，关于印度人在争取的自由，他又懂些什么呢？

七年前，战争爆发后第一个难以忍受的冬天，路易斯的确萌生过有关自由的一些想法。他被大雪困在纽约的伊萨卡岛（Ithaca），悲伤又绝望，挣扎在该继续留在这里，带着厌恶的情绪坐视战争结束，还是该回英国参战。[4]

就像有些人所说，这场战争真的是为了自由吗？1937 年的西班牙内战（Spanish Civil War）① 肯定不是为了自由。1938 年时，英国也没有保护奥地利人和捷克人。1939 年传来波兰被入侵的消息时，他惊讶地难以置信。他在康奈尔大学的学生认为，单单印度的处境便让美国的袖手旁观变得相当合理。他们说，

---

① 发生于西班牙第二共和国时期，由于这场战争体现的意识形态冲突，被视为第二次世界大战的前奏。——译者注

上一场战争时美国已经被英国欺骗过一次，不可能再发生同样的事。路易斯发现，他们懂的还真不少。[5]虽然他对印度所知不多，可很快明白他们说的没错。[6]这场战争不是为了让印度重获自由。

自由究竟意味什么呢？对伤了男人心的女人来说，自由意味结束一段糟糕的婚姻，而且不要再让自己困进另一段婚姻中。让印度自由，就像摆脱一场糟糕的婚姻吗？自由和爱情真的无法共存吗？还是说，自由不过是权力的代名词，包括有权决定为何而战，以及谁该挺身而战。他也算社会精英吧，难道他不想拼命往上爬吗？再有，他怀疑自己的价值是否该以牺牲不那么幸运的人为代价，以及他总认为他们的自由将预示他个人的失败。[7]

路易斯最后总结道，张伯伦治下的英国是两害中的较轻者。他决定回伦敦，加入海军。"人如果注定要弄得一身脏，"他写信告诉一位朋友，"最好别太把这回事放在心上。"[8]

但是，他没能通过入伍体检。于是战争期间，他一直在为 BBC 写广播剧。

路易斯也在尝试合理化不愿意去印度的事。他告诉自己，他所知的世界已经够让人困扰的了，为什么要再多一件烦恼的事？只要想到印度，想到自由，就精疲力竭。他已经厌倦了思考。

可是，他的头脑中有个微小的声音不愿放过他。地球可不是月亮，那个声音说。地球没有阴暗面。人们可以轻而易举地去另一个半球旅行，看看那里人们的生活。[9]

他想，也许真正的自由不是逃避，而是介入其中。[10]也许他等真的去了印度，印度又会把他推回来。于是，他开始读书。

他读《薄伽梵歌》（*Gita*）① 和《吠陀经》（*Vedas*）② 的译本。他读巴布尔（Babur）③ 时期的印度斯坦（Hindustan）④ 历史和大卫·休谟（Hume）解读的《奥义书》（*Upanishads*）⑤。他读关于 1905 年孟加拉分治、大规模公民抗争、大规模逮捕，还有印度总督和印度政府的种种资料。他在笔记本上抄下泰戈尔、伊克巴尔（Iqbal）⑥ 和卡比尔（Kabir）⑦ 的诗句，还有甘地、尼赫鲁、穆罕默德·阿里·真纳的名言。[11]

他开始思考，如果印度人有机会自由独立地生活，也许可以从他们身上学到一些有价值的东西。观察他们的生活，也许还可以给自己的生活带来一些启发。

如此这般，路易斯说服了自己去印度。他打包了一件晚礼服，几件皱巴巴的夏天穿的衬衫，坐上了飞机。

直到抵达巴基斯坦的边界接待处，路易斯·麦克尼斯才知道自己多么无知，不仅是对印度，还是对所有事。他从没设想过这样的情况。这是人们在报纸上才会读到的情形。如果这就是自由，那是不是有些自由过头了。

接待处位于印度边界西侧，距不久前被分治的旁遮普省

---

① 印度教的重要经典和古印度瑜伽典籍，收录在印度两大史诗之一的《摩诃婆罗多》（*Mahabharata*）中。——译者注
② 印度最古老的文献和文体形式，主要是赞美诗、祈祷文，由印度人世代口口相传。——译者注
③ 巴布尔（Babur, 1483 – 1530）：统治南亚次大陆的莫卧儿帝国（Mughal Empire）的开国君主。——译者注
④ 特指印度次大陆北部及西北部。——译者注
⑤ 古印度哲学文献的总称。——译者注
⑥ 伊克巴尔（Iqbal, 1877 – 1938）：印度的穆斯林诗人、哲学政治家。他的波斯语和乌尔都语诗歌被认为是印度现代文学的最佳作品之一。——译者注
⑦ 卡比尔（Kabir, 15 世纪）：印度神秘主义诗人和圣人。——译者注

（Punjab province）省会拉合尔（Lahore）不远。两个星期前刚庆祝完独立日（Independence Day）①，穆斯林家庭还在不停地涌入接待处大门，加入早先抵达的 3 万人的队伍。这些家庭都担心留在印度会遭遇不测，他们在前往边界的路上经历了血淋淋的考验，犹如圣经中的大逃亡，逃难队伍一直延伸到地平线。七年来，全印穆斯林联盟（All-India Muslim League）领袖穆罕 xxii 默德·阿里·真纳一直在呼吁打造穆斯林的家园，建立一个名叫巴基斯坦的新国家。对许多人来说，这个梦想已经在路易斯迎面撞上的噩梦中破灭了。

进入他视线的第一个女人表情呆滞。有人告诉他，她在寻找自己的儿子，就路易斯所见，她还未能如愿。他见到的第二个女人抓起身边孩子的模样仿佛小女孩抓着一只被小刀划破的布偶。[12]在 20 英里外的谢胡普拉（Sheikhupura）②，受害者主要是锡克教徒（Sikh）。他们在跨过印度边界之前，大约有 1500 人遭到了穆斯林的袭击。许多人被子弹射杀或刺死、捅死、打死、被放火烧死。[13]野战医院的八十张病床早已不堪重负，那里只有一位医生，而且没有任何医疗器材。他们的脸上也一副困惑、抽离的表情。

他在接待处的围墙附近见到了第三个女人。她仰面躺在水沟边，双腿张开。她的裙子沾满锈色的血迹，一群苍蝇在她腐烂的枪伤边嗡嗡盘旋。[14]眼前的景象，使他对"悲剧"一词感到既矫揉造作，又过分逼真。[15]

可是，他还能想到什么其他的词呢？

---

① 指印度独立日，即 1947 年 8 月 15 日。——译者注
② 位于旁遮普省，当地人口以穆斯林为主，分治时锡克教徒约占 19%。——译者注

BBC 的一位摄影师早就看惯了路易斯·麦克尼斯那种冷漠、事不关己的态度。可他惊讶地发现，路易斯此刻像突然活了过来，他让一个锡克教徒家庭赶快上车，还朝旁遮普省边境部队（Punjab Boundary Force）的士兵大喊大叫，让他们快点离开。

路易斯从拉合尔前往西北边境省（North-West Frontier province）的白沙瓦（Peshawar），拜访目光如炬、有"边境甘地"（Frontier Gandhi）之称的阿卜杜勒·加法尔·汗（Abdul Ghaffer Khan）。汗在战争期间因为支持圣雄甘地的"退出印度"运动①而被捕入狱，现在，对前线部落地区的控制权落入了真纳的穆斯林联盟手中。汗告诉路易斯，如果真纳不同意建立独立的普什图（Pashtun）国家，"我们就跟他拼了"。

巴基斯坦，一个刚成立两星期的国家，似乎已经迫不及待地渴望爆发一场内战。

xxiii 路易斯留意到，汗很有个性，这在前线非常重要。此外，还有武器。十几个蓄着胡子的部落领袖从瓦济里斯坦（Waziristan）②翻山越岭找到汗，征求他的同意，准备在 3 月向印度进发。

路易斯认为，这种情况应该很像早年相互敌视的苏格兰人，或类似爱尔兰的天主教徒和新教徒间的血腥世仇。[16]尽管如此，他能够记起的每个历史平行时空，都不足以形容当下的惨烈。据说，死亡人数已经成千上万，马上还会开始大屠杀。一个留黑色胡子、胸前绑着一排子弹的男人骑着牛在他跟前停下，用

---

① 1942 年 8 月，甘地发起的让印度快速独立的一次行动，属于公民抗命运动的重要组成。运动以非暴力抵抗作为行动指南，以"要么行动，要么死亡"（do or die）口号唤起人们的觉醒。——译者注
② 巴基斯坦西北部，与阿富汗接壤的一片山区。——译者注

普什图语咒骂着什么。男人先做出一个割颈的手势，表示打算杀死锡克教徒，又做出一个割颈的手势，表达打算杀死印度教徒，最后第三次做出割颈的手势，表示要杀死挡住他路的任何人。

一个月前，路易斯在德里时曾惊讶地发现，不管 BBC 的车开到哪里，总有人欢呼叫好。就连印度总督也大受欢迎：蒙巴顿①必胜（*Pandit Mountbattenji ki Jai!*）！别人告诉他，再早几个月，事情完全不是这样。可到了独立日前夕，他并没有看到预想中的尖酸刻薄对待。很难不得出这样的结论：印度人能够团结一致完全是出于对英国的憎恨。一旦英国人离开，他们便针锋相对起来。[17]南希也许说过，印度刚从一段糟糕的婚姻中解放出来，马上陷入了另一段可怕的婚姻。

伦敦的报纸透着一股洋洋自得，旁遮普省边界两边的厮杀，再次证明了印度不具备自治能力。[18]可他扪心自问，我们又能好到哪里去呢。只要想想在欧洲上演的种族灭绝。人们真的如此确信，英国不需要为此负责吗？[19]在克什米尔省（Kashmir）的首府斯利那加（Srinagar），路易斯和加尔各答杂志《政治家》的前编辑有过一次长谈。那位编辑拥有一颗自由主义者的灵魂，长得很像毕林普上校（Colonel Blimp）②。他保证，如果暴力无法平息，责难肯定会落到英国身上。他说，英国的统治能够延续两个世纪，唯一的理由便是它用高高在上的、自私自利的态度以及平衡治理的技巧，避免了印度分裂。这曾是一首英国人的颂歌。

---

①　蒙巴顿（Mountbatten，1900－1979）：1947 年出任印度总督，提出《蒙巴顿方案》，导致印度和巴基斯坦分治。——译者注
②　英国的卡通人物，有着傲慢、易怒、极端的爱国主义形象。——译者注

xxiv 那位编辑说，可是甘地的贡献更加伟大。甘地让印度成为一个国家，给了它站起来的脊梁。[20]

曾有算命先生告诉路易斯，他永远不会得到最想要的东西。[21]彼时，他最渴望得到的是南希·科德斯特里姆。被她拒绝后，他的生活中弥漫起一股紫罗兰式的悲伤。正是南希，建议他创作一首有关甘地的诗歌。[22]因为她，他才来到印度吗？她就是他头脑中那个微小的声音吗？难道他注定要在接下来的日子里做一个卖力写广播剧的称职作家吗？这就是他现在生活的全部吗？

听过甘地在毕尔拉馆（Birla House）向群众发表的演说后，路易斯·麦克尼斯会对万物真谛产生小小的顿悟。如果不出意外，他从印度回来后将意识到那些问题有多空虚，正如《传道书》（Ecclesiastes）① 所说的那种"虚空的虚空"（vanity of vanities）。[23]

从斯利那加出发，路易斯骑马爬上一座海拔 1.4 万英尺的高山。其间，他和身边的 BBC 同事开玩笑，称这趟探险犹如"攀登 C3 营地②"。[24]放眼喜马拉雅山地区连绵起伏的山脉，他认出了南迦帕尔巴特峰（Nanga Parbat）③。南迦帕尔巴特峰曾是纳粹德国的"命运之山"（Schicksalsberg），正如珠穆朗玛峰之于英国的意义。[25]如果真的有虚空，那么只会存在于那里。披上积雪的山顶看起来像雄狮的头，漂浮在云层和地平线之间。它犹如一颗灵魂，被永恒地困在天堂与大地之间。[26]

---

① 来自《圣经·旧约》，主要探讨生命的意义和最佳的生活方式。——译者注
② 设置在珠穆朗玛峰海拔 7790 米处。——译者注
③ 海拔 8125 米，世界第九高峰。——译者注

第一部分
像在山上一样生活

我想如恺撒大帝般伟大

伟大

如同恺撒大帝

我想要爱

不尝试便不知道，你知道的

飞跃赤道

驾驶布伦海姆轰炸机

心乱如麻

我想要餐厅中投来的赞赏的目光

约翰·奥登，《1938～1939 年日记》

猎杀雄狮，攀上巅峰

没人敢说你软弱。

W. H. 奥登，《1929 年柏林日记》

1 湖区

猫铃山（Cat Bells）下的斯歌尔古农场（Skelgill Farm），纽兰兹谷（Newlands Valley），坎伯兰（Cumberland），1917 年 8~9 月

农舍门前有一条小路，通往一丛碧蓝的柳草，穿过绿色边门后随山坡而下，隐入山谷。[1]透过孩子们卧室的窗口，斯基多山（Skiddaw）宽阔的山脊拥抱着纽兰兹谷，仿佛一位慈爱的长辈。猫铃山直接从房子后方升起，十分适合纤细的小腿在其上奔跑。他们在 1917 年 8 月 2 日刚搬来时，孩子们便把母亲甩在身后，相互追逐着跑向山顶。一路上，年纪最大的迈克尔跑过父亲和保姆考克斯女士（Miss Cox）身边。他高举胜利的双臂，在抵达山顶时发出得胜者的欢呼，而弟弟斯蒂芬却没能跟上他的脚步。这便是迈克尔·斯彭德一生中将攀登的诸多山峰中的第一座。[2]

"爸爸！蕨菜地里有摩托车声，那是什么？"三天后，汉弗莱像记起了什么似的发问。比起蟋蟀声，他似乎更熟悉士兵发出的声响。汉弗莱是家中最小的孩子，昵称是"小老鼠"。

"看，我已经这么熟练了！"斯蒂芬喊道，向母亲维奥莱特伸出沾满浆果汁的手指。

在战时配给制度下，采浆果被视为爱国行为，斯彭德家的三个男孩像小士兵般地执行着这项任务。斯蒂芬将来想成为博

物学家，他在火柴盒里养了几条黄色条纹毛毛虫。不用采浆果
4 时，他在小径上来回奔跑，用不久前父亲在凯西克（Keswick）
给他买的网兜捉蝴蝶。二女儿克里斯蒂娜在德文特湖
（Derwentwater）钓起一条大梭子鱼，所有人都惊呆了。她尖叫
着扔掉鱼竿，她的父亲立马跳前一步，捉住鱼给大家当了午餐。
上次大家像这样在一起钓鱼似乎是很久之前的事了。

扑闪着一对明亮的蓝眼珠，一头金发的迈克尔是母亲的最
爱。他上了一年钢琴课后，音乐老师便告诉维奥莱特，已经没
什么可教他的了。迈克尔在格雷沙姆（Gresham）上了第一年
寄宿学校，成绩让人刮目相看，可从学校回来后，维奥莱特留
意到他有了些行为上的变化。多了种俚语腔，经常离兄弟姐妹
远远的，还带着种学校男孩常有的大大咧咧。

尽管如此，她还是情不自禁地欣赏迈克尔对大自然的热爱。

他会让大家停下脚步，转身，他所站之处恰好射过一束穿
透云层的阳光。阳光掠过对面的山坡，沿山谷而下，在树林中
遇上几栋农舍，把它们照得白得发亮。

在这样的日子，维奥莱特很难相信正在打仗。[3]

维奥莱特在四年后去世。不久后，克里斯蒂娜和斯蒂芬会
比赛谁能回忆起更多发生在 1917 年夏天的往事。汉弗莱年纪太
小，几乎什么都不记得了。至于迈克尔，好吧，在他们眼中，
他就像个谜。对克里斯蒂娜和斯蒂芬而言，那个假期不仅意味
着纯真的童年离他们远去，也代表着英格兰最迷人、最光辉的
时刻。克里斯蒂娜记得雨停后，落叶松木林上挂着树莓，像缀
着小小红宝石的垫子。斯蒂芬形容，随细流而下的蛞蝓看起来
就像泰晤士河上的驳船。他还记得，他们卧室的窗外传来父亲

朗诵诗歌的声音，犹如斯基多山的吟诵。[4]而这些童话般日子的中心，永远是他们时年 27 岁的母亲——维奥莱特。斯蒂芬总不知疲倦地尝试解开关于她的零散记忆所唤起的细微情结。

维奥莱特·舒斯特常被人称赞拥有前拉斐尔派（Pre-Raphaelite）式的美，又生在富裕家庭。她的父亲是王室法律顾问，兄弟们相继进入银行业，她从小便培养了对诗歌的热爱。[5]然而，她在四年连续生下四个孩子后——迈克尔当时 10 岁，克里斯蒂娜 9 岁，斯蒂芬 8 岁，汉弗莱 7 岁——1917 年的维奥莱特，已不是曾经那个天真无邪的少女。对诗歌的兴趣没能教会她如何应付四个年幼的孩子制造的混乱，更何况她还有一个经常出差的丈夫。

在维奥莱特隐约弄明白了战争可能意味什么时，她最小的弟弟已经战死在伊珀尔（Ypres）① 的第一场战役中。从那时起，战场从未远离她的思绪，随时间推移还越发向她逼近。在他们诺福克（Norfolk）② 的家的院子中，曾掉下德国向英国大陆投掷的第一批炸弹。那是一颗哑弹。士兵们冲进她家，抓起她的孩子们跑向附近悬崖边的防空壕，以便安全引爆炸弹。有次，一艘齐柏林飞艇（Zeppelin）③ 飞得离她家屋顶如此之近，她担心房顶随时可能被掀掉。在她家和山崖间的田地里，到处驻扎着军队的帐篷。身穿锃亮制服的装甲部队军官在马背上震耳欲聋地发号施令。训练从不间断："举枪！排成四列！向前看！向右看！"枪声不停地回荡在她纤细的胸腔中，几乎让她

---

① 第一次世界大战期间，协约国和德国在比利时西部伊珀尔地区进行的三次战役。——译者注
② 位于英格兰的东安格利亚（East Anglia）地区。——译者注
③ 一种硬式飞船，第一次世界大战期间曾用于空中轰炸或侦察。——译者注

精神崩溃。她的黑眼珠中经常浮现惊惧的神色。

1917 年夏天，维奥莱特在湖区（Lake District）① 生活了数天之后才意识到，"哞哞"的牛叫和割草机的声音已经取代了枪声。她看见许多家庭提着装满三明治的野餐篮，可依旧担心他们的生活和欧洲遍地的恐怖袭击之间的防线太过脆弱。可能每个人都在假装没事，她非常焦虑，没人敢去想那些男孩可能很快就会死在法国的战场。⁵没有人，甚至她的丈夫哈罗德，也没能解释她究竟为什么如此。英格兰离德国很远，维奥莱特辨识不出敌人的模样，不过报纸把他们形容得穷凶极恶。她只知道有什么东西出了严重问题。她写道："我们那欢笑的孩子们，还太年轻/不懂法国的田野上，还留着英国人未干的鲜血。"⁶

每当夜晚天气晴朗，维奥莱特和哈罗德会坐在折叠躺椅上读浪漫主义诗人的作品，赞颂自然之母，哈罗德总这么说。他会和孩子们玩骑马游戏，发出狮子般的吼声，还会每天问他们是否完成了自己的任务。⁷可在一连下了十天雨后，他也迫不及待地想从伦敦的俱乐部打听战争的进展。在他离开的前一天，阳光终于冲破了云层。维奥莱特起了个大早，留哈罗德一人在床上打呼。

考克斯太太已经在厨房准备了鸡蛋和沙丁鱼三明治。吃完早餐，维奥莱特催大家快去德文特湖，把孩子们、篮子、装满茶的热水瓶一一安顿在小船上。船停在湖湾时，维奥莱特一度兴致很高，放纵地和哈罗德调情，称他为她亲爱的水牛，环着他的脖子，一个劲儿吻他。

---

① 位于英格兰西北部，多湖泊和群山，拥有英格兰最高峰斯科菲峰（Scafell Pike），并因 19 世纪初华兹华斯的作品及湖畔诗人（Lake Poets）而闻名。——译者注

每当克里斯蒂娜回想起那天时，总觉得母亲的举动中带着某种绝望。她深信，是湖湾的这次野餐拉开了结局的序幕。

"可她在野餐时看起来很精神！"斯蒂芬不同意。

"那是她装的，"克里斯蒂娜说，"装给他看，装给我们看，装给她自己看：因为她不想做手术。"维奥莱特死于一场失败的子宫切除手术。

"这都是你自己想出来的吧？"[8]斯蒂芬问。

1917年夏天，迈克尔还是哈罗德的"小跟班"，父亲总让他陪自己去凯西克寄重要的信。[9]在弟弟妹妹眼中，迈克尔就是英雄。[10]他们从不质疑他是否有权指出他们的缺点，或向他们下达的用最快速度划船的指令。哈罗德不在家时，迈克尔会扮演父亲的角色。太阳再次露面时，他让弟弟妹妹去采浆果，自己则和母亲到纽兰兹谷的尽头爬山。

那天，迈克尔急着想爬上山坡，瞧瞧另一边的博罗代尔谷（Borrowdale Valley）。维奥莱特没穿爬山鞋，湿滑的斜坡特别难走，愈发落到儿子身后了。五点时，她坚持两人停下来喝杯茶，虽然那时离山口只剩最多15分钟路程。迈克尔边吃面包和果酱，边研究地图，大声嚷嚷着他绝不会放弃去那里瞧一眼的。维奥莱特在假期的日记中写满了一位母亲的担忧。

当斯蒂芬问她华兹华斯（Wordsworth）① 为什么会成为诗人时，她知道如何作答。可迈克尔的问题总让他显得像个怪人。 7
彭里斯制笔厂（Penrith pencil factory）的水闸每分钟流过多少

---

① 华兹华斯（Wordsworth，1770 – 1850）：英国浪漫主义诗人，推动了英国诗歌的革新和浪漫主义运动的发展，是文艺复兴运动以来最重要的英语诗人之一。——译者注

吨水？她对此毫无头绪。如果地球是平的而不是圆的，那么还会有地平线吗？她从没想过这种事。可以测量斯基多山的重量吗？究竟为什么要知道一座山的重量呢？

几乎所有伦敦人都在讨论一位诗人在回忆录中写下的一段话，它似乎恰如其分地表达了维奥莱特对迈克尔的担忧。她把它抄了下来。

"我很清楚，错就错在总是用成年人的标准去评价男孩子。"拉宾德拉纳特·泰戈尔如此写道。泰戈尔年轻时总被一股无法名状的忧郁折磨。尽管如此，他最终功成名就，如今还被视为东方智慧的源泉。他在回忆录中用亲身经历告诉过分焦虑的父母，不要"忘记，孩子们行动敏捷，犹如奔涌的溪流；……任何不完美都不会造成伤害，因为溪流本身的速度就是最好的纠正手段"[11]。这多少缓解了维奥莱特的担忧。

可在几天后一个失眠的夜晚，她又凝视起窗外的月亮。哈罗德在信中说，他最快下个星期日回来。维奥莱特的思绪就像制笔厂的水车一样，飞速旋转着、翻滚着。有次，男孩们去钓鱼后，她向考克斯女士说出了心事。

她会毁掉丈夫的生活的。这段婚姻让哈罗德不得不承受她的恐惧、她的头痛以及间歇性发作的软弱。哈罗德曾是如此优秀的攀登者。他爬纪念碑、雕像、烟囱、高山。可他对她的爱正在摧毁自己。让他一个人生活会更好。如果她死了，他就会自由。她该怎么做呢？

考克斯太太是个通情达理的女人，指出他有许多机会可以在湖区爬山。

"你完全没抓住我的重点，"维奥莱特抽泣起来，"我是在打比方。"

克里斯蒂娜在门的另一边偷听，搞不懂母亲口中的"打比方"是什么意思，可她当时就知道，那相当重要。维奥莱特去世后，她试图向斯蒂芬解释这件事。

"妈妈在说，她已经失去了爸爸。可怜的考克斯在设法安慰她。"

"她怎么会失去他呢？"斯蒂芬问，还是不理解打比方这回事。

"她说，他是个行动派，需要刺激和冒险。"

8

"她是这么告诉考克斯的？"

"对，但考克斯犯了个大错，她太把妈妈的话当回事。她非常温柔又谦逊地说：'可如果斯彭德先生需要刺激和冒险，他该不会想去打仗吧？'"

"妈妈怎么说？"

"她彻底气疯了。她朝考克斯吼道：'你怎么敢跟我讲这么粗鲁的话。'然后，妈妈就从床上起身，跑出房间，猛摇那个可怜的老女人，连她的眼镜都飞走了，假牙都掉了出来。我只能跑进房间阻止她。"

"你从没告诉过我这些。"斯蒂芬说。[12]

如果把冰斧砸进自然之母晶莹雪白的臀部是一种隐喻，那么哈罗德其实无法理解其中的含义。看着妻子埋首纸堆写诗，写完又全部划掉，他知道这个女人着魔了。他非常担心。他相信诗歌和音乐、艺术一样，需要适可而止。他会强调在歌剧的幕间休息时最好离开音乐厅，欣赏国家美术馆（National Gallery）的画永远不要超过半小时。从伦敦回湖区后，他带孩子们去远方徒步，把维奥莱特交给一位护士照顾。

环绕在身边的薄雾让他们更相信已经爬到了高处，云朵也在他们脚下。瑞士阿尔卑斯山脉（Swiss Alps）高处的路窄如刀刃。哈罗德告诉大家，除非把大家绑在一起，不然，不小心走错一步会让所有人跌下去丧命。斯蒂芬在流鼻血而且恐高，他盯着父亲陷进领口的脖子上凹凸不平的皱纹，分散自己的注意力，想象它们是岩石沉积后形成的不同分层。父亲头顶的头发白了，使他看起来更像一座山而不是人。

为什么要登山？哈罗德问他们。为什么要在攀登到不可能的高度后，思考宏大的问题？还有，冒险精神从何而来？为政府工作了三十多年后，哈罗德沾染了议员常有的习气，总喜欢反问或抛出维多利亚式的理念，诸如探讨什么是具有男子汉气概的追求。显然，登山是其中最重要的。

9　　他会说，那是必须思考的事，他望向孩子们仰起的脸，随后转身眺望远方。[13]他继续说道，人的一生可以不停地追问，这好像在说他自己，一边尝试征服脚下的冰块，收紧腰间的绳索。作为行动派，哈罗德其实并不真正关心为什么。

哈罗德从牛津毕业后曾为数份自由派报纸写文章，还是餐后派对上备受追捧的人物。他自视为自由派改革家，经常情绪高涨地大骂特权阶级。可每到欧洲大陆的登山季节，他又发现自己时常做出原则性退让。和舰队街（Fleet Street）①的绝大多数人不同，哈罗德坚守着许多原则。

英国宣布参战时，哈罗德恰好年满五十岁。他自发提出组建谢灵厄姆（Sheringham）②地方志愿军，抵御可能的入侵，并

---

① 英国媒体的代名词，直到1980年代都是英国媒体的总部。——译者注
② 诺福克的一个城市。——译者注

号称要召集 5000 人。[14]他彻夜在山崖上下奔走，直到有天差点被巡逻的英国士兵刺伤。尽管如此，很难不把哈罗德的战争经历和他的哥哥艾尔弗雷德（Alfred）的做比较。每个星期，艾尔弗雷德会定期在唐宁街（Downing Street）和首相赫伯特·亨利·阿斯奎斯（H. H. Asquith）会面，随时掌握西线的真实战况。身为《威斯敏斯特公报》（*Westminster Gazette*）编辑，他被要求不准透露半点风声。[15]自从哈罗德的偶像大卫·劳合·乔治（David Lloyd George）接替阿斯奎斯出任首相后，他便一直在自由俱乐部（National Liberal Club）① 苦等一阵一直没有响起的电话铃声。[16]他渐渐不再热衷于剪报，关心时事。他没机会打一场漂亮仗了。[17]

那年秋天，每天晚上都会传来突袭的消息。等袭击过去后，维奥莱特就像被掏空了似的。10 月，哈罗德寄来一个包裹——里面有三条棕色灯芯绒裤子、三双棕色袜子、三件棕色丝光棉羊毛衫，它们的袖口和领口是蓝色的。[18]维奥莱特喜欢把孩子们打扮得像洋娃娃，要求男孩们戴硬邦邦的伊顿领（Eton collars）②，穿漆皮鞋或高至膝盖的长筒靴。[19]

可迈克尔如今开始拒绝穿这种衣服，也讨厌被亲吻。很快，斯蒂芬也会去格雷沙姆念书，剃板寸头。在战争结束前，她的孩子们会被送上战壕吗？在剩下的岁月中，维奥莱特不得不把战争留给哈罗德操心，把自己交给医生以便处理她的健康问题。

10

---

① 伦敦的一个私人会员俱乐部，1882 年，由四次出任英国首相的威廉·尤尔特·格莱斯顿（William Ewart Gladstone）创建，主要为自由党的活动人士提供交流场所。——译者注

② 伊顿公学（Eton College）制服上一种又宽又硬的领子。——译者注

她要么不停地摆弄自己的平绒外套，要么就躺在床上，经常担心自己会发疯。

　　哈罗德在伦敦的煤气灯和双轮马车，礼服外套和一顿饭上五道菜的好日子，乃至两党制，都没能在战争中幸存。维奥莱特去世后，他被迫脱下帽子向岳母舒斯特（Granny Schuster）讨生活费，作为日常开支。他去不同的地方，在认识的首相面前发表晚餐上的讲话，可最终被派去执行1919年米尔纳任务（Milner Mission）① 的人还是他的哥哥。同年，艾尔弗莱德还参与报道了巴黎和会。而维奥莱特的兄弟乔治·欧内斯特·舒斯特（George Ernest Schuster）则被授予军功十字勋章（Military Cross）、大英帝国司令勋章（Commander of the Order of the British Empire），并负责管理家族财富，他把它们打理得井井有条。

　　1917年夏天到1921年母亲去世之间的某个时期，迈克尔认为他的父母都丧失了理智。他们生了太多孩子，又没钱请用人打理家中大小家事。明白了这点后，他开始耐着性子听父亲讲话，沉默得像块石头。和哈罗德在汉普特斯西斯公园（Hampstead Heath）爬山时，他一个人闷闷不乐地走在前面，斯蒂芬则努力想变成现在家中"最受疼爱的孩子"。[20]迈克尔不再是父亲的"小跟班"，一副"满腹牢骚的样子"。他配了钥匙，可以自由出入，不搭理任何人。为了让自己远离家中的复杂情况，他讲话时总搬出一套套术语，刻意让人觉得他难以沟通，从而在自己身边筑起一道高墙。

　　　　① 米尔纳（Milner, 1854 - 1925）：埃及的殖民事务大臣。文中指在1919年埃及革命期间，英国外交部派往埃及的官方委员会。——译者注

　　在格雷沙姆，迈克尔的一名实验室搭档十分了解这种自我孤立的情绪。他有点笨手笨脚，脸色异常苍白，名叫威斯坦·奥登（Wystan Auden）。威斯坦和迈克尔是理科生，名字都写在学校的荣誉榜上。1925 年，他们均获得理科奖学金，进入牛津大学学习。[21]迈克尔的傲慢没有惹怒威斯坦，因为他对蒸汽动力引擎的兴趣，十分符合威斯坦对横梁发动机、矿井绞盘、采矿公司的水力涡轮机的审美。实际上，威斯坦和迈克尔的友谊很像他和哥哥约翰之间的关系。约翰从剑桥大学毕业那年，威斯坦和迈克尔正好入读牛津。当迈克尔和弟弟斯蒂芬竭力夸大彼此间的差异或不断利用对方来证明自己，以使对方成为自己的陪衬时，年龄相差三岁的威斯坦和约翰则有着更多的相似之处。

　　在战争持续的五年间，父亲不在身边，和几位阿姨一起生活。他们讨论黄铁矿、蒙脱石、鹦鹉螺化石，还有粪化石、石灰岩、砂铁岩以及页岩基质中的石炭世时期的蛤蜊。两人怀着青春期男孩纯粹的激情，时刻渴望逃离被精神高度紧张的母亲控制的家庭生活。他们一起去石灰石采矿场探险，走过覆盖着忧郁的蓟类植物的狭窄铁路路床。他们去德比郡附近布拉德韦尔（Bradwell）的布卢－约翰洞穴（Blue-John Cavern），研究被遗弃的铅矿和金矿。[22]这些地方似乎为他们提供了穿越时光的地下通道，英国那时还不是他们从学校课本上念到的呆板笨重的帝国，而是一片广阔的沼泽，长满奇异的蕨类植物和马尾草。

　　虽然约翰和威斯坦之间也存在竞争，可他们还是维持了一段十分坚定的情谊。他们从不隐瞒对方。他们分享一切，包括那种朦胧的感觉，似乎有艰难的任务正在等待他们，而那项任务也许能弥补战争中巨大的流血和牺牲。他们该如何证明自己的价值呢？在约翰在剑桥念书的最后一年，哥哥伯纳德

11

（Bernard Auden）已经去了加拿大。如果想赚钱，也许约翰会选择非洲，如果他有商业人脉、对贸易感兴趣并且愿意从底层做起的话，可他不是这样的人。这些都是拥有无可挑剔的学历、想象力丰富的年轻人的好选择，虽然他们的想法不够实际，手段也不够独立。

还有就是——印度。

2　蒸汽船和纺车

"威尼斯之城号"（SS City of Venice）①，*海上，1926
年 10 ～ 11 月*

　　1926 年 10 月，利物浦附近的伯肯黑德（Birkenhead），约
翰·奥登登上码头的栈桥。他提着行李箱，口袋里装着一张去
孟买的蒸汽船票。他以一等荣誉从剑桥大学地质学专业毕业，
正赶往加尔各答的印度地质调查局（Geological Survey of India）
赴职。在他意识到发生了什么之前，一个瘦小的身影从一长排
印度搬运工中向他走来，那人光脚穿一双黑色拖鞋，用一种英
国水手身上少见的兴奋劲儿说着什么。[1] 忽然，他的行李箱被举
到男人戴着花帽子的头顶。约翰眼睁睁看着它被运走，犹如那
件随身行李突然活了过来，不再需要他。

　　"威尼斯之城号"走廊上的景象仿佛一场闹剧。下甲板的
储藏室里随意地塞满邮包，里面装着即将被送往澳大利亚的圣
诞礼物。就读于公立学校的男生们一窝蜂拥向头等舱，准备去
东部港口学做生意，他们甚至可能无法在地图上指出那些地方。
蒸汽船启程后，他们又不知疲倦地关心起去暹罗、锡兰和新加
坡等地与丈夫团聚的年轻太太们。望着眼前的画面，不由得让
上了年纪的人们也回忆起自己当年的处女航。

---

　　①　英国客轮，在第二次世界大战中沉没。——译者注

乌泱泱的行李在马赛港被运上舷梯。跟着上来了一群穿丝绸背心、包头巾的英俊男人。在开往孟买的蒸汽船上，总能找到一两名王室随从。尼扎姆（Nizam）①或印度王侯正返回他们的宫殿或土邦（princely state）②。他们在巴黎大肆购物，沉甸甸的行李箱里装满了珍珠、金子、锦缎，也许还有最新款的戴姆勒汽车。他们在休息室喋喋不休地谈论威斯敏斯特的政治，最引人瞩目的要数他们在晚餐时换上的一套套盛装。²

一群任职于印度文职机构（ICS）③的兴致勃勃的官员刚结束休假，他们也在晚餐时吸引了人们的目光。实际上，在爆发了 1914 年并持续全 1918 年的战争结束后，印度文职官员的招募已经停止了。可是，印度事务大臣（Secretary of State for India）设计了一套新说法，呼吁怀抱理想的英国年轻人去印度，亲眼见证英格兰伟大使命的最后胜利。好像人类历史上最惨烈的战争需要在印度得到规模与之匹配的宽恕，虽然不会有人这么说。与父辈们浴血奋斗的战场不同，印度犹如一场冒险，让人心情大好。报名人数不停增长。

在塞得港（Port Said）④，人们都像事先收到了通知，纷纷拿出刚用陶土漂白过的头盔，使眼睛避开苏伊士湾（Gulf of Suez）上空太阳射向右舷的刺眼光芒。³几乎同时，约莫一百个唱着歌的埃及人从一艘大三角帆船上冒出来，把一筐筐煤倒进

---

① 8 世纪至 1950 年间，海德拉巴（Hyderabad）君主的称号。——译者注

② 英国殖民统治时期，一部分土邦未被纳入英国的统治范围，但服从英国的统治，王公仅保持名义上的统治，对外无权与其他土邦或外国发生联系，对内享有很大的自治权。——译者注

③ 英国殖民政府为统治印度而设的职位，主要由英国人出任。后来，机构中印度人的比例逐年增长，但他们必须在英国接受教育或在次大陆英国人开办的学校接受教育才能得到该职位。——译者注

④ 位于埃及东北部，全国第二大港口。——译者注

锅炉房。载歌载舞的人也上船了，他们表演魔术，讨小费。寄往非洲内陆的邮包被运下船，乘客也会短暂地上岸观光一番。在做小生意的人眼中，约翰·奥登挺拔的白人身躯便是一座象征财富的灯塔。穿白色长衫的男人们围着他，兜售色情明信片，跳肚皮舞，向他奉上一盒盒土耳其点心。

傍晚时分，蒸汽船驶入运河。⁴斐迪南·德·雷赛布博士（Dr. Ferdinand de Lesseps）①的铜像映入眼帘，他的右手做出欢迎手势，左手举着一张地图，在落日下熠熠发光。虽然没人说得清楚理由，可刚到运河就马上换衣服吃饭是不礼貌的。那天晚上，汽笛的呻吟声和沿着运河行驶的火车发出的嘎吱声响，吵得约翰一夜没睡，在船舱辗转反侧。第二天早晨，登船时穿着卡其布短裤的女人们换上了长裤或裙子，装腔作势起来，兴奋地朝着蓝绿相间的红海或远方索马里兰（Somaliland）的蔚蓝海岸惊呼。她们的丈夫也像活过来了似的，声音洪亮地召唤着仆人。⁵蒸汽船行驶到亚丁（Aden）②时，沙漠的空气中传来香料和骆驼的味道，新上任的印度文职官员明显地改变了自己的举止。

可是，约翰·奥登仍一如既往。他更喜欢观察印度水手用滴露（Dettol）清洗甲板，而不是在吸烟室和陌生人频频举杯。他非常在意最近被人发现自己是内八字，这让已经 22 岁的他相当尴尬。他在学校时的绰号是"多多"（Dodo）。这种说法专指长相英俊，可有些笨手笨脚，散发一股阴气，有时还会做出无心的残忍行为的男孩。他总在刻意营造一种轻松氛围，以掩饰

14

---

① 斐迪南·德·雷赛布（1805‒1894）：苏伊士运河开发者。——译者注
② 也门城市，位于阿拉伯半岛西南端，扼守红海通向印度洋的门户，素有"欧亚非海上交通要冲"之称。——译者注

自己的羞涩，可他的皮肤太过苍白，很快便露馅了。被人嘲笑或揶揄会让他的脸红到脖子根，这总让捉弄他的人乐不可言。

他还是孩子时便敏感地意识到威斯坦是母亲的最爱。威斯坦经常咬手指，餐桌礼仪相当糟糕，总有一只鞋的鞋带没系好。他的哥哥伯纳德性格温顺，从不在意母亲偏心，可约翰却为此非常伤心。厚脸皮的威斯坦把兄弟的不得宠视为自己的好运气。他总能坐在汽车后座，洗澡时大声唱赞美诗，沉迷研究大便。约翰无法理解为什么威斯坦如此受宠，虽然他也非常努力想讨好母亲。他缺乏弟弟身上那种天真无邪，无法像他一样巧舌如簧。在战争爆发不久前，他们在威尔士度假时，大部分时候竟是6岁的威斯坦领着9岁的约翰在卡德伊德里斯（Cader Idris）爬山。[6]

另一次在威尔士度假时，约翰首次对地质学产生兴趣。他的父亲是位兴趣广泛的医生，耐心地向他解释，他们在威尔士的山上捡到的石头中，早年的地质学家如何分辨出寒武纪（Cambrian）①、奥陶纪（Ordovician）②、志留纪（Silurian）③ 的化石。约翰成了狂热的收集爱好者。父亲上战场时，他10岁，伯纳德14岁，威斯坦只有7岁。虽然乔治·奥古斯塔斯·奥登（George Augustus Auden）书房外的一块牌子上刻着希腊名言"像在山上一样生活"，不过，投身于治病救人很快浇熄了他对探险的热情。全家人都喜欢在欧洲蕨、金雀花丛中打滚，只有奥登博士更喜欢在家中与书本相伴。

---

① 距今约 5.42 亿年前至 4.85 亿年前，古生代第一个纪。——译者注
② 距今约 4.85 亿年前至 4.43 亿年前，古生代第二个纪，开始出现原始脊椎动物。——译者注
③ 距今约 4.4 亿年前至 4.1 亿年前，古生代第三个纪。——译者注

奥登一家受种种矛盾想法的束缚：信仰科学和理性，同时 15
又非常虔诚；崇尚观点自由又免不了学究气；他们提倡平等，
可家中却有一名马车夫、一名瑞士保姆、两名女佣和一名厨
师。[7]到约翰去印度时，他们这样的中上阶层人家已经开始瓦
解。战后秘密条约和虚假宣传加速了这个过程。像奥登博士这
种在战争中毫发无损的人当时太过麻木，很难全面理解灾难之
规模。

在如今看来使人震惊的沉默中，年轻一代的印度人也逐渐
找到了他们的声音。虽然有些一知半解，可他们被列宁、俄国
革命的消息深深吸引。当时，他们还不确定该如何评价甘地，
可后者在1919~1922年发起的一系列不合作运动给了他们很大
启发。他们的父母离开公务员、律师、医生、教师的岗位，抗
议总督在没有陪审团的情况下对政治案件定罪，以及跳过审判
即可监禁嫌疑人。这些年轻人在牛津和剑桥时从没引起过欧洲
同学的关注，可是现在，他们开始扪心自问：西方文明除了向
殖民地发动无休止的血腥战争外，还给那里带去了什么？英格
兰拥有一个庞大的帝国，需要年轻人前赴后继地奔赴世界各地，
并让他们以为这种统治完全是出于荣誉、责任和好意。

他们懂得不止这些。

在约翰二等舱的行李箱里有一张传单：《1922年珠穆朗玛
峰探险的电影记录》（The Cinematograph Record of the Mount
Everest Expedition of 1922）。[8]那是他在学校讲座上，一个名叫乔
治·马洛里（George Mallory）的年轻登山家递给他的。马洛里
参与的1922年探险是人类有史以来首次尝试攀登世界最高峰。
讲座期间放映了攀登珠穆朗玛峰时拍摄的影片，它展现了令人

生畏的山景。约翰很熟悉湖区附近的山丘，还有奔宁山脉（Pennines）①北部的岩石，那里的海拔最高不会超过 1000 米，对于海拔比这高 7 倍乃至 8 倍的山脉，他叹为观止。什么造就了如此惊人的海拔？它们从何处拔地而起？两年后，约翰进入剑桥大学的第一个夏天，马洛里和搭档桑迪·欧文（Sandy Irvine）再次挑战珠峰，可不幸在距山顶仅 800 英尺垂直距离处失踪。没有人找到他们的遗体。

16

在战争结束了相当长一段时间后，英国进行了 1922 年珠峰探险和 1924 年珠峰探险，希望通过成功登顶为饱受创伤的国家塑造一个完美的英国人形象，来纪念所有逝去的生命。然而，乔治·马洛里让英国多了一位烈士。人们大肆歌颂他的牺牲，如今的社会舆论已经很习惯这套了（反倒没什么人关心欧文的遇难）。因此，约翰·奥登带着一箱书和行李踏上印度之旅时，怀抱着一个秘密的野心。他要在马洛里失败的地方赢得成功。

可这里还有资金问题。

停泊在孟买港口的汽艇上飘扬着英国国旗，欢迎"威尼斯之城号"的到来，仿佛在提醒第一次来东方探险的人们，真的存在大英帝国。9如果船上的印度文职官员曾爆发出一阵"统治吧，不列颠！"的歌声，你绝不可能在其中找到约翰的声音。他认为，所谓帝国已经是一种过时的传家宝，就好像听说自己家族的祖先是冈特的约翰（John of Gaunt）②一样（带着一种出娘胎就有的骄傲）。身为科学家，他认为自己可以远离英国统治下那些陈腐的文书工作，远离平房生活的势利。

但就在此时：马拉巴尔山（Malabar Hill）的第一缕阳光映

---

① 英格兰北部的主要山脉和分水岭，最高峰克罗斯山海拔 893 米。——译者注
② 冈特的约翰（1340－1399）：英格兰国王爱德华三世的儿子。——译者注

入他眼帘，狭窄的码头外便是"印度门"（Gateway of India）①。不过，只有总督和极少数地位尊贵的官员才可以走那条路。忽然，人群作鸟兽散，行李箱再次开路在先。约翰看见了模仿肯辛顿风格的住宅楼，只是更寒酸。空气中弥漫着一股难以辨认但不算难闻的气味。

从现在起，每位初来乍到者都会对眼前的一切应接不暇，约翰也不例外。他匆忙赶往东方式建筑风格的泰姬陵大酒店（Taj Mahal Hotel），缠头巾的服务生穿梭在走廊和餐桌为客人倒茶。

很难用几个词形容他面前走马灯式的景象。那可怕的喧闹声听起来好像爆发了骚乱。眼前既有缠腰带的男人，也有穿双排扣长礼服的男人。还有几十个孩子，有些打扮得相当俊俏，有些则几乎全裸身子。也许，他还留意到了杏黄色纱丽下肤色黝黑的印度女子之美，留意到了成排汽车和胡乱停靠的马车互不相让。每个阳台都站着人，每扇窗户前都露出一张好奇的脸。[10]也有悲惨的画面：只剩一条腿的乞丐；衣不附体的老妇人抱着脏兮兮的婴儿；双手缠满绷带的麻风病患者。他们每个人都在拼命吸引他的目光。一个年轻女人正在旁边的餐桌紧张地傻笑，另一个中年女人则冷眼旁观。也许，约翰尴尬地垂下了目光，他面前敞开着日记本，上面却空白一片。

两天后，印度地质调查局的负责人将在加尔各答的豪拉车站（Howrah station）迎接约翰·奥登。在铁路另一端的终点站，他会和其他新人接到相同的指示。无论黎明还是黄昏，在室外考察时都必须戴太阳帽；永远不要和印度人交朋友，不要向任

---

① 建于1911年，正对孟买湾，为纪念乔治五世和王后玛丽而建。——译者注

何印度人妥协，或让任何人以为自己了解印度。实际上，不必假装懂自己不明白的任何事。第一天结束时，约翰会做好野外生活的准备，搬到联合服务俱乐部（United Services Club），直到被派往考察地。在当地生活了一个星期后，他就会扔掉可笑的遮阳帽。[11]他会明白，人们告诉他的大部分事就像他事先买的大部分东西一样，要么一无是处，要么非常可笑，如同早已不再上演的戏剧中所使用的台词和道具。在印度生活一个月后，他将第一次问自己，印度真的适合他吗？

可此时，他坐的火车正慢吞吞地向东边驶去，驶向散发着微光的德干高原（Deccan Plateau）①。

萨巴尔马蒂修行所（Satyagraha Ashram），萨巴尔马蒂河畔，艾哈迈达巴德（Ahmedabad）郊外，1926年3月

那年早些时候，迈克尔·斯彭德的叔叔也经同一条海路抵达印度。十五年前的1911年，艾尔弗雷德·斯彭德就曾在德里出席德里杜尔巴（Imperial Durbar）②盛会，庆祝英国国王乔治五世（George V）加冕，登基为印度皇帝。时任印度总督的寇松（George Curzon）称赞斯彭德回来后所撰写的以印度为主题的书。如今，艾尔弗雷德打算再写一本，观察印度15年来取得的成就。妻子梅（May）与他同行。梅对于自己对印度有许多深刻的见解感到相当自豪。她只需扫一眼就能辨认出她遇见的

---

① 位于印度中部和南部，著名的熔岩高原，平均海拔500～600米。——译者注
② 英属印度各土邦的贵族、社会名流等公开向大英帝国效忠的高规格宫廷盛宴。在大英帝国国力的巅峰期举行过三次，分别在1877年、1903年和1911年。——译者注

"东方人"。每天吃完早餐，她都会和丈夫分享自己前天晚上的思考。[12]结婚这么多年，他能听进去一半就不错了。

在艾尔弗雷德眼中，英属印度的统治包含一种根深蒂固的自由主义信仰：印度一旦掌握了自由民主和科学启蒙的理念，一旦摆脱了黑暗的过去和迷信思想，英国就会欢迎它加入联邦大家庭，与加拿大、澳大利亚等地享有同等地位。他总是被这种崇高的理想所激励。

上次他来印度，当地爆发了甘地领导的不合作运动。成千上万印度人不再使用英国商品，集体沉迷于纺纱和织布。仅短短一年，英国统治便被逼至崩溃边缘。直到一群鲁莽之徒放火烧了警察局，甘地才让众人罢手。艾尔弗雷德认为，甘地根本就不该让这种不幸发生。

艾尔弗雷德上次访问印度时当地还通过了 1919 年《印度政府组织法》（The Government of India Act of 1919）①。国家正在起草一部新宪法，确保省级议会的某些职位可以由印度人出任，但禁止他们涉及财政和安全领域。不过，任何一次英国总督均有权否决当地议会提出的可能引起麻烦的立法。根据 1919 年的政府组织法，德里成立了中央立法议会（Central Legislative Assembly），让选举或任命产生的印度官员向总督学习治理印度的技巧。

艾尔弗雷德认为，英国官员和印度部长间权力的精心分配——所谓"两头政治"——是件大事，也是印度为实现自治所迈出的里程碑式的一步。可是近来，德里的印度部长们却纷纷打算辞职——真是令人沮丧的挫败。如果印度人拒绝与总督

---

① 这是印度走向代议制的重要一步，由此，中央立法机构的组成和职能都发生了较大改变。——译者注

合作，怎么可能学会如何治理自己的国家呢？

艾尔弗莱德明白，甘地完全不认同 1919 年的政府组织法。甘地之前因为煽动非暴力不合作运动而被捕，1924 年获释。出狱后，他便回到修行所，不再过问政治。如今，德里的高级官员依旧坦率地告诉艾尔弗雷德，非暴力不合作运动肯定会卷土重来，甘地的号召力仅次于佛陀。可在德里时，艾尔弗雷德也听说过甘地反对印度官员辞职。甘地改变想法了吗？他现在理解英国是一心为印度好吗？带着这些疑问，艾尔弗雷德和梅来到甘地的修行所。虽然即将离任的印度总督认为甘地不过是强弩之末，艾尔弗雷德却发现每位印度民族主义领袖在采取行动前都会征求他的意见。实际上，新总督很快会明白，甘地仍非常不好对付。

艾尔弗雷德和梅抵达时，甘地正在测量体重。安排会面的中间人告诉艾尔弗雷德，为弥合修行所不同派系间的分歧，"圣雄"甘地在一次斋戒中有些用力过猛。他的说法显得确凿无疑，使艾尔弗雷德没机会追问更多。他心想，甘地可能是在情况变坏后开始绝食的，他希望情势能够好转。他试着想象现任英国首相，出身高贵的斯坦利·鲍德温爵士（Stanley Baldwin）为制止群众罢工而拒绝进食、面朝墙壁的模样。

艾尔弗莱德的思绪被出现在眼前的男人打断。他从一条弯弯曲曲、充满生机的小路走来，停在一张堆满书的矮桌前。他本以为会面会在私密空间进行，没想到身边围着半圈盘着腿的虔诚信徒。艾尔弗雷德开门见山。

他真的认为印度人退出立法议会是个错误吗？

错误？甘地重复了一遍。也许。

国大党中的许多人认为，甘地中止不合作运动是个错误。

有着大好前途的克什米尔律师、国大党领袖莫蒂拉尔·尼赫鲁便是其中之一。他那毕业于哈罗公学（Harrow）和剑桥大学的儿子贾瓦哈拉尔·尼赫鲁，以及全印度青年大会（All India Youth Congress）的狂热分子苏巴斯·钱德拉·鲍斯也认同他的观点。[13]起初，莫蒂拉尔同意加入1919年《印度政府组织法》授权成立的立法议会，后来却策划了印度议员的集体出走，呼吁组建一个新议会。他儿子的做法更加激进。贾瓦哈拉尔·尼赫鲁和苏巴斯·鲍斯要求马上实现"Purna Swaraj"，即全面独立。

政治不就是由一连串所犯的错误构成的吗？甘地继续道，仿佛在为他叫停不合作运动辩护。如果人们所犯的是诚实的错误，那么他们肯定可以从中吸取教训。莫蒂拉尔·尼赫鲁为国家付出了巨大牺牲。他放弃了高档汽车，任凭曾经华美的花园长满野草。如果莫蒂拉尔在罢工一事上做错了，我无法指责他，因为他有权利这样做。

我很理解你会怎么看待这件事，甘地回答。

第一次世界大战期间，印度是英国所有属地中死伤最严重的地方。鉴于100万印度人参加战争，成千上万人阵亡，英国曾承诺要赋予印度自治权。可是，取而代之的却是对煽动者的镇压（甘地为首）。

至于1919年颁布的《印度政府组织法》，莫蒂拉尔·尼赫鲁很快发现，印度人在官僚机构的巧妙运作中根本无法获得任何重要信息。他们提出的政策要么因资金缺乏被放弃，要么被中途拦下，印度总督和英国地方长官甚至不需动用手上的否决权。机密文件的数量不停增加，手握大权的依旧是那些人——把持印度11个省份之地方长官之职的英国人、印度总督，以及

20

身在伦敦的印度事务大臣。通过要求召开制定新宪法的会议，莫蒂拉尔只是拉开帘子便露出了木偶背后的真正操纵者。

甘地把问题抛回给艾尔弗雷德。英国人不也同样迅速地诽谤印度人，将同样不纯洁的动机归咎到印度人身上吗？

艾尔弗雷德无话可说。于是，他把焦点放到阻碍进步的真正障碍上：印度教徒和穆斯林无法在任何事情上达成共识。

这是个老生常谈的话题。实际上，说出这句话连艾尔弗雷德都感到沮丧。他写道，他曾枯坐近一个小时听一名英国高级官员反复强调，由"印度教徒占主导"的国大党绝不可能和刚成立的全印穆斯林联盟达成任何共识，因为后者成立的初衷便是捍卫和增进印度少数族群穆斯林的权利。[14]

此时，坐在甘地身边的艾尔弗雷德抛出的正是这套说辞。他知道，甘地在这个问题上肯定比他更有耐心。

印度教徒和穆斯林之间的紧张关系被过分夸大了，甘地平静地说。他继续说道，而英国总想将水搅浑。

艾尔弗雷德强烈反对。

可甘地一直保持随和、友善的态度。随着织布机的声音渐渐淡去，他巧妙地回到了自己的主要论点上。

我个人对英国人没有丝毫敌意。和印度人一样，他们有好人，也有坏人。可作为一个印度人，我只能为自己的国家和她所受的苦难着想。如果英国统治为人们带来快乐，我绝不会抱怨；然而，外国统治对印度的农村经济造成了致命的破坏。兰开夏（Lancashire）①的作坊里生产的纺织品源源不断地运来印度，导致数百万印度纺织工沦为没有土地的农夫。曾经能够自

---

① 位于英格兰西北部，英国工业革命的发源地。——译者注

给自足的农民现在要靠人谋生，生活得贫穷又悲伤。

第一次世界大战都没能削弱艾尔弗雷德高涨的信念——社会前进的必然性。[15]他坚信，如今的印度和它黑暗的过去相比，已经取得了许多进步，而且他几乎孤注一掷地认为，印度的未来必然会更美好。在会面剩下的时间中，艾尔弗雷德继续向甘地提供英式药方，以治疗印度的苦痛。他将在新书中勾勒出印度未来光明的愿景，而且英国会手把手教他们该怎么做。虽然，他还没想好书名。

甘地完全没把他的建议放在心上。

为了吸引大众的关注，我必须想些简单的事，比如纺纱。[22]我修行所里的人，无论他们曾经取得过多么伟大的成就，现在每天必须花时间纺纱。以农村为基础的工业将确保印度的经济独立——通过本地生产的产品实现自给自足——而不是依靠大规模制造。

艾尔弗雷德只听进去了一半。

拉尼甘杰（*Ranigunj*）煤矿，巴尔达曼区（Burdwan District），阿散索尔（Asansol）郊外，孟加拉，1927～1928年

约翰·奥登的第一项任务是前往加尔各答东北100英里处的拉尼甘杰煤矿。印度地质调查局前身是英国东印度公司（British East India Company）旗下的"煤炭委员会"（Coal Committee）。它在1851年成立时的目标就是绘制一份孟加拉的煤矿地图——印度的黑金王国。一名野心勃勃的局长曾指出，如果无法掌握整块次大陆的基本地质结构，就不可能找出更多

煤炭储备。随后，调查局的职责范围便迅速扩张，而且这项史诗级的事业得到了高层的全力支持。调查局的新成员通常要先在拉尼甘杰做六个月的田野调查，再花一个月在避暑地（hill station）① 完成他们的报告。

从前，拉尼甘杰是强盗出没的灌木丛；如今，它的天空下映衬着烟囱、风车、机轮的剪影。[16]为了绘制深达 30 米的煤矿地图，约翰雇了搬运工，还会猎杀野禽。牛车载着他、工具箱和器材，从一个地方辗转到另一个地方。他的身边总有在煤矿进进出出、肤色黝黑、来自部落的煤矿工人。桑塔尔人（Santhal）、蒙达人（Munda）和科尔人（Kol）住在矿渣堆附近。库里亚人（Kauria）世世代代都在煤矿工作，他们相信自己的种姓最早便来自这种职业。[17]

约翰在一阵阵热浪中挥汗如雨地绘制地图，详细记录各煤层的规模和储煤量等细节。麻鹬、凤头麦鸡、珩科鸟俯冲着飞向草地，让他想起自己跋涉了多么遥远的路途，多么想念家乡。在英格兰，水蛭不会爬进他的靴子吸血，把袜子弄得血迹斑斑。生病或筋疲力尽时，他会沿着恒河边的罗马城墙（Roman Wall）② 散步。[18]和印度文职官员不同，他们舒服地在办公室轻松地工作，晚上就去俱乐部喝酒，他过的则是像狗一样的日子。

他写一封封长信向威斯坦抱怨。

约翰承认，性欲高涨时他会去嫖妓；威斯坦警告他，别让女人给他口交，她们会咬人。约翰看不惯有些已婚女人对阶级

---

① 欧洲帝国在其亚非殖民地创造的专用名词，英属印度时期的避暑地一般位于海拔 1000 米至 2500 米处，常复制英国的乡村风情。——译者注
② 亦称为哈德良长城（Hadrian's Wall），由罗马帝国君主哈德良兴建，标志着罗马帝国扩张的最北边界。——译者注

地位的庸俗陈见，威斯坦却说他很乐意跳进她们怀中，早日逃离和母亲一起生活的现状。约翰对工作的抱怨也没有换来任何同情。如果煤矿上的工作这么惨，如果他真心热爱写作，就该抛下印度，开始写作。为受苦受难而落泪有什么用？为了减轻约翰的痛苦，家人通过加尔各答邮政系统给他寄来许多书，还有图书馆的书目清单。[19]至于约翰担心自己早晚会染上印度男人的习气，威斯坦则告诉他自己担心变成同性恋时对自己说的话：你独特的优越性将拯救你。[20]

一年后，约翰和几个对喜马拉雅山感兴趣的同事组建了印度登山俱乐部（Mountain Club of India）。它刚在加尔各答成立，就被德里的喜马拉雅山俱乐部（Himalayan Club）抢尽了风头。后者是由位高权重的印度文职官员成立的。他们热衷于猎杀大型动物，成员包括数位陆军准将和少将、一名司令和一名前总督。两家俱乐部合并后，约翰忽然得到了进入皇家地理学会（Royal Geographical Society），以及出席埃佛勒斯委员会伦敦会议的机会，后者正是 1922 年和 1924 年试图把英国人送上珠峰峰顶，却不幸失败的机构。

达赖喇嘛曾问一位英国领事，英国人为什么如此热衷于攀登珠峰。他得到的答案是，成功登顶将会造福全人类。虽然探险家为登顶付出了生命代价，但依旧有人坚信，也许那只是上天认为那个人还不够格。在 1922 年的探险中，乔治·马洛里眼睁睁地看着七名搬运工的身影消失在雪崩中，另一人因掉进冰川的裂缝而丧命。而他和欧文在 1924 年探险中失踪的消息传来后，西藏地方官员给身在锡金首府甘托克（Gangtok）的一名英国副大臣写信。锡金位于印度东北，是珠峰探险的必经之路。他们措辞严厉地表示，不会再允许任何人经西藏进入珠穆朗玛峰，如果英国国王在近期收到埃佛勒斯委员会成员起草的请愿书的话，应该"心怀仁慈地阻止他们"。此后，委员会的活动便陷入停滞。

就珠穆朗玛峰而言，成立喜马拉雅山俱乐部没有改变任何事。其初衷之一是出版一本季刊，主要模仿《阿尔卑斯山季刊》（*Alpine Journal*）——讴歌欧洲登山家的探险活动和科学追求。《喜马拉雅山季刊》（*Himalayan Journal*）的宗旨是"鼓励、协助喜马拉雅山地区的旅行和勘测，从科学、艺术、文学和体育角度传播喜马拉雅山和附近山脉的知识"。[21] 约翰在地质调查局的上司不相信研究山脉能产生任何实际成果。可对埃佛勒斯委员会来说，还有什么比研究喜马拉雅山的地质构造更有价值的事呢？[22] 约翰在避暑地西姆拉（Simla）① 度过了第一个炎热季节，也许他偶尔会想去"欢乐剧院"（Gaiety Theatre）寻欢作乐，可他把更多精力花在了巨型石灰岩——克罗尔山（Krol Hill）上。

石灰岩一般由海中生物，如珊瑚或软体动物的骨骼碎片形成。作为一种沉积岩，它非常坚硬，可还是会慢慢被雨水所带的酸性腐蚀。从奥登所在湖区的家中出发，走上一整天，便可以到达北奔宁山脉附近的一片石灰岩沼泽。虽然它距离凯西克以东仅四英里，可奔宁地区杂色沼泽的景象却和湖区截然不同。那里布满裂缝、泥塘、洞穴和落水洞②，有时还能听见狭窄的地下墓穴所传来的滴水声或流水声，仿佛有生命迹象的心脏。

克罗尔山不同于奔宁山脉。它的制高点位于西姆拉向南延伸 60 英里外的条状石灰岩上，属于小喜马拉雅（Lesser

---

① 印度北部城市。——译者注
② 地表水流入地下的进口，表面形态与漏斗相似。——译者注

Himalaya）地区①。它还是五个相连石灰岩盆地的最高点，它们都是由于地壳断裂或逆冲断层（thrust fault）现象形成的。逆冲断层指地球深处的古老岩石被推挤到较新地层岩石上的现象，犹如一段古老的历史忽然重见天日。奥登决定将这条石灰岩链命名为克罗尔带（Krol Belt）。[23]

一年中，四个炎热时段和一个寒冷时段中天气没那么糟糕时，约翰都在克罗尔带上上下下、前前后后地忙碌。休假时，他背着自费购买的装备一次次回到那里，不停地思考学生时代观看马洛里 1922 年攀登珠峰的影片时浮现在头脑中的疑问。喜马拉雅山如何，又是何时拔地而起？很明显，从克罗尔带的地质结构，便可以解答喜马拉雅山脉是如何隆起的，也许还可以回答它是在何时或哪个时期隆起的。

同一年代形成的沉积岩，根据其所处位置的不同，外观上可能完全不同。判定其年代的唯一方法便是参考指准化石（index fossils）②。喜马拉雅山脉地区普遍缺少指准化石，这使得判断具体推挤所发生的确切时间变得相当困难。这些山犹如一本缺少编年的历史书。可在克罗尔带，化石分布非常丰富。此外，加瓦尔地区（Garhwal）还有火车站，如果调查局有新任务，可以方便他马上离开。

约翰绘制出一张横截面图，使冲断层图像化，清晰地标示了断层线和岩石带，以及它们发生的褶皱、滑动、倾斜和运动

① 位于喜马拉雅山系中段，向东南延伸，在喜马拉雅山脉（北）、锡瓦利克山脉（Siwalik）和外喜马拉雅山脉（南）之间，平均海拔 3700～4500米。——译者注

② 用作确定地层地质年代已经灭绝的古动物或古植物的化石。指准化石延续的地质年代相对较短，主要特征明显，分布较广，并且容易被采集到。——译者注

方向。他拍摄了异常的岩石构造，在显微镜下研究从现场带回的微晶岩（microcrystalline rock）① 样本。他还使用多种颜色在调查局的 53 号地图上标出了克罗尔带的 60 英里弧线，并绘制出石灰岩群、板岩、红页岩和粗玄武岩的分布情况。他发现，克罗尔带上的部分岩石曾暴露在高温下，受到地壳深处的挤压，再偶然地与上层地壳的沉积岩混合。

还有其他令人困惑的地方。无论是远看还是近距离观察，那里的岩石构造都异常复杂。除了石灰岩，还有板岩、页岩、片岩、砂岩、石英岩、砂砾、粗粒玄武岩和砾岩。它们有的形成了巨石，有的呈现为五颜六色的卵石。虽然石灰岩大多为深色，约翰却发现了一些特例，它们变成了有着细密纹理的白色大理石，或因为受到某种极端压力而产生了变形。

26 　　相邻岩石之间的共存情况也让该地区显得格外与众不同。页岩和石灰岩都存在极其复杂的褶皱和扭曲；每层厚度约 2 英寸的页岩和石灰岩还呈垂直交替分布。和他所工作的拉尼甘杰地区不同，这里似乎发生过重大灾难，不然很难解释眼前复杂的状况。是火山喷发，还是地震？他绘制的地图无法解答喜马拉雅山脉如何拔地而起的问题，他撰写的报告也不能。这反而成了摆在他面前的挑战和疑问：去解释它。它们究竟是如何发生的？[24]

---

① 水动力很弱或静水环境下的产物，其形成条件与黏土岩相似。——译者注

3　孟加拉巴布

哈蒂巴甘（Hatibagan），康沃利斯街（Cornwallis Street）139 号，加尔各答，20 世纪初

　　孟加拉①首府加尔各答曾以"帝国第二城"（The Second City of Empire）而闻名。犹如被誉为"帝国第一城"的伦敦，加尔各答坐落在胡格利河（Hooghly）东岸，它的水上运输能力绝不亚于泰晤士河。孟加拉大多前途无量的年轻人，长相英俊、机智聪明的苏丁吉纳特·达塔②肯定是其中之一，就读牛津或剑桥，从他们回到印度的那天起，他们便是孟加拉亲英精英中的佼佼者，也被称为"亲英派"（Set）。也许是因为第一次世界大战，苏丁没能念成牛津大学，他对周围环境的观察敏锐。

　　如同自命不凡的英国商人一样，亲英派家中的装修风格往往在古典中混合了一股骄纵意味。造型别具一格的豪宅中摆满了英式沙发、镀金时钟和大烛台。墙上挂着兰西尔（Landseer）③和莱顿（Leighton）④的细腻画作。苏丁的外公家晚餐后会在巴黎

① 本书中出现的孟加拉，除特别说明外，均指英国殖民政府统治下的孟加拉地区。1947 年印巴分治后，西孟加拉地区归印度（今西孟加拉邦），东孟加拉地区一度归属东巴基斯坦，后来在 1972 年成立现在的孟加拉国。——译者注

② 本书亦称他苏丁·达塔。此外，他的名字也常拼写为 Sudhindranath Dutta。——译者注

③ 兰西尔（Landseer，1802－1873）：英国风俗画家，擅长对环境细节作仔细描绘。——译者注

④ 莱顿（Leighton，1830－1896）：英国最著名的唯美主义画派画家。——译者注

沙龙风格的会客厅演奏音乐。会客厅里装饰雪花石膏制成的仙女像、由塞夫勒（Sèvres）和德累斯顿（Dresden）出产的瓷器，还有一张台球桌。他们的书房中经常可以找到丁尼生①、华兹华斯、柯尔律治②、雪莱的精装诗集，还有莎士比亚的插图对开本，沃尔特·司各特爵士③创作的以威弗莱（Waverley）为主角的全套小说，以显露他们对英国文学巨匠的崇敬之情。

28 许多人还钟爱英式芥末酱、果酱、奶酪和烤牛肉。他们养珍奇鸟类、狗、赛马，让家里的仆人穿着比英国仆人更宽松的白色制服，包上大大的头巾。挥霍无度的浪子在牛津惹上丑闻，他们回到加尔各答后依旧会傲慢地介绍自己是"英国归来"。不再有西式餐具，他们只得在日渐破败的豪宅用勺子舀米饭，而那些豪宅很可能已经被抵押，为他们的英式装腔作势埋单。[1]

虽然孟加拉人和所有人一样在剑桥和牛津享受着平静的生活，他们却注定比英国人矮一截。生活在孟加拉的英国人认为，当地人争相效仿英国人的习惯和做法只证明了一件事——印度需要他们，他们的统治是命中注定的。他们为孟加拉人树立了榜样，让他们以同样的标准养育更多孟加拉后代。然而，不同于西北边境省的战士族群所具备的男性气概，孟加拉人总被认为意志薄弱、不够强壮，而且缺乏统治阶级不可或缺的荣誉感。[2]因此，孟加拉的亲英派经常招人嘲笑、辱骂。

---

① 丁尼生（Tennyson, 1809–1892）：英国维多利亚时代最受欢迎及最具特色的诗人。——译者注
② 柯尔律治（Coleridge, 1772–1834）：英国诗人、评论家，浪漫主义文学的奠基人之一。——译者注
③ 沃尔特·司各特（Walter Scott, 1771–1832）：英国著名的历史小说家和诗人。——译者注

"只要看看那人的腿，就知道他是不是孟加拉人。"温斯顿·丘吉尔最喜欢的环球游记作者曾如此写道。英国人有一双笔直的腿，小腿略呈圆锥状，大腿扁平，孟加拉人的腿则如奴隶般瘦骨嶙峋。"他们未能蒙受造物主之恩典，"这位作者总结道，"奴隶永远是奴隶，而且必须做奴隶。"³托马斯·巴宾顿·麦考莱勋爵①——丘吉尔总想模仿他散文中的野蛮风格——也同意上述观点，孟加拉人"天生适合受外国枷锁的束缚"。有位英国公使曾指出，赞美孟加拉人追求自由和民主无疑是虚伪的，因为人人都知道这不可能。他警告，想想最终无法避免的痛苦、憎恨和愤怒，"如果印度巴布（baboo）②还有灵魂的话，他们肯定会要求一场大清算"。⁴

自 18 世纪以来，英国人一波波抵达孟加拉，几乎没有遇到东印度公司在其他地方所受到的敌意和冷漠。起初，巴布（baboo 或 babu）即指讲英语的孟加拉职员。虽然他们大多从底层做起，可很快就晋升为税务审计员、律师或高等法院法官。29随着孟加拉人一步步向上爬，英国人对他们的讽刺愈发变本加厉，他们无情地嘲笑着自己亲手提拔的这群人。"牛奶和椰汁有什么区别？"麦考莱勋爵揶揄道，"约翰逊博士③的字典正是为孟加拉人准备的。"⁵与此类似，孟加拉人"很快便能抓住嘲讽背后透出的思想火花"⁶，无论是达尔文的进化理论，还是寡妇

---

① 托马斯·巴宾顿·麦考莱（Thomas Babington Macaulay，1800－1859）：英国维多利亚时代早期辉格派历史学家、政治家。——译者注

② 一种称谓，在印度指对人的尊称。英属印度时期，也指在政府机构工作的印度职员。——译者注

③ 指塞缪尔·约翰逊（Samuel Johnson），英国作家、文学评论家、诗人，编撰了《英文辞典》。在约翰逊之前，英国的字典只收录冷僻词、难词或新词，而约翰逊从大量文学作品中搜集素材，还十分注重对日常用词的解释。在1828 年美国韦氏大词典问世之前，它是最具权威的英文词典。——译者注

的再婚权。虽然这听起来未免奇怪，即被殖民者就应该迅速拥抱殖民者的语言和理念，可在印度就是这么回事，而且孟加拉人可以没完没了地与人争论其中的原因。最简单的答案也最显而易见。他们是诗人和哲学家。他们的思绪总能漫游在他们的生活无法抵达的地方。

苏丁认为，印度总督乔治·寇松在 1905 年颁布"孟加拉分治"（Partition of Bengal）法令时，误以为孟加拉人之所以接纳英国的时尚、语言和思想，是因为他们已经决心抛弃自己的文化。寇松在以穆斯林为主的东部和以印度教徒为主的西部之间划出一条分界线，使苏丁认为总督希望强化孟加拉穆斯林的实力，增加他们对英属印度统治的认同和忠诚，同时让他们对自己的印度教徒同胞心生怀疑。通过这种方式，带着英国式自负和日益膨胀的政治野心的巴布就可能陷入孤立。另外一个无法否认的事实是，总督之所以提出分治法令，只是因为他有权这么做。

这次误判引发了不可思议的后果。当地发起了抵制运动。孟加拉的大街小巷上，曼彻斯特的棉花和英国商品被付之一炬。人们大喊着 Swadeshi——自给自足，预示了日后甘地将领导的不合作运动。富裕且掌握权势的巴德拉洛克阶层（bhadralok class）① 拒绝继续为政府工作，不再送孩子上学，律师拒绝出庭。英属印度的统治陷入了瘫痪。后来，甚至有人企图暗杀刚成立的西孟加拉邦（West Bengal）的英国人总督。[7] 这件事和其他几宗恐怖袭击证明了孟加拉人的大胆无畏，以及他们所肩负的荣誉感。[8] 此后，巴布不再指被嘲笑的人，反而用来形容不折

---

① 英国殖民时期在孟加拉兴起的绅士阶层。——译者注

不扣的叛徒。不久后，人们又用它指受过良好教育、存在民族主义倾向的印度人。

孟加拉的分治法令使苏丁·达塔的一位叔叔几乎丧失理智。 30 1901年，这位叔叔曾走在绵延十英里的送葬队伍最前方，哀悼去世的维多利亚女王（Queen Victoria）。他还崇拜约翰·洛克①、约翰·斯图亚特·穆勒②等自由派哲学家。可是，这位叔叔绝对无法容忍有人认为他依赖英国胜过热爱孟加拉。分治法令让他怒火中烧。他气急败坏地拿出2万卢比，交给一位没有执业牌照的律师，后者向他保证会亲自干掉印度总督。结果，那人当然卷款而逃，总督寇松则安然无恙地回到了英格兰。⁹

分治法令经过整整六年才被推翻，其后，东西孟加拉重获统一。为报复孟加拉人取得的胜利，加尔各答不再是英属印度的统治心脏，其政治中心被迁往风格更加恢宏大气的德里。1911年，乔治五世身着加冕礼服，出席德里的杜尔巴庆典，这在印度次大陆和大英帝国堪称史无前例的安排。随着印度总督和数千名官员的离开，孟加拉失去了昔日耀眼的光环。加尔各答依旧是英国贸易的重镇，夜生活丰富多彩，可它的都市光辉开始日渐黯淡。马坦公园（Maidan）③里仍矗立着马背上的英国军官雕塑——这片开阔的绿地包括一个赛马场、供加尔各答人散步的林荫大道，还有一尊维多利亚女王纪念碑。然而，它

① 约翰·洛克（John Locke, 1632－1704）：英国经验主义（British Empiricism）的代表人物，也曾在社会契约理论上作出重要贡献。——译者注
② 约翰·斯图亚特·穆勒（John Stuart Mill, 1806－1873）：英国著名的哲学家、心理学家和经济学家，19世纪极具影响力的古典自由主义思想家。——译者注
③ 加尔各答最大的城市公园，有许多露天运动场以及世界最古老的赛马俱乐部之一——皇家加尔各答赛马俱乐部。——译者注

已然无法媲美于曾心心念念的海德公园（Hyde Park）。

亲英派开始走向黄昏。

达塔家族的财富是通过与印度占领者结盟而积累起来的。这个事实，也成为苏丁·达塔的爷爷德瓦尔卡纳特（Dwarkanath）和拉宾德拉纳特·泰戈尔的爷爷——他同样名叫德瓦尔卡纳特——留下的复杂遗产的一部分。德瓦尔卡纳特·泰戈尔的巨额财富是在拉尼甘杰赚到的。他在 1842 年去英国时，坐的是自己名下的蒸汽船"印度号"（the India），船上烧的煤也是由自家开采的。泰戈尔家族的煤炭还为加尔各答郊区的黄麻厂、锯木厂和砖厂提供燃料，被装进东方贸易线上火车、拖船和蒸汽船的炉膛。在英国停留期间，德瓦尔卡纳特受到了维多利亚女王和惠灵顿公爵（Duke of Wellington）① 的盛情款待。可让他惊讶的是，他的英国朋友都在谴责印度苦力填不饱肚子。实际上，他发现纽卡斯尔（Newcastle）的煤矿工人的日子也不好过，格拉斯哥（Glasgow）② 的失业者还会遭到英国军人的暴力对待。[10]

德瓦尔卡纳特·泰戈尔堪称孟加拉文艺复兴（Bengal Renaissance）的中流砥柱，一个因为英国和孟加拉联姻而诞生的黄金时代。他资助多家大学和报纸。他的儿子们则建立了一个由诗人、画家、剧作家、作曲家组成的加尔各答王朝。德瓦尔卡纳特·达塔也培养了一众天赋极高的后代。达塔家族的祖先最早可以追溯到加尔各答的三个渔村之一，后来慢慢以那里

---

① 指阿瑟·韦尔斯利（Arthur Wellesley, 1769 – 1852），第一代惠灵顿公爵，曾出任英国首相。——译者注
② 苏格兰第一大城市。——译者注

作为中心发展成定居点，继而成为贸易中心。英国人修建新威廉堡（new Fort William）①时，占用了达塔家族的土地。于是，东印度公司把市中心的另一块土地转让给该家族。记载地契的羊皮纸拥有超过 200 年的历史，也许还由古老的吠陀文写成，使所有家人对它油然而生崇敬之情。

新的土地上很快盖起了豪宅，渐渐扩张到 100 个房间、7 座庭院和 2 英亩大的私人果园。作为城里规模最大的商业住宅的担保人，德瓦尔卡纳特成了家族经济实力的象征。不过，他后来在房间分配上和几位兄弟发生了冲突，于是在加尔各答北部的哈蒂巴甘另盖了一座规模较小的豪宅。他的孙子苏丁便于 1901 年在那里出生。

苏丁小时候，每年杜尔迦节（Durga Puja）②都会去探望爷爷。他和几个兄弟会被带进奢华的宴客厅，那里装饰着比利时的彩色镜子和威尼斯的枝形吊灯，上面盖着防尘布。慢慢地，昏暗的、舒适的小房间里会走出越来越多的远房亲戚。他对那时的记忆带着华丽和几分俗气，还留下了一头山羊被宰杀的画面。

随着亲戚之间日渐疏离，争吵也变得频繁起来。苏丁悲哀地留意到，他们越执着于那张神圣的羊皮纸，就越是坚定地维护自己的社会地位。在苏丁看来，这种偏执和他的同龄人肆意挥霍金钱一样，相当有失体面。他亲眼看过一位放荡不羁的兄弟驾驶敞篷车，载着衣着暴露的女伴兜风。他总结道，有钱几乎等同于表现得像个白痴。出生在名门望族的他很清楚，如果

---

① 位于马坦公园中央河畔附近，是英国为了统治印度而建的要塞。——译者注
② 印度的主要节日之一，也是西孟加拉邦人最大的节日，祈祷女神为他们驱灾避难。——译者注

32 有人吹嘘豪掷 50000 卢比为情妇养的猫举办婚礼，只会换来他妻子的冷嘲热讽，说她的父亲花两倍价钱把女儿嫁给一只猴子。尽管如此，苏丁和他放浪形骸的兄弟们一样，都是英国和孟加拉联姻的产物。

苏丁吉纳特以及他的兄弟们，在哈蒂巴甘和一群婶婶、叔叔、堂兄弟一起生活、长大。叔叔们被他们的母亲逼疯后，便轮到婶婶们受脾气暴躁的婆婆操控，后者为保持家族体面而四处布下眼线。他的母亲外出时都会拉紧轿子的门帘。每天下午，女人们花数小时打扮，津津乐道地听发型师传播别人家的八卦。每天晚上，她们会去哈蒂巴甘的中央庭院祭拜神明。印度酥油灯、铃声、海螺的号角声，交织成一片。碰上斋戒，仪式还会从日出持续到日落。[11]

苏丁成年后就拒绝每天做印度教礼拜，勉强才答应结婚成家。和他的婶婶们一样，他的妻子没有接受过正式教育，只懂孟加拉语。结婚一年后，妻子查比（Chhabi）生下一个死胎，两人都不知该如何面对。此后，苏丁很少在卧室外见到她。[12]查比无法摆脱哈蒂巴甘严格的种姓制度下的种种限制，愈发与世隔绝，成天抱怨不休。后来，苏丁得到了去西方国家的机会，他二话不说便扔下正在学习的法律，陪时年 68 岁的拉宾德拉纳特·泰戈尔展开了他的第二次环球之旅。

苏丁的决定得到了父亲的支持。他是位冷静、正直的高等法院律师、知名作家，与泰戈尔年龄相仿。他的父亲认同泰戈尔的观点，欧洲文明给孟加拉带来了许多启发，而且挑战了印度教社会落后的观念。虽然苏丁在不少问题上和父亲的看法大相径庭，不过两人也有惺惺相惜之处，尤其是英国法律和文学。苏丁学生时代的朋友阿普鲁巴·昌达作为泰戈尔的秘书，也和他们同行。1929 年 2 月，三人出发了，苏丁当时还不到 30 岁。

1929 年，泰戈尔的名声盖过了他的真正才华。他看起来像个花花公子，穿着飘逸的长袍，一头长发，还蓄着圣人般的胡子。苏丁开始思考，西方人在泰戈尔的作品中投射了某种东方神秘主义，可这种神秘主义是否只存在于他们模糊的想象之中？[13]年少气盛的他会指责泰戈尔没花心思避开仰慕者，无论他们走到哪里，总被围得团团转。他们在洛杉矶停留了数天后，泰戈尔和昌达突然一起回印度了，因为不久前，一位移民局官员曾询问 1913 年的诺贝尔文学奖得主是否识字。他实在无法忍受这样的侮辱。

三人行的梦想破灭后，苏丁继续独自旅行。游历过芝加哥和纽约后，他在伦敦住了六个月。在德国时，他用一口纯正的德语彬彬有礼地告诉几位年轻的希特勒分子，身为真正的印欧人，他无须回敬他们的军礼（*Heil*）。[14]他在 1929 年年底回国，和一个德国女人的一段感情让他真正成熟起来。抛下深爱的情人，回到在婚房中等待他归来的女人身边，这使他痛苦万分。他在回程时写下的情诗中透着一股怒气，不是泰戈尔那种甜蜜宁静，而是一种苦涩隐忍的愤怒。"暴风雨猛烈地拍打百叶窗，"他写道，"回荡在我那颗支离破碎的心，发出的无力愤怒。"[15]他再也没见过那个德国女人。

苏丁对加尔各答的感受也发生了巨大转变。"你无法想象，这是多么混乱的都市。"他悲哀地写道。[16]与他曾到访的欧洲首都不同，现在他看到的尽是加尔各答的毛病。他刻薄地指出，这里没有宏伟、独特或具考古价值的建筑，虽然气候宜人，可它们终将在漫长的时光中凋零成废墟。在城市布局上，街道不是呈放射状，而是完全以笨拙的、杂乱的方式延展。城市沿着胡格利河扩张，工厂、仓库和造船厂慢慢地吞噬了昔日的渔村。随处可见狭窄、烟雾缭绕的小作坊。道路两侧非常拥挤，杂货店老板就睡在堆满蔬菜的竹棚子里。在阿里博（Alipore），公寓楼、棚户区和摇摇欲坠的廉租房挤在一起，从高处窗户里扔出来的垃圾像雨点般落在下方街道。任何一条大马路，乔林希路（Chowringhee）也好，公园大道（Park Street）也罢，都连着数百条又弯又窄的死胡同，人们只能侧起身子才能勉强通过昏暗的小路。最后，加尔各答是建在沼泽地上的，每到季风来临，街道就变成了湍急的河流。苏丁小时候总喜欢坐在家里的阳台，等看着粗心的行人小心翼翼地过马路时跌进水坑。那曾是他最大的乐趣之一。[17]可如今，相似的场景总让他感到愤怒。

很快，苏丁做了两件事。首先，模仿 T. S. 艾略特（T. S. Eliot）[①]的《标准》（Criterion）杂志[②]而筹办了《相识》（Parichay），于1931年首次面市。《相识》刊登的文章、译文和书评迅速成为孟加拉知识分子的必读物，每期杂志都是对知识分子奢侈文学爱好以及批评性洞见的丰富展示。人们常说，知识分子之于加尔各答，就如枪手之于荒蛮的西部。[18]他们探讨的主题涵盖艺术、科学、哲学、历史、语言学，当然也不会错过孟加拉和欧洲文学。[19]每星期五晚上，《相识》都会召开编辑会议，它后来慢慢发展为苏丁的第二项事业。它逐渐以"相识阿达"（Parichay Adda）而闻名。

阿达是一种加尔各答组织。它通常在固定时间、固定地点

---

① T. S. 艾略特（T. S. Eliot, 1888 – 1965）：英国诗人、剧作家和文学批评家，诗歌现代派运动领袖。——译者注
② 1922 年创办的颇有影响的文学评论季刊。——译者注

34

举行，可能在阳台、屋顶、办公室或街角的茶铺。参加阿达的可能是失业知识分子，或带有书卷气的中产男性。女人和孩子则非常少见。在最为纯粹的意义上，阿达能让个性鲜明又爱争论的人持续对话。与其说孟加拉人擅长辞令，不如说他们擅长慷慨陈词，甚至只是讨论没有意义的话题，比如该坐几路公车去别利亚加塔（Beliaghata）。"只消问孟加拉人一个问题，你便会听到一场演说，"一位加尔各答的外籍居民说，"他们把整个世界看作一个舞台，他们则在舞台上扮演着明星一般的角色，即使台下只有一位听众，在他眼中也是座无虚席。演说中，你会发现他深深地沉醉在自己抑扬顿挫的雄辩之中。"[20] 阿达的中心人物被称为"addadhari"，即所有成员所围绕的太阳。[21] 在"相识阿达"，苏丁·达塔就是太阳。

第一年，阿达是在亚洲之光保险公司（Light of Asia Insurance Company）举办的，苏丁是那里的职员。[22] 第二年，阿达移师苏丁家的书房。人们在哈蒂巴甘豪宅的楼上，盘腿坐在垫子上探讨各种话题。[23] 后来，它又改到豪宅底层最大的会客厅，那里的装修刻意模仿了伦敦或巴黎沙龙的风格。

墙的两侧面对面安置着两个高至天花板的书架。艾略特、乔伊斯①、庞德②的作品和浪漫派、维多利亚时代后期、法国、德国以及俄罗斯作家、哲学家的作品并列在一起；书架上有西格蒙德·弗洛伊德（Sigmund Freud）、卡尔·荣格（Karl Jung）

35

---

① 乔伊斯（Joyce，1882 - 1941）：爱尔兰作家、诗人，后现代文学的奠基者之一，代表作有《尤利西斯》（*Ulysses*）。——译者注
② 庞德（Pound，1885 - 1972）：美国诗人、文学评论家，和艾略特同为后期象征主义诗歌的领军人物，代表作有《在地铁站内》（*In a Station of the Metro*）。——译者注

的作品，也有班基姆·查特吉①、迈克尔·马杜苏丹·杜特②、拉姆·莫汉·罗伊③的作品，当然还不会少了泰戈尔。[24]天花板中央高悬着一盏磨砂玻璃灯，绿色大理石地面上映有点点光芒。齐腰高的护壁板更平添了几分知识分子阿达的严肃氛围。阿达进行时，苏丁的侄女、侄子被要求保持安静，如果他们表现得好，就可以吃阿达剩下的甜点。[25]

阿达欢迎所有人参加，连一个被苏丁怀疑属于印度国家警察部队政治保安处（Special Branch）④便衣的英国人也可以出席，虽然他很少参与讨论，总忙着记录别人的发言。大家都在背后嘲讽他为"那位先生"（De Sahib）⑤。虽然苏丁私下认为那人蠢透了，可在和他打交道时依旧表现得彬彬有礼。[26]没有任何话题是阿达的禁区。苏丁对所有话题均掌控得收放自如，经常辩证地从"另一方面而言"，过渡到"因此"，眼看着马上就要得出结论了，他却话锋一转抛出"尽管如此"。[27]他仔细地对待每个问题，从不遮掩，好让他从各个可能的角度进行思考。最后，他会带着毋庸置疑的信心说出他的结论。[28]

阿达上较激进的民族主义者经常抱怨，苏丁的一口英文让他显得更像"英国先生"而非印度巴布。直到他们读到苏丁的孟加拉文作品时才不得不钦佩地承认，梵文无疑是他的母语。[29]

---

① 班基姆·查特吉（Bankim Chatterjee，1838－1894）：印度作家、诗人、记者。——译者注
② 迈克尔·马杜苏丹·杜特（Michael Madhusudan Dutt，1824－1873）：孟加拉著名诗人、剧作家。——译者注
③ 拉姆·莫汉·罗伊（Ram Mohan Roy，1772－1833）：英属印度时期的社会改革思想家，主张男女平等，反对诸神崇拜等。——译者注
④ 隶属于英国警察部门。——译者注
⑤ 一种称谓。殖民时期可以不加区分地适用于印度人或非印度人。此处指英国人。——译者注

虽然苏丁精通法语、德语、梵文和孟加拉语，可他非常清楚孟
加拉人喜欢借鉴维多利亚时代流传下来的词汇和句法。因此，
他在遣词造句时总像诗人般谨慎。

　　他对衣着也相当挑剔，拥有许多剪裁考究的英式白西装。[30]
他实在无法理解甘地对手工织布机的热情，当甘地带领信徒高
唱改编的《慈光歌》（*Lead Kindly Light*）① 时，苏丁感到愚蠢透
了。可是，苏丁又情不自禁地被他吸引。甘地率先指出，达塔
这样的家族为配合英国统治不惜和魔鬼做交易，让印度付出了
巨大代价。这个被道破的真相，加上甘地几乎赤裸的身体，总
让苏丁感到不安。[31]一次，他在有轨电车上偶然遇见了这位仅身
披几块布条的国大党人。出于微妙的理由，还没等别人认出穿
着花呢上衣的他，他便匆匆下车了。[32]

　　最初几年，"相识阿达"的讨论经常从地方上的政治八卦
起头。每当有人提到让加尔各答人自豪的激进派、年轻的国大
党成员苏巴斯·钱德拉·鲍斯时，总会引发辩论。相反，人们
对国大党政治命运的兴衰却显得意兴阑珊。阿达成员对欧洲事
务的关心，如同伦敦、巴黎的沙龙上人们对印度事务的兴趣。
简而言之，事不关己。所有人都认同，英国作家在印度的殖民
问题上保持沉默，恰恰说明了统治阶级轻易就能阻止英国知识
分子干涉国家利益。[33]在阿达上，人们讨论最激烈的是苏联的五
年计划。实际上，对于希望把印度从封建主义和外国殖民中解
放出来的一部分人而言，苏联的一切都很迷人。

　　哈桑·沙希德·苏拉瓦底是苏丁最亲密也是阅历最丰富的朋
友之一。他既是阿达上的亲俄分子，又是狂热的反布尔什维克主

36

---

① 基督教歌曲，歌词取自约翰·亨利·纽曼（John Henry Newman）的一首诗
歌，有祈求上帝指引之意。——译者注

义者。从牛津大学毕业后，沙希德在圣彼得堡帝国大学
（Imperial University of St. Petersburg）教英文，亚历山大·克伦
斯基①曾是他的学生。后来，他为躲避革命前往莫斯科，与马
克西姆·高尔基（Maxim Gorky）、年轻的伊戈尔·斯特拉文斯
基②一同在斯坦尼斯拉夫斯基③创立的莫斯科艺术剧院（Moscow
Art Theatre）工作。他和一名俄罗斯女演员以及她的丈夫过着
尴尬的三人同居生活，而无视家中催促他赶快回家的信。[34] 被迫
回到加尔各答后，他为《相识》写剧评，把自己打扮得像个浪
荡子，一头长发，滔滔不绝地谈论法国女人、葡萄酒和美食。[35]
苏格兰场（Scotland Yard）④ 和政治保安处都在严密监视沙希德，
他们不相信外表如此邪恶的男人竟然不是布尔什维克党人。[36]

37　　人们永远不会搞混沙希德和他的弟弟侯赛因·沙希德·苏
拉瓦底，虽然后者也以优异的成绩毕业于牛津大学。侯赛因·沙
希德曾担任加尔各答副市长，天生是煽动群众情绪的高手。他是
个无赖、恶棍，"骨子里就是个流氓，时刻准备号召罢工，从最
让人亢奋、无耻的局势中赚钱或争取政治资本"。[37] 有他出没的地
方总少不了政治阴谋，还常牵涉性勒索。他的朋友遍布五湖四
海，而且他十分懂得如何利用他们。只要他谋得了某个政治职
位，立刻就会开始筹划如何拿下更好的美差。他曾担任加尔各答

---

① 亚历山大·克伦斯基（Alexander Kerensky, 1881 - 1970）：俄罗斯社会革命
党人。1917 年俄国二月革命后，任格奥尔基·李沃夫（Georgy Lvov）临时
政府司法和军事部长。——译者注
② 伊戈尔·斯特拉文斯基（Igor Stravinsky, 1882 - 1971）：美籍俄国作曲家、
指挥家和钢琴家，代表作有《火鸟》（The Firebird）、《春之祭》（The Rite
of Spring）。——译者注
③ 斯坦尼斯拉夫斯基（Stanislavski, 1863 - 1938）：俄罗斯著名戏剧家、表演
理论家，代表作有《演员的自我修养》（An Actor Prepares）。——译者注
④ 英国首都伦敦警察厅的代称。——译者注

大学的副校长，同时兼任东印度铁路公司（East Indian Railway）的首席医疗官。[38]他参加阿达的次数不多，表现得远比哥哥哈桑·沙希德克制，讨论的话题也仅限于本地政治。[39]苏拉瓦底两兄弟只有一个共识：英国不能给印度任何东西。一样也没有。[40]

苏丁喜欢把严肃和愚蠢、狭隘和文雅的东西混合在一起。他可以从经典的形而上式的独白，谈到蓄胡子的重要性。有关查理·卓别林天赋的辩论，可以延伸为对帝国统治的沉思。可是，苏丁丝毫不关心爱因斯坦相对论受到印度哲学影响的说法。而且，他曾中途打断1857年印度民族起义（Sepoy Rebellion）的领袖藏身在喜马拉雅山脚的论断。[41]人们坐在房间吞云吐雾之时，他脸上的表情却始终保持不变，脖子上围一条看似裹得有点紧的丝绸围巾。苏丁总能让自己冷静地置身事外，纤长的手指拨开半空中的烟雾，一只眼睛闭着，另一只微微张开。只有和纳粹万字符有关的可怕双关语，或亲纳粹主义的浅薄发言才会引来苏丁的怒目直视。

每个星期五，巴桑塔·库马尔·马利克都坐在相同的座位。他身穿精心剪裁的衣服，却摆出一副蹲姿，为了方便拿到咖喱角和达维克（Dwarik）的甜点——加尔各答北部一家堪称传奇的糖果店。他的嘴角浮现出一抹狮身人面像般的微笑，仿佛随时准备开始一场言不由衷的伪善说教。[42]他的父亲败光家产，死于酗酒。后来，马利克在一位尼泊尔王公的资助下前往牛津学习法律。由于第一次世界大战爆发，他被困在当地，又继续修读了哲学和人类学，如今他也在野猪山（Boars Hill）罗伯特·格雷夫斯①家举办自己的阿达。他发誓，在加尔各答期间绝不

①　罗伯特·格雷夫斯（Robert Graves, 1895–1985）：英国诗人、小说家、评论家，曾参与第一次世界大战，因发表战争回忆录《向一切告别》（Good-Bye to All That）而成名。——译者注

会为大英帝国工作，因此他不断拖延时间，直到能返回他心心念念的牛津。马利克擅长优雅地阐述自己提出的"冲突理论"（theory of conflict）。它几乎可以用在所有解决冲突的案例中。他乐此不疲地在阿达中好斗的知识分子身上反复验证它。[43]苏丁就像疼爱侄子般纵容他。

最后登场的是一位神秘的日记作者，他是一家向日本出口锰和铁的英国公司的职员。日记作者非常尊重苏丁。他很少主动发言，即使开口，也只是重复谈话的概要。相反，他勤勉地理解对话中的每个弦外之音，把握机会，回家后，在日记本记录它们对自己的启迪，以及铭记苏丁、苏拉瓦底兄弟、哲学家马利克以及其他杰出人物的名言和教诲。他还会在日记中画人物素描，刻意夸大每个人最显著的特征。[44]

除了《相识》杂志、阿达和诗歌外，苏丁还写了不计其数的信。有人认为，苏丁是非绝对主义，即相信可以从多个角度看待真理和现实的人。[45]然而，无论他从哪个角度打量自己所处的落后都市——尽管他就出生在加尔各答，只要他在公园大道上表现得不够卑躬屈膝，他都可能被打或被踢。就算他家族的历史比英国人占领加尔各答的时间更长，但无论他去城里哪家俱乐部，他都只能走仆人专用的门。如果白人旅客在深夜的火车上要求一张卧铺，他就必须让出自己的床位。[46]

这是另一种赤裸的现实，而且无法用精心裁剪的衣服来掩饰。无论苏丁多么精通欧洲礼仪、文学和法律，他依旧无法回避那个使人忧伤的真相：在最庸俗的英国人看来，他也不过是个孟加拉巴布。

4 冲断层

印度地质调查局的营地，松河流域（*Son River Valley*），
米尔扎布尔区（*Mizapur district*），1929 年 10～11 月

在六个月的假期中，约翰·奥登一直忙着寻找合适的结婚
对象，几乎没把心思放在印度上。他在欧洲各大首都和许多女
人调情，却始终无法锁定某个人。直到他返回野外结束第一天
的工作、暮色四合之际，他才找回昔日营地生活的熟悉感觉。
安静的四周传来一如既往的蟋蟀声，房间亮起相同的灯光。每
天夜晚，奥登都会把地质考察笔记放到一边，摊开日记，这是
他在柏林的威斯坦家养成的新习惯。

他写道，黄昏时分传来了世界上最动人的声响，那是从森
林深处传来的伐木声。米尔扎布尔区的松河流域，和分布着圆
形砂岩高地、志留纪时期板岩的豪吉尔丘陵（Howgill Fells）①
完全不同。还有，阿尔卑斯山脉没有约克郡山谷（Yorkshire
Dales）的喀斯特石灰岩沼泽，而约克郡山谷又不同于德国的哈
茨山（Harz Mountains）上地层呈纵向分布的山谷。约翰沉浸在
假期的回忆中，不是为了逃避孤独，而是为了寻找他个人故事
的线索。

他自我安慰道，想在加尔各答结婚不是完全没可能。"捕

---

① 在英格兰北部，位于湖区和约克郡山谷之间。——译者注

渔船"很快会带来年轻的姑娘，她们已经权衡并作出决定，一辈子究竟该花在照顾年迈的父母上，还是和年薪1000英镑的地质调查局官员共度余生。[1]整个冬天，她们会坐四轮马车前往各处，在胡格利河畔野餐，参加总督夫人举办的圣诞化装舞会。星期日，她们会在托利贡吉（Tollygunj）① 吃早餐，在孟加拉喝下午茶，星期六则参加舞会，加尔各答的俱乐部大多不是叫托利（Tolly）、巴利（Bally），便是叫斯拉普（Slap）。[2]起初，姑娘们可能不会反感墙上的动物标本、虎皮毯子，可一旦等她们掌握了主动，精致的茶话会便会取代单身汉所热衷的狩猎。

可在约翰看来，这些女人只是他在《尚流》（Tatler）② 社交版看到的光彩照人的女人——一身贵气地站在名车前摆出各种姿势——的苍白的模仿。他想，也许杂志上的女人只是幻想，可仅仅因为存在这种可能性，便让他懊恼自己离上流社会还差那么一点。约翰在加尔各答和有钱有地位的女人喝了太多下午茶后，总不由自主地想回卡拉亚路（Karaya Road）上同样装修华丽的公寓。那些地方也由女人做主，谈到她们对客人的款待时，甚至多了几分国际化。那里有俄罗斯人、英印混血儿，还有从欧洲、新加坡、英占香港、法属印度支那来的姑娘。在枝形吊灯下享用晚餐，外加一杯酒，要价10卢比。如果要姑娘做伴，还要另外收费。[3]

畅想着浪漫的画面之际，约翰突然记起6月最后一次做精神分析时，他的分析师问他的问题。

"你坚持做精神分析只是因为相信自己在做对的事吗？"玛

---

① 位于加尔各答南部，孟加拉地区著名的电影业中心。——译者注
② 英国杂志，自1901年起发行，专注报道时尚、生活方式以及上流社会和政治。——译者注

格丽特·马歇尔（Margaret Marshall）问道，"而不是因为你存在某种想法（*idea*）？"[4]

思绪至此，伐木声带来的平和感离他而去，他内心的疑虑再次收紧了。

如果 19 世纪意味着一个接一个让人激动的英雄故事，却从没人停下问一句为什么；20 世纪进行到目前，人们似乎更愿意坐下来剖析种种动机。这一代探险家不再为寻找尼罗河源头而在丛林中披荆斩棘，不再与热病和满怀敌意的部落作战，而是开始寻找自己。这是另一片野蛮大地，需要完全不同的工具。在巴黎，玛格丽特·马歇尔在完成了对约翰的第一次正式精神分析后认为，他的问题出在坦率。对自己太诚实的病人其实相当棘手。一部分原因在于诚实往往会掩盖最重要的真相，另一部分原因在于这种病人常会喧宾夺主，进行自我分析。玛格丽特相信，她一眼便看透了约翰的动机。

他为何想攀登珠穆朗玛峰？

"这是你所追求的一个神秘未来，"她说，"可你忽略了为达到结果，你需要正视当下和精神分析。如果逃避面对当下，你很难取得任何成就。"随后，她比较了他的两种态度。

"你说过，不喜欢光因为自己的脸长得英俊便为人所爱，可另一方面你又希望世俗的眼光会赞赏你假想中的成就。这难道不矛盾吗？你应该希望别人喜欢你，只是为了你自己。"

"没错，我也希望仅仅因为是'我'而被人喜欢。"约翰耐心地回答，"可如果没有任何行动，'我'又具体指什么呢？难道要整天坐在巴黎的咖啡馆？"

他们的谈话正是在巴黎的咖啡馆进行的。

"你扯得太远了。如果你整天坐在咖啡馆，就不是你了。"

他们回到街上后，玛格丽特问他做分析时感觉如何。

"棒极了。"

"威斯坦在回答问题时也带着种愤愤不平。"她愉快地说。

正是威斯坦建议约翰去见玛格丽特·马歇尔的。[5]玛格丽特曾宣布，威斯坦的性欲（libido）已经没有问题了，因此他相信她也能治好约翰。[6]

"山上有什么在吸引你？"

"自己一个人的时候不会受到关注，我觉得这样很安全。我的头脑总在克服恐惧或解决看似无解的困难时最清醒、最有活力。"

"也许应该从你长期的生活状态来理解这种安全感和清醒，"她说，"你必须避免依靠他人来构建自己对'我'的看法。只有当你实现这种独立性时，才可能爱上别人。"

42　　"想想乔治·马洛里对你的重要性。"她在告别时这么说。

很快，他们聊起是否该在假期结束后返回印度，以及是否要开始更认真、为期更长的精神分析。他对回印度尚有一丝期待，达赖喇嘛可能会批准新的珠峰探险。可另一方面，他也要考虑健康和个人幸福问题。讨论持续了数天后，约翰决定放弃印度。

为了庆祝约翰马洛里幻想的终结，以及决定开始更严肃的精神分析，他们在巴黎的酒吧度过了疯狂一夜。他们先去了勒费利斯（Le Felice），接着是索邦（Sorbonne）附近的另一家酒吧。玛格丽特在两人面对面跳舞时问他，是否认为自己作出了正确的决定。

"当然，没错。"他说。

可是，约翰再次懊恼起来。三个月后回想起当时的情况，他认为有些问题根本没必要问。诸如，你爱我吗？他移开视线，望向玛格丽特的丈夫和另一个跳舞的男人。凌晨三点，他累了。如同往常疲倦袭来时一样，他感到一阵性冲动。

一部分原因是他讨厌巴黎的夜生活和沉溺在其中的各式声名狼藉之人；另一部分原因是一个穿睡衣、气质出众的女孩在他眼前跑向酒店走廊的洗手间。

他想，其他人都找到了自己想要的东西，我为什么不能？玛格丽特虽然是个好人，可随着两人关系的亲近，她开始变得喋喋不休，这让他感到不耐烦。玛格丽特年长他12岁，约翰在她眼中丝毫谈不上性感。第二天，他狼狈极了，那是个星期天，他跑去玛格丽特家告诉她，他还是决定回印度。

傍晚时分，当他坐在松河流域幽暗的房间中时，他才意识到，就是这么回事。玛格丽特说过，他不该把回印度视为在做一件勇敢的事。但是，这从来和勇气无关。只是因为逃跑需要花太多努力。不过，考虑到甘地的不合作运动也许会卷土重来，想保住他的工作可能也只是另一种幻想。 43

反复探讨野外生活的乐趣，想象可以在加尔各答找到女人结婚，其实都没有意义。他无法按照玛格丽特的理论来改变自己根深蒂固的想法，这和学习德语完全不同。怎么可能通过几次谈话就从软弱变得坚强呢？而且，如果他真的向往攀登珠穆朗玛峰，为什么要浪费时间在英国乡下散步，或和威斯坦在哈尔茨山野餐？为什么他到阿尔卑斯山的第二天，就选择了离开呢？

他知道，威斯坦想成为伟大的诗人，因此全身心都倾注在这件事上。约翰无法专心地阅读自己兄弟的作品，因为他总会在里面找到自己的身影，而且威斯坦似乎比他更了解自己。他害怕看到自己的想法被别人更完整地表达出来。[7]一想到弟弟在柏林四楼的家如此混乱，约翰不禁怀疑，在那种环境下生活究竟需要多么强大的意志力。他靠修剪指甲打发时间，不时停下来看表，确认多久后才能开始下午茶。和威斯坦共度的夜晚如此精彩纷呈，而他在印度的社交生活则无聊透顶。他总是挣扎在一种矛盾之中：亲近人群，还是远离人群。虽然他在某些方面相当自负，可一旦要与人比较，总会让他产生强烈的自卑感。每当有人向他发出邀请时，他总会感到非常惊讶。他觉得自己像个骗子，习惯带着怀疑的眼光打量别人的主动。

至于爱，他真的只爱自己。

在柏林的一天下午，等威斯坦出门后，约翰翻找他的各种东西，想找出一整个早晨他都关在自己房间做什么。威斯坦回到公寓后，他脱口而出地问道。

"我想你肯定花了很多时间思考，对吧？"话音刚落，他便意识到自己的举动多么可笑。

威斯坦尝试说服他，找个合适的女人是解决他们各自困境的关键。在哈茨山的最后几天，威斯坦告诉哥哥，四个月前，约翰在柏林认识的一个维也纳犹太女人似乎爱上了他。眼看所剩的时间不多，她又如此可人，约翰便写信向她求婚。她的回信寄到时，约翰刚好不在家。威斯坦先拆开看了。约翰猜测，当时弟弟肯定笑了，而且会认为他的莽撞行事非常愚蠢。即将前往柏林娶她时，他再次改变了主意。

他究竟可以向自己作出什么承诺？玛格丽特在巴黎北站（Gare du Nord）和他告别时，提出的便是这个问题，现在这个问题让他彻夜难眠，眼光空洞地凝视着茫茫黑夜。是珠穆朗玛峰吗？一个妻子？还是在印度生活？也许玛格丽特说得没错，他患有疑病症（hypochondria）。但是，这无法改变一个事实，他经常觉得压力大到无法忍受，随时会让他崩溃。他的贫血、心律失常、背痛又是怎么回事？这些都不是他想象出来的，甚至他的双手都出现了不自然的扭曲。他机械般地重复每天的工作，累得精疲力竭。执因执果，身体的症状，心理焦虑，毫无疑问都将如此持续下去。可是，最本质的原因是什么呢？

玛格丽特告诉他，她曾经十分喜欢的姐妹后来嫁给一名印度陆军的男人。她有次被巴黎铁路的搬运工人粗暴地推搡，因为后者没有看出她来自良好的社会阶层。

"如果这就是被误认为印度人的代价，想必她非常孤独。我不希望你碰上类似的危险。"玛格丽特这么说。

但是，危险的确存在。他常常思考，英国人是否真的比印度人更高贵。如果印度人接受过良好教育，他们可能比普通英国人更出色。也许东印度公司的人是个例外，但那些只要在印度的人，现在在别人眼中也只能算二等公民。哎，这个资本主义社会。

西姆拉，印度总督的夏宫，1929 年 8 月

如果约翰所说的"资本主义社会"是个比喻，总督执行委员会（Viceroy's Executive Council）① 的财政官员对它则有更具

---

① 英属印度政府的内阁，由总督领导。——译者注

体的理解。乔治·欧内斯特·舒斯特和约翰·艾尔弗雷德·斯

45 彭德一样，也是斯彭德家孩子的长辈。前者还负责打理舒斯特

家族的财产，把它们运作得井井有条。无论是在伦敦的俱乐部、

德里的数个办公室，还是在西姆拉的顶级公寓，他都保持着出

众形象。恳请他办事的人都认为他非常优雅。

但是，他从不放弃任何东西。

乔治爵士从不表示某位请愿者的要求——比如希望孟加拉

免征盐税——不可能实现。其实，他完全不关心食盐价格如何

影响孟加拉农民的生活，就像他不会在意拒绝让步所要付出的

政治代价。

一位曾请求他帮助的地方专员（District Officer，简称

D. O.）①苦涩地回忆道，就算鸵鸟把头埋进沙子，也要能保持

足够镇定才行。他离开加尔各答去地方任职前，因为打瘟疫预

防针而发了一场低烧。发烧，加上他对肮脏油腻的环境、疟疾

和当地黑帮的恐惧，也许无法使他看清乔治舅舅头脑中最重要

的东西：资本。[8]

乔治舅舅从前是个银行家。英国正是通过银行投资和外汇

管理来控制印度的资源和生意的。1929 年底，英国对印度的投

资高达 7 亿英镑。乔治·舒斯特当然不需要别人提醒，维持和

平才能在印度推行符合英国利益的金融外汇政策。[9]

一年前，甘地得知某个委员会正在评估印度是否具备实现

自治的条件，而这个委员会中竟没有印度人后，他重返了政治

舞台。他让英国政府给出一年时间允许印度自治，如果政府不

同意，他将再次发起抵制英货的行动。双方的协商没有任何进

---

① 英国殖民官员，负责海外领土的某个地区。——译者注

展，不安的情绪愈发高涨。几个月后便会迎来了总爆发。

乔治舅舅比任何人都清楚英国商品需要印度市场，以及印度与他所属的自由党（Liberal Party）、与英国工业的健康发展之间的依存关系。坦白说，上一场战争结束时所设置的关税壁垒几乎把英国工业推向了死亡旋涡。他不在乎被他视为极端分子的国大党党员如果取胜将发生什么。乔治舅舅曾和他们有过一次"近距离接触"——在德里的中央立法议会开会时，有人扔进来两枚炸弹。

他宣布，如果甘地落实威胁，重新发起大规模的民间不合作运动，他必定不会让印度实现财政自治。可是，这种说法并不诚实。乔治舅舅非常清楚，只要伦敦的银行在印度首都把持垄断地位，便什么自治都谈不上。他还知道，如果维持和平意味着要英国让出统治地位，兰开夏和印度之间必然会爆发无可避免的冲突。这是对双方诚意的一场考验，乔治爵士喜欢如此形容，英国在考虑印度人的民族抱负前，必须先考虑国内磨坊工人的切身利益。[10]

彼时，股票市场的崩溃已经瓦解了英国展示真诚的可能性。1930 年 1 月，负责印度事务的副国务大臣（Under-Secretary of State）表示，就算印度成为英联邦国家，也不可能和加拿大、澳大利亚、新西兰平起平坐。作为回应，国大党正式收回谋求自治的诉求。新上任的国大党主席贾瓦哈拉尔·尼赫鲁和他的导师甘地合作，果断决定让国大党"向左转"。

"印度的英国政府不仅剥夺了印度人的自由，还不断剥削印度大众，破坏印度的经济、政治和精神信仰。"[11]国大党宣布印度全面独立，并发起了新一轮全民不合作运动。

1930 年 3 月 12 日早上 6 点 30 分，甘地和 78 名精心挑选的志愿者离开萨巴尔马蒂修行所，朝大海的方向出发。22 天后，甘地身裹披肩，手拄拐杖，抵达丹迪村（Dandi）① 的阿拉伯海（Arabian Sea）边。他捧起一把盐。这个举动直接挑战了法律，因为擅自采盐违反英国对盐征税的规定。照片传遍了世界各地。当天，国大党主席贾瓦哈拉尔·尼赫鲁被捕。一个月后，甘地被关进监狱。莫蒂拉尔·尼赫鲁代替儿子出任国大党的代理主席，可他也在 7 月被捕。所有人都将在 1931 年 1 月 26 日获释，即国大党宣布印度独立一周年之际。一个星期后，莫蒂拉尔去世。

47

松河流域，米尔扎布尔区，1929 年 12 月 2 日

除了身体虚弱外，约翰·奥登最大的恐惧是精神失常。当丛林的阵阵热浪扑向他时，起初的不耐烦和愤怒都在不断恶化。他花费了巨大努力，才靠着野外工作的惯性抑制住内心的狂暴。如果不这么做，他的脑海中便会响起熟悉的声音。首先，是自我怜悯。

永远不会有人爱他、理解他。

其次，是恐惧。嘈杂的集市。火车站的印度苦力，他们颤抖的槟榔色薄嘴唇。宗教的狂热。丛林。最可怕的是从帐篷外传来的笑声。有人在嘲笑他吗？他恐惧极了，肚子传来一阵阵绞痛。他被人下毒了。只要从他的工具箱找到盐酸，几滴就够他受的。

最后，是撕裂。他看到自己疯狂地尖叫，撕掉地图和笔记

---

① 位于古吉拉特邦（Gujarat）纳夫萨里县（Navsari District）的村庄。——译者注

本，用枪对准前额，扣动扳机。

把上述这些一一写下来，能稍微缓解他的部分压力。他内心奔腾的力量如此神秘，犹如让喜马拉雅山脉拔地而起的巨力。在如此愤怒、绝望的时刻，他渴望有个人不会像他那样恶狠狠地诅咒自己，渴望有个人不让他孤单，渴望有个人能释放在每个清醒的时刻折磨着他的肉体欲望。他真的可以找到一个对的女人吗？

在熟悉的僵局前，面对过无数次熟悉他再次停下脚步，把注意力转向和他共同生活的男人们，如果没有他们，他肯定会迷失自我。他回忆，他们如何带领他穿越森林，带他来到早已安顿好的营地，再静静地退到一边，请他先进去。拉尼甘杰部落的人也很敏感。他们小心地避开视线，不盯着他看，好让他在众人的陪伴下从自我意识中解放出来。他对此心存感激。他想成为类似他们父亲的人。如果让他们失望，他肯定会非常痛苦。想着这些，他终于沉沉睡去。

第二天早晨，约翰·奥登在盖穆尔（Kaimur）悬崖边的阴凉处烧茶时，忽然意识到自己对上温迪亚山脉（Upper Vindhyas）的划分似乎有些草率。如果可以参考塞姆里（Semri）的各种海底岩石的组成，以及盖穆尔、雷瓦（Rewa）和班德尔（Bhander）河边岩石的种类，应该可以作出更加准确的判断。

如同研究克罗尔带一样，这有一定的学术门槛。尽管如此，他十分欣喜自己的工作呼应了其他英国人的研究，他们也曾端坐在荒野，发出过相似的疑问。从某种程度而言，约翰提出了一个框架，等待将来某天有人注意到地表的一种新岩石，进而修正他的框架，开始更深入的研究。可是，这需要很长时间，还需要全新的工具，才能让未来的地质学家对他脚下的这块大地展开更深入、更细致的研究。

　　"*Arre chalo*！"（走吧！）他喊道。

　　"*Chalo aage.*"（好的。）他的搬运工回话。

　　"*Chalo aage.*"（好的。）带路的人说。于是，他们上路了。

5 三角关系

牛津大学，牛津，1926 年 5 月 3 日

当艾尔弗雷德·斯彭德和甘地在萨巴尔马蒂修行所争论不下之际，身在伦敦的印度事务大臣要求牛津大学副校长让两名学生提交一份书面承诺。两人本打算辩论印度自由的问题，现在他们可以选择立即停止讨论，或立即把其中一名印度学生遣送回国。牛津大学辩论社经投票后发表了一份谴责，称英国学生被侵犯了表达政治观点的权利。经过一场费力的拉票活动，上述投票结果再次被推翻。[1]由于那名参与辩论的印度学生来自孟加拉，辩论双方都引起了加尔各答报纸的广泛关注。可是，1926 年大罢工的消息很快盖过了牛津校园中沸沸扬扬的争论。

英国煤矿工人长期被迫在通风条件极差，而且存在安全隐患的矿井中超负荷工作。战争结束时，他们的工资曾被大幅削减，如今新一轮减薪将至，他们已经没什么可失去的了。他们的家人正在挨饿。[2]煤炭，便是他们的筹码。虽然英国海军已经改用石油了，可自过去一个世纪以来，煤炭都是帝国的发动机。煤矿主得到了英国首相支持，拒绝和工人谈判。因此，工会大会（Trades Union Congress）号召全国罢工。

迈克尔·斯彭德和斯蒂芬差点就要在是否支持罢工的问题上爆发"激烈的思想碰撞"，可在迈克尔心中，对于响应政府对火车司机的号召，他从未迟疑过。[3]他向大学的一个朋友解释，

驾驶火车头与驾驶送信的卡车或双层公共汽车完全不是一回事。[4]火车"潘丹尼斯城堡号"（Pendennis Castle）在马力全开的情况下，其引擎承受的压力达到每平方英寸 220 磅。他只担心火车到站时，能否及时刹住车。[5]

罢工第二天，伦敦东区码头的西汉姆（West Ham）和坎宁镇（Canning Town）爆发骚乱。[6]第二天，战舰出现在默西河（Mersey）、泰恩河（Tyne）和普利茅斯河（Plymouth）进行巡逻。彼时，迈克尔已经坐上火车驾驶座。"我难道不正是拯救危机的最佳人选吗？"他吹嘘道。接近诺丁汉（Nottingham）时，他把火车的行驶速度提高至每小时 50 英里，只在翻越哈罗（Harrow）地区时稍稍减速。一路上，他的身后不停隆隆作响。他一口气驾驶了 27 小时，比预计时间晚 12 小时抵达马里波恩（Marylebone）①，虽然筋疲力尽，却总算松了口气，车厢里装的一箱箱鱼还在不停滴水。北部的紧张气氛，加上可能被人报复，凸显了这一时刻的重要性。[7]

罢工进入第五天，由于缺少煤炭，钢铁厂关门，工人不再上班。时任财政大臣的温斯顿·丘吉尔在《英国宪报》（*British Gazette*）的创刊号发表文章。他怒喝道，英国人很快就会饿肚子。[8]第八天，军队封锁了整个码头，骑兵营和步兵营的士兵驾驶装甲车，护送运载食品的车辆。牛津、剑桥的学生和闷闷不乐的码头工人一起卸货。[9]其他人，比如威斯坦·奥登和他的朋友路易斯·麦克尼斯则选择支持煤矿工人。

罢工在第九天突然被叫停。

迈克尔回到牛津，车厢的炉火和彻夜不眠的行驶依旧让他

---

① 位于伦敦的威斯敏斯特。——译者注

头昏脑涨，他以为通过这次经历已经了解了工人的生活。直到那时他才意识到，《英国宪报》预言的蓄意破坏从未发生。丘吉尔威胁要军事镇压，宣称工会没有权利表达不满，如今这些听起来都让人气得发抖。[10]连一位长期和他父亲争论不休的保守派准男爵也向迈克尔承认，也许国家面临的危险被过分夸大了。[11]迈克尔从牛津大学学生报《彻韦尔周报》（Cherwell）的一篇文章中看到，政府在罢工最后几天，严重干涉 BBC 夜间广播。[12]他的父亲也许会说《英国宪报》就是部宣传机器。可罢工开始时，哈罗德·斯彭德已经去世两个星期了。

艾尔弗雷德·斯彭德为打理哈罗德的后事，暂停了和甘地的争论，从印度赶回英国。遵循弟弟的遗愿，斯彭德家的孩子由外祖母——吝啬，可有着一副好心肠的希尔达·舒斯特（Hilda Schuster）照顾。不过，外祖母每次作决定前都要征求艾尔弗雷德的建议。家人期待迈克尔作为长子在成年后承担起更多责任。可在此之前，艾尔弗雷德会多为弟弟的孩子们操心，他始终没有自己的孩子。

当艾尔弗雷德终于有时间坐下来写书后，他发现在英国首都爆发的罢工和印度的僵局之间存在一种颇具启发性的相似之处。他写道，甘地发动的不合作运动和罢工类似，只不过持续时间不止九天而是两年，因此造成了更大破坏。不仅如此，就像英国工人会埋怨议会议员的"牛津做派"一样，印度人也相当憎恨印度文职机构的人对他们的嘲笑和蔑视。[13]艾尔弗雷德打算搞清楚这一切。

他提笔写道，如同南非的"肤色壁垒"（color bar）一样，种族仇恨催生了抵制英国货的行为。甘地认为欧洲人和当地人无法在不破坏对方生活方式的情况下共处。但是，即使甘地真心诚意地拒绝暴力，展现出宗教上的宽容，在他无止境地谈论纺纱和自给自足的背后，其实也是一种彻头彻尾的狂热。随着英国商品一件接一件被抵制，总有一天，甘地会把所有英国人赶出印度。就像大罢工尝试推翻政府那样，新一轮不合作运动也可能造成难以设想的后果：英属印度的终结。[14]

艾尔弗雷德在 1935 年出版的《变化中的东方》(The Changing East) 中给出了这个问题的解决方法。19 世纪，印度的统治官员尚能管理和控制生活在一成不变的东方国家的人民。然而，当那里的人民认识到现代社会的便利性时，他们的需求就会发生改变。进步不再意味回到以劳动力为基础的前工业化时代——比如 18 世纪晚期的英国，而是热切地拥抱启蒙精神，以科学为助力，以煤炭为引擎，谋求发展。追求科学才是社会进步的良方。[15]

叔叔艾尔弗雷德也许曾希望他最年长的侄子可以回应印度人对科学的追求，可迈克尔在 1928 年 3 月的《自然》(Nature) 杂志上读到即将启动的大堡礁 (Great Barrier Reef) 探险后，便立刻心动了。在阳光普照的珊瑚小岛上展开一年新生活，探索库克船长 (Captain Cook) 率先涉足的水域，研究达尔文曾花费了大量心血的岛礁……和这些比起来，其他按时领薪水的工作都无聊透了。迈克尔没有征求任何人的意见就给皇家地理学会写了信，表示愿意不收分文为所有人打杂。

学会秘书阿瑟·L. 欣克斯 (Arthur L. Hinks) 回信称，他们没有打杂工的预算。学会正在招募地理学家和测量员，而且前一个职位已经找到了合适人选。面试前一晚，迈克尔紧张极了。如果没有参考书，他该如何计算经度或纬度？如果他直接告诉欣克斯"我就是你们要找的人"，肯定会被鄙视得体无完肤，永不获录用。最后，他只得结结巴巴地承认，欣克斯最好还是另找他人。[16]

牛津大学工程系主任在推荐信中写道，迈克尔·斯彭德非常自负，但也非常聪明。[17]皇家地理学会中有人不满于迈克尔的"牛津做派"，可欣克斯说服了所有人，称他在那个年轻人身上看到了一种舍我其谁的骄傲。

当艾尔弗雷德·斯彭德听说迈克尔要去澳大利亚后便明白，侄子和弟弟哈罗德同样轻狂。[18]

不管外祖母的想法如何，她让迈克尔离开了。

米德纳波学院（*Midnapore Collegiate School*），工艺品展览，克勒格布尔（*Kharagpur*），孟加拉，1931 年 4 月 7 日下午 6 点 40 分

在牛津，人人都知道打橄榄球的"卡里特四兄弟"（Carritt brothers），还给他们取了"黄金男孩"（Golden Boys）的绰号。四兄弟中的老大来到印度后不禁疑惑：大学里同性恋泛滥成灾，现在连印度也被他们"占领"了吗？他一开始碰上的两位英国高级军官完全没有掩饰他们的性取向。简直和把他的弟弟加布里埃尔（Gabriel）迷得团团转的威斯坦·奥登如出一辙，他如此寻思，想象威斯坦此刻正掌控着一片面积如萨塞克斯郡（Sussex County）① 大小的地区。威斯坦经常留宿在他们位于牛津博尔思山的家，而且就像在自己家一样自在。否则，威斯坦可能根本没法毕业。最后一个学期，他拼命创作以"黄金男孩"为主题的诗歌，才以三等荣誉从牛津大学毕业。

53

---

① 面积约 1500 平方英里。——译者注

迈克尔·约翰·卡里特（Michael John Carritt）的父亲很早就说过，二等荣誉只够勉强挤进一流公司的候补名单。[19]卡里特在酒吧消磨的时间远多于图书馆，可他还是拿到相当不错的二等荣誉，却失望地发现没能得到心仪的工作。他的下一个选项便是为殖民地效力。他选择了印度文职机构，因为它享有的威望最高。不仅如此，人们普遍认为身处前线的文职官员最具才干，因此卡里特还把西北边境省作为自己的第一志愿。[20]他畅享与旁遮普第 25 步兵团（The Twenty-Fifth Infantry Punjab）的士兵在营地嘈杂的酒吧共用骷髅形状的挂钩；畅享与拉杰普特（Rajput）① 王公贵族打马球。[21]这些都是他从丘吉尔写给母亲的信以及退休的文职官员回忆录中读来的。可让卡里特失望的是，他被派往了落后又无聊的孟加拉。

孟加拉天气阴沉，而且那里的民众似乎永远心怀不满，因此并不是个受人欢迎的地方。印度陆军完全不把学者气的民族主义分子、卑鄙的恐怖分子，还有吃素的甘地主义者放在眼中，因此他们都成了当地警察和地方专员要处理的麻烦。在孟加拉，一位低级官员如果能凑齐打台球的人就算走运，更别提打马球或狩猎了。由于卡里特没能在牛津的古典人文科目（Greats）②上拿到 A，所以只能在文职机构做一名默默无闻的底层职员，这将使他在未来数年中有许多空闲的时间来思考。[22]1930 年秋天，他作为梅迪尼普尔地方专员的新助理，前往当地赴职。到了那里，他才知道是曾经牛津大学的同窗——一个现在担任地方专员的花花公子动用了关系，才把他弄到梅迪尼普尔。

---

① 他们传统上是印度的尚武部族，主要分布于印度中部、北部、西部和巴基斯坦的一部分。直到 20 世纪，印度绝大部分土邦均由他们控制。——译者注

② 本科生科目，主要学习古罗马、古希腊、拉丁语古典文学作品。——译者注

他还从另一位打扮浮夸的风流人士处得知，新人一般不会被派到有麻烦的地区。那人现在就住在曾属于首任印度总督沃伦·黑斯廷斯（Warren Hastings）①的夏季别墅中。上一年4月，在甘地发动食盐进军期间，不合作主义者突袭了孟加拉湾。警察局高层下令警员挥舞警棍，放警犬恫吓，可甘地的信徒们采取了消极抵抗。一位地方上的反对派领导人面无表情地看着地方专员一把火烧了自己的房子和地下的食物储藏室。监狱人满为患后，囚犯们被押上卡车，抛弃在路边。雨季结束前，三名不合作主义者被枪杀。甘地在监狱给运动组织者写来鼓励和赞扬的信。[23]六个月后，当卡里特抵达印度时，他仍被关在牢里。

上述风流人士透露，如果卡里特在梅迪尼普尔表现突出，就有希望被调往加尔各答。在新组建且竞争相当激烈的内政部（Political and Home Department），特别官员（Special Officer）②的任命正大幅增加，反映了针对孟加拉日益频繁的恐怖主义活动所采取的举措。食盐进军结束的同月，吉大港（Chittagong）的一座军械库遭到洗劫，七个欧洲人死亡。此后，警方开始驻守驿站，阳台装上了铁丝网，防止炸弹攻击。到处都是线人、间谍和通风报信者。信件被截查，翻译。相关报告在政治保安处层层上报，最后被送往孟加拉的地方长官有时乃至印度总督的桌上。

卡里特发现，他的新上司既不是花花公子，也不是怪人，而是身经百战的苏格兰人。而且，他还领导了对不合作主义者

① 沃伦·黑斯廷斯（Warren Hastings，1772－1785）：英国首任，也是最著名的印度总督。——译者注
② 负责刑事调查局（Criminal Investigation Department）的政治工作。——译者注

54

的攻击。詹姆斯·佩迪（James Peddie）在上一场战争中面部遭枪击后，被授予了一枚军功章。他身材魁梧，肌肉发达，体毛茂盛，还长了许多雀斑。每个月有一个礼拜，卡里特和佩迪会去克勒格布尔（Kharagpur）听取报告。其他时候，他们或共用一顶帐篷，或在同一个房间办公，他们走遍管辖区内的学校、警察局、诊所，视察民情。他们翻查婚姻登记，找出不满法定结婚年龄的新娘；他们接待请愿者，对方往往想为改善村中某项设施筹款，或抱怨贪婪的印度地主；他们撰写各种报告，涉及道路状况、清除下水道中风信子的进度等；如果由他们批准的水井迟迟没有动工，或某人的手下勒索敲诈，那么他们都会接到警告。[24]

尽管如此，卡里特承认路上约一半时间都花在几近狂热的消遣上。黎明前躺在独木舟上聆听鸟鸣，凝视低垂的雾气在升起的朝阳中逐渐散去，仿佛做梦。然而，就任八个月之际，卡里特在偏远地区狩猎野鸭归来时才突然如梦初醒。

那天傍晚，一位代表急着要见他和佩迪，希望两人出席一场手工艺品展览的开幕式。在灯光忽然熄灭前，他们参观了四五个破旧教室中的展品。此时，耳边传来一阵枪响，人们疯狂跑向阳台，卡里特却发现佩迪不见了。他打开防风灯，按先前的逃跑路线找人，在一间教室的墙根，他发现了奄奄一息的上司。佩迪在昏迷前挤出了最后几个字："他们打中我了。"

佩迪中了三枪，两枪在左臂，一枪在后背。医院没有吗啡，没有手术室，也没有医生。[25]他在第二天早晨去世了。卡里特在后续调查中描述了两名凶手的特征。[26]两人都是孟加拉志愿军（Bengal Volunteers）的成员，该恐怖组织发誓要把梅迪尼普尔的地方专员杀得一个不剩。佩迪的继任者只勉强撑了一年。第三位地方专员同样没能逃过被枪杀的结局。直到那时,德里的议会才意识到梅迪尼普尔、孟加拉乃至印度的情况不容乐观。警方逮捕、处决了暗杀佩迪的凶手,在此前还发动了大规模搜索当地村庄的行动,拘捕了大量年轻人。[27]

佩迪去世数天后,新任印度总督就职。威灵东侯爵(Marquess of Willingdon)很快以为,统治印度其实易如反掌。他告诉加尔各答媒体《政治家》的一位记者,只要展现出仁慈即可。[28]1932年,在民间再次爆发不合作运动时,他口中的仁慈则意味取缔国大党,拘捕、囚禁该党各工作委员会成员,以及该党成千上万的支持者。在威灵东侯爵的五年任期内,甘地和贾瓦哈拉尔·尼赫鲁在监狱的时间均超过一年。全印穆斯林联盟领导人穆罕默德·阿里·真纳怀着厌恶之情回到了伦敦,继续做律师。56最终,威灵东侯爵宣布孟加拉戒严。卡里特回忆,印度陆军一插手,梅迪尼普尔的地方专员便成了恐怖分子的活靶子。[29]

奥登博士崇尚"像登上高山般活着"的理念,却似乎忽视了马克·奥勒留(Marcus Aurelius)①说过的以下这番话,它几乎是为英国地方专员、叛乱分子和同性恋诗人量身定制的。

"让他们看清楚,让他们知道,一个真正人应该遵循天性而活。如果他们无法忍受这点,就让他们杀了他。因为这比让他活着好受。"

教室,苏黎世理工大学(*Zurich Polytechnic University*),瑞士,1939年1月至8月

---

① 马克·奥勒留(Marcus Aurelius, 121–180):罗马帝国五贤帝时代最后一个皇帝。——译者注

迈克尔·斯彭德花了一整年时间勘测、绘制了大堡礁以外两个偏远小岛的详细地图，那里由大片红树林沼泽和破碎的珊瑚组成。结束后，他接受了英国留声机公司（His Master's Voice Gramophone Company）的一份工作。其间，他发明了一种录制音乐的新方法，音质比公司复制的有杂音的唱片更好。可他被告知新发明成本太高，无法投产。他本该马上辞职，公司却让他在巴黎休一个月假。旅行结束后，他递交了辞职信。[30]迈克尔告诉皇家地理学会秘书阿瑟·L. 欣克斯，在财务状况捉襟见肘的公司奔忙让他感到徒劳无益。[31]

可是，还有什么比绘制无人居住也没有原料可开采的小岛地图更徒劳无益的事呢？不同于印度地质调查局的项目，即通过绘制次大陆的地质地图来寻找矿物和煤炭，迈克尔绘制大堡礁群岛地图的努力，就如同测量和绘制长达 1500 英里的喜马拉雅山脉地图一样基本上是一种学术活动，虽然喜马拉雅山脉不只存在边界安全问题。不可否认，英国人经常把某些地区错误地标记在自己的势力范围之内。他们根深蒂固地相信，地图能够巩固主权，代表了正确和公正，而且其居高临下的视角模仿了帝王的神圣视线，这些都增添了它不可抗拒的魅力。

57　　1800 年代，一个性情温和、谨慎的英国人立下了测量整个印度的抱负。为了绘制印度地图，一群测量员从马德拉斯（Madras）① 西部港口的一座天文台出发，向印度最南端挺进。随后，他们又大致沿 78 度经线折回北方。他们发现了东岸的马德拉斯和加尔各答与西岸的门格洛尔（Mangalore）和孟买存在纬度上的联系。他们忍受丛林热、洪水、野生动物袭击等种种

---

① 南印度东岸城市，坐落于孟加拉湾岸边。——译者注

困境，使用三角测量法，丈量脚下的每英里土地。年复一年，他们考虑到地球曲率以及热膨胀对建在长达 7.5 英里的基线（baseline）上的 100 英尺链条组成的"网格"的影响。这是有史以来最长的地球表面测量，其成果被称为印度大三角勘测（the Great Indian Arc of the Meridian）。

利用三角原理估算从一个点到另一个点之间的距离的历史相当悠久。为测量具体地区，首先必须确定三个可见的参照点和三条线。三个点即三角形的三个顶角，三条线即三条边。测量员必须掌握三个顶点中两个顶点间的距离，它被称为基线。通过测量基线和两条边、第三个顶角所形成的角度（常在山顶或有标志性记号的高处），便可以使用三角测量，确定第三个顶角的位置。距离一经确定，就会被用作新的基线来测量下一个顶角。不断重复这个过程，便可以在整片次大陆画出一个由三角形组成的网络。在关键位置，还可以使用天文观测来确保测量的准确性。

为完成印度大三角勘测，测量员动用了一台重达 0.5 吨的经纬仪，来测量长达 7.5 英里的基线两端的水平和垂直角度。它需要十几个男人才能搬动。当测量员发现找不到合适的平台来固定经纬仪的望远镜瞄准器时，他们就自己建一个。测量在进行了五十年后，才最终在乔治·埃佛勒斯（George Everest）的带领下完成。[32] 当今世界海拔最高点（fixed point）——珠穆朗玛峰①，便是以他的名字命名的。

半个世纪后，人类取得了另一项里程碑式的成就。东印度 58

---

① 西方人称珠穆朗玛峰为"埃佛勒斯峰"（Everest），"珠穆朗玛"则来自藏语，有"大地之母"的意思。中国政府于 1952 年将其正名为"珠穆朗玛峰"。——译者注

公司开始在孟加拉绘制地图，详细测量了每块有人居住、耕种的土地，还记录了每个地主和佃户的姓名。1857 年，印度民族起义（Indian Rebellion）① 爆发后，英国王室买下东印度公司（再次抬高了印度长期债务），该项目仍得以持续。这些画在布上的地图和日志被称为土地记录。土地记录被丝带捆得整整齐齐，再包上红布，存放在地方收税员的档案室，摆满地图的架子一路从地板延伸到天花板。至 20 世纪初，印度每个村庄都有了自己的地图。[33]

印度文职机构的每个职员都会花上一个寒冷季节来学习土地记录上的微妙差异。离开梅迪尼普尔的职位后，卡里特也从事过这项工作。一个五人小队在测量完某地的所有村庄和土地，记录下所有名字、租金和租约后，才能转往下个地方。孟加拉被划分为约二十个地区，每个地区的调查耗时二至四年。卡里特算了笔账，大概五十年才能完成一次全面调查。等这次调查完成后，又将马上启动第二轮调查。航空摄影可以协助地图绘制，虽然它还是一种全新的尝试。一架双翼飞机会沿三英里长的跑道来回飞行，拍摄一系列照片。飞行通常在早晨或傍晚，以确保每片水稻田周围低矮土墙投下的影子都能被记录和测量到。[34]

英国利用土地记录和印度地质调查局绘制的地图，让所谓的规定取代了当地人对土地管理的古老理解。从最卑微的农夫到最有权势的地主，他们的土地继承权均取决于帕特瓦里

---

① 由印度封建主领导，以印度雇佣兵为骨干的反抗英国殖民统治和争取民族独立的起义。这次起义终结了英国通过东印度公司管理印度的模式，英国开始直接统治印度，常被视为印度的第一次独立战争。——译者注

（patwari）① 手上的一支笔。经过修改的土地记录会被再次裹上
红布，存放在税务官的架子上合适的位置。直到土地的下一次
易手，它都将经年累月地留在原地，慢慢积起厚厚的灰尘。再
小的村庄也有人想方设法逃避测量。收税员的办公室经常挤满
了投诉者，充斥着各种谣言。法律人士正在竭力让人们意识到
社会正不停变化的新潮流，而印度文职机构的官员却对此所知
甚少。

在孟加拉，收税权经常落入本地大地主手上。除了英国方 59
面所要求的金额外，他们和中间人士还会加收佣金，使没有土
地的佃户永远无法摆脱债务。索尔兹伯里侯爵（Marquis of
Salisbury）② 曾说："既然需要印度放血，刀就应该架在血液最
充沛的地方，（而不是）虚弱之处。"

孟加拉曾是印度最富裕的省份，它总被一而再再而三地
放血。

迈克尔·斯彭德希望投身于类似印度大三角勘测这种永远
不会结束的工作。他告诉阿瑟·欣克斯，南非洲草原的地图非
常不准确。可那又怎样呢？[35]欣克斯从埃佛勒斯委员会处得知，
如今要找有钱资助、永远不会结束的项目多么困难。相反，他
写信给苏黎世的一位教授，请他教斯彭德学习立体测量。[36]欣克
斯正盘算着测量一座山峰。

"维尔德牌"（Wild）立体自动绘图仪由黑铁铸造，有一个
脚踏轮和两个手轮。手轮之间是高倍率目镜，目镜下可以放两

---

① 税务部门中级别最低的官员。——译者注
② 索尔兹伯里侯爵（Marquis of Salisbury, 1861－1947）：英国政客。——译
　者注

张照片。整套仪器连接到一张绘图台，通过操作手轮，固定在那里的铅笔可以在图纸上画出表示海拔的线条。此外，迈克尔还听一位教授讲解了球面几何的细微差别。教授在黑板上用粉笔写下一组复杂的方程式，左手握拳垂在黑色外套下摆处。

"欢迎大家来这里工作。"[37]教授说完后，还原地转了个圈。

这位来自瑞士的摄影测量界权威花了整整一小时阐述其作品《摄影测量及其在瑞士土地登记测量和一般测量中的应用》（*Die Photogrammetrie und ihre Anwendung bei der schweizerischen Grundbuchvermessung und bei der allgemeinen Landesvermessung*）中的原理。迈克尔几乎听不懂他的瑞士德语方言，于是决定阅读德语原文，而非参考欣克斯生硬的翻译，这还能顺便增加自己的词汇量。他失望地发现，欧洲数学家更倾向于使用复杂的分析，而非他所熟悉的简洁证明。不出一个月，迈克尔便宣称掌握了试位法（false position method）①，还优雅地证明了旋转曲面方程（rotation equation）。[38]欣克斯肯定明白他在说什么。

绘制地形图就如同画肖像的比喻，相当生动。肖像画家也需要把人物脸部的三维立体特征反映在二维画布上。但是，画家即使掌握了透视技巧，不过始终相信的还是他的眼睛，他依靠自己的技巧让所画的面孔和模特尽量相近。而绘制地图时，仅靠视觉上的比较来检验其准确性是不够的。它的内部结构——从大地抽象出来的三角构造——是看不见的，只能先搭建好框架，然后才能逐一呈现视觉上的细节。[39]

肖像画家在照相技术普及后不得不重新思考他们的艺术形式，地图绘制者亦如是。估算照片的失真度和比例尺的公式计

---

① 计算方程的根的未知量的一种方法。——译者注

算起来极为复杂。因此，人们需要一只黑匣子（black box）自动计算误差。第一只黑匣子发明于1901年；"维尔德"则是最新一代的黑匣子。因此，摄影测量法（photogrammetry）——根据照片进行测量的技术——终于可以在避免复杂计算的情况下，便可掌握远距离表面轮廓的测量，比如山脉等。结合空中和地面摄影，瑞士在过去的五年重新绘制了国家地图。

瑞士近一半国土被阿尔卑斯山脉覆盖，因此率先掌握了立体摄影测量，这种技术最适合应用于山区地形。[40]这种技术使用两张照片，而非一张。测量员要从地面不同位置分别拍摄两张关于同一个山顶上固定点的照片。通过调节"维尔德"左右两个手轮，让两张照片逐渐融合，取景器中便会出现山脉的三维图像。

这种视觉上的现象大大影响了几何学，因为突然可以在可见地带更准确地辨识和标绘出每个特征。但是，它也需要一种诠释方法，不让地图被许多无用的细节湮没，同时又传达出纵深感。迈克尔得知，瑞士的地图绘制者可以通过光线和阴影间的细微差别，分辨出岩石或碎石坡、积雪或冰川。这是一种艺术和科学手段的完美结合。瑞士人掌握的岩画（*Felszeichnung*）技术——山脉的肖像画——在战前瑞士地图绘制中应用得非常广泛。如同人脸特征，通过娴熟地描绘风化的岩石乃至它的地层排列，地图绘制者便能够知道每座山的表面特征和轮廓。掌握这项技术后，迈克尔便前往阿尔卑斯山亲自拍摄群山。

当然，光想到在黎明前一小时就要爬出睡袋，他就觉得未免把这种荒唐的追求看得太过严肃。他喝了杯茶，定了定神。迈克尔和他的团队开始登山。如果保持完全清醒，他几乎无法忍受队伍前进的速度。因此，他让自己处于神游状态，跟随靴

61

子踩在冰碛石上的节奏，陷入幻想。如果他饿了，满脑子食物的画面会加速他的疲劳。更糟糕的是，有人在滔滔不绝地讲话。迈克尔倾向于在最低的山顶驻扎，这既能满足观测要求，又不至于太难攀登。

黎明时分，队伍爬升到 1.1 万英尺高度后，迈克尔会要求大家停下来。随着眼前的山峰呈现出玫瑰色光泽，他背包下方一小块被汗濡湿的地方立刻让他觉得发凉。此时，他会换上另一套全副武装的装备，使劲往脸上抹防晒霜。他的一名助手会解开绳索，带着醒目的标志和两米长的尺子去下一道山脊。为了分散太过寒冷的注意力，迈克尔会默默估计到下一道山脊的距离以及助手所需的时间。用锤子和凿子清理好脚下的土地后，他从行李中取出三脚架，把它们插进地里。

在架设好照相经纬仪之际，覆盖着积雪的山顶掠过金色的光芒。他明白，太阳已经升得够高，可以开始工作了。他先固定住一个黑色目镜，把它对准太阳，确定经度。一位助手在身边为他撑伞。迈克尔告诉记录员，他会先测量太阳的下端，即它的下边缘。不过在望远镜中，一切都是上下颠倒的，所以他指的实际是上边缘。当太阳爬升到经纬仪上的交叉线处时，他会喊"升"（up），此时记录员会查看时间，精确到 0.5 秒。之后，他会再向迈克尔报告垂直角度。晨光中，相似的观测需要重复十二次。重复检查角度后，迈克尔会拍摄一张照片。

如果没有做事的固定程序，匆忙投入工作可能会导致仪器在设置时发生偏差，或观测时不够细致。虽然这不至于让大家白忙一场，可迈克尔非常追求精确和效率。

中午他们测纬度。之后，他便坐下，打开一罐沙丁鱼，助手们则忙着在三脚架附近堆石冢做标记。吃完的沙丁鱼罐头会被埋进石冢，再在它上面放一块石头。当天的观测点，加上前一天和后一天的观测点，将构成三角形的三个顶点。两天后的第四个观测点加上之前的两个，便可以进一步扩大测量范围。最后，许多三角形构成的网络将覆盖所有地图绘制区域。测量印度大三角使用的正是这种方法。

下午的早些时候，迈克尔会细心搭建观测点的帐篷，他通常选择正对山峰的位置。随后，他会跨过冰川，爬到山谷的另一边，以那里为基点拍摄早晨同一个固定点的第二张照片。照相经纬仪则被盖上防水布留在原地，等待明天再次使用。迈克尔会赶在太阳下山前回来，喝上一杯美极汤（Maggi），早早休息。[41]

浪漫咖啡馆（*Romanisches Café*），柏林，1931～1932年之交的冬天

当迈克尔·斯彭德拍摄的照片在苏黎世被塞进"维尔德"时，他正在柏林学习德国版"维尔德"——蔡司（Zeiss）公司研发的精密立体测图仪，以及航空摄影测量技术。他在信中告诉欣克斯，德国人对蔡司非常狂热，几乎成了"蔡司宣传员"。他们相信蔡司的性能无与伦比，甚至都没提到维尔德。[42]

一段时间以来，柏林已经沦为一座迷失了灵魂的城市。那年冬天，希特勒和共产党都在准备发动内战。戒严令如箭在弦，街上每个角落都有巡逻警车，一有风吹草动，便会引来大量警察，准备逮捕任何可疑分子。间谍无处不在，却无法消除社会上无法无天的气氛。少年犯和父亲战死沙场的年轻人挤满了啤酒屋。根本没人敢在街上乞讨。[43]黑市兜售一切奢侈品，红灯区

63

接纳所有逃避现实的人或满足一切非法的欲望。在愈来愈危险的城市，迈克尔遇见了后来成为他妻子的女人——离家出走的埃丽卡·哈尔曼（Erica Haarmann）。[44] 在绝境中，她抓住了这个逃生机会。

那年冬天，迈克尔还在浪漫咖啡馆见了自己的弟弟。

"这里找不出一个手腕上没伤疤的女孩，"迈克尔扫视了一眼四周，用一种斯蒂芬几乎已经淡忘的统计学口吻说道，"她们都割过腕，想自杀。"[45]

斯蒂芬经常认为迈克尔不够敏感，不善于观察，尤其在面对自己的时候。因此，任何两人身上表现出的不同都为他的这种判断提供了有力证据。迈克尔坚持用理性看待世界，斯蒂芬则相信直觉。迈克尔全身心研究最前沿的技术，斯蒂芬则沉湎于冷静地挖掘内心情感，尤其是他的家人所唤起的情感。

迈克尔在牛津比在格雷沙姆更受欢迎，可他坚决拒绝把斯蒂芬介绍给威斯坦·奥登——他之前的实验室伙伴。斯蒂芬彻底崩溃了。他想结识热爱文学的同道之人，其热心程度就像他从前无微不至地照顾毛毛虫那样。最后，斯蒂芬自己找到了威斯坦的房间，还让威斯坦把他的朋友克里斯托弗·伊舍伍德介绍给他，当时，伊舍伍德恰好在柏林。伊舍伍德不厌其烦地听斯蒂芬讲家里的故事，仿佛小偷拿走毫不设防的贵重物品，还总是热情地提出各种问题。斯蒂芬从没令他失望，尤其在关于迈克尔的事上。如今，他终于克服了对哥哥的敬畏，找到了自己与世界相处的方式。斯蒂芬看待迈克尔的态度，开始变得如同迈克尔遇上了一台不如预期般顺畅运行的机器。迈克尔成了一种可以被拆解的存在，所以他可以看到他的每个缺点，即使他不会改正，缺点也明白无误地存在那里。斯蒂芬将哥哥的缺点诊断为"精神散光"（spiritual astigmatism）。[46]

带上地图和指南针、岩锤和经纬仪，迈克尔·斯彭德和约翰·奥登开始探索世界，他们先用肉眼从远处眺望，再从取景器或显微镜中仔细观察。与此同时，在接下来的十年，威斯坦·奥登、克里斯托弗·伊舍伍德和斯蒂芬·斯彭德将出席在德国和其他地方举行的各项活动，成为文学上的"铁三角"。他们都在观察所处的时代和世界，尽管出发的角度、所使用的工具不同。

6 艺术学院

上公园路（Upper Park Road）38 号，贝尔塞斯公园
（Belsize Park），伦敦，1935 年 10 月

南希·夏普在去切尔滕纳姆女子学院（Cheltenham Ladies'
College）念书前，一直住在康沃尔郡（Cornwall）① 的海边。她
的父亲是镇上的医生，母亲总是反对她的各种想法和决定。她
不关心劳资冲突，也不关心那些举止粗俗、曾在大英帝国殖民
地服务的老男人边抽烟斗边嘟囔以前的日子。如同大部分同龄
女孩，南希喜欢晒日光浴、骑马、打网球，而不是爬山、去北
极探险或参加童子军。1928 年秋天，南希进入伦敦的斯莱德
美术学院（Slade School of Fine Art），她突然有个想法，要把
年轻时累积的不满和愤怒转化为艺术。[1]她认为，除非她什么都
不做，只顾着埋头画画，这件事才可能行得通。就是这么
简单。

在她早期的一幅自画像中，一位栗色头发、相貌出众的年
轻女子坐在大门附近、窗户下方的椅子上，身体稍向前倾。她
微皱眉头，似乎不相信自己之所见。南希作画时，身体便如此
前倾着。一连串利索的动作后，她会稍离开画布一段距离，眯
眼端详刚才的笔触。随后，她的画笔伸向颜料盘，在颜料上轻

---

① 位于英格兰西南端。——译者注

轻打转，她的双眼忽远忽近地注视着面前的景象，完全沉浸其中，显得异常平和。[2]她的作品传达出了这种静谧：一只睡着的猫，一扇望得见风景的窗，安静的风景。她厌倦了郁郁寡欢的青春期，艺术才是她的向往。 66

在斯莱德念书的第一年，南希曾私下和肯尼亚的咖啡种植园主埃罗尔（Errol）订婚。直到那年夏末，她一心只想逃离家的牢笼而前往伦敦。秋天，她在汉普斯特德（Hampstead）附近和一名落魄的画家合租了一间工作室。那位画家由奥古斯都·约翰（Augustus John）[①] 带大，曾住在多塞特郡（Dorset）的波希米亚村落。她不太懂社会常识，几乎要把南希逼疯。在她看来，神便是一位从不停止追求的世界级著名肖像画家。

南希在斯莱德念书时和在切尔滕纳姆女子学院时一样，认为在这个世界上，社会等级决定一切。如果她想通往顶层，凌驾绝大多数女人——男女比例高达 1∶3——她就必须加倍努力。因此，当其他女孩聚在斯莱德的草地或校门附近打发时间时[3]，南希总在作画。当她的一幅画在学生作品展中得到《泰晤士报》（Times）和《曼彻斯特卫报》（Manchester Guardian）的好评时，她兴奋地以为自己终于脱颖而出了。至少，她曾如此相信过。

然而，斯莱德的小伙子（Slade Boys）却摆出不屑一顾的样子，嘲笑新闻评论对严肃艺术根本一无所知。她本不该对此感到惊讶的。她母亲的焦点永远在她兄弟身上。于是，南希把工作室——有人形容那里就像德国表现主义电影中的场景——当

①　奥古斯都·约翰（Augustus John，1878–1961）：英国威尔士著名的肖像画家、蚀刻版画家。——译者注

成她的舞台。[4]她参加派对，尽情狂欢，混斯莱德的各种圈子，不停地与人分分合合。午夜，南希把斯莱德的小伙子们带到汉普斯特德城中各处，在第二天早晨穿着他们的外套醒来，后者则完全不记得自己做了什么。[5]

订婚还是不订婚，南希需要一个男朋友让她在这件事上出名。众多追求者中有个中规中矩到让人难以忍受的比尔·科德斯特里姆（Bill Coldstream）。从远处观察，比尔比她认识的任何人都机灵。他穿绿色粗花呢上衣，瘦得像支铅笔，皮鞋擦得锃亮，看起来相当精明。[6]曾荣获院长奖的他现在已经不会每星期都出现在素描俱乐部（Sketch Club），南希本可能会在那里引起他的注意。当他现身于菲茨罗伊广场（Fitzroy Square）的工作室时，身边总围着一群人。他们都非常钦佩他对于现代艺术的渊博知识。

比尔·科德斯特里姆在速食店喝茶时，在贝尔托利餐厅（Bertorelli）吃廉价套餐时，在工作室喝啤酒时，总会滔滔不绝地发表自己的各种见解：影像艺术已经没落；塞尚①和德加②是时代新宠。他也不吝于分享自己的政治观点：殖民地是英国成为世界强国的关键；苏联绝不可能对英国霸权构成任何实质性的挑战，虽然美国值得引起注意。[7]他经常诙谐地讽刺斯莱德的小伙子们对美学的笨拙理解，这却被认为是出于他对他们的爱护。有一件事毋庸置疑：比尔·科德斯特里姆把自己的作品看得比任何人的都重要。唯一让他感到不安的是可能会再次爆发

---

① 保罗·塞尚（Paul Cézanne，1839－1906）：法国后印象派画家，被视为现代艺术的先驱。——译者注
② 埃德加·德加（Edgar Degas，1834－1917）：法国印象派画家、雕塑家。——译者注

战争，他总为此心神不宁。[8]

斯莱德的小伙子们普遍认同，只要有两个房间、美食、无限供应的美术用具、戏票和一年一次欧洲旅行，他们便心满意足了。[9]这些不算过分的要求并非衡量他们抱负的标准，而是他们应有的权利。和比尔一样，他们担心也许哪天就会轮到自己上战场，仿佛1914年重来，可又没人把每年阵亡将士纪念日（Remembrance Day）的两分钟默哀当回事。"一场群体性自慰"，他们中有人这么说。[10]南希从没想过这些事。她永远不必担心被征召入伍。

1929年12月，比尔终于出现在南希举办的一场杜松子酒派对上。他自信地认为，根本不必浪费时间作自我介绍。之后，她便几乎每晚都和他出门，比尔对斯莱德的小伙子们的调侃总会引来她的针锋相对。南希认为，讨论抽象的审美问题很无聊，就像政治辩论。但是，比尔那种胸有成竹，那种毋庸置疑的佼佼者的神气，正是南希最渴望的。如果他不是这种人，她肯定早把他甩了。

各种派对经常让严肃的讨论草草收尾。夜幕降临，大家冲向约克郡的格雷酒吧，抢占最好的位置，每天都以某人的烂醉收场。[11]斯莱德的小伙子们把这种堕落归咎于出现在他们生活中的女人，南希就是典型。长期被压抑的不满开始得到释放。比尔现在是"上帝科德斯特里姆"，南希则成了别人眼中的邪恶化身。[12]随后便是1930年的经济衰退，艺术市场仿佛在一夜之间萎缩了。

钱，或者缺钱，现在占据了他们的整个头脑。公众的冷漠加上皇家艺术研究院（Royal Academy）爱看人眼色，斯莱德的小伙子们忽然担心那些看上去装模作样的现代主义艺术家来，比如亨利·摩尔①、本·尼科尔森②。[13]他们不仅希望比尔解释那些艺术家在搞什么，还希望他能展示给大家看。[14]但是，比尔的作品受到严格的保护和管理，只要有人碰过，他立刻就会发现。[15]他无法在别人面前作画，可独自一人时又总是犹豫不决、磨磨蹭蹭。他会翻比赛指南，或换裤子，刮胡子，到处找油画布，把它们架在身边，虽然他还没找齐所有画笔。[16]他经常一连数小时盯着空无一物的画架。

"比尔究竟在做什么？"[17]斯莱德的小伙子们疑惑不解。那个在斯莱德述倒了所有人，那个永远自信满满的年轻人究竟出了什么问题？另一个人问。比尔身边放着小便用的牛奶瓶，这样他就不用特意跑厕所。他养了一只眼神锐利的红隼，把它关在房间角落，笼子周围洒着腐烂的肉屑，更为工作室增添了一股地牢般的阴森气氛。[18]

后来，事情便这样发生了。南希从斯莱德毕业四年后，嫁给比尔三年后，她曾为艺术而活的理想早已破灭了。她疲于应付上门收账的人，还有婴儿车里不停传出的哭闹声。她还没来得及拿起画笔，花朵便枯萎了。[19]保姆嫌弃他们把衣服扔得乱七八糟，惊恐地看着塞满烟灰的烟灰缸、染上酱汁的毛巾和留着尿渍的地板。某年二月的隆冬，暖气炉爆炸了。还是婴儿的朱丽叶（Juliet）进了氧舱，比尔染上流感，南希罹患黄疸。一次，比尔找不到画布作画，这导致了他们家最糟糕的时刻。他盯上一幅南希最珍视的肖像画，二话不说就在上面画起画来。斯莱德的小伙

---

① 亨利·摩尔（Henry Moore，1898－1986）：英国雕塑家，20世纪最著名的雕塑大师。——译者注
② 本·尼科尔森（Ben Nicolson，1894－1982）：英国抽象主义画家，风格与新造型主义有关。——译者注

子们纷纷议论，南希从那以后就疯了。

她开始从原始材料中寻找生活的真相，如同历史学家孜孜不倦地挖掘多年来的纷争如何酿成内战的根源。南希沿着让她陷入困境的台阶回溯。起初，一切都非常清晰。她的母亲得知她要结婚后，意外地表现得非常平静：可她的父亲绝不同意把女儿嫁给画家。于是，南希在梳子下方留下一张告别字条和一些钱，匆忙回了伦敦。她的父亲让儿子去追女儿。南希的兄弟赶到马里波恩的市政厅，才发觉搞错了地方。南希和比尔是在圣潘克拉斯（St. Pancras）① 注册结婚的。第二天，两人又回到南希在布德（Bude）② 的家，并只在门口见了南希父母。

"我拿你的父亲没有一点办法。"她的母亲说。此时，她的父亲出现了。

"你这个无赖！"她的父亲向比尔咆哮，"你还不如拿担架抬着她的尸体回来。"南希的眼泪夺眶而出。

"真的非常抱歉，先生。"[20]比尔说。她的眼泪突然止住了。

抱歉？这值得说抱歉吗？

是因为比尔在她父亲面前表现得太差劲吗？还是因为她花了 10 英镑为仪式租的那顶黑帽子（她非常擅长挑选帽子，可这次是个例外）？也许是因为她刚回伦敦就收到了父亲的信，而落款处只冷淡地写着 H. C. 夏普（H. C. Sharp）。那是个漫长、炎热又沉闷的夏天。她每星期的预算只有 3 英镑，全家住在国王十字街区（King's Cross）又破又脏的公寓。她的父亲在那年秋天死于心脏病，母亲毫不迟疑地责备是她害死了父亲。也许，

①　位于伦敦的中部和西北部。——译者注
②　位于康沃尔郡北部。——译者注

69

对他们婚姻的诅咒便是从那时开始的。比尔在经济拮据时依旧和模特们寻欢作乐也是主要原因之一。他们很难同时把精力集中在绘画和牛奶上。南希已经不再为放弃年轻时的理想而悲伤了，她反复寻找生活开始出错的那一刻，却只是让自己更加痛苦。她多次回忆起两人赶去市政厅登记的画面，不明白现实为何与想象截然不同。

看见比尔走出后花园的工作室，南希会突然暴怒，拳头如雨点般砸向丈夫的脑袋，他却像僵尸般站在原地。[21]有一年夏天，她之前的木婚夫埃罗尔再次出现在她跟前，有那么一瞬间，她想象也许可以重新回到年轻的日子，那时生活还充满一切可能。

但是，这不可能。她在开始依赖比尔后就变得无趣了，仿佛一个累赘。她迫切地渴望得到他的爱，但这快把他逼疯了。[22]正如比尔可能从没思考过他其实不像自己所以为的那么才华横溢一样，南希简直不敢相信为什么她无法主宰自己的命运，成为自己故事的主角。也许，她的面前有一张巨大的白色画布，可她却总在告诉自己，她已经不再是优秀的画家，继而便把目光投向别处。这太让人意外了。

斯莱德的小伙子们曾认为共产党员就像脾气很坏的孩子，只懂抱怨，可经济大萧条时期，他们开始重新思考自己的政治立场。他们绝对无法接受抽象艺术成为资产阶级走向没落前的最后救赎。他们还没准备好放弃毕加索（Picasso）。超现实主义难道无法成为资产阶级没落前的最后一根稻草吗？他们百思不得其解。可是，又要如何通过绘画表现辩证唯物主义呢？他们再次把目光投向比尔。[23]

然而，从 1935 年 2 月起，比尔就已经在邮政总局电影部（Film Unit of the General Post Office）编辑纪录片了。如今，他每天早晨九点半便匆匆出门，在市中心享用高档午餐，直到凌晨一点才坐出租车回家。比尔告诉斯莱德的小伙子们，大众不可能接受一种歌颂无产阶级胜利的高雅艺术，如果有人这么以为，那就太天真了。电影院就可以满足群众需求，人人都能去电影院。纯粹的表现主义艺术不但反动，还相当多余。社会主义将终结上流社会所钟爱的肖像画。这是合乎逻辑的。斯莱德的小伙子们受到了巨大启发。[24]

南希相当羡慕比尔的新工作。当比尔在外享受他的美好时光时，她总在向任何愿意倾听的人喋喋不休地抱怨。即使出门，她去的最远地方也只是家附近的摄政公园（Regent's Park）。圣灵降临日（Whitsun），斯莱德的一个小伙子因为看弗里兹·朗（Fritz Lang）① 的电影而在他们家留宿。他发现客房的床上散发着一股家养斗牛犬的浓重气味。比尔去上班后，他多留了一会儿。他边挡开那只狗的大鼻子，边在浴缸里洗尿布。南希说话时，朱丽叶一直在她的膝头上蹿下跳。他抽着烟，感到一阵坐立不安。

"我想说服比尔再生几个孩子，"南希说，"可他不想。"她解释道，自己小时候总喜欢看婴儿洗澡。

"可现在不需要吧？"比尔赚的钱不多，南希花钱却非常大手大脚。她总打扮得相当时髦。

"嗯，我想是吧，"她说，"不过只有朱丽叶一个孩子似乎对她不好。"[25]她问他借 1 先令零钱交煤气费，又邀请他一起逛街。南希收拾好画板、铅笔、书，把它们一股脑儿地塞进婴儿车，车里几乎躺不下婴儿了。[26]

① 弗里兹·朗（Fritz Lang，1890－1976）：出生在维也纳的德国人，知名编剧、导演。1920 年代早期，他出品的一系列犯罪题材影片开启了世界电影的新风貌。——译者注

"我们可以把朱丽叶留在婴儿车里，保姆会时不时地从窗口确认她没事的。"[27] 她说。

科德斯特里姆家的底楼搬来了他在邮政总局的新同事。[28] 作为"反对强制打扫卫生的坚定分子"，威斯坦·奥登从不抱怨南希的家务能力。如同博尔思山上卡里特的家那样，他喜欢带着凌乱的惬意。他一直想有个属于自己的家。南希去买东西时，他陪朱丽叶玩耍，或把米兰达（Miranda）抱上床，放在自己胸前。他和南希迅速变得亲密起来。[29]

威斯坦来上公园路的公寓时，带着一只曾放在父亲书房里塞满了书的行李箱。[30] 这些书把男孩之间的同性恋感情当作通往成年之路的中转站。在柏林时，威斯坦说服自己只要和"真正强壮"的异性恋男人亲密接触，便可能获得"男性"特质。就像喝保卫尔牛肉汁（Bovril）[①]，他如此想。他遇见一个汉堡的水手，事实证明他犯了个极具教育意义但代价高昂的错误。威斯坦还没告诉过约翰这件事，不过他的哥哥在柏林停留期间让他产生了另一个提升男性神秘力比多的想法。威斯坦总是充满令人肃然起敬的探索精神。一如他的行事风格，他的探索总会转向精神领域。

他扪心自问，为什么由同一个女人养大的两兄弟，竟在两性认识上存在如此巨大的差异？无论是他和男人做爱，还是约翰寻花问柳，都是对他们母亲所崇尚价值的彻底背叛。和约翰相比，他得到了更多的母爱，也许正因为这样，他总能讨各种女人欢心，而在严厉乃至惩罚性的母爱中成长起来的约翰，也

---

① 茶餐厅供应的一种经典饮料，含牛肉成分，用开水冲调而成。——译者注

许永远会想要追求更多的爱。

威斯坦还常反复思考约翰向他绘声绘色描述的边界冲突，将它带入自己对男性爱慕之情的挣扎中。身负重伤后，一位印度陆军军官英勇地夺下战略要地，却惊讶地发现刚被他摧毁的部落正是自己部队中一些士兵的老家。残忍地压抑对同性的欲望，就像印度陆军暴力镇压叛乱，既像英雄又愚蠢吗？如果是这样，威斯坦问自己，那么他否认自己爱男人的行为，既像英雄又愚蠢吗？[31]虽然威斯坦还没找到这个"问题"的满意答案，他在公寓安顿下来后，却期盼南希也许能释放出他内心带着英雄主义的男性气概。

威斯坦用工整的字迹为南希创作了一首无韵诗①，南希欣喜地发现比尔吃醋了。[32]威斯坦告诉她，如果比尔对她不忠，那么她也应该出轨，这太正常了。[33]她的确流露了几分兴趣。一天下午，威斯坦关掉灯，拉上窗帘。可他们的尝试很快以失败告终，因为传来了比尔开门的声音。[34]

威斯坦告诉南希，她使他想起戴维·赫伯特·劳伦斯（D. H. Lawrence）②笔下的女主角，她听得又激动又害羞。虽然她没读过《查泰莱夫人的情人》（*Lady Chatterley's Lover*），不过知道故事的大概。为了掩饰内心的慌张，她装出生气的样子。威斯坦竟然认为她已经绝望到愿意和守林人上床的地步，这简直是对她的侮辱。

威斯坦对此相当困惑。他说，他以为她不会介意。[35]因为他也不会介意。

---

① 英语格律诗的一种，每首行数不拘，不押韵。——译者注
② 戴维·赫伯特·劳伦斯（D. H. Lawrence，1885－1930）：英国小说家、批评家，《查泰莱夫人的情人》是他的代表作。——译者注

第二部分
客观的眼睛

……完美的怪物——想想德古拉（*Dracula*）——
在峭壁上的城堡长大，不苟言笑的家伙们
黎明时分，穿着神秘的行头出发
需要多说一句，还真有点吓人；
他们身形匀称，神经质
还拥有灵性，可上帝
向他们吩咐了什么？

> W. H. 奥登，《群山》（*Mountains*）

让我假装，我拥有照相机般客观的眼睛
奉上帝之命，记录一切

> W. H. 奥登，《给威廉·科德斯特里姆先生的信》
> （*Letter to William Coldstream，Esq.*）

尼泊尔（*Nepal*）和印度比哈尔邦（Province of Bihar）
边界，1934 年 1 月 15 日，星期天，下午 2 点 13 分

　　喜马拉雅山脉因为一种异常现象而不同于其他山脉。19 世
纪以来，科学家就知道地壳下岩石的温度会随着它们接近地幔
而升高。而且，位置越深的岩石会比表面的岩石承受更高温度、
更大压力。早期的地质学家便留意到，阿尔卑斯山脉、阿巴拉
契亚山脉、威尔士山脉等高海拔地区的岩石，比地壳附近的岩
石受到温度和压力的影响更小。可是，喜马拉雅山脉的情况截
然相反。海拔最高处的岩石却来自地壳最深的地方。约翰·奥
登每次去喜马拉雅地区（High Himalaya）都能证实这点。

　　他是如何知道的呢？地表附近的碎片状或片状岩石在地壳
深处高温的作用下，会变得密度更大，更有延展性。岩石埋得
越深、时间越久，受到变质作用（metamorphism）① 的影响便越
大。石灰石变成大理石；泥岩首先变成页岩，再变成板岩或片
岩；在地壳最深处，岩石则会熔化，形成岩浆。岩浆在部分熔
化的岩石堆中受到挤压，凝固成更大的花岗岩或巨石。约翰攀
登如今被称为主喜马拉雅山脉（Main Himalayan）的地方，从
某种程度上说，约翰也是在穿过地壳向下爬。是什么力量把古

---

　　①　岩石在固体状态下受温度、压力和化学活动性流体的作用，发生矿物、化
　　　　学、岩石结构和构造变化的地质作用。——译者注

老、炙热的岩石推挤到表面，又覆盖了比它们更年轻、色彩更多样的岩石呢？这是个谜。

76　　喜马拉雅山脉是流动的超大陆（supercontinent）冈瓦纳古陆（Gondwanaland）① 在分离后间接形成的。冈瓦纳古陆在马达加斯加（Madagascar）分离 3000 万年后，这块大陆的一部分——印度板块（Indian Plate）——和笨重的欧亚板块（Eurasian Plate）发生了缓慢碰撞。以第一个触点——今天的拉达克（Ladakh）② 为中心，印度板块开始逆时针方向运动，如同一对不匹配的齿轮，两块大陆的地壳因此挤到了一起。这个过程使特提斯海（Tethys Sea）③ 的一部分海床上升到西藏高原（Tibetan plateau）南部的最高处，其余海床则被吸入地壳之下，插入地幔。由于印度板块在欧亚板块下方运动，它的上层地壳慢慢被刮掉，使地壳加倍增厚，形成了喜马拉雅山脉和西藏高原。珠穆朗玛峰峰顶的岩石便是海相灰岩，可也能在那里找到西藏的沉积岩。

在两块大陆首次碰撞的 3000 万年后，地壳增厚和山脉上升产生的压力形成了一块东西走向的冲断层，或称为断层。随着时间的流逝，这块断层让更多原先埋在深处、具有延展性的岩石发生拉伸。在板块构造变化的影响下，它们也开始向上运动，成为庞大山脉的一部分。在接下来的 1500 万年中，体量惊人的岩石高耸入云，如同经济繁荣时期不断拔地而起的摩天大楼。这些地壳层都向北倾斜，于是把下面温度较低的岩石推向南方；

---

① 据推测为存在于南半球的古大陆，也称为南方大陆，因为印度中部的冈瓦纳而得名。——译者注
② 位于克什米尔东南部。——译者注
③ 即古地中海。——译者注

与此同时，曾经躺在特提斯海底的岩石也在侵蚀作用下剥落。最终，高度结晶的岩石排列成类似鲨鱼牙齿的参差不齐的形状，形成了世界上海拔最高的山脉。当地人称它的最高点为Chomolungma①，印度地质调查局的人则称它为埃佛勒斯峰。之后，这块断层便开始归于平静。

此后的数百万年间，两块大陆继续碰撞，像两头发情的岩羊。最终，一块新断层冉冉升起，它便是位于南部的小喜马拉雅，尼泊尔语中的Mahabharat Lekh。早期的冲断层曾把靠近地表的沉积岩挤到一边，如今，它们开始上升。向上攀爬期间，它们不仅穿过了上层地壳，还像经历了一趟时间旅行。一而再，再而三，无数沉积岩不停堆叠，新的岩石覆盖旧的岩石，如同岩石三明治，呈现出时间上的非连续性。最终，这块断层也归于沉寂，在推力的作用下再次向南移动，共同形成了冲积平原。

与约翰·奥登同时代的科学家普遍不接受阿尔弗雷德·魏格纳（Alfred Wegener）在1922年提出的"大陆漂移说"（continental drift）。约翰也不例外。实际上，当时的人们对这套宏大理论持非常怀疑的态度，尤其是德国科学家。据说，人们认为魏格纳无法提供充分的证据，也没能解释大陆漂移的机制。他甚至不是地质学家。约翰·奥登对大陆漂移说认识不足，加上没有方法测量地壳厚度、缺乏印度板块持续向南运动的证据，所以他没能解释地质构造运动如何形成山脉，又如何创造出他在克罗尔带上注意到的岩石异常排列的现象。他唯一能做的便是训练自己的眼睛，在穿越丛林、蹚过河流、上上下下爬山时，留意各种岩石的排列和组合方式。根据观察，他撰写了论文，

① 珠穆朗玛峰的藏语发音。——译者注

还绘制了复杂的地图。这便是探险家的首要职责：收集，分类，填补地图的空白之处。可是，在地壳深处究竟发生了什么，很少有人敢对此作出大胆猜测。

1934 年 1 月 15 日，星期天，尼泊尔和印度比哈尔邦交界处发生地震。忽然之间，一阵狂风横扫大地。气温骤降，季节瞬间改变。随后，西方传来了一阵隆隆声。几秒钟后，剧烈晃动袭来。震动持续了两分半至五分钟，且愈来愈剧烈，隆隆声变成了吼声。根据日后的推算，震波传播超过 300 万平方英里，是该地区有记录以来最大的地震。

在地震的几分钟内，恒河平原像波浪一样起伏，犹如陆地瞬间沦为汪洋。在冲积平原地区，成百上千间歇泉（geyser）①开始喷水。滚烫的水柱夹杂着细沙冲上 6 英尺高。它们消退后，地上留下了奇怪的锥形构造，如同一座座小火山。水井被泥沙淹没；冬天的收成悉数被毁。在岩石比较复杂的地区，地壳裂出了长数千英尺、宽 30 英尺、深 50 英尺的裂缝，其中不停涌出更多水来，疯狂制造着全新的地理景观。人和动物被困在裂缝中，导致大地再次移动，进而出现新的裂缝，喷出更强劲的水柱，置身其中的生灵仿佛某种难以消化的残渣。[1]

在加尔各答，汽车碰撞声、争相跑上大街的人们发出的惊呼声盖过了大地的隆隆声。"砰"的一声后，圣保罗大教堂（St. Paul's Cathedral）的钟楼和塔尖毁于一旦。神父福斯·韦斯科特（Foss Wescott）刚跑出房间，建筑便在他身后轰然倒塌，沦为石块、瓦砾。[2]在加德满都，首相官邸在一阵剧烈摇晃后坍塌成一堆瓦砾，原地升起一股浓烟，挡住了阳光，使人呼吸困难。[3]大地停

① 间歇喷发的温泉，多发生在火山运动活跃的区域。——译者注

止震动后，4000 平方英里地区被毁。超过 1 万人在短短 5 分钟内丧生，伤者和无家可归者则不计其数。[4]

喜马拉雅山脉的山脚下，宁静的杜鹃花海怎会懂得这一切？是天魔（Mara）[①] 再次被佛陀击败，让他在震怒中制造了这场雪崩吗？还是湿婆（Shiva）[②] 的化身马哈苏（Mahasu）在追逐加沙拉（Chasrala）时酿成了这场灾难？人们叩问苦行僧和圣人，究竟是什么力量造成了此种不幸。甘地将此归咎于贱民（untouchability）受到玷污；尼赫鲁在视察灾区时多次表达了震惊，可没有透露他的想法。人们纷纷点燃香烛和酥油灯祷告。哀悼声彻夜回荡。

一百多年来，欧洲人都被禁止进入尼泊尔。在 1814～1816 年的英尼战争（Anglo-Gurkha War）[③] 期间，东印度公司控制了其西部的加瓦尔地区和库马盎地区（Kumaon），以及东部的锡金王国。此后，与经西藏登山相比，欧洲人更难接近尼泊尔境内的喜马拉雅山脉。1920 年代的三次探险活动都从北方进山，从锡金到西藏需要历时约一个月的长途跋涉。但是，在马洛里和欧文失踪后，这条路也被切断了。

在 1934 年的地震灾害中，由于宫殿坍塌，尼泊尔国王居达·沙姆谢尔·忠格·巴哈杜尔·拉纳（Juddha Shumsher Jung Bahadur Rana）失去了两个女儿和他们的数名女仆。[5] 他要求印度地质调查局

79

---

① 佛教的四种魔之一，生活在天的顶端，首领叫波旬，号称第六天魔王。——译者注
② 印度教三神之一，毁灭之神。前身是印度河文明时代的生殖之神，兼具生殖与毁灭、创造与破坏的双重性格。——译者注
③ 又称廓尔喀战争（Gorkha War），是英国在 19 世纪初发动的侵略尼泊尔的战争。——译者注

全面评估尼泊尔的受灾情况。于是，约翰·奥登受邀带领一队地质学家，坐皇家象队从西向东穿越了受灾严重的边界地区。奥登对比了英国邱园和孟买的地震仪数据——地震达里氏8.4级，并推测震中可能在尼泊尔东部。抵达当地后，他犹如侦探通过七零八落的家具来重构暴力现场般仔细考察四周的自然环境。逆冲断层不一定藏在地底，它也可能像克罗尔带位于地表。经判断，他认为震中应该在更南的地方，位于恒河平原之下，而那里并非人们熟知的地震活跃地带。

每到一处，奥登都能感受到地壳上新形成的通风孔中喷出的热气和呛人的尘土。他的嘴巴里长满了溃疡。可是，他的考察仅限于地震形成的地质状况，而不是周围人们痛苦的表情，似乎人类的生命和地球本身所迸发的巨大能量相比，实在太微不足道了。

事实上，为什么要攀登珠穆朗玛峰呢，如果这无法证明英国人的力量能够超越自然、把无法企及的高峰踩在自己脚下的话？为什么要攀登喜马拉雅山脉呢，如果这无法证明它拥有跨越时间的广阔视野的话？也许，男人就像他靴子下的石头，能通过实现伟大的事业来克服弱点，变得坚强。约翰·奥登似乎相信，一个人爬得越高，便越接近纯粹。曾擅长打堑壕战的马洛里如今被视为一个接近永恒的存在，一个把头埋在云朵中的漂亮男孩。正如丘吉尔在称赞他的朋友、殉道者鲁珀特·布鲁克（Rupert Brooke）时所说的，"在完美的宁静中走向生命尽头"。人们没能找到马洛里的尸体，更增添了他的传奇色彩。

在无法攀登珠穆朗玛峰的那些年，人们把目光对准了较容易接近的山峰。由于该地区海拔超过8000米的高峰屈指可数，一场将国旗插上峰顶的竞争就此拉开帷幕。在14座海拔超过

8000 米的高峰中，有 10 座位于喜马拉雅山脉，其他 4 座则在其 80
姐妹山脉，即西侧的喀喇昆仑山脉（Karakoram Range）。印度
政府必须小心处理是否偏袒大英帝国的问题，所以也要考虑竞
争国家的申请，它们主要来自法国和德国。1930 年代，德国人获
准攀登喜马拉雅山脉东端大吉岭（Darjeeling）附近的干城章嘉峰
（Kanchenjunga）[1]，以及西段的南迦帕尔巴特峰[2]。法国则获准
从南迦帕尔巴特峰穿印度河（Indus），攀登喀喇昆仑山脉的玛夏
布洛姆峰（Masherbrum 1）[3]。美国也跃跃欲试。1920 年代的三
次珠峰探险活动都肩负着科学使命，登山队员包括植物学家和地
质学家；1930 年代的探险队中，队员则主要是登山家和士兵。

1930 年代，欧洲还出现了一种全新的榜样形象，即男性气
概、国家意志和登顶成功三者被密不可分地联系在一起。渴望
攀登最高的山峰的男人，不再被视为不切实际的空想家——把
海拔看得比什么都重要的乔治·马洛里现在是拥有崇高理想的
人，挺拔地屹立于山顶，俯瞰底下壮美的景色。征服高峰不再
为了纪念逝者或追求科学知识，而是为了维护或宣示国家实力
和男性气概。德国人最先开始推崇这种态度，不过，由于在第一
次世界大战中战败，它没有表现得太高调，英国和法国则紧随其
后。埃佛勒斯委员会也被这种迷人的想法吸引，其成员希望纯真
的国民也保持同样的想法：征服珠峰将延续英国在世界上的权
威，这比接见任何殖民地领导人都更有效。但是，这种幻想也有
另一面。失败可能意味着帝国瓦解，让国王和帝国输得一丝不挂。

---

① 在藏语和锡金语中的意思是"雪中五宝"，从它有五个峰顶得名，其中的
四个峰顶的海拔在 8400 米以上。——译者注
② 海拔 8125 米，另有海拔 8126 米的测量数据，是世界第九高峰。——译者注
③ 即 K1 峰，位于巴基斯坦北部，海拔 7821 米，另有海拔 7852 米的数据。——译
者注

在相当关心这个问题的埃佛勒斯委员会元老们眼中，约翰·奥登受皇室邀请拜访尼泊尔是个好兆头，也许意味某天能获准从南面攀登珠峰。约翰为《喜马拉雅山季刊》撰写见闻时还不忘提到，从乌代布尔加希（Udaipur Garhi）东边透过一片薄雾便可以遥望到珠峰南面，距他仅 73 英里远。如果有时间攀登小喜马拉雅，还可以更清楚地看到它的全貌，不过他没有去更远的地方的通行证，只得作罢。[6] 也许因为山峰近在咫尺，他瞬间觉得它不那么陌生了。

81

皇家地理学会，肯辛顿戈尔街（Kensington Gore）1 号，伦敦，1932 年 9 月 3 日

地震发生两年前，《马德拉斯周刊》（*Madras Weekly*）刊登文章介绍了名为"飞毯骑士"（Knights of the Flying Carpets）的美国组织，其成员曾驾驶飞机靠近珠穆朗玛峰。皇家地理学会秘书阿瑟·欣克斯对此极为震怒。美国佬已经率先驾驶飞机飞越地球两极了，绝不能接受他们再靠近珠峰一步。日后，欣克斯会给印度事务部（India Office）① 写信，建议他们先批准德国人的登山申请，而不是美国人。[7] 与此同时，他要求印度殖民政府调查尼泊尔王室是否批准了美国人进入其领空。可就算美国人真的进入了尼泊尔领空，他们还是需要西藏地方政府批准，才能进行珠峰探险。后来，尼泊尔对"未经允许的美国飞机"提出了轻微抗议，可那已经是欣克斯提出第二次问询五个月后的事了。

---

① 位于伦敦的政府机构，主要通过印度总督和其他官员来监督英属印度政府的管理和运作。——译者注

事情没有任何改变和进展。

欣克斯不愿善罢甘休：如果详细调查马洛里和欧文的失踪事件，是否能促使西藏方面改变态度？没有回应。但是，一份请求让英国飞机飞越珠峰的申请已经提交到了尼泊尔王室。1932年5月底，王室答复正妥善考虑此项申请，将于6月作出批复。几乎在同一时段，风向改变，云开雾散，一向蒙着面纱的珠峰山顶出现在世人眼前。达赖喇嘛曾写过一封信。

"几乎每个国家都渴望攀登世界上最高的山峰，"信的开头处写道，"英国人也迫切地想登上珠穆朗玛峰。"宗教领袖在继续写下去之前补了一句："他们已经尝试了两次，至今都没成功。"[8]英国殷勤地向达赖喇嘛献上现代武器，后者则以批准英国经西藏攀登珠峰作为回报。[9]九年的等待终于画上了句号。欣克斯只差一步便能梦想成真了。 82

"首先，最棘手的问题是挑选一位领队，"埃佛勒斯委员会主席荣赫鹏爵士宣布，最新一次探险将于9月开始，"无论结果好坏，也许一切都将取决于他。"[10]飞行和攀登都将在1933年4月或5月进行。现在的问题是：谁会率先抵达目的地？人类还是机器？

> 拉巴鲁（*Lalbalu*），比哈尔邦，军事着陆场，珠峰以南160英里，1933年4月3日

飞越珠峰的行动必须"科学严谨"，"每个细节都要经过极为慎重的考虑"。相关人员将花费一年的时间解决狂风、高海拔、低气温所造成的航空动力学上的技术挑战，并保障飞行员的安全。两架试验机都配备了增压九缸的布里斯托飞马S引擎

（Bristol Pegasus S engine），能够爬升至 3.4 万英尺。此外，飞机两翼下方还安装了照相机，将通过拍摄形成一系列测量带（survey strips），从而构成覆盖面积达 30 平方英里的测量网，协助印度地质调查局揭开珠峰的神秘面纱。[11]

被称为"罂粟花"的休斯顿夫人（Lady "Poppy" Houston）是名激进的爱国人士，主张裸体、妇女参政，可谈不上对测量和科学感兴趣。"索尔兹伯里侯爵和我在这场冒险中的主要目的——"，她用专横的语气说道，就是"告诉印度，我们不是正在倒退的民族，绝非我们的领导人表现出来的那副样子"，而是"刚健又充满朝气"。

她 16 岁时曾在合唱团伴舞，那时她还叫范妮（Fanny）。这位如今已 76 岁的"夫人"曾结过四次婚，为了表达对墨索里尼的崇拜，她将自己的宠物狗取名为贝尼托（Benito）。她对现任英国政府毫不留情。不久前，英国首相拉姆齐·麦克唐纳（Ramsay MacDonald）表示，印度也许会成为主权独立的英联邦国家。休斯顿夫人完全不把他的话放在眼中。她是印度帝国协会（Indian Empire Society）[①]的拥趸，公开反对印度自治。她曾乘坐游艇"自由号"（Liberty）沿英国南岸航行，船上插着一面旗帜，上面写着"去死吧，拉姆齐·麦克唐纳"。[12]

休斯顿夫人和她的家族成员都是顽固派。

除了印度和小狗"贝尼托"外，她最关心的便是航空事业。当休斯顿夫人得知，因为麦克唐纳撤销了空军部（Air Ministry）的一部分资金，导致英国空军可能无法连续在第三年

---

① 总部位于伦敦的游说组织，成立于 1930 年，主张英国继续殖民印度。
——译者注

拿下史奈德杯（Schneider Trophy）①时，她便豪掷十万英镑用于研发超马林 S. 6（Supermarine S. 6）引擎。最终，安装了超级引擎的样机不负众望，在考斯（Cowes）赢得了飞行竞赛。如果说超马林 S. 6 最大的卖点是速度，飞马 S（Pegasus S）引擎注重的则是爬升高度。埃佛勒斯飞行委员会（The Everest Flight Committee）——保守党议员、伯爵、皇家空军中校、报业大亨、间谍小说作家约翰·巴肯（John Buchan），还有建制派中坚分子——绝不打算把珠峰让给任何人。

休斯顿夫人决定出资后，所有人都必须听她的。她表示，议会正在讨论的新版印度法案（the new India Bill）简直是种令人羞辱的屈服。如果如丘吉尔所说，印度真的是"皇冠上最耀眼、最珍贵的明珠"，那么，成功飞跃珠峰峰顶将把这颗陷入困境的宝石牢牢固定在它原来的位置上。丘吉尔也是印度帝国协会成员，休斯顿夫人十分认同他对两年前"半裸苦行僧"甘地和印度总督欧文（Irwin）一起喝茶的画面所表达的厌恶之情。她扬言，欧文背叛了他所属的阶级。至少，他的继任者威灵东侯爵比他有骨气。

电影《埃佛勒斯之翼》（*Wings over Everest*）开场时，休斯顿夫人被包围在无数抱枕之中。她搭一条狐皮披肩，头巾上缀满宝石，生硬地重申了资助此趟飞行的决定。随后，镜头给了她身边的史奈德杯一个特写。影片回顾了飞马 S 引擎的研发过程，工作人员忙着打电话、制图以及匆忙上下楼梯的画面，和当地人悠闲地抽烟斗的镜头形成了鲜明对比。飞行员在达尔班加宫殿（Maharaja of Darbhanga）的后花园热烈讨论，日历被飞

---

① 由法国飞机爱好者史奈德发起的水上飞机竞赛，在 1913 年至 31 年间共举办 11 次。——译者注

速地翻动着。人们还非常关心每天两次的天气预报。最后，日
历停在 1933 年 4 月 3 日，星期一。地勤再次检查了备忘清单上
的 46 项条目。两位飞行员最后一次调整护目镜，在一片欢呼声
84 中打开了双翼飞机的驾驶舱门。一个俯瞰镜头拍下了一群聚在
干草堆附近的当地人，他们的脸上露出惊讶的表情。[13]

先是雪松，再是松树、冬青、桦树、杜松、杜鹃花，等它
们渐渐淡出视野后，飞行员眼前出现了悬崖和岩壁。一波波山
峦在他们下方起伏、层叠，往各个方向绵延数百英里。当飞机
爬升至 1.9 万英尺的高度时，他们见到了第一座白雪皑皑的峰
顶，矗立于飞机右翼下方的干城章嘉峰。过了一会儿，又有两
座小山峰出现在飞机右侧，一道道结晶状的冰体是区分马卡鲁
峰（Makalu）和珠峰的标志。[14]测高仪显示飞机现在的高度为
3.3 万英尺，已经超出珠峰最高点 4000 英尺以上。随着飞机靠
近目标，每小时最大风速达到 100 英里，温度计显示为零下 50
华氏度。克莱兹代尔侯爵（Marquis of Clydesdale）日后写道，
"那便是登山者攀登过的东北面山脊"，也是人们最后看见马洛
里和欧文的地方。

峰顶隐约出现在飞行员所处位置的下方。飞机绕它飞行了
约 15 分钟，从西面拍摄了最后一张喜马拉雅山脉的全景广角照
片后，它重新降落在滑行跑道，迎接人们的掌声和祝贺。[15]此次
飞行的一位发言人告诉《泰晤士报》，他们还需要一些时间来
研究在这无与伦比的数分钟内从"世界巅峰俯瞰"到的景象。[16]

谁会料到，由于尘霾（dust haze），科学家看不清测量带上
的任何东西？休斯顿夫人发来电报，拒绝赞助第二次飞行。但
是，已经足够了，英国人率先从高空俯瞰了渺小的世界之巅。

现在，注意力都集中到了登山者身上。

大本营（Base Camp），东绒布冰川（East Rongbuk Glacier），珠穆朗玛峰，1933 年 4 月 25 日

在玛格丽特·马歇尔来加尔各答散心，以抚慰失去丈夫的悲痛时，约翰·奥登刚开始兴致勃勃地研究喜马拉雅山脉的地质构造。他不知该说什么，于是干脆娶了她。他们度完蜜月不久，他便迫不及待地重新回到山上，一去就是好几个礼拜，留下没有朋友的妻子独自一人在加尔各答狭窄的公寓。作为报复，她拼命花钱，和男仆偷情。他们的婚姻终于在 1933 年年底宣告结束。

同一时期，约翰刚绘制完克罗尔带的地质图，极为详尽地标注了西姆拉附近小喜马拉雅山脉的地层褶皱。他还分析了当地的花岗岩。不同于人们普遍认为喜马拉雅山脉的花岗岩均在第三纪（Tertiary period）（距今 6600 万年至 150 万年）[①] 发生侵入现象的观点，他还找到了年代更为久远的侵入岩，距今约 2.5 亿年。侵入（intrusion）指火山岩——比如花岗岩——在地壳中因受力穿过其他岩石，但尚未暴露在地表的过程。他在这里找到的花岗岩和他在其他高海拔地区采集的样本存在着惊人的相似之处，这表明它们可能在同一时期发生了侵入现象。[17] 如果珠峰探险再次启动，约翰希望能凭这个发现让自己以地质学家身份入选探险队。

可是，当约翰在剑桥认识的老朋友比尔·韦杰（Bill Wager）于 1933 年 3 月来加尔各答时，他便知道自己与这个机

85

---

① 新生代最老的一个纪。重要生物类别是被子植物、哺乳动物、鸟类、真骨鱼类、双壳类等，该时代标志"现代生物时代"的来临。——译者注

会无缘了。这件事也要怪玛格丽特。午餐时，他问韦杰自己是否有机会作为探险队的地质学家去考察东绒布冰川。韦杰不容置疑地回答，现在所有讨论都集中在登顶上。[18]这实在令人不快。不仅因为韦杰对喜马拉雅山脉的地质情况一无所知，还因为他是第一次来印度。虽然欣克斯坚称，所有登山队员都是怀抱着崇高理想的英国人，约翰却很好奇他们究竟是如何脱颖而出的。

1933 年珠峰探险的登山队员大多比较年轻，且没有经历过战争，所以马洛里的抱负被重新诠释。谁将成为这次探险中的杰出成员？此人必须体现英国人的崇高品质，活力充沛，还要热爱冒险。比尔·韦杰非常符合欣克斯对榜样的想象：毕业于英国一流公立学校，剑桥大学登山俱乐部（Cambridge Mountaineering Club）成员，迫切地渴望征服高峰。此外，他刚结束东格陵兰（East Greenland）海岸的探险。[19]虽然人们不太能够想象，如此完美的人在高海拔地区会表现如何。脾气不好可能像高原反应一样致命。登山队员之间的相互仇恨，因为竞争和孤立而愈演愈烈，这些都没有被写入官方记录，可相关传闻却层出不穷。弗兰克·斯迈思（Frank Smythe）似乎只有年仅 25 岁、喜欢恶作剧的埃里克·希普顿（Eric Shipton）才能忍受他。

登山队员首次集合后，便处于这次探险的领队休·拉特利奇（Hugh Ruttledge）的严密观察下。12 位登山队员中，他将选出三个两人一组的强击队。在最后宣布名单前，每个人都谨慎地打量其他队员，尽量表现得精神振奋。拉特利奇在所有人抵达珠峰大本营后宣布了名单。为了安抚没被选上的 6 人，他称如果有人出现高原反应或不幸遇上事故，他们就可以顶上那人的位置。埃里克·希普顿认为这种做法很蠢。[20]它是经历过战争那代人的典型思维，保证随时有替补的年轻人可以被扔上碉堡的城垛作战，但自己只知道一味躲在后方。希普顿和斯迈思都入选了强击队。

如果不是斯迈思成功登顶过卡美特山（Kamet）——英属印度境内的第二高峰，也是迄今为止人类征服的最高峰，他其实没有希望入选探险队。他毕业于一家名不见经传的公立学校，从未参军、上大学或为殖民政府服务。阿瑟·欣克斯认为，更糟糕的是他喜欢公开发表演讲，接受媒体访问。[21] 可是，在斯迈思的带领下，攀登位于加瓦尔地区、西藏高原边缘的卡美特山行动取得了圆满成功。两支小队成功登顶，包括斯迈思、希普顿、两名搬运工和一位向导。

相较于委员会为何决定选择休·拉特利奇担任领队而言，其他登山队员的遴选过程尚算透明。荣赫鹏爵士宣称："我们必须挑选一位与生俱来拥有领导风范的人。"[22] 他本可以钦点自己人斯迈思，可让欣克斯大松一口气的是他无法一个人说了算。达赖喇嘛也看不惯荣赫鹏心急火燎地试图踏足西藏的做法，他最好也别在攀登珠峰上拥有太大话语权。由于曾参与1924 年探险的两名成员无法成行，拉特利奇成了他们的最后人选。

他年届五十，秃头，戴眼镜，曾担任殖民地的地方专员，走路时步伐不太稳。可是，他非常善良，还是精明的猎人。他认为，登山和打猎之间有着惊人的相似之处。正如登山不仅为了抵达山顶一样，打猎也不仅为了杀死猎物。[23] 拉特利奇喜欢坐在炉火边，滔滔不绝地谈论打猎，和人辩论攀登珠峰的最佳路线。辩论从锡金便开始了，现在，每个登山队员都觉得无聊极了，可拉特利奇仍不善罢甘休。他总喜欢半躺着给大家分树莓，

87

同时边装腔作势讲话的样子也十分不讨好。[24]

在马洛里和欧文登顶失败后的这些年，人们就1920年代的珠峰探险进行了激烈辩论。一位测量员在1921年的勘测中发现，东绒布冰川是唯一可能通往珠峰山顶的路。冰川尽头是高约1200英尺，由岩石和冰形成的墙体。从那里可以爬上海拔约2.3万英尺的北坳（North Col）[①] 覆雪的山脊，此后，从北面登顶之路才真正开始。至此，没有任何疑义。完成最后的6000英尺可以有两条路线。一条位于东北脊（Northeast ridge），它有两道难以逾越的屏障第一踏脚处（Step 1）和第二踏脚处（Step 2）。第二踏脚处是一块隆起高度超过130英尺的陡峭岩石（从下往上看，其高度可能超过200英尺），而且最后一段路几乎完全垂直。

他们会像马洛里一样，在刀锋似的山脊上正面挑战两大屏障，同时抵抗从西藏高原吹来的几乎能把人吹向天国的强风吗？还是，他们将选择另一条路线，在北坡穿越危险重重的诺顿雪沟（Great Couloir），那里的地势向外倾斜，冰面非常光滑，稍不留神就可能坠入脚下1万英尺深的东绒布冰川？登山队员轮流尽责地用望远镜观察星象。

拉特利奇设计了一套策略，将登顶分为三个阶段。首先，从西藏前往珠峰大本营，该阶段已经完成。其次，为东绒布冰川上的1号至4号营地提供补给，目前正在进行中。最后，在北坳的上方搭建最后两个营地，伺机登顶，计划将于一个月后完成。为了最后一刻的胜利，6名被选中的队员积极保存体力，尽可能缩在睡袋，频繁测量自己的基础脉搏。要稳定适应，这

---

① 顶端海拔7028米，最大坡度70度，仿佛高耸的城墙屹立在珠穆朗玛峰腰部，也被称作珠峰"大门"。——译者注

是他们领队的口头禅。埃里克·希普顿开玩笑，他们都快得褥疮了。[25]只有比尔·韦杰因为之前的急行军而身体极为虚弱，在大本营休养。他勉强才挤进第三登顶强击队，绝不允许自己在一阵小跑后败下阵来，落后他人。

他天真地相信，最糟糕的时刻已经过去了，待冲锋的号角响起时，自己没理由准备不足。"这座山峰可不像我以前听过的煤渣堆"，韦杰在营地给约翰·奥登写信，只是往自己的伤口多撒了一把盐。[26]

6 号营地，珠峰北坡，距峰顶 1602 英尺，1933 年 5 月31 日

完全恢复了体力的比尔·韦杰躺在 6 号营地，他的帐篷搭在珠峰北坡一处狭窄的岩架上，距峰顶约 1602 英尺。两星期前从大本营发来的电报称，在锡兰海岸观测到了季风迹象。所有人都不敢相信，这比他们预计的时间早了太多。风势猛烈，帐篷里响起此起彼伏的咳嗽声。他断断续续地睡了一夜。第二天早晨，韦杰和搭档选择了马洛里当年的路线，在凌晨 5 点 40 分出发，前往东北脊上的第一踏脚处和第二踏脚处。途中，韦杰的搭档发现了马洛里的冰锤。[27]他们确实曾踏足这片神圣的大地。

爬过第一踏脚处后，他们才发现根本不可能通过第二踏脚处。于是，他们沿山脊下降了 200－300 英尺，尝试穿越诺顿雪沟，小心翼翼地走过覆盖着松散薄雪的路。冬天下雪时，大风会吹走雪花，使北坡的岩石完全暴露在地表。韦杰日后总结道，当积雪和强风间的平衡被打破、大风无法阻止积雪时，便标志

着冬季开始向季风季节转变。[28]他们设法穿过了诺顿雪沟，他爬上一个陡壁后发现前方远处还有一条较窄的雪沟。此时，他们距峰顶仅900英尺，但他们没有时间了。

他们在回程途中取回了马洛里的冰锤，韦杰还爬到山脊上欣赏起尼泊尔方向冰天雪地的景色。在6号营地，斯迈思和希普顿听取了他们的经历，决定直接去诺顿雪沟。韦杰和搭档则开始下山。身在东绒布冰川的拉特利奇还完全不知道队员们的命运。那天晚上，没人在篝火边聊打猎。第二天早晨，依旧没有任何消息。他架起望远镜，对准北坡上空的季风云层，它看起来仿佛一块巨大的裹尸布。[29]没人敢和他说一句话。

夜晚，斯迈思翻身时总撞到希普顿。一整夜，希普顿不得不持续把他推回原处，因此根本没法安心睡觉。第二天，雪还在下，他们又这样过了一夜。最后，他们设法沿着一条狭窄的山脊抵达了雪沟。希普顿意识到自己虚弱得像只小猫，只得让斯迈思独自前进。[30]

斯迈思平时也许不苟言笑，又自大，可在缺氧环境下，他平静得仿佛瑜伽修行者。[31]凭着这种状态，他在早上10点抵达诺顿雪沟尽头。他打算从那里攀登另一条小雪沟，仿佛沿着金字塔表面垂直而上。但是，雪又松又软，一脚踩下去便没到大腿根。两个星期前，他们每小时可以爬升1000英尺[32]，如今，每分钟只能前进不到一英尺，而且每踏出一步都在增加回程的风险。他放弃了。

达赖喇嘛将这次探险失败归咎于他们触怒了大山的守护神。[33]埃里克·希普顿却认为整个探险计划都相当可疑。这次穿越青藏高原的旅行用了数千头驮畜。一支由通信兵、全副武装的士兵，还有72名夏尔巴人（Sherpa）① 和菩提亚人（Bhotia）组成的小分队为营地搬运物资。队员的补给包括青鱼、烟熏三文鱼、龙虾、螃蟹、三文鱼、芦笋、鱼子酱和鹅肝罐头。许多物资没有消耗完，浪费了很多钱，也让搬运工们白花力气把它们驮到营地。每名登山队员都需要一顶独立帐篷、一名仆人吗？甚至，没有参与登顶的队员也要？拉特利奇对环境适应的执着，也意味队员在缓解高原反应上花费了更多时间。[34]

　　与此同时，驾驶飞机飞越珠峰峰顶的英国空军准将将自己的成就媲美于亚历山大大帝征服印度。他引用拿破仑的说法——"征服印度之人必将征服世界"（he who holds India, holds the world），来强调使人痛苦的伟大抱负——征服珠峰便代表英国在世界的主导地位，即使这座山峰根本不在印度境内。他信誓旦旦地宣称，探险失败也是"伟大的成就"，仿佛和珠峰有关的事都不必遵循正常的逻辑。[35]虽然休斯顿夫人反对，但英国很快实施了第二次跨越珠峰的飞行，飞行员们为自己的英勇而欣喜若狂。这次飞行拍摄的测量带照片非常清晰、连续，而且相邻测量带的边缘也可以完美重合。

　　但是，迈克尔·斯彭德却对此不屑一顾。那年夏天，他使用空中摄影完美绘制了格陵兰岛沿岸山脉的地图。他认为在珠穆朗玛峰地区，无数高矮不一的山峰可能使垂直拍摄的照片发生极为严重的扭曲。飞机应该多携带一台固定相机，捕捉它们在相对高度上的差异。之后，结合飞行测量带和现有地面测量的结果，才可以绘制出珠峰地区的地图。尽管如此，飞行员们

①　藏语意为"来自东方的人"，散居在喜马拉雅山两侧，过去几乎与世隔绝，后来因为给攀登珠穆朗玛峰的各国登山队当向导或搬运工而闻名。——译者注

依旧扬起漂亮的面孔，欢乐地奏响成功的音符。[36]

比尔·韦杰责怪拉特利奇，认为他要为 1933 年珠峰探险失败负责。他在写给约翰的信中把他贬得一文不值，还提到约翰和他有个相似的怪癖。他说，它和印度无关，也无伤大雅，只是从他认识约翰以来，就发现他会不由自主地抽搐。[37]

他就此停笔，留约翰一人担心地琢磨那究竟是什么。这便是韦杰的乐趣。

8　世界之地母神

加尔各答大饭店，乔林希路，加尔各答，1935 年 5 月
20 日

加尔各答大饭店的奢华白色柱廊延伸了整整一个街区，站
在饭店阳台，就可以俯瞰马坦公园和维多利亚纪念馆（Victoria
Memorial）的壮观景色。可那天下午，饭店的餐厅中挤满了看
热闹的高级官员——他们同时也成了热闹的一部分，那里上演
的才是最精彩的戏码。即使印度总督亲自现身，恐怕也无法像
埃里克·希普顿和他身边几个着装随意的人那样吸引如此多的
目光。

在 1933 年的探险失败两年后，西藏地方政府再次批准英国
人攀登珠峰。由于在年内组织探险已经太迟，埃佛勒斯委员会
决定先派一小队人去珠峰地区勘测，为 1936 年 5 月全力以赴的
登顶行动做准备。1935 年勘测队的七名成员抵达孟买后拍摄的
照片，刊登在《新政治家》（New Statesman）的各大版面，埃
里克·希普顿作为领队，站在人群中最显眼的位置。在加尔各
答，希普顿至少还会邀请一位喜马拉雅山俱乐部的成员加入勘
测队。如果此人表现出色，还会受邀参加 1936 年的登顶行动。[1]
在这个闷热的下午，希普顿正是为这个目的来到加尔各答大饭
店。约翰·奥登也在候选名单上。

希普顿从伦敦带来的五名队员中，有三人曾是剑桥登山俱

92 乐部成员。第四名成员是让希普顿很有好感的新西兰人丹·布
赖恩特（Dan Bryant）。²第五名队员曾和希普顿一同创下登山史
上的最高成就，可他当天没有现身。比尔·蒂尔曼在托利贡吉
俱乐部（Tollygunj Club）狂欢了一夜后，便直接前往大吉岭采
购物资，物色搬运工。他认为孟加拉人不太靠得住。[3]

　　虽然在日后，埃里克·希普顿和比尔·蒂尔曼将被人称作
喜马拉雅登山探险的"可怕双胞胎"（terrible twins），不过他们
更像在配对时出错的两个人。蒂尔曼有个方下巴，身材高大；
希普顿却又瘦又矮，长了一张老实巴交的脸，站姿像只企鹅。[4]
蒂尔曼是英国糖果商的儿子，打过堑壕战。希普顿在锡兰的种
植园长大，年纪轻轻，从没参加过战争。蒂尔曼不是个容易相
处的人[5]，希普顿却视他为不可多得的消遣伙伴。蒂尔曼不屑于
女性陪伴左右，希普顿却是"妈宝男"。实际上，希普顿的母
亲［蒂尔曼称她为"圣人"（The Holy）］[6]刚在新市场（New
Market）为队员们挑选了最重要的补给品。

　　1933 年，希普顿结束探险后，蒂尔曼曾邀请他去湖区爬
山。相反，希普顿有个更好的主意，他提议对方来印度生活七
个月。[7]探险是崇高的召唤，而不是为了计算征服了多少座高
峰——受比尔·韦杰这种说法的影响，希普顿建议去探索尚未
有人涉足的楠达德维峰（Nanda Devi）① 附近的地区，那是英属
印度境内海拔最高的山峰。

　　楠达德维峰位于印度教圣地的中心，传说是七大仙人
（Rishi）在尘世中的故乡。休·拉特利奇相信，仙人选择此处
是因为在这里冥想不会受打扰，虽然许多人试图打破它的宁静。

_____

① 位于印度北阿坎德邦（Uttarakhand），属于喜马拉雅山脉，海拔 7816 米，
　　是世界第 23 高峰。——译者注

拉特利奇本人曾三次尝试穿越楠达德维峰的外围，它由三十座高峰组成，每座高峰的海拔都超过 2.1 万英尺，可他的所有尝试均以失败告终。这条环状地带的西边尽头有一条长 20 英里的不可思议的峡谷，恒河在岩石上撕开了一道又深又窄的口子。迄今为止，还没有人能够成功突破它。希普顿建议他们先攀上峡谷，查看其内部可能通往楠达德维峰的双子峰（最高海拔为 25643 英尺）的所有路线。之后，他们再沿外环前行，从东边离开。

希普顿和蒂尔曼在三个大吉岭的夏尔巴人的陪同下，从朝圣地乔斯希马特镇（Joshimath）① 出发了。恒河在他们身下 1500 英尺处奔腾。他们小心翼翼地前进，紧贴悬崖，多次被落石击中，经历多番周折后才抵达圣地，完成勘测，并平安归来。这让希普顿更加坚信，探险和登山应该采用更精干的编组，而非拉特利奇在珠峰采用的人数过多的军事围城模式。[8] 希普顿和蒂尔曼在 1934 年的行动收获了大量赞赏。

埃佛勒斯委员会要求希普顿在 1935 年的勘测中考察是否可能在季风季节攀登珠峰，但明令禁止他们在这次行动中尝试登顶。他的主要任务是尽量调查珠峰附近的冰川，其技术含量比他探索楠达德维峰附近地区更高。欣克斯想要一张地图，不仅包含东北山脊上第一踏脚处和第二踏脚处的准确海拔，还要标注诺顿雪沟上一圈岩石带的等高线。他相信，只要画出这张地图，就能解答走哪条路更容易登顶珠峰的问题。此外，队员还要在珠峰附近最高的山顶或山脊拍摄地平线的照片——用来校准，以及拍摄照片来寻找从尼泊尔攀登珠峰的一切方式。约

93

---

① 位于北阿坎德邦的杰莫利地区（Chamoli）。——译者注

翰·奥登刚发表有关 1934 年大地震的报告。因此，加德满都随时可能改变主意。

在坐船去印度前，希普顿和比尔·韦杰共度了一个周末。关于谁是这次勘测和 1936 年登顶行动的合适人选，他想听听对方的看法。韦杰建议，每次探险都需要一个"让所有人都讨厌的人，让他成为其他队员的共同目标，从而培养大家的亲密伙伴关系"[9]。比如在格陵兰，就曾有一个既自大又浮夸的家伙——斯彭德。希普顿这才欣喜地得知，欣克斯在最后一刻决定，1935 年勘测的首席测量员正是此时在加尔各答大饭店坐在他对面的迈克尔·斯彭德。韦杰漂亮地为他争取到了这次机会。

迈克尔觉得自己像个小偷。妻子埃丽卡·哈尔曼无法接受丈夫参加长达六个月的探险，虽然梅姨热心地保证迈克尔不在家时会好好地照顾她。[10]家人和朋友都来火车站为他送行，因此，他们分别的最后一刻被所有人都看在了眼中。他走遍了巴黎的里沃利大街（rue de Rivoli），想送她一份礼物，却在拉丁区（Latin Quarter）迷路了。寂寞地吃了晚餐后，他坐上驶往马赛的深夜列车。一上车，他便沉浸在准备测绘仪的表格以及如何向登山队员讲解经纬仪之中，把埃丽卡彻底抛到了脑后。

在加尔各答大饭店吃午餐时，林业局（Imperial Forest Service）的一名官员竭力推荐约翰·奥登加入探险队，奥登在印度地质调查局的两位同事也推荐了他。希普顿差点选了约翰·奥登，可之后，他参考了比尔·韦杰的观点，认为奥登对"领导"来说不是个好人选。加尔各答的相关人士为此争执不停。

迈克尔·斯彭德一直保持沉默。他不在乎最终会选谁。他不认识约翰·奥登，只认识威斯坦，他甚至无法想象威斯坦爬楼梯的样子。

"我觉得没什么好吵的。"[11]他在日记中写道。

希普顿最终决定维持原来的选择。

萨尔乡（Sar）的首领家中，西藏，1935 年 6 月 19 日

"今天最好少说话。"[12]在艰难又漫长的勘测开始前，迈克尔在日记中写道。起初，一切都很顺利。他们穿过一片茂密的森林，看不出它的样子、味道和英国皇家植物园的丛林馆有什么区别。牦牛是他认为最聪明又最蠢的动物，它们总挑最难走的路，经常忘了背上驮的装备，被卡在两棵树之间或藤蔓中。从森林的天际线上方可以望见远方开始下雨，气温骤降，风先从北边吹来，之后转为西风、西南风，响起了轰鸣声。真是奇妙的经历。

他们跟跟跄跄地走向空喀山口（Kongra La）①，仿佛一群二流演员，正在表演攀登珠峰的哑剧。他们的身体被风吹得东倒西歪，脸皱成一团。迈克尔在冰岛毛衣外穿上防寒夹克，依然冷得发抖。希普顿和新西兰人布赖恩特弓着背缩在马驹的脖子附近，虚弱得走不动路。连蒂尔曼也说这是他碰过的最艰难的旅程。[13]迈克尔暗自认定，珠峰的事肯定会把每个人搞生病。只有骑着骡子的西藏人依旧无忧无虑，仿佛感受不到凛冽的寒意。

随后是一段长 16 英里的下坡路，通往路面崎岖不平的西藏高原。迈克尔的头痛好多了。他脱掉了毛衣，可膝盖还是疼得要命。蒂尔曼还在呕吐，走路跌跌撞撞的。最后几英里路，迈

95

---

① 位于中印边境，海拔约 5133 米。——译者注

克尔实在坚持不住了，爬到马背上——这是另一种折磨，可至少不用再走路了。当他们到达平地时，四周盘旋的沙尘暴仿佛在欢迎他们进入地狱。

"亲爱的，亲爱的埃丽卡，真希望在跋涉了一整天后能见到你。"[14]当晚，他在日记中写道，嘴里含着妻子为他准备的姜味太妃糖。他梦见给她打电话。虽然他记得汉普斯特德的号码，却怎么也记不起电话交换台的号码。这可不是个好兆头。

几天来，他们都顶着炽热的阳光走在喜马拉雅山脉的悬崖边，悬崖的另一侧则是土褐色的砂岩山丘、干涸河床。边克尔后悔没戴遮阳帽，他往头上裹一条红色手帕时，让他的马吓了一跳。他又尝试撑伞，可马却突然嘶叫起来，向前狂奔了 1 英里后才放慢脚步。最后，他们眼前终于出现了南北走向的尼诺日山脉（Nyonno Ri），山顶位于萨尔乡的正西方。这是他和比尔·韦杰在 1933 年持续十天的探险中，发现的一系列山峰中的一座。珠峰还十分遥远，可希普顿还是决定调查这片地区，尽管他并没有得到西藏地方当局的批准。

当所有队员开始准备爬山、勘测附近村庄和尼诺日东边的山脊时，迈克尔继续独自一人前进。这是他首次爬到海拔18500 英尺，所以特别焦虑，他牢记希普顿向他作出的保证，多爬 4000 英尺不会要了他的命。他做到了。但是，天空阴云密布，他在两天后才返程。接下来的十天，他又顺利抵达了多个观测点。卡尔马·保罗（Karma Paul）很快便找到了自己的节奏，他是探险队的翻译，也负责指挥在大吉岭招募的夏尔巴人搬运工。夏尔巴人大多来自索卢昆布（Solo Khumbu），珠峰山脚下的一个尼泊尔村庄，距大吉岭以西 120 英里。在他们眼中，这里的山峰既不是未被探索的最后处女地，也不是测量上不可或缺的固定点，而是"没有鸟能飞过的山峰"或"世界之母"。[15]

如果天气够晴朗，迈克尔会在凌晨两点爬出帐篷，在日出前搭好三脚架。皇家地理学会提供的维尔德照相经纬仪是他使用过的最重、操作最复杂的设备。它经常在寒冷的天气中结冰，导致读数困难，不过他通常在上午十点半就会返回营地。做完角度数据的相关记录后，他们会在中午时分前往下一个营地。搬运工更懂如何操控吃不饱的马，所以常常要停下来等他，可多数时候都是他一个人垂头丧气地跟在没精打采的队伍最后。唯一棘手的是要饿着肚子等天黑了才能换照相机的底片。至于其他的事，他认为都适应得不错。

有一次，他发现置身于一个地图上未标记的村庄。经过那个村子后，情况便突然急转直下。他们刚离开村子，就从一块岩石背后跑出两个衣服上沾着血迹、号啕大哭的男人。卡尔马·保罗解释，他们是天葬师。由于地表结冰，也没有木材可以火葬，人死后尸体让秃鹫吞食。可能最近没人去世，他们没有收入。卡尔马·保罗给了他们一个铜板。

他们搭起营地后，整个村子的人都来看迈克尔拉屎。他尝试回帐篷，可村里的傻子——一个缠着手链和脚链的家伙却挡住了他的去路，边摇身上的链子边破口大骂。如此一来，仿佛叫醒了本来眼睁睁围观的人群。在他设法跑回帐篷前，石块雨点般地向他砸来。

午夜时分，迈克尔被一阵响亮又可怕的声音吵醒，像小号、双簧管或海螺声，而且激情昂扬地不停在 G 调和升 F 调之间变换。天葬师追来了吗？直到凌晨两点，喧嚣才逐渐平静，他爬出帐篷去观测点。两点半，他的腹部一阵绞痛。他匆忙读了下 97

数字，回到帐篷时像丢了半条命。

之后，他便只记得村里的首领向他下达了命令，那人左耳戴一条象征其身份的金耳坠。约翰被人半抬着穿过挤满看热闹的女人的厨房，上了一段幽暗的楼梯，来到凉爽的房间，里面有一张舒适的床，可以透过屋顶的缺口望见夜空。他隐约感到首领想让他喝点水。人们点燃香烛，仿佛想驱走缠住他的恶魔。

首领离开他身边后去摆放神龛的房间祈祷，迈克尔听到了一阵铃声和鼓声。他产生了幻觉，起初以为自己在中国迷宫，后来又以为埃丽卡生了孩子。其间，他一度睁开了眼，看见屋里每个女人都拿着蜡烛围在他床边，像一群天使。他这才想起来，九天前，他正是在这个房间端着可人的银酒杯，畅饮青稞酒，在萨尔首领的家中做客，这是他首次去藏人的家。除了底楼拴着一头"哞哞"叫的牛犊外，进进出出的仆人们让他觉得这里和皇宫无异。醒来之后，他觉得好多了。

与此同时，西藏地方当局传来消息，要他们停止在尼诺日的工作，直接去珠峰勘测。希普顿写了一封抗议信，无所事事地等待了五天。可是，当局的态度非常坚决，表示他们从未批准勘测尼诺日山脉。在告别会上，希普顿多次向首领表达了赞扬和谢意，首领却似乎对新西兰人的腿毛更感兴趣。[16] 布赖恩特为首领奏起毛利人（Maori）的曲子《他是个快乐的老实人》（"For He's a Jolly Good Fellow"）。跳过舞，唱过歌，喝过酒，希普顿壮起胆子问，西藏人为什么不愿意让别人探索他们的家园。

"西方人不会留下任何好东西，只有不愉快的记忆。"[17] 首领简单利落地回答。希普顿认为他的固执是种"蒙昧的中世纪主义"[18]。迈克尔让首领解释原因。卡尔马·保罗翻译了他的话。

给你们用我的马，你们付给我 200 卢比，可那有什么用呢？ 98
这里没东西可买。你们睁开眼睛好好看看就会发现，这里的土
地、庄稼、人民生活在微妙的平衡中。钱买不来牦牛饲料，只
会让隔壁村的首领眼红，招来永无止境的冲突。这便是让你们
探索我们的土地所造成的物质和精神影响。这便是不幸和痛苦
降临到我们生活中的原因。[19]

珠峰大本营，东绒布冰川，1935 年 7 月 16 日

迈克尔一直在村里观察云层的流动，它们比预期飘得更高，
突然露出珠峰的真面目——沉静又浩大，云层簇拥着峰顶，不
停在其四周翻滚。还好从大本营望不见珠峰全貌，否则，只要
想到那个画面就吓得他睡不着觉。天亮后，他还要蹚过绒布冰
川尽头（snout）下方一条冰冷的小溪。溪水溅得齐膝高。

之后的两个礼拜，迈克尔工作得相当麻利。他在山峰爬上
爬下，寻找勘测角度，扎营，收营。当他回到喀尔达山谷
（Kharta valley）补充补给，顺便躲避暴风雪时，他接受邀请，
在巨大的牦牛毛帐篷和牧民一起吃饭。帐篷顶端本有一道排烟
的长缝，现在被积雪压得死死的。迈克尔习惯了室内的昏暗光
线后，眼前出现了如下景象：一头双眼充血、病入膏肓的公羊
伏在地上剧烈颤抖。它的毛快掉光了，有人给它盖了一条破夹
克。一只瘦弱的小羊羔跌跌撞撞地来回走动，迈克尔试图把它
抱在膝盖，羊羔却痛苦地"咩咩"叫起来。

羊倌的妻子盘腿坐在地上生火。燃料不够，她还来不及拉
动风箱，眼看火苗就要熄灭了。她的双手边机械式地抽动着，
边语速极快地朝丈夫的方向说着什么。男人回答得很慢，带着

99　一丝央求。他怀里抱着无精打采、刚开始学步的孩子，另一只手晃着柳条摇篮，里面躺着被裹得紧紧的婴儿，安静得像只布娃娃。迈克尔猜测，他的妻子大概在责备丈夫带陌生人回家吃饭。

家里每个人都说他的西藏之旅是一次伟大的冒险。可如果他们说得没错，他为什么会怀着一种愧疚？就在那天早晨，他还嚼着 1 号营地送来的薄荷软糖，这是 1933 年探险留下的好东西。更糟糕的是，他刚刚才没有理由地责怪卡尔马·保罗偷了香烟和糖。他还喋喋不休地抱怨食物。他当天的 24 个鸡蛋补给中只有 3 个熟得恰到好处。他还挑剔炖水果时水放得不够多。最让他担心的不是怎么活下去，而是没收到埃丽卡的信。

放下日记本，他朝帐篷外望去，雪终于停了。云层散去，露出一轮圆月。固定点正在召唤他。[20]

东绒布冰川的上方，可以望见马卡鲁峰和珠峰，1935 年 7 月 27 日

近一个星期以来，每天只有一半的食物配给量，迈克尔的体重明显下降了。挥之不去的饥饿感加上身体极为虚弱，是痢疾发作的明显征兆。到目前为止，症状还算轻微，可就算只是在坚硬的冰碛上蹒跚地走路，他都觉得自己的肠子快被消化了。他不知道该怎么走回去（根本没法想象回到孔格拉），但如果这意味能够回到亲爱的妻子身边，他愿意承受即将到来的一切痛苦。毫无疑问，埃丽卡认为他是自作自受。

罪魁祸首肯定是 1933 年留下的一小块巧克力。他从夏尔巴人脏兮兮的手上接过它时，脑中便闪过一个念头，如果特万人

（Tewan）得过痢疾，想必他也会中招，但他不想伤害对方的感情。为了不伤害仆人的感情而冒如此高的风险，简直蠢透了！现在，做糌粑的面粉已经快不够了。烧茶的煤油也不够。可是，希普顿还幻想在回程途中勘测尼诺日地区。迈克尔让搬运工昂·策林（Ang Tsering）和昂·登辛（Ang Tensing）带着钱去喀尔达山谷买食物，可他们还没回来，而山谷上方已经笼罩起积云状的云海。两个年轻人没有帐篷，如果遇上暴风雨的话，只能露天过夜。他因为担心和胃痛而饱受折磨。

　　他上次见到希普顿时，对方只想知道他完成了多少观测点。迈克尔保证，他目前掌握的数据足以勾勒珠峰北坡的全貌，还可以计算那里任何位置的海拔高度。但是，这对最终的登顶行动有用吗？他们的命运又将如何？希普顿也许喜欢小规模人数的行动，可他无法防止夏尔巴人偷走至关重要的食物储备。在迈克尔的一位搬运工再次被发现偷了一罐牛奶和两罐阿华田后，营地中爆发了激烈争吵。迈克尔必须拿出勇气，摆出极其轻蔑的表情，来调解这件事。好在这次双方都没动手，可下次呢？他认为希普顿在分配食物时不公平，这让他的情绪变得更糟了。迈克尔尽量冷静地看待当前的状况，酌情考虑自己的情绪也受到了饥饿、疲劳和疾病的影响。

　　在昂·策林和昂·登辛终于带着食物回来后，他们才踏上了历时两天的回大本营的路。虽然饱受各种折磨，迈克尔依旧保持着如水手般对风向的敏锐观察力。山坳上方的不同高度似乎存在三种风向：最低层和最高层吹东风，中间层吹西风。第二天早晨，钱·登辛（Sen Tensing）——他终于记住了夏尔巴人的名字——再次抬着他过河，好让他免受河水的刺骨之寒。真丢人。

100

等他们回到物资充沛的大本营后，他终于有了胃口。肝脏、羊肉、米饭、土豆，还有如救星般的蔬菜在等着他。他们的食物之前被偷，已经不再那么重要了。一个维尔德牌三脚架、一只蔡司牌远距照相镜头、一个皇家地理学会的测绘仪三脚架不翼而飞，不见了的还有书、糌粑、一顶帐篷、他的一条短裤和一瓶鱼肝油。他收到一封从德国寄来的信，但依旧没有埃丽卡的消息。他在行李箱中发现她的情书已经是一个月前的事。她在想什么？望着她写在报纸上的字迹，他陷入了沉思。

101

8月底，他在海拔2万英尺处躲避另一场暴风雪。吹个没完没了的季风夹杂着雪花使勘测陷入瘫痪。等天气放晴，他很难责怪夏尔巴人拒绝上路。温度升高，加上厚重的积雪，都增加了雪崩的风险。希普顿也得出了相同结论，季风季节攀登珠峰不是个好主意。

的确，天气会变得非常恶劣（kharab）。普里默斯牌（Primus）便携式煤油炉坏了，非常恶劣。他们在去3号营地的路上掉进了齐腿深的冰水中，非常恶劣。所以，迈克尔派昂·策林、尼玛·策林（Nyima Tsering）和库桑（Kusang）绑上绳子，去3号营地取1933年留下的丹麦黄油、果酱、干肉饼和能找到的一切东西，而他则先回2号营地。迈克尔冲了一杯阿华田，他再次提醒自己是因为缺少燃料，才会派三个人踏上危险的路途去寻找不需要加热的食物。他坐在帐篷里生闷气，心中的不满可以一路追溯到凯拉斯山（Mount Kellas）上发生的事，有人偷了他的糖，而且希普顿带走了一个他的夏尔巴人。

从此之后，他再也无法用相同的眼光看待阿尔卑斯山的冬季运动。

三名搬运工在漆黑的夜色回来了，筋疲力尽。他本想焦急地打听他们的经历，可他们拿回来的黄油散发着迷人的香味，迅速将他带离了眼前的不毛之地，重回记忆中的世界——满目青草，牛群低吟，英国的温和夏日。在大雪再次把他困在帐篷中，只能无聊地摆弄各种工具时，昂·策林和另一个叫不上名字的、长着朝天鼻的搬运工带来了新消息。新西兰人和探险队队医的情况非常恶劣，一个胃出了问题，一个牙出了问题。两人都在下山了，很快就会与他们会合。昂·策林停了片刻，另一个名叫林曾（Rinzing）的搬运工插嘴道，从3号营地到2号营地的路，真是，上帝啊，他烦透了这个词，可还是脱口而出。非常恶劣！

食物和燃料供给不稳定，其他队员的加入可能会带来更大麻烦。迈克尔绝不打算拿出自己的好东西——他的阿华田。而且，他一点也不怀念和白人聊天。他们的陪伴能带来的唯一乐趣，可能只是聚在一起诅咒希普顿。钱·登辛得了雪盲症：探险队提供的眼镜几乎没用。蒂尔曼不仅拿走了他的煤油炉（或者用"偷"更准确），还在把它弄坏后一扔了之。现在，整个探险队已经用坏了两台煤油炉，仅剩一台。不仅如此，希普顿还让搬运工在一夜之间烧了剩下的所有木材，如果省着点用，本来可以撑上六天的。他的人几乎靠吃果酱维生。接下来也许只能靠吃雪度日了。如果没有1933年探险剩下的食物储备，他们还能做什么？他和布赖恩特打赌谁会先叛变，英国人还是夏尔巴人？

第二天，他迅速在松软的雪地上搭起测量器材，赶在云层遮住他的固定点喀塔布峰（Khartaphu）前，抓取了数个角度的数据。空中飘起了小雪。希普顿出现时，迈克尔试图提醒他探险队存在的种种问题。可是，他的努力仿佛珠峰上空冰冷的流云，倏得便从他的头顶上呼啸而过。

喀尔达，郎楚山谷（*Lang Chu Valley*），1935 年 9 月 5 日

"哦，上帝！哦，上帝啊！"[21]迈克尔在日记中写道。他在凌晨 4 点 30 分钻出帐篷，可几分钟后就开始下雪。前一天，他彻夜行走在结冰的岩石上。早晨 7 点，天空突然阴云密布，随后大雪铺天盖地地落下，积到齐腰深，冰水涌进他的靴子，因为鞋带断了。更糟糕的是，他无法透过墨镜看清任何东西，经纬仪被冻住了，他之后还要在海拔 2.1 万英尺处背着 40 英镑重的背包蹚过一条冰冷的小溪。在回到营地前，他只能在冰天雪地中穿坏掉的靴子和湿透的袜子，他的脸晒伤了，帐篷仿佛一个泥泞的洞穴，没有糖，没有茶，没有可以阅读的书，也没有看书所需要的蜡烛。

尽管如此，珠峰地区的勘测已经临近尾声。翻过这页或下一页日记，他们也许就能回家了。迈克尔想着这些，可在第二天早晨醒来时，发现下起了另一场暴风雪。他和夏尔巴人走出帐篷，整个上午都在玩雪。他教他们怎么在雪地滑步。在从前的日子，每当大家玩得满脸通红时，就可以回阿尔卑斯山上的小木屋，坐下吃一顿冒着热气的培根加鸡蛋早餐，喝一杯热茶，生上熊熊炉火，可现在他们只能回到又冷又脏的帐篷。

没多久后，勘测就结束了。他站在山坳的最高点、脚下海拔 1.5 万英尺处，牦牛正在清澈湛蓝的湖边啃草。他觉得下山就像死而复生，唤醒了一段 1917 年夏天他从寄宿学校回猫铃山

的模糊记忆。忽然，他看见了一个放牦牛的人和嗞嗞作响的火堆，这是他在探险途中离开羊倌的帐篷后见到的第一个人。那天，他在草地上搭起了帐篷。

第二天醒来时，等待他的不是雪花或冰雹，也不是身下硬邦邦的岩石，而是一股仿佛西格陵兰（West Greenland）九月的暖空气，着实让他有些措手不及。牛奶和奶酪应有尽有。眼前的花海，让他想起在切尔西看过的一场展览。他认出了杜鹃花、喜马拉雅山玫瑰，还有曾在阿尔卑斯山见过的蓝色小朵满天星。它们比邱园的植物更美。每朵花开都让他想起埃丽卡，是她教会了他欣赏花朵的美。

可等待他的却是使人沮丧的一幕：喀尔达来的邮包里只有一封信……来自德国。为什么埃丽卡没写信？连搬运工都收到了他们妻子的信。即使是在康布（Kharbung）首领为他们举办的青稞酒派对上，他也一副郁郁寡欢的样子。他发现，青稞酒根本喝不醉。如果有人再唱《屋顶上的猫》（"Cats on the Housetops"），他发誓一定会砍了那人——布赖恩特，他最有可能。新西兰人打赌输了，于是接受惩罚跳进河中。他们完全有理由庆祝这次壮举的完成，一首接一首唱下流的歌曲狂欢。迈克尔知道，他很快便会怀念眼前犹如都铎王朝时代的画面，人们围坐在烟雾缭绕的房间里，饥肠辘辘地等着开饭，他庆幸已经不用再担心要去尼诺日了。他现在唯一想做的事，便是赶紧回家。

法国某地，1935 年 10 月 11 日

"斯特拉斯莫尔"号（SS Strathmore）上，几个孟加拉人因为在孟买的报纸上看过迈克尔的照片，一眼便认出了他，他们

104 格外热情地与他分享对珠峰的看法。当阿拉伯人和波斯人依旧事不关己似的坐在长椅上阅读《塔木德》（*Talmud*）①（或其他书）时，这群没怎么受过教育又容易兴奋的印度人根本不懂自我克制。迈克尔发誓，他们鼻梁上的眼镜肯定只是玻璃装饰。显然，他们远离家乡，远离家人，而且永远找不到回去的路。迈克尔不禁思考，他又走了多远呢？他惊讶于住在大吉岭的英国人如此健忘，已经忘了阿比西尼亚（Abyssinia）②的大规模开发，也不记得拥有黑天鹅绒般翅膀的美丽蝴蝶。身处他们之间，他觉得自己像个外国人。

抵达亚丁后，眼前出现的五艘单桅帆船和十艘驱逐舰证实了他的预感，肯定发生了什么事。不过，一艘诺福克级巡洋舰上飘扬的海军部旗帜才让他下定决心，冒险在马赛转坐飞机。所以，他现在才吓得魂飞魄散地坐在飞机上。左边的引擎已经熄过一次火了，中途，机长为加油而上演的紧急迫降，差点酿成大祸。如今，他们正沿着法国海岸漫无目的地飞行。经历了数个月由沉默制造成的紧绷感后，机舱内的紧张气氛实在让人难以忍受。

他放下笔，望向窗外。

感谢上帝。云层散去了。回家的路正变得清晰起来。

鲁达盖拉山谷（*Rudagaira Valley*），特里加瓦尔（*Tehri Garhwal*），1935 年 10 月 23 日

约翰·奥登从加尔各答去加瓦尔前，和迈克尔·斯彭德吃

---

① 流传了三千三百多年的羊皮卷。——译者注
② 即埃塞俄比亚帝国。——译者注

了顿午餐。迈克尔告诉他，希普顿在勘测期间攀登了 26 座海拔超过 2 万英尺的山峰，其中 24 座是首次攀登，而且都是在糟糕的雨季。

这让约翰迫切地想证明些什么。不久前，他首次沿朝圣之路抵达戈穆克（Gaumukh），那里是根戈德里冰川（Gangotri Glacier）的尽头，是喜马拉雅山脉在印度境内最大的冰川。戈穆克也是恒河的源头之一，因此被视为所有朝圣地中最神圣的地方。融化的雪水在那里汇聚成一条乳白色的小溪。圣水顺流而下，经过大喜马拉雅地区（Greater Himalaya）的山峰，从一旁结冰的山谷中汇聚起更多水量，加速了河流奔腾的脉搏。朝圣者们逆流而上，便能积累功德，得到住在山洞中的圣人的祝福。约翰拿着印度地质调查局编号为 53 J 的地图，检验它的准确性。朝圣者们则完全没有地图。

在朝圣地根戈德里，他雇了几个当地搬运工协助自己从大吉岭带来的两个夏尔巴人——达瓦·腾图普（Dawa Tendrup）和昂·策林。夏尔巴人察觉到了他的认真。毕竟，1936 年珠峰探险队的名单尚有空缺。

达瓦·腾图普曾在 1931 年协助弗兰克·斯迈思攀登卡美特山，还是 1934 年德国灾难性的南迦帕尔巴特峰探险中的搬运工。当时，四个德国人和六个夏尔巴人葬身于一场史无前例的暴风雪。希特勒亲自向达瓦·腾图普颁发了勋章，表彰他的勇气。而昂·策林，他不仅在这场灾难中幸存（虽然失去了几个脚趾），还参加过 1929 年和 1931 年德国人攀登干城章嘉峰的行动，以及在 1933 年跟随希普顿进行珠峰探险。[22]不久前，他才结束约翰未获邀请的 1935 年珠峰勘测。

离朝圣地不远，便是通往鲁达盖拉山谷的陡峭入口。他在

105

山谷中行走了两天后发现，悬冰川（hanging glacier）和落石使他无法靠近东侧的乔根一号峰（Jogin I）。此外，根戈德里三座高峰中的两座都无法靠近，只剩下山谷西南边尽头海拔较低（21578英尺）的根戈德里三号峰（Gangotri III）。早前，他便从海拔更高的一个营地观察到，它似乎连着一座鞍状的积雪山峰。然而，他越靠近那座鞍状的山峰，根戈德里三号峰就越让人畏惧。在海拔1.9万英尺处，达瓦·腾图普让大家停步，指出薄薄的积雪下隐藏的一道裂缝。下降到海拔1.5万英尺后，约翰在回望山峰时才惊讶地发现，鞍状的积雪山峰根本不通往三号峰的峰顶。它的山脊其实通往山谷最南端的一个山坳，从目前的位置看来，那里可能是另一个结冰的山谷。[23]它的海拔也许不超过1.8万英尺，但似乎是主喜马拉雅山在这个地区中，为数不多的可能可以找到路通往朝圣地凯达尔纳特（Kedarnath）的地方。他发誓一定会再回来的。

106　　　　上公园路38号，贝尔塞斯公园，伦敦，1935年新年前夜

　　斯莱德的小伙子们穿着极不合身的西装，耐心等待拍摄的开始。他们将在邮政总局的影片中担任群众演员，参加一场新年派对，庆祝电话、电报和邮政服务让身处大英帝国各地的英国人得以在新年假期相互问候。上公园路的摄影棚明亮得仿佛白天，而且就像真正的新年派对，到处摆满了饮料。房间里有两盏双弧光灯、四盏单弧光灯，还有一个架设摄影机和聚光灯的平台。冬青树的枝条装饰着壁炉架。威斯坦·奥登正在向他们示范一段舞蹈。当然，他要掌握主导权。他可是导演。[24]小伙

子们听说，他曾当过校长。

虽然还不到六个月，威斯坦已经厌倦了电影部的工作。他几乎没有时间写作，工作氛围太像公立中学了，又太中产。他对现在拍摄的影片毫无兴趣。[25]不过，他喜欢和本杰明·布里顿①共事。布里顿毫不费力地证明了他不仅是天才作曲家，还是优秀的作词人。[26]那时，威斯坦正认真考虑和克里斯托弗·伊舍伍德合写一部关于登山家的戏剧。本杰明将为它谱曲。喜马拉雅探险会再次成为风靡一时的话题。

《攀登 F6 高峰》（*The Ascent of F6*）的背景是一场殖民大国间的登山竞争，各国登山队争相渴望征服边界争议地区的高峰。对 F6 高峰的争夺是个代价沉重的寓言。它不仅体现了当时西班牙和非洲的代理人战争中的权力争夺，还巧妙地表达了英国的挣扎，即通过一次次向珠峰发起进攻来展示帝国势力如何驾驭不安分的印度。

秋天，威斯坦经常见刚从珠峰地区回来的迈克尔·斯彭德。威斯坦告诉哥哥约翰，迈克尔把他介绍给了希普顿，而且他对约翰赞赏有加。可是，攀登珠峰的大名单公布后，约翰依旧没能入选。只有比尔·蒂尔曼的落选引起了人们的热烈议论。他和希普顿共同勘测楠达德维峰后，两人已被视为不可分割的组合。可是，蒂尔曼在 1935 年的勘测中表现不佳。希普顿只能作出这个艰难决定。

威斯坦打算把迈克尔·斯彭德作为《攀登 F6 高峰》的主角——一位充满戏剧性的登山英雄的原型。为呼应殖民势力间的竞争，剧本还将刻画登山英雄和他热衷于政治的兄弟之间的

107

---

①　本杰明·布里顿（Benjamin Britten，1913–1976）：英国作曲家、指挥家和钢琴家，代表作有《战争安魂曲》（War Requiem）等。——译者注

矛盾。政治家渴望通过探险来进行帝国主义宣传，这个计划从一开始便遭到了登山家的反对，因为他不想让政治势力玷污自己热爱的高山。直到他们的母亲强迫他接受这个任务时，登山英雄才妥协。威斯坦向来无法摆脱恋母情结。

威斯坦告诉约翰，他还会在戏剧中花大量笔墨来探讨婚姻。威斯坦曾将异性恋比作观看板球赛，但正如他所料的，过程非常无聊。和比尔、南希一起住了六个月后，他成了婚姻专家。登山家向山顶进发的过程将通过无线电传送到夫妻不停争吵的客厅。那位妻子抱怨，他们从没去过有趣的地方。

威斯坦知道，约翰和玛格丽特相处得不太好，他告诉约翰，迈克尔·斯彭德同样深陷于可怕的婚姻危机之中。两人谈到迈克尔时，威斯坦还让约翰代为传达他对迈克尔·卡里特的诚挚问候。卡里特太太十分欣慰，她的大儿子终于在加尔各答找到了可以聊天的人了。可在牛津，威斯坦是如何回应卡里特家的热情好客的呢？[27] 他看起来是个模范房客，卡里特太太喜欢他，南希也是。

卡里特曾向约翰绘声绘色地描述威斯坦在博尔思山的事迹。威斯坦抱怨他母亲的茶"有股尿味"，半夜去储藏室偷东西吃，还拿走楼梯上的地毯当毯子盖。威斯坦还会彻夜和他的弟弟加布里埃尔聊谁也没听过的诗人。[28]

《晨报》（*The Morning Post*），伦敦，1936 年 10 月 17 日

"我们开始让自己看起来越来越荒唐，"《晨报》的头版大标题写道，引用的是 1922 年珠峰探险队队长乔治·芬奇（George Finch）的话，"我们不该把攀登珠峰视为国内新闻。这

是攸关国家和帝国的重大事件。"²⁹

很少有人敢大声说出这种观点，更别提发表在《晨报》上了。可对于即将到来的 1936 年珠峰探险，人们在期盼中也夹杂着恐惧，所以平息了所有对它的批评。虽然事后证明登山队再次失败了，不过，任何对埃佛勒斯委员会所作安排的批评都仅限于发牢骚或暗中诽谤。随着《晨报》刊出的大标题，在珠峰探险上较劲的人们突然被暴露在大众目光中。领头的便是上尉芬奇，比尔·韦杰则不停煽风点火。正如韦杰一样，芬奇在 1922 年的探险中止步于珠峰北坡的诺顿雪沟。此后，他便卷入和埃佛勒斯委员会成员的冲突中，因为后者反对他在登山中使用氧气。芬奇继续抨击道，埃佛勒斯委员会两次都把宝押在休·拉特利奇身上，已经浪费了太多宝贵时间。征服珠峰的行动不该由过气的领队带领——即使他也有过风光的日子；甚至，都不该由委员会来决定登山队员名单和领队。

这篇标题充满挑衅意味的报道迅速出现在印度对外事务部（External Affairs Department of the Government of India）、外交部（Foreign Office）、皇家地理学会秘书和埃佛勒斯委员会成员的案头。他们不需要别人来提醒自己所处的僵局。士兵会因受困于敌人的火力而无法前进，有时会长达数月。拉特利奇坚持，只允许英国人登顶珠峰的决定和沙文主义无关。³⁰珠峰峰顶只欢迎热爱登山之人，而欧洲大陆各国的登山队都被名誉、财富和国家荣誉所束缚。拉特利奇没有点名个别国家，可纳粹旗帜飘扬在南迦帕尔巴特峰的照片很快就会登上各大报纸。对芬奇这样一个澳大利亚人而言，这就是向平庸屈服。他认为，有些人被排斥在领队之外，是因为有人相信他们受到个人野心的驱使。

"在这种冒险中,"芬奇说道,"个人野心恰恰是一种可贵的品质。"珠峰探险的领队必须是受公认的登山家,不能超过35岁,而且需要拥有丰富的喜马拉雅山攀登经验。只有领队本人,才有权力决定队员名单。选择一个无法让队员信服的人当领队,实在太过荒唐。"所谓'不要冒险'的命令等于在说你别去那里。"只有真正的登山者才能要求别人和他冒同样的风险;只有真正的登山者才能全面评估风险。他不该只躲在东绒布冰川脚下眯着眼睛看望远镜,因为暴风雪早已蒙蔽了他的视线。

1933 年的珠峰探险使用了无线电技术。它使拉特利奇可以收到加尔各答的天气预报,同时也意味伦敦可以要求登山队每天汇报进度。正如印度事务大臣用一条电话线就可以任意摆布印度总督,排场大却无实权,休·拉特利奇也被迫受制于强势的欣克斯和只懂放马后炮的埃佛勒斯委员会。通过这种方式,肯辛顿戈尔和大本营之间的距离既无比遥远,又近得让人无所适从,正如威斯敏斯特和德里的关系,那些只懂纸上谈兵之人都自以为能成就大事业。

问题不再是如何攀登珠峰最好,而是英国的全球霸权还能维持多久。虽然芬奇是澳大利亚人,却一针见血地指出了问题关键。他听说,德国人和美国人正虎视眈眈地盯着珠穆朗玛峰。"除非我们大干一场,"他总结道,"否则很难争辩只有我们才有权出入珠峰。"

埃里克·希普顿就是打算拱手让出珠峰的人之一。如果不是因为埃佛勒斯委员会,他绝不会浪费整个登山季节却被困在东绒布冰川冻个半死。他本可以和比尔·蒂尔曼,还有几个美国大学生一起登上英属印度境内的最高峰——楠达德维峰。

9 我是小间谍

总督官邸，新德里，1936 年 4 月 18 日

据说，温斯顿·丘吉尔向首次前往印度的人们灌输：印度总督是"蒙着面纱的先知"、大英帝国的轴心。然而，总督对自己所统治的人民其实一无所知，只在心不在焉的打量中隐约看到"一团黑压压的难以分辨的人影"。实际上，如果把印度比作一株植物，总督便是它开出的花。[1]

第二代林利斯戈侯爵身高达 1.93 米，显然是朵开在高处的花。[2]由于患过小儿麻痹症，他的脖子非常僵硬，和身边人说话时必须转过整个身体。官方画像上，他在貂皮斗篷外披一条"印度之星"（Star of India）① 图案的天鹅绒蓝披风。斗篷下是一件绣花的克什米尔背心，下身着马裤和白袜子，脚上是一对尖头漆皮鞋。他浮肿的脚踝几乎破坏了这番精心打扮，可他身边站着 4 岁的女儿萨拉·简（Sarah Jane），又巧妙地缓和了严肃的气氛。女孩仰头望向父亲，歪着脑袋，双臂交叉，似乎在生气。

在林利斯戈的牵头下，权威人士起草了让休斯顿女士非常担心的 1935 年《政府组织法》。《政府组织法》本想打压甘地1930 年领导的食盐进军所激起的政治热情，但以温斯顿·丘吉

① 英国殖民印度期间所使用的旗帜。——译者注

尔为首的顽固派却迫使谈判中断了数年。《每日邮报》（*Daily Mail*）刊登了丘吉尔暴跳如雷式的发言，即使名义上的自治也会触发宗教战争。这种说法被证明是个错误后，丘吉尔又诘问，在其他国家纷纷扩张帝国版图、集体背叛民主之际，英国凭什么要软弱地拱手让出自己的权力？

虽然普遍认为 1935 年的《政府组织法》向前迈进了一大步，可为了让它顺利地在顽固派手下通过，它刻意设计了一道"安全后门"，即阻止所有地方上的自治改革。[3]和过去一样，它在相关条款中允许印度总督解雇政府的部长，使立法机构瘫痪，并中止宪法。国防、外交、财政和警察部门再次将印度人排除在外。加尔各答的英国商人终于松了口气。印度政府总算不会落到印度巴布手上了。[4]

林利斯戈抵达印度后，希望尼赫鲁和甘地都能支持 1935 年《政府组织法》所提倡的精神。甘地虽然于 1934 年从议会辞职，专注于解决低种姓人群的困境，可印度政府这次不会再自欺欺人地以为他无足轻重。林利斯戈能够理解印度人过去被英国背叛而心怀芥蒂的心理。但是，这次不一样。说到底，这是个信任问题。林利斯戈曾暗自为自己的前任威灵东侯爵担心，不是因为他作风强硬，而是因为他总搞错主次。威灵东太太把三处总督官邸的每个房间都刷成了淡紫色。[5]加尔各答的总督府中到处悬挂着镜子和枝形吊灯，模仿凡尔赛风格。无论林利斯戈怎么看，他都认为侯爵做事既缺乏主动又玩忽职守。[6]

在 1936 年 4 月的首次演说中，新总督用家庭的概念打了个相当容易理解的比方，承诺会理解并珍视穆斯林、印度教徒、锡克教徒和部落人士之间的差异，就像对待自己的孩子那样。

111

他保证，自己从不偏心。然而，他的第一项任务便是监督地方选举。

1919 年《印度政府法》中的"二元制"即将被废除，印度 11 个省份会选出民选代表来组成议会。总督的第二项任务则是说服各土邦、保护地、自治区及各机构中的 660 名尼扎姆、地方首领和王公贵族签署加盟文书（Instruments of Accession），放弃他们的主权服从由代表所有省和土邦的全印度联盟（All India federation）。在印度，王公贵族所统治的领土约占三分之一。它们由大小不一的专制封地组成，其首领都是英属印度的忠诚盟友。林利斯戈迫切想结识这些王公贵族。早年，他在印度农业皇家委员会（Royal Commission on Indian Agriculture）任职时没有合适的机会，因为大部分王公贵族都热衷于打猎、赌博或在欧洲各大首都开怀畅饮，而不是安静地留在家乡种地。

112

之后，他还要接见国大党领袖。他的前任认为甘地的辩论又狡猾又东方，最明智的做法便是和他保持距离。可是，林利斯戈却担心会面可能会提高国大党的声望或制造不切实际的期待。他也必须牢记，需要安抚王公贵族和穆罕默德·阿里·真纳。虽然真纳远在伦敦，可他仍是苟延残喘的穆斯林联盟的领袖。任何突然向国大党示好的举动都可能被视为对他的忠诚的背叛。出于以上考虑，总督每天都会坐在书桌前，不停地给印度事务大臣和国王撰写冗长的公文。

国王认为他的信无聊极了。[7]

阿克兰大主教（Archbishop Acland）的家，马拉巴尔山，孟买，1936 年 3 月迈克尔·斯科特牧师和印度共产党员的碰面通常选在公共场合，刻意制造偶然相遇的效果。他们在孟买的会面地点是珠湖海滩（Juhu Beach）。为了安排见面，他会在指定的柱子上留下任意一个记号。他的联络人会在上班途中看到它，从而知道在老地方有纸条在等着他。联络人拿走纸条后会留下另一张纸条，由此，接头完成。斯科特正是利用这种方法和共产党领袖 S.S. 密拉志卡尔、秘书长 P.C. 乔希等人保持联络的。虽然政治保安处花了大力气来追踪他们的下落，但至今仍一无所获。

113 那天，斯科特用惯常的方法去了留纸条的地方。他坐上有轨电车，在途中的车站随机下车，又赶在关门前的最后一刻跳上电车，以判断自己是否被人跟踪。这是他从共产党如何躲避纳粹跟踪的文章中学来的，那还是在希特勒上台之前。现在，德国恐怕已经找不到共产党员了，他如此寻思。

可是，正当他靠近塞着纸条的空心栏杆时，一只巨大的黑乌鸦向他俯冲过来，叼起纸条，拍拍翅膀飞走了。他惊得目瞪口呆，一时搞不清发生了什么。他知道，印度同志决不会认为这很有趣。更糟糕的是，他们可能不会再相信他了，连他自己都几乎不愿再相信自己。他再次觉得自己不适合这项工作。

迈克尔·斯科特出生在牧师家庭。

他在哈克尼区（Hackney）做级别很低的助理牧师时，首次被招募加入共产党。1933 年，奥斯瓦尔德·莫斯利（Oswald Mosley）[①] 领导的"黑衫军"（Blackshirts）和共产党爆发争斗，

[①] 奥斯瓦尔德·莫斯利（Oswald Mosley, 1896 - 1980）：英国极右翼政治家，因创立英国法西斯联盟而出名。——译者注

饥饿游行（Hunger Marcher）①的队伍从北边和东北边浩浩荡荡地走来。伦敦东区的大街成了战场，他必须作出选择。动身前往印度前，他表示愿意为共产党做事，只要他们不强迫他违背基督教徒的良心。他认为，英国共产党的使命是鼓舞印度农民和工人投身全球反抗资本主义和帝国主义的浪潮。

他被指派前往印度担任牧师和孟买主教的助理。斯科特非常惊讶，因为欧洲人社区和亲英的印度家庭竟如此富裕。身着笔挺制服的司机驾驶锃亮的汽车，沿着长长的马路将身穿华服的他们送到政府大楼。他们中有精明的商人，浑身珠光宝气的王子，身材矮小但势力绝不容小觑的帕西人。身处他们之间，他常会感到不安。除了抽烟——他仿佛一根烟囱——牧师是个相当克制的人。无论走到哪，他总能听到人们抨击民族主义分子的声音。

国大党员：一群没用的挑拨离间者，根本无法代表饥饿又无知的大众。甘地：一位头戴圆帽的律师，喜欢穿当地人的布衣，欺骗无知的农民，让他们相信他是自己人。

从孟买马拉巴尔山上主教豪华宅邸的窗口向外眺望，斯科特可以看见乔帕蒂海滩（Chowpatt Beach）上参加政治集会的人群。五颜六色的海报翻滚在激情昂扬的人群上方。虽然共产党的事业比国大党主张的狭隘民族主义更具雄心，不过他其实更同情后者。一位国大党代表在向他展示警察用长棍殴打他们的干部以及使用酷刑的证据后，他曾恳求主教让地方专员起诉涉案人员。主教没有马上答复。

可是，在有次去郊外的途中，主教暗示斯科特是时候面对

114

---

① 英国 20 世纪早期的一种社会抗争。参加游行的人们会经过高失业率地区，在伦敦，抗议者经常前往议会。——译者注

现实了。让少数煽动分子受苦，难道不比让整个国家的土地荒废来得好吗？因为这些制造麻烦的人注定会让农民的希望落空。

这的确让他非常苦恼。可是，他无法接受已经无能为力了。因此，斯科特重新埋头在《圣经》中。是的，他在和自己较劲。共产党员是率先了解到法西斯主义危险性的人，也是第一批奋起反抗之人。同时，马克思还提出了一整套让人信服的批判帝国主义的理论。尽管如此，斯科特还是觉得阶级斗争与他的基督教信仰、唯物主义伦理观相悖。唉，只要谈到个人行为的变幻莫测乃至偶然事件，便什么都派不上用场了。就像那只乌鸦。

他在为自己的狡辩而沾沾自喜的同时，却无法停止自责。他祈祷自己在双重生活中所撒的谎能得到宽恕。他告诉自己，上帝肯定会明白帮助印度共产党是他唯一能做的事。[8] 每隔一段时间，他就会被这种压力击垮，此时，他就会让联络人快点找别人取代他。1936年春天，在他被调往加尔各答之前，他的要求被批准了。[9] 取代他的人，正是印度文职机构的特别官员迈克尔·约翰·卡里特。

在坦盖尔（Tangail）担任地方专员的最后一个雨季，卡里特才搞清大英帝国的本质。[10] 坦盖尔坐落于恒河三角洲（Bengal Delta）平原。那里甚至称不上镇，没有俱乐部和任何社交场所。由于上一任地方专员在巡视时死于枪击，在卡里特任职的数年间，没有任何地方专员或警察局长视察过这里。但是，他是自己提出要调来这里的。他是想证明自己和梅迪尼普尔的地方专员一样是个硬汉吗？还是想通过尽职尽责的调查让英属印度最顽固的反对分子放下武器？

卡里特刚来坦盖尔时，空气中萦绕着一种让人窒息的紧张感，仿佛整个地区立刻就会爆炸。甚至当地警察也处于神经崩溃的边缘。可随着雨季的来临，大地上的炎热和灰尘在一夜之间被一扫而空。稻田和黄麻地浸满了雨水。暴涨的河流漫过乡间。种完庄稼后，会有船运来各种物资，乡村生活便开始了：走亲访友，载歌载舞的阿达，交换礼物，以及没完没了的八卦。加尔各答的大雨总会带来瘟疫，仿佛慢火炖煮着人们的恍惚和麻木，最后沦为逆来顺受。可在坦盖尔，雨水是种祝福。

卡里特在村民带领下，坐一艘摇摇晃晃又漏水的政府驳船四处巡视。船员住在前甲板和船顶，后甲板住仆人、全副武装的守卫和厨师。他和一位刚从学校毕业，整天无所事事，靠喝酒打发无聊、排解性欲的助理督查住在主船舱。正是在这个雨季，听着夜里豺狼的叫声、船员间相互打趣与河岸村民的喧闹，卡里特恋爱了。

首先，他爱上了孟加拉人。随后，他又爱上了黄昏时水面温柔的光晕，以及潺潺雨幕在河边溅起的水花。他望着布拉马普特拉河（Brahmaputra）① 的河水缓缓注入孟加拉湾，知道自己已经不再后悔没能去成西北边境省。意识到这点后，他开始回忆作为文职机构官员在梅迪尼普尔、加尔各答、坦盖尔所看过的一切。之前，他总忙着学习打绳结、猎鹬，从没用帝国主义的眼光打量过英国治下的印度。如今，他尝试这么做了。

他开始感受到了权力从何而来。

梅迪尼普尔的第三位地方专员在足球赛进行到一半时被枪击中，随后，比赛停止了。这位地方专员曾利用凶手来揭发告

116

---

① 中国境内的部分被称为雅鲁藏布江。——译者注

密者。印度陆军从前线调来六个营的兵力才恢复了当地的秩序。之后，军事情报机构的行动便不再需要地方法官的批准。政治保安处的法庭可以在没有陪审团的情况下审理政治案件，法官在政治上都绝对可靠。收了钱的原告出庭作证，被告席上戴眼镜的年轻人们被判死刑。如果卡里特因为证据不足而撤销一宗案件，警方会向更高一级的法院提起诉讼，后者则会作出更严厉的裁决。[11]

每隔一段时间，卡里特就会脱掉衣服，浑身赤裸地跳进湍急的河流中。随从们都惊呆了。当地的河里，鳄鱼到处都是。连助理督察都吓得魂飞魄散。可卡里特让白人们失望了。他完全不把他们放在眼中，游了一会儿泳后，又神清气爽地坐回椅子上。

在加尔各答政治内务部担任特别官员期间，卡里特的职责之一便是管理关押政治犯的监狱。当梅迪尼普尔的囚犯被脚镣铐在牢房的墙上，以限制他们的行动，直到脚腕溃烂时，被关在代奥利（Deoli）、希利（Hijli）和布拉赫马普尔（Berhampur）的 500 名犯人则常常得到他的关照。有关医疗品、家庭补助和书本的请愿很快会被批准。他会彻底调查警察滥用职权的投诉，并解决问题。他的做法安抚了地方议会中的印度代表，维护了英国人公平、公正和正派的形象。[12]卡里特知道许多事。曾有警察津津有味地向他描述一位被定罪的政治犯如何默默地忍受酷刑。[13]

搬到加尔各答的作家大楼（Writers' Building）①后——政府秘书处官员办公的丑陋红砖建筑，卡里特不再负责地方事务。

---

① 起初是英国东印度公司文职人员的办公室，因此而得名。——译者注

他成了一名普通的办公室职员，混在一群多嘴多舌又爱装腔作势的秘书、增配秘书、副秘书中，他们个个一门心思想着升职、拥有更高的社会地位。无论他的制服上有多少条金穗——身为三等特别官员，卡里特没多少条金穗——他现在和他们一样，都成了文员。政治内务部的名簿上有多少间谍、监视者和告密者？没人知道。文员做事的规则非常简单。警察让他们在什么文件、在文件的何处签字，他们便签字。[14]

117

政府早前答应过卡里特，坦盖尔的工作结束后就为他在加尔各答安排个好差事。正是这个承诺开始促使他反省，让他感到不安。以前在河上打发漫长的日子时，他只会读最新出版的《新政治家》，如今却开始读马克思和列宁的作品。书是加布里埃尔——"黄金男孩"中最年轻的那个——寄给他的。他曾是威斯坦·奥登的情人，现在则全职为英国共产党效力。

起初，卡里特的上司认为民族主义比共产主义更具威胁性，可随着检察部门（Bureau of the Public Prosecutor）接二连三地发出通知，被视为共产党作家和禁书的名单越来越长：威廉·加拉赫（William Gallacher）的《克莱德的反抗》（*Revolt on the Clyde*）、克劳德·科伯恩（Claud Cockburn）的《记者在西班牙》（*Reporter in Spain*）、约翰·里德（John Reed）的《震惊世界的十天》（*Ten Days That Shook the World*）、穆尔克·拉吉·阿南德（Mulk Raj Anand）的《苦力》（*Coolie*）①。甚至，阅读玛克西姆·高尔基的《母亲》（*The Mother*）或成吉思汗

---

① 描写了苦力受尽剥削、虐待的悲惨一生，宣扬可以通过抗争来改变命运。——译者注

（Genghis Khan）的传记也可能被捕。[15]当时，警察可能比关在代奥利和布拉赫马普尔的政治犯更了解马克思哲学。

虽然根据《海关法案》（Sea Customs Act），这些书被禁止输入印度，不过，副地方专员卡里特的邮包却从没受到过任何影响。休假时，他也在不停地学习。如今，在威尔士的山上，在路边的酒吧，他滔滔不绝地和热衷于登山的兄弟们辩论资本主义的灾难性和帝国主义的邪恶。他通过学习得知，下一场冲突不会在德国和英国或法国之间爆发，而会在工人阶级和帝国主义国家的中产阶级之间。卡里特在回印度前，加布里埃尔介绍他认识了反帝国主义大同盟（League Against Imperialism）的本·布拉德利。

布拉德利曾在密拉特密谋案（Meerut Conspiracy Case）的审判中被捕、定罪。24 名被告几乎都是印度人，他们被控响应共产国际的号召，"企图推翻英属印度的国王"。长达四年半的庭审系统性地呈现了共产国际对阶级斗争的阐述。定罪后，密拉特密谋案的被告被判流放或长达 12 年的监禁。不过，由于担心他们成为囚犯后可能会导致更严重的报复，因此，判决最后被推翻。获释后，他们中的大部分转入地下，本·布拉德利则回到了英国。

卡里特来到孟买的第二天就去了孟买市场中一条拥挤的小巷，走进一家照相馆。他故意穿了身廉价衣服，连自己都觉得可笑。他提出想见 S. S. 密拉志卡尔，柜台后面两个掉光了牙齿的老头立刻警觉起来。在密拉特密谋案审判中，密拉志卡尔和布拉德利同为被告。卡里特本该说想拍照，顺便问候密拉志卡尔的身体状况；对方则会问他几个问题，在他取照片时，回答他对密拉志卡尔的问候。这样，他们便有时间对比这次拍摄的照片和之前收到的照片是否为同一人。[16]然而，卡里特没有按约定行事，于是他们立刻跪倒在他脚下哀求。

密拉志卡尔已经走了！他们从没听过叫密拉志卡尔的人！密拉志卡尔那天早晨刚被捕！

卡里特刚想拿出布拉德利的信，却被推出门外，大门在他身后锁上了。路人纷纷好奇起来，于是他只能先回旅店，再做打算。他可以忘记整件事，不惊动任何人，然后直接去加尔各答赴职。可布拉德利告诉过他，如果他没法顺利接头，最后的办法是去主教家里要求见迈克尔·斯科特牧师。

马拉巴尔山上宅邸的草坪被修剪得非常整齐，还有鲜花做的围栏，让他觉得自己像在集市上一样醒目。起初，眼神锐利的通报员拒绝为他传话，以为他是可疑人士。随后，他被要求在走廊等待正在午休的斯科特牧师。卡里特坐下来，刚想解释自己的来历，之前的通报员再次出现，告诉他牧师想留他吃晚餐。

卡里特和斯科特在餐桌坐下后，仆人端上一道道菜肴，他们聊起了新上任的印度总督。卡里特心想，这位看起来相当焦虑的年轻牧师似乎完全不懂社交礼仪。但是，餐点非常美味，他们在吃完甜点、相互道谢后离开了餐桌。卡里特放下戒心，拿出去年在共产国际第七次大会上的演讲稿。共产国际曾严厉地谴责甘地和尼赫鲁是小资产阶级，认为印度的民族主义分子和英国人如出一辙，只想提高自己的社会地位，而根本无法代表群众。[17]可之后，印度共产党却奉命和国大党联手组建人民阵线（Popular Front），共同对抗法西斯主义和帝国主义。在希特勒和墨索里尼相继崛起、法西斯思潮盛行的大环境下，现在不是对意识形态吹毛求疵，也不是激化阶级斗争的时候。所有的民主派人士、社会主义者、改革者和崇尚宪法精神的政党，都应该团结在人民阵线的大伞下。

卡里特本打算在那天夜里去加尔各答，可斯科特坚持两人第二天在珠湖海滩见面，这样能让他更了解"事情的来龙去脉"。[18]

　　哈蒂巴甘，康沃利斯街 139 号，加尔各答，1936 年 4 月 17 日

关于帝国兴衰的话题经常出现在苏丁·达塔每星期五晚举办的阿达上。自从独裁者、法西斯主义者、暴君在世界各地横行以来，《相识》的每次出刊都需求极大。新来的苏肖本·萨卡尔发表的时事见解引发了热烈讨论。巴桑塔·库马尔·马利克边不停地吃萨莫萨三角饺（samosas），边滔滔不绝地阐释他的冲突理论，他将年轻的苏肖本视为能在友好的氛围中辩论的最佳对手。阿达的秘密日记作者一直密切关注两人的交流。他认为苏肖本和马利克一样，经常沉浸在学习的乐趣之中，可前者还拥有相当稀有的个人品质。不同于马利克，苏肖本可以包容个性古怪的阿达成员，而且，他还很幽默。在苏丁邀请苏肖本为《相识》撰文前，后者并不认为自己是作家，如今，人们热切地盼望他谈论所有人，从革命前后的俄罗斯，到孟加拉文艺复兴的不同起源。他对阿诺德·约瑟夫·汤因比（Arnold Toynbee）所著三卷本《历史研究》（*A Study of History*）的批评意见激起了热烈讨论。[19]

120　　在 1936 年这个特别的夜晚，讨论从相当深奥的话题开始：宗教信仰对塑造帝国主义意识形态存在什么影响？苏肖本指出，

信仰众神的印度教比推崇一神论的加尔文主义（Calvinist）① 心胸更开阔，虽然崇拜众神似乎也有缺陷，比如让许多人会同时崇拜墨索里尼、希特勒、列宁、斯大林、穆斯塔法·凯末尔（Kamal Pasha）、礼萨·汗（Reza Khan）、孙中山和甘地。[20]

随后，大家又讨论了许多无意义的事，直到话题重新回到国际政治。这种情况越来越普遍。在阿达成员眼中，1933 年魏玛德国的社会民主党的垮台，以及法国在两年内四任政府相继倒台，都不算值得引起警惕的事件。墨索里尼决定向厄立特里亚（Eritrea）派兵，恢复他的罗马帝国梦想，还引来众人的连番嘲笑。厄立特里亚！[21]不过，苏肖本近来开始在《相识》的文章中抨击英国不该对墨索里尼侵略阿比西尼亚、希特勒侵略西班牙的行为无动于衷。人们迅速形成一种共识，即除非英国点头，否则法国和德国不会开战。[22]而英国睁一只眼闭一只眼的态度，其实助长了希特勒和墨索里尼的对外扩张。

他们也常谈论共产主义在印度的兴起，主要是由于不久前从牛津来的新成员。每当希林杰拉德·穆克吉出现时，身边总跟着一群年轻的仰慕者，他们会不停地重复他的观点和见解。阿达上的长辈们视希林杰拉德为一颗冉冉升起的新星，他们非常想听听他如何看待 1936 年 4 月国大党在勒克瑙（Lucknow）召开的会议。民族主义政治有了更广泛的听众。

穆克吉表示，尼赫鲁在勒克瑙重申了对 1935 年《政府组织法》的反对意见。他认为，国大党应该积极参与即将到来的地方选举，利用这个机会提出他们的方案，提高公众的认知。随

---

① 由约翰·加尔文（Jean Calvin，1509 – 1564）和宗教改革时期的神学家确立，主张人类不能透过正义的行为获得救赎，反对逐渐成为天主教神学主流的"神人合作说"。——译者注

后，为了不向他们的革命议程妥协，国大党人就算在选举中获胜也会拒绝就职。穆克吉自信地断言，尼赫鲁如果决定加入选举，肯定会产生后坐力，因为整件事都是英国的圈套。林利斯戈侯爵将会利用选举来瓦解国大党的势力或分化他们。秘密日记作者留意到，穆克吉在抛出妙语前，总喜欢轻舔一下嘴唇。

121

"还有比尼赫鲁和议会走得这么近更不明智的做法吗？"穆克吉的一位仰慕者反问道，"都是为了阻挠共产主义的扩张吧，难道不是吗？"

在穆克吉按话前，苏肖本先开口了。"和阻挠共产主义比起来，议会为进步派、民族主义政治家提供了更好的平台。"[23]

虽然苏肖本是政治保安处眼中的可疑人物，可他也是政府公务员，要养家糊口，所以无法肆无忌惮地表达自己的政治同情。最近，总书记 P. C. 乔希把印度共产党总部从加尔各答迁往了孟买，希望恐怖分子、左翼民主主义人士与右翼学生团体都能聚拢到共产党的伞下。苏肖本认识的最年轻有为的学生已经加入了乔希的队伍，他却只能在私下里偷偷地资助乔希。[24]

牛津新来者和阿达老成员之间逐渐形成了分歧。肖苏本和穆克吉相信，苏联构建了迄今为止人类最仁慈的政治体系[25]，苏丁·达塔和沙希德·苏拉瓦底则站在体面的资产阶级一边。[26]苏丁完全相信，如果共产党进城，自己肯定会遭报应，会被吊死在离家最近的路灯柱上。[27]法国作家安德烈·纪德（André Gide）在出版一本关于苏联的书后，遭到共产国际的猛烈批评。这让苏丁真切地了解了斯大林。[28]不过，秘密日记作者到目前为止还未表态。

那天晚上，苏肖本把有关康德和黑格尔的晦涩讨论引向了马克思，无产阶级专政和工人间的兄弟情谊让年轻的共产党员们热血沸腾。苏丁听了一段时间后才不耐烦地打断了他们。

"你们怎么可能懂没有土地的佃农过的是什么样的生活？已经很难想象在我们的社会上存在这么可怜的人，更别说设想通过共产主义理想成为他们中的一员了。我们这些文化人、中产阶级，究竟和他们有什么共同点？"

苏丁的说法立刻遭到一片反对声，只在欧洲挨饿过几个月的人根本不可能了解梅迪尼普尔地区歉收意味着什么。 122

这种争论正是阿达的意义所在，仿佛一锅在炉子上冒着白汽的热汤。穆克吉攻击苏丁太过执着于阶级观念，使气氛达到了紧张的顶点。

如同脂肪沾到了火星。

"这种讨论简直愚蠢透顶！孟加拉的中产阶级里根本不存在阶级斗争。"苏丁激动地说。

有位年轻诗人大吃一惊。他从骨子里感受到正在被老板剥削。绝对没错！每个人都马上加入讨论。[29]

此时，另一个刚从牛津来的英国人开口了。从阿达诞生之日起，白人政府官员来参加聚会便是个相当新奇的现象，这加剧了夜晚讨论紧张的氛围。曾在 1929 年陪同苏丁和泰戈尔前往美国的阿普鲁巴·昌达便经常抱怨，苏丁犹如磁铁般吸引着外国人。每当他们在场时，他总提不起劲；可阿普鲁巴又喜欢吹嘘，他——政府中的低级巴布——比作家大楼里的英国上司更聪明。[30]

秘密日记作者惊讶地发现，汉弗莱·豪斯堪称英国版的古印度婆罗门权威，拥有与生俱来的大智慧和优雅举止。实际上，豪斯曾为圣公会（Episcopal ministry）服务，还在牛津的一所大学短暂地担任执事，直到遭遇信仰危机，他才被迫辞职。他曾两次申请牛津大学万灵学院（All Souls）的奖学金，都以失败告终，最后只在加尔各答大学找到一份教职，而这意味着要和妻子分别一年。他在踏上旅途时曾满怀希望，打算不受打扰地在加尔各答写完一本有关杰拉尔德·曼利·霍普金斯（Gerard Manley Hopkins）① 的书。

汉弗莱抵达当地后，其部门负责人把他带到联合服务俱乐部的临时落脚地，并告诉他：在找到新公寓前，他都可以住在这里。当他提起要搬去达玛塔拉街（Dharamtallah Street）和他在牛津认识的朋友苏肖木·萨卡尔同伴时，那位负责人明显露出一副尴尬的表情。

123   从那时起，汉弗莱·豪斯就被盯上了。警察局政治保安处会派人坐在他的公寓外，随时准备跟踪他。[31] 跟踪汉弗莱的人总是拿着廉价的雨伞，脚上穿一双看起来相当笨重的鞋。他们会在海滨大道（Esplanade）的有轨电车站悄悄靠近他，挑起眉毛，抛出一连串问题。

"回家吗？"

"对啊，正要回家。"

"我侄子的一个朋友是你的学生。"

"哦，是吗。"

"你觉得我们的男孩怎么样？"

"我很喜欢他们。"

"他们什么事都告诉你吗？我猜是，他们会讨论许多事。"

"是的，他们讨论许多事。"[32]

---

① 杰拉尔德·曼利·霍普金斯（Gerard Manley Hopkins，1844-1889）：英国诗人，曾探索性地在诗歌中使用跳韵（sprung rhythm），使他成为传统诗歌的创新者。——译者注

如同在牛津时曾经受住流言蜚语考验的以赛亚·伯林（Isaiah Berlin）①，斯蒂芬·斯彭德、威斯坦·奥登和汉弗莱已经摸索出如何轻松地应对刑事调查部（Criminal Investigation Department）的技巧。他现在的处境和在牛津时大同小异。苏肖本·萨卡尔带他去《相识》的阿达后，他觉得那里十分熟悉。

汉弗莱清了清嗓子，把头转向认为受到老板剥削的年轻人，温和地开了口。

"你是否打从心底觉得你在剥削家里的仆人呢？"

年轻人脸上露出了绝望的表情。

"有时候，"他一本正经地承认，"我认为这也许没错。"

"阶级斗争不可能出现在种姓制度如此顽固的国家。"马利克说，再次把手伸向萨莫萨三角饺。

"我的司机和我种姓相同，可我无法想象我们在同一张餐桌上吃饭。"苏丁睿智地察觉到，种姓和阶级的同时存在可能会产生反效果。

一位年轻的共产党员虽然有些犹豫可还是大胆地表示，他曾和兄弟的司机一起吃过饭。在一阵冗长的沉默后，阿达结束了，人们各自回了家。[33]

124

作家大楼，达尔豪西广场（Dalhousie Square），加尔各答，1936 年 10 月底

迈克尔·约翰·卡里特身为政治保安处的特别官员，他的

---

① 以赛亚·伯林（Isaiah Berlin, 1909 - 1997）：英国哲学家、政治理论家。他在 1958 年的演说《两种自由概念》中区分了积极自由和消极自由，对以后关于自由与和平等关系的讨论产生了极大影响。——译者注

首要职责便是为总督阁下加密、破译从伦敦和德里发来的消息。所以，他有一只钢制的黑色小箱子，上了锁。这只装着密码本和秘密文件的箱子，他从不离身。他的一位随从喜欢把它架在头顶上，另一位则喜欢在拎它时戴白手套，仿佛托着茶盘的男管家。卡里特很享受用餐途中因为要收发机密情报而暂时离开座位的感觉。向众人告辞后，他会退回到书房，边逐一解密情报，边一口口地呷着细心的仆人为他准备的大杯威士忌。

卡里特经常失望地发现，超过半数打上"绝密"的文件其实名不副实，只是发信人的主观判断。另外 25% 被标记为"机密"的文件只是为了防止相关信息泄露给议会中的印度人。这意味着仅剩下四分之一的文件属于真正的机密情报。它们当然是最有价值的信息。警方一旦截获"可疑"地址的书信，他便会通知共产党联络人。他还会大方地和他们共享警方的周报和来自伦敦的加密信件。[34]

除了斯科特牧师外，只有约翰·奥登、汉弗莱·豪斯知道卡里特的秘密身份。只要约翰在加尔各答，他们四个便会在他家会面。虽然约翰的声音听起来和威斯坦很像，不过卡里特认为他们完全是两种人。[35]他们最初几次见面时，约翰还没开始质疑英国的统治，他的话题常常集中在喜马拉雅山脉的工作而非政治。几杯威士忌下肚后，他才能抛开死板的拘束。只有那时，旁人才能领略到他的讽刺幽默和不动声色的荒诞。随着时间的推移，他变得越来越直接，就像之前从未与人分享过自己的见解一样。

汉弗莱则相反，他更像无政府主义者。他在正式的官方场合上的粗暴（还经常喝醉）常让卡里特既害怕又兴奋。斯科特牧师从来不是阿达的核心人物。他打从心底无法认同他们的荒谬角色。他不明白在铺着英国国旗的讲坛上布道哪里可笑。[36]而且，很遗憾，他敏感的胃也不适合酒精。

星期天，牧师因为有事脱不开身时，其他三人反而比较轻松。卡里特会先派随从去拿替换衣服，让马夫准备他的马和装备，然后骑马去托利贡吉俱乐部。正如他非常享受办公室的例行公事一样，他也会细心地整理笔挺的制服，暗自欣赏裤子上如刀痕一般的折痕，陶醉在一切完好如昨日的俱乐部中，远离人群、噪音和都市的尘埃。卡里特边打牌边和人轻松地聊天，空气中荡漾着茉莉花和爽身粉的味道，这让他感到放松极了。三人手中的马克杯里倒满了冰凉的啤酒，不远处的坡道边传来打草地网球的未婚女孩们的笑声，这都让他们想起童年时尚未爆发战争的英格兰。在这样的早晨，卡里特几乎相信英国对印度的统治将永远持续下去。[37]

但是，他很快就会放下酒杯，在某个隐蔽处会见通风报信的人，告诉他某位工会领袖在逃跑途中需要资金或安全屋。有时，他会见年轻牧师，他们还穿着礼拜仪式的袍子。他把简报交给对方，这些简报主要是从《新政治家》或《工人月刊》（Labour Monthly）上摘抄的段落，表明全世界都在反抗法西斯主义。此外，他还会把伦敦寄来的令人费解的马克思主义长篇大论交给印度同志。天知道它们都是谁写的。

虽然卡里特对待地下工作不如斯科特牧师认真，他却相当看重这件事。难能可贵的是他和约翰·奥登、汉弗莱·豪斯间的惺惺相惜。在托利贡吉俱乐部高大的杧果树和印度楝的树冠下，他们组成了统一战线，共同抵抗四周不经意间流露出的傲慢。[38]

总督官邸，新德里，1937 年 4 月 12 日

　　林利斯戈就任总督的第一年年底，与甘地的会面已经无法避免了。地方选举结束了，国大党赢得了压倒性的胜利，拿下了 11 个省份中 8 个省份的席位。他们也在剩下的 3 个省份中获得了大量选票。穆斯林联盟甚至没能在两个以穆斯林人口为主的省份——旁遮普省和孟加拉省——获得多数支持。在赢得了全面的胜利后，尼赫鲁改变了主意。只要总督向他保证英国官员不会滥用否决权或使用特殊权力横加干涉，国大党的候选人将悉数宣誓就职。可当总督未能给出承诺后，甘地开始呼吁由法庭来裁决此事。虽然甘地在 1934 年就退出了国大党的实质工作，并声称自己只是顾问或象征性的角色，不过，他明确地向总督林利斯戈表示，他不会让步。

　　但是，在和甘地会面前需要先解决一系列礼节问题。甘地要在访客登记簿上签名吗？《王室通函》（Court Circular）该记载这次会面吗？总督可以坚决地要求对方穿正装出席吗？总督又该穿什么呢？虽然总督在王室成员生日时才需要穿深红和金色制服，可它也许更能体现一种高贵。至于其他服饰，当然，还有那件镶金色纽扣的深色大衣。[39]

　　毫无疑问，不能在正式会客厅接见甘地。印度总督的会客厅使白金汉宫（Buckingham Palace）亦相形见绌，面积堪称世界之首。他的私人书房比较"低调"，面积仅相当于两个椭圆形办公室（Oval Offices）。[40]

　　甘地当然要先有所表示。他需要提交一份正式的会面申请。可是，"蒙着面纱的先知"没有立即作出答复。这事本来就不容易。[41]

上公园路38号，贝尔塞斯公园，伦敦，1937年1月7日

在比尔·蒂尔曼成功登上楠达德维峰后不久，威斯坦·奥登决心用新的探险来激励自己。1936年秋天，他和牛津的诗人朋友路易斯·麦克尼斯去冰岛探险。他们签下一部游记的出版合约，合住在缺少一根帐篷杆的小帐篷。同行的还有数位男学生和他们的校长。"觉得辛苦时，不妨想想那些攀登珠峰的人。"男孩们抱怨又冷又不停下雨时，校长如是告诉他们。威斯坦在风雨交加中装出一副比在丽兹酒店（Ritz）更快活的样子。[1]虽然在创作《攀登F6高峰》时，威斯坦便开始考虑永远地离开英格兰。

斯蒂芬·斯彭德第一时间发表了对威斯坦和克里斯托弗新剧的评论。斯蒂芬刚加入共产党，这为他提供了清晰视角，即该如何看待兄弟迈克尔和被卷入地缘政治闹剧中心的登山英雄。他解释，英雄身上最有趣的地方在于他自以为高高在上，这比他宣扬的新法西斯主义更重要。戏剧在高潮时让英雄比殖民势力的对手更早成功登顶，只是为了让他在死前透过幻觉和峰顶的魔鬼对峙。但斯蒂芬觉得，法西斯主义者与自命不凡者的下场还可以更戏剧化。[2]

剧中主角的原型约翰认为，登山英雄愚蠢透了。威斯坦指

出，这不是现实写照，而是一种戏剧手法。但是，他同意修改某些地方。他不希望人们认为他笔下的英雄高高在上，而是希望英雄更像迈克尔·斯彭德——自学成才，孤僻又古怪。母亲的角色也需要进一步挖掘。威斯坦希望在英雄的恋母情结中融入更多的政治元素。日后，他解释道，正如观看纽伦堡审判（Nuremberg trials）的群众看清了希特勒的真面目一样，她对儿子"攀登 F6 高峰"的渴望制造出了一个魔鬼，点燃了永远无法平息的征服欲望。在人们喧闹的议论中，有位男修道院院长给出一个截然不同的提议：去修道院，彻底消失在公众视野中。[3]

在伦敦，威斯坦担心自己正在成为某种怪物。他的新剧引发了热烈讨论，赢得了商业成功，现在，人们争相追问他对各大热门话题的看法，这让他开始担心自己会变成骗子或沦为只懂讨好的王室御用诗人。[4]不过，威斯坦没去修道院。他跟着卡里特四兄弟中的两人去了西班牙内战战场。如今，如何对抗法西斯主义成了他的最新挣扎。加入国际纵队（International Brigades）①，还是去驾驶救护车？他想选后者，因为他并不认为自己是个好士兵，可他也忘了自己是个糟糕的司机。[5]不过，在他离开前，还有一件事需要处理。

如果把伦敦比作一间客厅，挤满了边喝雪利酒边疯狂调情且只注重自我才华、强调自我重要性的人们，那么，威斯坦冰岛之旅的伙伴路易斯·麦克尼斯肯定会站在房间中某个半明半暗的角落，安静地抽着烟，通过保持一段距离来观察眼前的景象。路易斯来自北爱尔兰沿岸地区，他经常觉得自己像挤入伦敦上流社会的乡巴佬。放假前，威斯坦邀请他来上公园路吃晚

---

① 指在 1936～1939 年西班牙内战期间，许多国家的工人和农民为支援西班牙人民组成的志愿军。——译者注

餐。威斯坦像媒人一样对着南希耳语：

"不觉得他英俊极了吗?"

南希用画家的眼光看向路易斯那张马脸。

"不觉得。他看起来就像一匹马，也许挺温顺的吧，不会随便踢人。"

1937 年 1 月初，威斯坦前往马德里（Madrid），路易斯和南希去维多利亚车站为他送行。[6]

日后，路易斯会说在遇见南希前，他都是色盲。[7]他欣赏她平 ₁₂₉静的生活，带她去高级餐厅吃饭。他包办旅费，请她陪自己去苏格兰的赫布里底群岛（Hebrides）为游记写作采风。在赫布里底，路易斯几乎不关心宜人的天气和当地的美景，他的目光从没离开过南希。他们回到伦敦后，南希在车站的电话亭给比尔打了个电话，宣布和他分手。她带着女儿们搬去了路易斯家。比尔尝试挽留，可他的口吃又犯了，南希知道他永远无法摆脱这个毛病。[8]

之后，路易斯独自回到赫布里底，精疲力竭。他依靠汉弗莱·豪斯所写的曼利·霍普金斯一书来排解寂寞。他本想写篇书评，可一翻开书，便坠入了断断续续的睡眠。[9]

印度地质调查局的营地，特里加瓦尔的某个地方，1937 年 3 月

"他根本不该亲自冒险的。"[10]汉弗莱·豪斯在信中向约翰坚持，仿佛当时身处西瓦利克（Siwalik）① 某处帐篷的约翰有办法阻止威斯坦去西班牙。那是约翰第一次听说弟弟的计划。汉

---

① 位于印度，喜马拉雅山脉南麓。——译者注

弗莱是从卡里特处得到消息的，而卡里特则是从弟弟加布里埃尔处听说的。卡里特曾说，上战场具有一种小资产阶级的浪漫主义，不过，身为诗人，威斯坦的职责应该是思考和写作。对此，汉弗莱表示认同，苏丁·达塔则没有表态。

直到约翰认识汉弗莱·豪斯，又通过他认识苏肖本·萨卡尔、沙希德·苏拉瓦底以及苏丁阿达上的许多成员时，他才知道自己在印度多么孤立无援。他只和印度地质调查局的几个同事聊天，几乎不和印度人说话。可苏丁的智慧和优雅举止，仿佛向他升启了一扇人门。[11] 和苏丁聊过天后，他开始从全新的角度认识印度和它的愿景。这迫使他思考一旦英国的统治结束，他该扮演什么角色。

130　约翰从加瓦尔给苏丁写信说，加尔各答也许没什么变化，可其他地方却是另外一回事。他所经过的每个村子，无论他愿意付多少钱，都没人愿意为他扛工具箱和设备。他现在意识到，自己也许成了反复囚禁他们政治领袖的人的化身。他为这种僵局感到自责。他过于关注自身，从没想过要和印度人接触。卡里特的新"嗜好"也许能补偿多年来他效劳英属印度政府，可约翰没有这种借口。除了岩石和地质构造，他对印度一无所知。就这么虚度了十年。

当然，帝国统治即将临近尾声让他感到欣慰。只有在权力平衡被打破后，才可能诞生真正的友谊。历史潮流完全站在苏丁一方。可是，即便印度无法马上独立，这也是不可避免的趋势，到那时，他的未来又会如何？一想到可能要回英国，便让他涌起一股怨恨。约翰告诉苏丁，英国反对纳粹德国同德国对待犹太人的方式无关，认为那是小题大做。英国真正担心的是德国霸权的凌驾。[12] 他怎么能回到这种地方呢？

可是，他怎样才能留在印度？

威斯坦去西班牙的消息让他非常不安，至少在威斯坦启程前，媒体大标题称马德里可能马上会落入法西斯分子手中。约翰认同弟弟的看法，即英国的统治常喜欢跟人串通一气。威斯坦曾公开表示，让这艘巨轮继续航行是非常邪恶的。但是，威斯坦也承认约翰太注重自己和自己的困境了，如果他决定在印度自杀，那么他就是懦夫。[13]威斯坦没能意识到，约翰能为印度做的事太少了，而且这些他仅能做的事还不一定有价值。地质调查有什么用？他是否真的能够验证关于喜马拉雅山脉地质构造的推测？就算他成功了，谁又会在乎？就算他现在气得要命，只要英国宣布殖民统治结束，所有的事便到此为止，印度人只能自己琢磨那些马背上的人究竟做过些什么。此外还有铁路和运河，英国人绝不会忘记提醒他们这些是谁建的。[14]基础设施造价高昂，而那些最后留下的人注定要为此买单。苏丁比威斯坦更了解约翰的担心和前途未卜的不确定性。

苏丁从小就明白，孟加拉人太情绪化。他们喜欢用轻率或过于华丽的语言来传达最激烈的情感。他知道，如果要让一个英国人打从心底里重视他，就必须克制与生俱来的热烈情绪，装出冷淡的样子，不要随便发言。他和约翰·奥登在一起时，倒不必太费心。从他们初次见面的那一刻起，约翰就像刚离开某个与世隔绝之地，掏心掏肺地说个不停。现在，这个可怜的男人又被困在某处荒郊野外，写信向他倾诉自己无法挣脱的命运。

苏丁清楚，一旦话题涉及印度，英国人就会变得情绪化。只有极少数人像约翰那样打从心底喜欢印度。可是，如果他在信中给他建议，就会冒着越界的风险，两人会你来我往地争论

131

数个回合，直到葬送他们之间的情谊。苏丁虽然厌倦了约翰的长篇大论，不过还是担心他说的那些话对于身处孤绝之地的人而言意味什么，仿佛他已经走到了山穷水尽之境。最后，当他告诉约翰自己多么想念他、多讨厌二人之间的遥远距离时，他祈祷约翰不至于太惊讶。虽然苏丁想通过强调约翰的工作很有价值来安慰他，不过，苏丁连地理学和地质学也分不清。"只要看看中国就会明白轻视地理不会有好下场。"

苏丁在约翰·奥登身上看到了他和孟加拉人相似的一面。"我们生活在一个诡异的反常时代，这个时代一味病态地强调自我意识，却同时荒谬地害怕谈论感受。这导致了一种情感上的颠倒，毕竟过度压抑的外在表现反而会加剧内心的混乱。"15 苏丁对这种混乱相当熟悉，虽然他比约翰更不愿意表达这种感受。即便是与他最亲近的人，也从没听他谈起过自己无爱的婚姻和孤独。他只是告诉约翰，他不再写作了。整整四年，他没有写过一首诗，没有感受过任何一阵情感的冲动。很长时间以来，他第一次为汉弗莱写的曼利·霍普金斯一书感到激动，可当他想在纸上写下自己的想法时，他的文字却十分枯燥。因此，他对约翰受挫的创作野心感同身受。

但很可惜，约翰对别人的痛苦远不如对自己的痛苦感兴趣。在收到苏丁那封体贴的、深情款款的回信之际，他也收到了迈克尔·斯彭德的电报，后者邀请约翰加入他和比尔·蒂尔曼、埃里克·希普顿组成的探险队伍。虽然不是约翰期盼已久的珠峰邀请，可这的确是个探索喀喇昆仑山脉上冰川荒野的好机会。

1936年珠峰探险失败后，希普顿的回程经过西藏，那时他就开始琢磨喀喇昆仑山脉。它是喜马拉雅山脉的姐妹山脉，位于其主山脉西侧，中间隔着南北流向的印度河。它的独特之处

132

在于地处偏僻、呈螺旋塔状的花岗岩以及数量众多的巨型冰川。全世界海拔超过 8000 米的 14 座山峰中有 4 座位于喀喇昆仑山脉，其中包括世界第二高峰 K2 峰（乔戈里峰）。

在踏足此地之前，希普顿先查阅了地图。虽然已经有人勘测过喀喇昆仑山脉的南部流域，可在地图上，越靠近山脉的主峰和冰川，那里的山脊和山谷便越发凌乱，并且突然在 K2 峰附近出现了一片空白地区，标注为"未知"。希普顿抵达加尔各答时已经有了计划：不是通过惊动大批通信官、全副武装的守卫、搬运工和驮畜来攀登 K2 峰，而是绘制 K2 峰和它附近空白地区的地图。

约翰收到迈克尔的电报后，马上给汉弗莱和苏丁写信，恳请他们告诉他该怎么做。接受邀请意味着要取消已安排好的休假计划。可他承认自己已经在考虑去探险了，但有个条件——在那里的时间应该算作工作时间。他没有提勘测未知地区并绘制相关地图可以扩大和加强英国对次大陆的控制。"我觉得自己很没用，没法像你、理查德和威斯坦那样很容易就帮上忙。"他在信中告诉汉弗莱，仿佛在乞求原谅。[16]理查德是他们给卡里特取的代号。汉弗莱从没把这件事放在心上过。

和苏丁一样，汉弗莱不完全理解约翰在野外的工作，可他对约翰说他具备印度独立后所需要的技术和本领。他还非常有毅力，克服了工作中的种种困境。他唯一缺乏的便是自信，去喀喇昆仑山脉探险无法让他意识到自己的贡献，而去欧洲或美国可以。[17]

苏丁也表达了自己的看法。如果约翰要为此放弃休假计划的话，那实在是太遗憾了。他整天埋头苦干的不就是这些事吗？他难道不该想想怎么休息，反而要把自己的生活搞得

133

更累、更难吗？苏联、英国或美国会是更好的探险目的地，那里比雄伟的喀喇昆仑山脉更需要他的专业技能。而且，如果他去了，回来后能做什么呢？那里会有时间写书吗？[18]最后，放任个人失败念头不停地膨胀是个巨大的错误。他怎么能坚持说没人爱他，自己是个骗子，只有像汉弗莱和苏肖本这样的朋友呢？难道他们比普通人更容易上当受骗吗？他真的是这样的人吗？

"我知道这么讲不太礼貌，而且有点厚颜无耻，可请你好好想一想，我的年纪比你大一点，而且曾把许多事搞得一团糟。所以，我说的什么会失败，什么不会失败，难道不——至少稍微——值得你考虑一下吗？"[19]

和约翰·奥登的经历相比，苏丁对失败和伟大的诠释太过苍白。而且，苏丁在劝他放弃邀请时没有提到他远大而崇高的理想。希普顿或蒂尔曼将成为1938年珠峰探险的领队。他们中的一人将有权决定探险队队员名单。比起写书或投身于任何一项其他事业，他更渴望踏上这座山峰。

约翰前往加瓦尔之时，卡里特和汉弗莱在一个星期六的晚上出了门，凌晨4点才回到汉弗莱和约翰合住的地方。他们喝得酩酊大醉，或者用汉弗莱的话说，"喝到酒都漫过了眼皮"。他们的车撞向了篱笆，在两个身份不明的女人的陪伴下，他们大吵大闹又醉醺醺地回到了家里。住在楼上的传教士被粗鲁地吵醒了。

另一个晚上，这次还有斯科特牧师，几位"同志"在午夜离开时醉得不省人事。虽然马德里还在坚持抵抗，西班牙的战争却到了一触即发的地步，卡里特非常担心他的兄弟们。在那

天夜里晚些时刻，汉弗莱和来探望他的妻子准备睡觉时上演了
一场"午夜激情"。汉弗莱巨细无遗地向约翰描述道，他们认
真探索了"所有敏感地带"，随后便开始激情、持久、酣畅淋   134
漓的做爱。床发出的"嘎嘎"声再次惊醒了隔壁虔诚的邻居。
第二天早上，他们就收到了驱逐信。汉弗莱过分的行为已经让
他们无法继续住在那里。他在信中写道，那一刻他感到自己是
至高无上的。毫无疑问，他再次肯定道。

    他在信中告诉约翰，这太糟糕了，因为他们在阿默斯特街
（Amherst Street）的家中有过太多美好的回忆。苏丁、穆克吉，
还有阿达的新成员、为大家带来许多恶俗乐趣的明妮·邦纳吉
都来参加过他家的派对。他们抽烟、喝酒、肆无忌惮地谈论政
治。[20]汉弗莱告诉穆克吉，人们讨厌辛普森夫人①不是因为她离
过婚，而是因为她和奥斯瓦尔德·莫斯利爵士的不列颠法西斯
联盟（British Union of Fascists）过从甚密，甚至让人怀疑有个
"丘吉尔-莫斯利右翼法西斯主义国王党"。穆克吉被逗得哈哈
大笑。[21]阿达现在经常出现丘吉尔和希特勒是一伙的话题。大家
都认同于此：极端的帝国主义者与同时是反共的保皇主义者和
反共的极端法西斯主义者，是个绝妙的搭配。

    得知要搬出公寓，约翰相当失望，不过，他怀着少有的愉
快心情写了一首诗：

> 我们会听见汉弗莱如何坠入
> 地狱底层
> 魔鬼会改变信仰吗

---

① 辛普森夫人（Mrs. Simpson，1896-1986）：英国国王爱德华八世的女友，
在爱德华八世退位为温莎公爵后成为其夫人。——译者注

比他改变口味更突然？

上帝高高在上，你们的所作所为尽收祂眼底
从阿默斯特街，到廷巴克图（Timbuctoo）①
越过天堂的高墙，祂可以看见
最阴暗的厕所

这是个糟糕的警告
对参加早晨礼拜的男孩和女孩而言
受到祝福的鲜血，虽然也许是酒
可只对拥有信仰的人而言才是个好东西。[22]

135 　　汉弗莱搬到新公寓后不久，"那位先生"——被怀疑曾向政治保安处告密的阿达成员——拜访了穆克吉的家。他坚称从学生时代起就认识汉弗莱了，还想询问豪斯教授最近在忙什么。汉弗莱因此有了个主意。[23]他将在自己的新书《我是小间谍》（*I Spy with My Little Eye*）中记录下"那位先生"和跟踪了他一整年的秘密警察，并把它献给约翰和苏丁。[24]汉弗莱很快就会离开加尔各答。

　　汉弗莱的新房东是高等法院的法官，他拥有一半穆斯林、1/4 意大利和 1/4 奥地利血统，是约翰在马尔博罗寄宿学校（Marlburian）的校友。非常不幸的是，那些嘴里不停地嚼着东西、眉毛微微颤动的讨厌鬼又开始蹲在他家门外。汉弗莱出门时不再驾驶他的旧车，而是步行前往城中各处，并不时地停下

---

　　① 西非马里共和国（Mali）的一个城市，位于撒哈拉沙漠南缘，历史上曾是伊斯兰文化的中心之一。——译者注

来用流利的孟加拉语和人们聊天。跟踪他的人几乎跟不上他的脚步。

"天呐，这个鬼地方！"[25] 他在给约翰的信中写道。

副秘书长的办公室，作家大楼，达尔豪西广场，加尔各答，1937 年 3 月

西班牙不停传来坏消息，卡里特完全没法专心工作——无论是他在英国政府的正职，还是共产党的地下工作。他兄弟所在的连队经历了地狱般的劫难。他正在等待他们是否幸存的消息。有些时候，卡里特可以说服自己：每在西班牙牺牲 1 个人，就会有 100 个人应征入伍。糟糕的时候，他认为自己应该成为稀有鸟蛋的收藏家，由此假装对其他事一无所知。[26] 正是在这样的日子，加尔各答警察局副局长（隶属于情报部门）上门了。

"卡里特，我的老朋友。我担心极了。我总是交不出成果，该不会惹上什么麻烦吧？他们会把我踢出情报部门，把我和妻子、年幼的孩子扔到某个鸟不拉屎的地方吗？看在上帝的分上，老朋友，告诉我他们在说什么。"[27]

卡里特望向副局长，毫不迟疑地回答了他的问题。

"我没听说任何事。没人抱怨你提交的报告，和往常没什么两样。我怀疑局长根本不看那些。别太担心。"[28]

卡里特之前看过威斯坦写的文章，文章写得非常精彩，发人深省。他欣赏威斯坦所说的他们这样的人在即将到来的斗争中将扮演的角色。假装自己是工人或印度人都没用。没错，威斯坦写的每句话都很有道理。当前的危机不单包括德国和意大

136

利的向外扩张。不是。现在发生的一切正是马克思曾预言过的：世界各地的工人阶级团结起来。1914 年的情形不可能重演。

首先，印度人饱受恐怖袭击、监禁、枪击、屠杀和残酷剥削。二十多年来都没有停止的抗争，却被冷酷的帝国主义镇压了。直到近年，印度人才开始小有收获。卡里特曾担心民族主义运动将演变成另一场"巴布殖民"。[29] 可相反，运动从小资产阶级转向了工人和农民。[30] 玻璃吹制工、茶叶工人、手推车工人、码头工人、中国鞋匠和水手、小贩、糖果厂的助手、油漆工人，还有制绳、小酒馆、烟草、针织行业的工人都被组织起来了。甚至，兵工厂的工人都有工会，连加尔各答的警察都在要求加薪。[31] 虽然政治保安处的情报文件越来越多，但情报部门根本跟不上变化的形势。

副局长还在说话。

"好几个星期了，我们连一个杂种也没逮到。他们都怎么逃走的？肯定有问题。这是个捉迷藏游戏，我就是那个倒霉的被蒙住眼睛的人。他们让我不停地转圈，我刚逮住一个嫌犯，他转眼就跑得无影无踪了，可我却还在原地不停打转。"

卡里特又转向面前的可怜人，突然欣赏起他的讽刺比喻来，即把沮丧情绪发泄到蒙起他眼睛的人身上。副局长其实工作勤奋又热心，比作家大楼里他的大部分同事都聪明。为了快点摆脱他的纠缠，卡里特暗示可能是外国特工在捣鬼。这个男人离开他办公室时震惊极了，他的工作中竟存在比他所想象的更黑暗、隐藏得更深的势力。

当情报部门的报告中出现莫斯科特工的身影时，卡里特已经完全忘了这次对话。他问斯科特牧师知道些什么？共产国际在派人监视他们吗？总书记 P. C. 乔希也帮忙四处打听，可他的联络人也一头雾水。他们决定静观其变，看看情报机构的报告还会有什么新进展。几个星期过去了，没有任何动静。

突然，莫斯科特工再次现身，就在巴利根戈（Ballygunj）的大街上！根据最新报告，他瘦瘦高高，气色不太好，大脑袋上戴一顶破帽子，身上系一条几乎快要松开的印度腰带。发现目标的告密者称，他当时和穆扎法尔·艾哈迈德①在一起。虽然每个人都知道这位工会领袖当时身陷囹圄，情报部门却照单全收。告密者不停地出现在各地，发誓他们见过他，在这里，在那里，在城市的每个角落。

最终，卡里特的书桌上出现了一份报告，宣称莫斯科特工可能是加尔各答大学名叫汉弗莱·豪斯的讲师。[32]

约翰·奥登从加瓦尔回来后所看到的第一份报纸的标题，和他离开时一模一样。马德里濒临沦陷。他只打算在加尔各答城里待三个星期，之后便和希普顿、蒂尔曼、斯彭德在斯利那加会合，所以他，不介意在星期天满脸胡子地去托利贡吉俱乐部吃午餐。卡里特正在为每年两次的大吉岭避暑做准备，一次在季风季节之前，一次在季风季节之后。汉弗莱写的曼利·霍普金斯一书在伦敦广受好评，此时他兴致正高。他泰然自若地提到自己被政治保安处盯上了。

"莫斯科特工穿什么？"他问卡里特。他想打扮成那人的模样。当他举杯庆祝自己从此将扬名国际时，卡里特提醒他说，他的名字只出现在一份警察局的机密文件中。

"不可能，我的老朋友。绝对不可能。警察局是公共服务

---

① 穆扎法尔·艾哈迈德（Muzzafar Ahmed，1889－1973）：出生于印度孟加拉的政治家、记者及共产主义活动家。——译者注

机构，得到他们的'认证'肯定会引起广泛关注。而且，他们还认为我是国际组织——共产国际的特工，由此为我树立了国际地位。"[33]

在卡里特去了大吉岭、约翰去了喀喇昆仑山脉后，汉弗莱出人意料地买了一张早班船票。在加尔各答的最后一晚，他和苏丁、沙希德·苏拉瓦底开怀畅饮。回家收拾行李时，他发现阳台有位副警官正在等他，不过他并没有太惊讶。男人被迎进门后，开始为自己的突然造访道歉。汉弗莱一打开灯，男人的眼睛便直接望向他的书架。

汉弗莱曾告诉卡里特警察分两种。一种是流氓，专爱欺负人，要么拍拍你的肩，要么戳你的睾丸；另一种则喜欢奉承，告诉你他多么讨厌自己的工作，可除此之外，他还能做什么呢？他今天的客人属于第二种——虚情假意，油腔滑调。汉弗莱给他倒了一杯威士忌。男人拒绝了，说他是印度教徒，但恳请汉弗莱不要因为他就不喝酒了。副警官开口了，说为汉弗莱的离开感到非常难过。他代表政治保安处的每个人，向他转达最诚挚的爱和情谊。汉弗莱保证，他也不会忘记他们的。交手几个回合后，警官转向汉弗莱的书架。

"你是个文人吧，教授？没错，我看到你有很多书。"

"是啊，我想你这么说没错，我是爱读书……你喜欢读书吗，警官先生？"

"不是书，不是书……我要读很多……报告。"

"是啊，当然。报告。这些报告肯定很有趣，它是种非常有意思的文学形式。我有时也想读你的那些报告呢。"

汉弗莱抽出几本书，这似乎吸引了副警官的注意。他的视线扫过封面，又漫不经心地转向别处。汉弗莱之前推测过可能会碰上今天这种不速之客，因此早就把《即将到来的权力之争》（*The Coming Struggle for Power*）① 包上了漂亮的《圣诞颂歌》（*A Christmas Carol*）② 的书皮。《诺桑觉寺》（*Northanger Abbey*）③ 的书皮下包的是奥威尔（George Orwell）讲述兰开夏郡工人故事的《通往威根码头之路》（*The Road to Wigan Pier*）。其他维多利亚时代的知名人士的作品则为左翼读书俱乐部（Left Book Club）④ 出版的主要作品做掩护。男人心烦意乱地瞥了它们几眼，不知道接下来会发生什么。随后，汉弗莱抽出《卡尔·马克思作品选读》（*Writings of Karl Marx*），双手虔诚地捧着它，显得格外郑重其事。

"你可能会对它特别感兴趣。这是本非常有价值的书。请一定要读一读赠言。"汉弗莱翻开书页，递到副警官跟前。上面的字是他提前写好的。

"致亲爱的好友，汉弗莱·豪斯，来自 D……R……加尔各答政治保安处副处长。"[34]

身处牛津的以赛亚·柏林终于收到了《我是小间谍》。他格外关注汉弗莱的一举一动。汉弗莱的所有信件和包裹都被检查过，他还被特工跟踪，这些事让柏林觉得既不可思议又疯狂。

"一想到这，我就发抖，"柏林在给斯蒂芬·斯彭德的信中

---

① 作者为约翰·斯特雷奇（John Strachey, 1901 - 1963），英国著名学者、工党政治家。——译者注

② 作者为狄更斯（Dickens, 1812 - 1870），英国作家。——译者注

③ 作者为简·奥斯汀（Jane Austen, 1775 - 1817），该书为长篇爱情小说。——译者注

④ 出版公司，在 1936 ~ 1948 年期间对英国左派思想的传播产生过巨大影响。——译者注

写道，"［汉弗莱］天生相当冷静，他在和一大群志趣相投、地位却远不及安纳德的人相处时，肯定发生了什么事。"[35] 安纳德是伦敦著名的印度作家；在印度竟然也能找到和他相似的人，简直太令人难以置信了。

大吉岭的公寓，孟加拉，1937 年 7 月底

卡里特第一次来大吉岭时，正值梅迪尼普尔再次发生地方专员被暗杀后的丧假之际。某天夜里，他的男仆叫醒他，然后兴奋地指向窗外。透过蚊帐，卡里特看见天空中悬浮着幽灵般的光线。它看起来就像缀着玫瑰色乳头的巨大乳房：干城章嘉峰。[36]

六年了，避暑地几乎没变。房东太太非常欢迎他的到来，因为他不是英裔印度人，而是地道的英国人。她继续解释道，只要像他这样的人让印度保持分裂状态，他们就可以继续留在这里赚钱。她悄悄说，其实印度人不难闻，尤其是有地位的人，"不过假装他们难闻是会有回报的"。

卡里特拿着一瓶威士忌回到自己的小房间。他一向不喜欢文职官员三五不时地去大吉岭避暑的行为，他在给约翰·奥登的信的开头写道，可现在他非常需要这些。他希望约翰可以赶在从喀喇昆仑山脉回来、去英国之前收到他的信。也许，他有些喝醉了。不。他肯定醉了，但他一定要把想说的话说完。他先漫无目的地谈了醉酒后遇上的一只英国皇家邮政的红色邮筒，再是"最后一列火车驶出了欲望贫瘠的沙漠"，还有一些含义不明的胡说八道。之后，卡里特终于打住了。

"我要去哪里呢？"

他再次提笔。他现在正走出一片树林。红色邮筒还立在那

里，可他这次学会了尊重它。

后来，他便忘记自己要去哪里了。

这不是说所有的孤独和痛苦都离他而去了，根本不是这么回事。但是，他不会再说生活毫无意义了，不会再问自己为了什么而烦恼。这是所有英国人的一种逃避，本来玩得很开心，结果却狠狠地撞在邮筒上。他相信约翰也有过类似的遭遇。

"我想帮助你坐上这趟列车，约翰。"

如果约翰可以回头瞧瞧他的旅伴们的脸，欣赏一番皇家列车艳俗的装饰，他就会明白。他们都是帝国游戏中的棋子。印度事务大臣为他们提供了一次冒险与展现高尚品格的机会，用来满足他们的虚荣心。汉弗莱在书里对两人下了诊断。[37]"湖区就像一个野心的试炼场，"汉弗莱写道，"它孕育了远大的志向。"带着这种野心和志向，卡里特加入了印度文职机构，约翰加入了印度地质调查局，却发现他们都害怕自己变成真正的"印度人"。[38]正如汉弗莱所说，也许他为共产党做地下工作是因为一种类似的假设，即自以为高高在上，或者甚至是因为他渴望权力。那又有什么关系？他唯一能肯定的便是他在为共产党做事。

卡里特写道，约翰也许缺乏汉弗莱那样的自信，可他的确需要说出自己想说的话。他是所有人中最善良的。可是，他沉浸在高山的魅力之中，看不清即将发生什么。

他现在说话的样子就像个可恶的印度文职机构高官吗？假惺惺地关心起贾特人（Jat）①？

事实是，如果他得知弟弟在西班牙的布鲁内特战役（battle of Brunete）中阵亡而汉弗莱却不在他身边，他不可能相安无事

---

① 主要生活在旁遮普省等地。——译者注

141 地挨过上个月。让卡里特感到欣慰的是，他没有向政府大楼里那些血腥的法西斯分子流露自己的悲伤。他自豪极了。可当他独自一人时，他便非常想念自己的兄弟，情不自禁地流泪。他现在就在哭。

"你哭过吗？"卡里特从不羞于承认自己总轻易地为几乎所有蠢事而流泪。某几首诗歌，爵士曲子，人们在流露同情的时候，诸如此类。最夸张的是，他曾在看见女人的乳房时泪流满面。那意味什么？他想到过死吗？死是什么感受？当死亡逼近时，他是清楚自己的处境好，还是被蒙在鼓里好？

总之，他在伦敦有许多"朋友"。如果约翰决定加入共产党，他们肯定会帮他。无论如何，他希望约翰开心。少了他和汉弗莱，加尔各答便不再是加尔各答了。

"告诉那些人，我是个英雄——当然，这全是骗人的，但就这么说吧。因为我需要有人爱我！我是在胡说八道吗？好吧，请原谅我。我的意思是，我真是非常非常典型的资产阶级。"[39]

卡里特的轻松心情很快便烟消云散了。工作进展十分缓慢，重大决定总被推迟。所有与官方的沟通，即使对方人就在隔壁，也必须经过留守在闷热的加尔各答的印度职员。太阳下山后，仿佛落下了巨大的幕布。大吉岭的小巷上透着一股不祥气氛，他开始担心自己和警察局副局长的猫捉老鼠游戏还能持续多久。

孟加拉的地方长官也有自己的担心。其貌不扬的约翰·安德森爵士（Sir John Anderson）曾在爱尔兰黑棕部队（Black and Tans）① 担任政务官，后被派来印度，使用同样的冷酷手段统

---

① 皇家爱尔兰警队部署的两支准军事部队之一，用于镇压爱尔兰共和军发动的革命。——译者注

治孟加拉。卡里特曾和数位资深地方专员开会，讨论接下来将采取什么措施对付民族主义分子。国大党赢得了 11 个省份中 8 个省份的选举，民选官员已经打开了监狱大门，释放出他们的盟友。国大党在孟加拉获得了最多选票，安德森正提议采取纳粹式的策略，重新开始大规模地逮捕工会组织者和活动人士。

卡里特和斯科特牧师都听说了共产党领导层变动的传闻。　142
卡里特很轻松地就申请到几天假期，去了趟孟买。回到珠湖海滩，他本想找地下工作的联络人，可双眼却无法挪开眼前翻滚着的浪花。渔夫一次又一次将网撒向大海，每次都徒劳无获。望着这样的画面，他感到一种非常真实的绝望。

最后，两个大汗淋漓的人顶着中午的艳阳出现了，一个又高又瘦，另一个又矮又胖。两人不停地左顾右盼，仿佛在过马路前检查来往车辆。[40] 高个子是政治局的委员之一，名叫阿贾伊·高希（Ajay Ghosh）。他组织过武装袭击，可在服刑期间转向了宣传工作。[41] 高希说出了卡里特的代号——巴希尔（Bashir）。

快来见见我们的朋友[42]，他边说边指向身形肥胖的同伴。

卡里特边点头，边猜测又有一个前恐怖分子入党了。

这类会面通常有既定程序。他要记下对方转告反帝大联盟秘书本·布拉德利的话。同时，他也转达了布拉德利的承诺，即资助党务工作的钱即将到位。可是，这些钱往往会在转手时消失或不了了之。卡里特曾在伦敦当面向总书记乔希抱怨：没有钱很难开展工作。不仅如此，联络常因有人被捕或有人被迫接受秘密任务而中断，导致没人知道党内领导的下落。一次，乔希为躲避政治保安处的人不得不躲在他家中。如果他们内部都无法联络到彼此，那更不可能和国大党保持顺畅沟通。他们的合作就像分裂阵线（Divided Front），而非统一的人民阵线。[43]

但是，卡里特的同志们都对处理党内的问题不感兴趣。欧洲的形势变化非常迅速，我们的朋友开口了。他掌握的证据显示，孟加拉叛乱分子苏巴斯·钱德拉·鲍斯得到了希特勒和墨索里尼的资助。一年前，鲍斯没能说服国大党采取更激进的立场，所以他以个人名义发起了抵抗英国统治的大规模抗议，之后便被国大党开除了。他的被捕让加尔各答陷入停滞。在 3 月

143 出狱后，他引用列宁被流放到德国一事为自己组建军队的行为正名。这一举动是因为激进的共产党干部和国大党的右翼人士已经对甘地准宗教式的非暴力策略感到不耐烦。有些人相信，如果开战，坚持非暴力的人士和新当选的国大党官员都不会保护他们。[44]单凭这个原因，鲍斯便是个威胁。印度陆军和印度上层社会中也许存在愿意和希特勒合作的人，然而，民族解放，绝不能通过和法西斯结盟实现。

等到高希的同伴说完话，天色已经暗了下来。

卡里特有许多问题想问：如此一来，大英帝国将何去何从？英国共产党该如何回应？共产国际该如何表示？哪个更邪恶，帝国主义还是法西斯主义？他们难道不是同一个敌人的两副面孔吗？他又将扮演何种角色？[45]两个男人都无法给他答案。

很难否认，现在这件事已经和他们无关了。

可是，如果他的战场不在印度，又该在哪里呢？[46]

11　在冰山上

武易桥（Woyil Bridge），斯利那加郊外，
克什米尔，1937 年 5 月 5 日

　　一排钉靴踩过拉瓦尔品第（Rawalpindi）火车站站台时发出的声响，吵醒了候车室睡得正熟的迈克尔·斯彭德。曾参与 1935 年珠峰勘测的昂·达奇（Ang tharkay）、钱·登辛和昂·登辛终于来了，他们从大吉岭上车，在火车上度过了四天四夜。他们比预计时间晚到了一天，还带来了四张透着笑容的新面孔。七个身穿花呢夹克、法兰绒防风衣和睡裤的夏尔巴人，十分戏剧化地出现在火车站。原本在站台睡觉的人们忍不住盯着他们看。而在加尔各答的豪拉车站送他们上车的约翰·奥登，则会在数天后到达。[1]

　　八小时后，他们在克什米尔边界处的一个土邦遇上了麻烦。纳粹不知从何时起开始坚信喜马拉雅山脉是雅利安人（Aryans）的真正故乡。三年前，十位德国登山家在冒险攀登南迦帕尔巴特峰时遇难；如今，一个名叫卡尔·维恩（Karl Wien）的德国登山家正在尝试恢复德国的荣耀。南迦帕尔巴特峰被视为德国的"命运之峰"，维恩坚持在他探险期间，其他探险队都不得涉足此地。[2]如同英国官员纵容德国的其他领土主张一样，他们此时也想尽方法取悦希特勒。[3]由此一来，埃里克·希普顿的探险申请被拒绝了。双方浪费了一整天时间来争论，最后靠希普顿的一句大胆断言打破了僵局——他们不是真的去探险。从狭义角度而言，他的说法也没错：他们不是登山者，而是测量员。K2 峰是他们的固定点，而不是他们的目的地。

不久后，他们在斯利那加俱乐部（Srinagar Club）吃晚餐时，谈起了《攀登 F6 高峰》。希普顿曾看过类似表演，此时，各大帝国势力在殖民地的争议边界地区展开登顶竞争的设定让他想起了那次非常讨厌的大规模的、围城式的珠峰探险。比尔·蒂尔曼是绝不会去伦敦西区（West End）的剧院看戏的，更别提对团体剧场（Group Theatre）① 的作品感兴趣了，他认为音乐厅里的幽默都是在贬低女性。餐桌突然陷入了一阵尴尬的沉默。希普顿转换了话题。那天晚上散步时，他朝迈克尔发了通脾气：和他在船上同住一个房间、发誓要穿短裤穿越巴尔托洛冰川（Baltoro Glacier）的蒂尔曼竟然成了女权主义者。[4]之后，迈克尔便在日记中给蒂尔曼取了 F6 的绰号。

斯利那加有一封外祖母寄来的信在等迈克尔：她十分欣慰地告诉他，虽然没有任何津贴，埃丽卡和刚出生的孩子都过得很好——和她在德国的生活没什么两样。由于担心英国会和意大利争夺殖民地，外祖母想知道，迈克尔是否清楚印度兵正被调往阿比西尼亚。她写道，如果德国没被抢走殖民地，德国人现在就不会挨饿、受压迫。这是她从一个德国亲戚处得知的，

---

① 成立于 1932 年的戏剧公司，在 1930 年代上演了多部威斯坦·奥登的个人作品，以及他和克里斯托弗·伊舍伍德、路易斯·麦克尼斯、斯蒂芬·斯彭德合作的作品。——译者注

对此，她也想听听迈克尔的想法。最后，她还想知道，他是否听说过德国人的南迦帕尔巴特峰探险。[5]

当英国人在彼得·克拉特巴克爵士①家中开草坪派对时，德国人正挤在杰赫勒姆河（Jhelum River）②沿岸的船屋里。迈克尔经常去找卡尔·维恩练习德语，还认真考虑过每天花上 2 先令 6 便士在漏水的破船上生活；甚至可以是 3 先令，如果要加个女人的话。五十年前，荣赫鹏爵士结束从北京到克什米尔的历史性旅行后，曾在一艘船屋的访客留言簿上写道："水中盛开的莲花仿佛平静生活的永恒象征。"荣赫鹏爵士是最后一个到过他们打算调查的地区的人。

第 19 天，他们向北开始了长达 275 英里的旅程。约翰·奥登加入他们后，大家在克拉特巴克爵士家享用了丰盛的野餐，之后便渡过索伊桥（Soyil Bridge），把西方文明抛在了身后。出发时，迈克尔感到一阵不安。[6]希普顿也有些焦虑，总觉得自己忘带了什么东西。他向迈克尔坦白道，其实他非常讨厌爬山，而且非常不喜欢身处林木线以上的位置。他已经在祈祷早日返程了。

如果一只鸟想从喀喇昆仑山脉隆起处最南端的阿斯科尔（Askole）飞往中国新疆上叶尔羌河（Upper Yarkand River），那么它需要飞行约 70 英里。可在这趟旅途中，连鸟也可能遇上麻烦。在探险途中，他们会遇上不计其数的鸟类尸骸。希普顿不太了解鸟类学，还以为它们是某种鸭子。有只鸟的腿和它的翅

146

---

① 彼得·克拉特巴克（Peter Clutterbuck，1868－1951）：英国殖民官员，森林保护专家。——译者注
② 位于旁遮普省平原的河流。——译者注

膀一样长。有些鸟的尸体还残留着羽毛。它们的祖先是否在山脉拔地而起前，便确定了这条迁徙路线，所以它们才会试图闯过这片寒冷的无人居住带？希普顿心想，这条路以前可能比较容易飞行，可对测量员而言，它从来不是。

他们打算测量的地区被克勒青河（Shaksgam River）① 分为两块大小不一的地区。克勒青河为东西走向，吸干了喀喇昆仑山脉北方流域的水资源。阿吉尔山脉（Aghil Range）被夹在克勒青河和上叶尔羌河之间，如同一块三明治。[7]1926 年，印度地质调查局局长、喜马拉雅山俱乐部主席肯尼斯·梅森（Kenneth Mason）曾绘制了此刻希普顿的视线所扫过的东部地区的地图。而迈克尔将绘制的地图最终会和梅森的地图汇合，其中包括荣赫鹏从新疆到克什米亚所经过的最后一段路，并尽可能向西延伸，直到他们耗尽所有食物和燃料。

他们跨过克勒青河，翻过阿吉尔山脉，沿上叶尔羌河向下，到了印度最北的边界，不是通过军队入侵，而是通过一把视距尺。奥登和斯彭德将分别带领巴尔蒂人、夏尔巴人，通过使用三角测量的方式向外围更广阔的地带推进；蒂尔曼和希普顿则负责建海拔最高的观测点，所以他们需要登山。每隔一段时间，斯彭德会把所有人的工作成果汇总到测绘仪的表格上，以便他日后绘制地图。

荣赫鹏穿越阿吉尔山脉的确切位置，也是负责印度边界安全的外交政治部（Foreign and Political Department）最感兴趣的地方。荣赫鹏曾探索过通往印度的北部隘口，这些隘口很可能

---

① 塔里木河上源叶尔羌河的左岸支流，在巴基斯坦境内被称为穆斯塔格河（Muztagh River）。——译者注

是入侵的地点。[8]他们将先确定荣赫鹏通过阿吉尔山脉时所走的路线，进而对阿吉尔山脉更广大的地区展开调查，随后，两组人马将会合，一起返回南边。希普顿根本不在乎有人说过的涉足敏感的边界地区可能会十分危险。[9]相反，他们的最大的挑战是在夏季泛滥的洪水把所有人困在无人地带之前，结束阿吉尔山脉的勘测，再次顺利渡过克勒青河。[10]

在希普顿提议的调查地区的中央，有数座北极圈（Arctic Circle）以外最大型的冰川。离他们的补给站不远处，便是数条冰川河流的交汇点——K2冰川、萨波拉戈冰川（Sarpo Laggo Glacier）、斯坎冰川（Skyang Glacier）和冰隙冰川（Crevasse Glacier）。那里是他们的第一大本营。荣赫鹏坚称这里曾有一条中国新疆和印度之间的古老商路。

要到达克勒青河，必须先经过萨波拉戈冰川。荣赫鹏曾从冰川上穿越了东慕士塔格山口（East Muztagh Pass）。但是，一位意大利探险家曾发现旁边的山谷中有一条更容易走的路，它起始于喀喇昆仑山脉南部边缘的特兰戈冰川（Trango Glacier）。他们到达当地后，希普顿和奥登去查看走哪条路。由于可以望见慕士塔格峰（Muztagh Tower）① 的双子峰——其海拔超过7000米，希普顿大致判断了两座峰顶的位置。也许乱石嶙峋的悬崖和超现实的花岗岩尖顶会让他却步，可开创一条新路线的乐趣胜过重复东慕士塔格的已知路线。

为维持长达三个半月的探险，他们需要约100名当地搬运工，大多是奥斯柯里村的巴尔蒂穆斯林。他们要搬运1.5吨食物和补给品走过尚未探明的路，到达设在K2大本营的补给站，

148

---

① 位于巴基斯坦和中国交界处，海拔高度为7276米。——译者注

然后再返回。在那之后，便不会有人送来外祖母的信和刊登希特勒又制造了什么麻烦的《观察家》杂志了。

　　巴尔蒂人不太有把握。就算可以成功走通这条路，卸下物资，他们也担心会被困在冰川中以至于回不来。但是，希普顿说服了他们。经过一番激烈的争执，所有人都被集合起来，背上了物资。就在这时，蒂尔曼和钱·登辛的疟疾复发了。不愿眼看着食物白白消耗，约翰自愿留下来陪他们，与此同时，迈克尔和希普顿则和身上绑着绳子和补给的搬运工先行出发了。等两人退烧后，他们再赶上大家。

　　然而，希普顿和蒂尔曼此前非常执着于精简装备，所以他们没带奎宁、创可贴以及约翰的大部分地质考察设备。[11]起初，希普顿还想过不带岩锤和笨拙的曼利歇尔-舍瑙尔步（Mannlicher-Schonauer），不过遭到了众人的一致反对。迈克尔勉强带了咖啡，可这意味着他只能用手帕包扎水疱。

　　　　乌利拜亚福山口（Uli Biafo Pass），海拔12600英尺，
　　　　喀喇昆仑山脉，1937年5月29日

　　大吉岭的夏尔巴人很为他们的"山地人"（mountain men）的名声骄傲。虽然他们的工作相当艰辛，却完全不同于采茶工，或在大吉岭山坡上奔忙的人力车夫。群山唤醒了他们年轻时的夏日记忆，也就是赶着家里的牦牛去高原放牧的时光。他们第一次听说有人攀登珠峰时，都还是孩子。很快，他们便对每次珠峰探险如数家珍了。马洛里和欧文、凯勒斯博士（Dr. Kellas）① 和布

---

① 凯勒斯博士（Dr. Kellas, 1868 - 1921）：苏格兰探险家、登山家，以研究高海拔生理学而闻名。——译者注

鲁斯将军（General Bruce）① 的故事口耳相传。chilingna②——
白人登山者，总能引发他们的无数幻想，他们穿着奇装异服与
又大又重的靴子。¹²

他们和巴尔蒂人打了招呼，当时后者正在用小锥子、麻绳   149
和山羊皮补鞋。巴尔蒂人既不像廓尔喀人（Gurkhas）③ 那样是
印度教徒，也不像夏尔巴人那样是佛教徒。没有人知道他们的
信仰，或他们为什么不能吃非亲手屠宰的肉。第一个晚上，夏
尔巴人独自聚在一起，干着平日在营地干的活。昂·登辛已经
在迈克尔的睡袋里找到并杀死了七只跳蚤。拉帕·登辛——大
吉岭的新面孔之一，把一块石头偷偷藏进努库（Nukku）的背
包。他们总对这种恶作剧乐此不疲，新来的努库有点迟钝，所
以常成为大家捉弄的对象。¹³ 咖喱羊肉已经煮好了。昂·达奇总
喜欢放很多辣椒粉，必须看紧他才行。

迈克尔看着眼前其乐融融的画面，不禁在想自己家中的一
切是否安好。不同于1935年勘测时写日记的方式，这次他只用
一页纸便写完了从维多利亚车站和埃丽卡、外祖母、他的妹妹
克里斯蒂娜告别，到抵达克什米尔边界这一路上发生的事，而
完全没提到他刚出生的儿子。他不怎么担心自己离家后埃丽卡
的生活。仿佛只要她有婴儿陪伴，就可以打消他不必要的顾
虑。¹⁴ 可现在，他却沉浸在浓浓的思乡之情中。

那是5月底，树木很快会抽出新芽，埃丽卡会翻出他们夏
天的衣服。外祖母在埃塞克斯郡（Essex）给他们买了一幢小别

---

① 布鲁斯将军（General Bruce，1866 - 1939）：英国第2次、第3次珠峰探险
的领队。——译者注

② "白人"之意，为夏尔巴人的传说，即如果夏尔巴人陪白人登上高山，便
能得到丰厚的回报。——译者注

③ 外国人对尼泊尔人的统称。——译者注

墅，有人去那里探望过她吗？草莓结果了吗？她储存了一些春大黄吗？他现在在琢磨——就像这里的其他人一样，在选择过这种生活之前，是否该先放弃婚姻。他还要反省一件事。他在之前过河时不小心掉进了窟窿，差点被淹死。但他的第一个念头既不是埃丽卡也不是他儿子，而是冰锤，他当时只是设法自救。

吃过晚餐，巴尔蒂人在火堆边围成一圈，开始唱歌。夏尔巴人一言不发地看着他们。夜色越深，巴尔蒂人便越古怪，他们比节奏略慢地拍着手，一个个走到中间跳舞，无休止地演奏着。想到第二天早晨就要出发，迈克尔的兴致不由得低落了几分。

150　　他们在早晨八点动身，阳光十分明媚。中午，先是下起了小雪，刮起了冷风。等他们在特朗戈冰川的尽头停下时，小雪变成了暴风雪，他们的营地在几分钟内就成了圣诞卡片上的模样。傍晚六点，水在半小时内就会结冰。巴尔蒂人当然不太高兴。他们中有几个人还光着脚。那天晚上，巴蒂尔人没有围着火堆跳舞，他们也没有帐篷。有人抗议，想分几条毯子。这是即将要发生什么事的预兆吗？迈克尔就算躲在帐篷里，也觉得冷得像冰窖。天刚亮，他走出帐篷，没看见任何人。巴尔蒂人全跑了，还带走了他们的补给。

不过，原先他以为是覆盖着雪的岩石，其实是睡着的巴尔蒂人。尽管如此，他们还是丢了两捆柴。一小时不到，巴尔蒂人便利索地爬起来，抓起60磅重的包裹，踏上了冰碛路。一小时后，希普顿喊了暂停。阳光毒辣辣地射向新覆盖的白雪，而那些人没有墨镜，他们的布鞋也没有抓力。不仅如此，他选择的山谷一侧的路突然转弯，希普顿现在不确定它是否能通往山口。他和迈克尔去往一道山脊确认情况。最后，他们在齐膝深的雪地里跋涉了数小时。迈克尔累得筋疲力尽，希普顿则继续去确认是否发生了让他们担心的事。他们选错了山谷，浪费了整整一天。巴尔蒂人不得不再次在露天过夜。

他们带着这个消息回来后，爆发了一场冲突，最终有十个人领到了食物和报酬，提前离开了队伍。他们给留下的巴尔蒂人发了靴子和墨镜，随即是食物和毯子。有人还在抱怨没拿到眼镜，有人则嚷嚷没有靴子。有人怒气冲冲，有人得了雪盲症，有人躺在地上抱头呻吟。迈克尔讽刺地想：每个人都一肚子牢骚。最后，所有问题都得到了解决，所有人都吃了东西。营地渐渐安静下来后，迈克尔还在担心巴尔蒂人怎么熬过漫漫长夜呢。这堪比在季风季节攀登珠峰，太惨了。"探险就是这么带劲！"[15]他和希普顿商量如果早晨再次爆发抗议，他们该如何应对。

他们天没亮就钻出了帐篷，尝试走另一个山谷。9 点 15分，希普顿找到了一处坚硬的冰架，确信从那里可以看见山口。等他们到了那里时，才发现这不过是幻觉。山口还在 2 英里外、600 英尺上方的某处，在那之前，一路上都覆盖着松软的积雪。他们决定站在真山口和假山口之间，在巴尔蒂人扛着包裹穿过雪地后，才给他们报酬。巴尔蒂人犹豫了，他们注视着前方让人汗毛倒立的冰瀑，双方陷入了僵持。直到昂·达奇拖着沉重的脚步回来、夏尔巴人神奇地劝说或赤裸裸地威胁后，巴尔蒂人才同意继续前进。

付钱打发走"叛变"的搬运工后，他们仍带着所有装备被困在海拔 18650 英尺的山坳中。风太大，他们无法扎营，而且稍不留神就有可能掉进萨波拉戈冰川。更糟糕的是，冰川上还覆盖着一层随时可能倾泻而下的可怕积雪。迈克尔认为，他们到得太早了。尽管如此，希普顿还是赶在 6 月 4 日就让坚持到

151

最后的 17 个巴尔蒂人，以及他们在锡卡都（Skardu）找的几个人把物资运到了 K2 大本营。现在，迈克尔身处他们的第一个大本营。[16]K2 就在他眼前，仿佛"俯瞰整个城镇的天主教堂的塔尖"。K2 就是这次夏季勘测围绕展开的固定点。这时，约翰·奥登带来了新消息，蒂尔曼和钱·登辛已经出发了。争论结束。真正的探险开始了。

从沙克思干山谷（Shaksgam Valley）[①] 前往阿吉尔山口，喀喇昆仑山脉，1937 年 6 月 20 日

他们在萨波拉戈冰川的沿路发现了几处扎营痕迹，有荣赫鹏的帐篷留下的长方形印迹，也有牧民的牦牛留下的圆环状痕迹。羊骨、马的下颚骨、茅屋的残骸，都是人类曾在此居住的迹象。迈克尔认为，也许荣赫鹏认为这里是古代商路的想法没错。可它是在何时被荒废的呢？为什么呢？跨过沙克思干河后，他们走过一条狭窄的小路，它通往一个分叉的山谷，先往西再往北。这条路可以通往阿吉尔山口吗？他们在脚下找到的一颗铁钉，为希普顿提供了足够的证据。

152　　　比任何人预想的都快，他们忽然发现已经身处阿吉尔山脉。在他们的脚下，大地向远方延伸到一个山谷，山谷下方便是上叶尔羌河，以及被积雪覆盖的中亚群山。而他们身后，则绵延着恢宏的喀喇昆仑山脉。荣赫鹏曾在面对这番景象时写道："山谷的另一边，是在阳光下闪着金边的壮丽高峰……我到达了白人从未涉足过的地方。"[17]对希普顿而言，没有任何事可以

① 喀喇昆仑走廊的一部分。——译者注

破坏这一刻。

但是，迈克尔的视线在扫过他们身后的地平线后，惊讶极了。他本以为至少可以看到一个他测量过的固定点，可在身后的群峰之中，他连一个都没找到，甚至包括 K2 峰。他犯了一个巨大的错误。K2 大本营的营地里有维尔德牌合金精密视距尺和三脚架。如果有视距尺，他也许可以通过天文方位角和纬度，直接测量 K2 峰和阿吉尔峰之间的距离。钱·登辛此前多次问他要不要带上，现在去拿然后再赶回来，要花整整两天时间！

迈克尔告诉大家这件事后，所有人中做事最得力、兴致最高的钱·登辛抗议道：我才不回去，他说——"Na jaayega"。钱·登辛在渡沙克思干河时差点被水冲走。他不停地发抖，费了好大劲才勉强保住 22 磅重的测绘板。巴尔蒂人很擅长渡河，夏尔巴人却对此恨得咬牙切齿。不难理解，钱·登辛很生气。但是，他们整个计划的目标之一便是确定阿吉尔山口的位置。

好吧，既然事已至此，迈克尔也无话可说。他们坐下来，沉默地喝着茶。最后，他让奥登用印度斯坦语向大家作出解释。于是，约翰·奥登发表了一场小型演说，解释为什么迈克尔认为能从目前的高度和距离看到某些山峰的这个推测是合理的。又是一分钟让人紧张的沉默，钱·登辛松口了。

"我回去（Ham jaenge）。"[18]

迈克尔不想再增加任何负担了，更别提视距尺由镍铁合金铸成，重达 14 磅。一想到要带着 50 磅重的装备勘测阿吉尔山脉，他的心便重重地沉了下去。所以，当他跟在走路最慢的苦力身后回到营地时，他已经麻木得像块石头了。但是，他不是石头，他甚至是一株温柔的树苗。还是那个老问题：他们不是工人，他们也不是当地人。不像蒂尔曼，他们甚至没当过兵。

153

他们来自上层中产家庭。奥登对此表示认同。

他和奥登都忘了带卷尺，可他们不承认自己的疏忽，凑合着用帐篷杆、绳子和斯彭德的卷尺搭营地。

钱·登辛离开时连一句再见都没说。

从阿吉尔山口前往叶尔羌河，中国新疆，1937 年 6 月 26 日

从山口往下走的过程中，迈克尔经过一处别人的临时落脚地。那里留下了大量的牦牛粪、被遗弃的房屋，还有上好的水源。虽然没有屋顶，可是能在四面有墙、能挡风寒的地方睡一夜，给了他一种安全感。在高海拔地区的冰川间作业，得以暂时摆脱条件的限制，是一件让人欣慰的事。他喜欢和四个夏尔巴人、一个巴尔蒂人相处，如同 1935 年的珠峰探险那样。这让他能够不必刻意去迁就他人的习惯。在接下来的至少一个星期，他都不想见希普顿或蒂尔曼。

虽然有时候，他也会为"应该先为身边的人着想"这类老生常谈困扰。如果他们没有吃的该怎么办？如果半夜雨转雪，他的搬运工却拒绝和他住同一个帐篷该怎么办？夏尔巴人怀念当年珠峰探险时奢侈的补给，现在他们连盐都快吃光了。那天下午，迈克尔曾遇见过一群野山羊，可蒂尔曼带走了奥登的步枪。他所能想到的蔬菜只剩韭黄，而且它们快蔫了。最后，他完全清楚现在的处境有多么恶劣，别人却在催他快点决定在哪里扎营。每天，他都被这些事搞得心烦意乱。钱·登辛带着视距尺回来后，他尝试和他一起作决定。

"如果我们今天继续爬，明天可能会轻松点，但今晚的营

地会非常糟糕。我们该怎么办？"

昂·登辛只是回答："我们究竟住在这，还是往上爬？"

他马上说："往上爬。"[19]

还有其他让他担心的事。根据昂·登辛的汇报，沙克思干 154
河开始涨水了。如果希普顿再不出现，肯定会爆发可怕的争吵；
可如果他们不得已要自己过河，也许会发生更可怕的危机。几
天后，他碰巧在途中遇到了约翰·奥登，有个人能和他聊聊天
让他暂时松了口气。

奥登在斯利那加首次和队伍会合时，希普顿曾嘲笑他的胡
子。希普顿竟然嘲笑加尔各答最时髦的打扮，这给迈克尔留下
了深刻印象。虽然在私底下，迈克尔也偷偷笑过他那顶愚蠢的
帽子。在去奥斯柯里村的途中，他问奥登是否见过克里斯托
弗·伊舍伍德。

"上次见他还是在我离婚前。"奥登回答。两人陷入了一阵冗
长的沉默，这使迈克尔有足够的时间来玩味他的答案——仿佛萨
默塞特·毛姆（Somerset Maugham）的句子般犀利。只有毛姆笔
下的人物才会若无其事地在这种时候继续做自己的事，吊读者胃
口。他有点生气。尽管如此，他还是希望奥登能够再次向他保
证，他们可以安全过河，以及他们的物资补给还很充足。

短暂的相见后，两人在一个水沟状的偏僻山谷脚下告别。
从那里看起来，似乎每向上爬 1 公里，海拔便会升高 400 米。
这座山谷的顶端便是迈克尔的下一个观测点，这给了他整个下
午的时间反复思考与约翰·奥登的谈话。

迈克尔认为，探险生活的本质在于刺激，但同时也要控制
风险。现在，他们要么有东西吃，要么完全没东西吃。天气要
么热得像火烧，要么冷得要死。队员的心情要么随时担心会掉

进肮脏的河里，要么太兴奋，或美滋滋地窝在舒服又干净的营地。最后，他们每天要么倒霉地碰上坏天气，要么幸运地晴空万里——从没有中间状态。

同样，奥登要么喋喋不休地讲个不停，要么不发一语。迈克尔向奥登转述钱·登辛所说沙克思干河在涨水的话时，本想得到他的保证，相反，等待他的却是一场爆发。奥登突然变得非常焦虑，就那条河发表了一番长篇大论。聊到补给不足时，奥登告诉他自己曾让一个巴尔蒂人看守两天帐篷，他和拉帕·登辛则夫卜叶尔羌河的无人之地勘测，可在那两天里，巴尔蒂人吃的东西比他本人还多。他还有另一个担心：拉帕曾看到两个新疆男孩在河另一边的远处放羊。他们现在随时都可能被中国的边界巡逻队逮捕。

迈克尔推测：希普顿和蒂尔曼要到 7 月 3 日才会从海拔更高处的观测点回来。他本该告诉奥登一个窍门，即过沙克思干河时可以使用绳索。如果有人溺水，好吧，那就没办法了。可为什么不先等等再抱怨呢？而且，指出希普顿在组织探险时的差错根本没用。现在本该是轮到他抱怨的时候。迈克尔认为，奥登太神经质了，总在担心无能为力的事，其实他自己又何尝不是呢。

等所有问题都解决了，就算衬衫上的虱子再多几倍，也无法阻止他呼呼大睡。

> 萨波拉戈冰川和冰隙冰川的交接处，喀喇昆仑山脉，
> 1937 年 7 月 19 日

乔治·马洛里不是经历过堑壕战后唯一在群山间找到慰藉

的人。腰间绑着绳索，跟着前方队员的脚步在高耸的山脊跋涉，一边是悬崖，另一边则是不断坍塌的雪坡，这种感觉对比尔·蒂尔曼而言同样不陌生，而且不可或缺。精疲力竭地在高海拔地区陷入深沉的睡眠后，他们总要和无穷的噩梦作战。没完没了的严酷考验使灵魂安定。也许，平静便是坐在山巅抽烟斗，看云层翻滚，或在更年轻、更乐观的人的陪伴下煮茶喝茶。

由于1936年曾成功登顶楠达德维峰，蒂尔曼在3月被同行（包括希普顿）推举为下次珠峰探险的领队。从喀喇昆仑山脉回来后，他就会着手挑选队员。蒂尔曼也许不擅长与人相处，爱发脾气，可在楠达德维峰探险期间，他却和同行的美国人相处得十分融洽。直到1935年的珠峰勘测，他都和希普顿保持着同样融洽的关系。可在那一年，他的状态不好。高原疾病加上不明原因的发热，希普顿渐渐地走到了他前面，他自己则慢慢落后，消失在迷雾中。在阿吉尔山脉，他们一度找回了昔日的节奏。可在跨过沙克思干河（所有的烦躁之后，一切进行得都非常顺利）、开始攀登冰隙冰川后，事情发生了变化。

冰隙冰川是K2大本营地区规模最大的冰川。它像一根已经硬化的东西走向大动脉，穿越喀喇昆仑山脉，之后，它的两条主干开始向北、向南延伸。他们将在调查的第三阶段潜入冰隙冰川下方，到达萨波拉戈山谷和遥远西部的希姆沙尔山口（Shimshal Pass），仅该地区的面积就达1000平方英里。从希姆沙尔山口，他们便可以返回斯利那加。7月17日，所有搬运工被集中起来，帮助希普顿和蒂尔曼把食物和补给从K2大本营运往冰隙冰川上方的另一个营地。

没有夏尔巴人的帮助，迈克尔的日子糟透了。他的帐篷被冰川融水浸湿了，因此不得不搬到海拔更高、让人更不舒服的

156

地方。之后，便是点火，他在浪费了数张珍贵的测绘仪表格后才取得成功。他要自己煮饭、洗衣服，完全没时间在表格上填写关于角度和固定点的数据。

蒂尔曼没有耐心听迈克尔对补给不足、食物难吃的唠叨[20]，他经常用突然爆发的、歇斯底里的大笑来当作对他的回应。迈克尔困惑极了。至于勘测，蒂尔曼认为"他不是个有耐心的叔叔，可以看侄子在桌子上边玩小火车边吃午餐"。[21]他登山时喜欢轻装上阵。所以，当迈克尔抱怨他的夏尔巴人助手都在忙别的，他做不完测绘仪表格的收尾工作时，蒂尔曼彻底爆发了。

"如果每个人都能扛重得要命的装备，"蒂尔曼怒气冲冲地说，"我们就只用花两倍力气而不是三倍力气了。"[22]显然，蒂尔曼希望迈克尔也能扛装备，当他发现迈克尔表现出一副他是因为更重要的任务才来这里的姿态时（奥登当时在发烧），蒂尔曼快气炸了。迈克尔再次陷入疑惑：F6 高峰是怎么回事呢？当蒂尔曼抗议科学上的胡说八道拖了所有人的后腿时，这意味着他想赶快回家吗？希普顿日后谈起探险经历中的这段插曲时，只提到极端孤立的个性会给整支队伍带来很大的压力。[23]他在日后声称，科学家和登山家不是同一种人，可这种说法实在太虚伪。[24]

希普顿是个非常专注的人。他会考虑在山脚生活的人们能否胜任搬运工的工作，他们该提供什么食物，以及他们是否会胡搅蛮缠地讨小费。虽然他欣赏、尊重夏尔巴人，不过他却怀疑他们是否具备最优秀的阿尔卑斯山向导的水准。[25]丹增·诺盖（Tenzing Norgay）将在下一年留意到，有位搬运工在珠峰北坳的 4 号营地出现了头晕不适，尽管希普顿才是该营地的负责人，登辛却决定把他留下。登辛并不认为这么做是对的。夏尔巴人绝不会离开垂死之人，虽然那个人可能终究难逃一死。后来，蒂尔曼从海拔更高的另一个营地回来了，在其他几个夏尔巴人的协助下，他们把这个男人送到了安全的地方。[26]

最后，尽管希普顿比蒂尔曼更尊重科学，可这是一种抽象的尊重。他假装不明白奥登拿着岩锤在做什么。但是，他懂地图。和蒂尔曼登上一座座高峰，远比填补地图上的空白来得刺激。他也许可以生动地描绘出景色和内心涌起的情感，可只有靠测绘仪、视距尺、经纬仪才能绘制地图，准确地标识高耸、集中的危险山峰和喀喇昆仑山脉的冰川。所以，他需要迈克尔·斯彭德。

说得更直白些，敏感边界附近的地形图——国与国之间尚未被明确划分的边界，才是探险资助方最感兴趣的。不久前，中缅边界委员会（Sino-Burmese Frontier Commission）刚划分了缅甸和中国的边界。[27]希普顿在提交经费申请时特别强调：沙克思干地区在地缘政治上具有同等重要性，确定阿吉尔山口的准确位置是非常关键的安全任务。作为算计的一部分，他还提到据说苏联特工已经在新疆迪化出现了。[28]苏联特工的传闻总能引起边界安全部门——也就是印度外交政治部——的极大兴趣。

面对皇家地理学会的听众时，希普顿则把探险的重点放在审美上。他表示，喜马拉雅山地区如此广袤，应该先勘测，然后再考虑登顶。希普顿也许承认登山家征服峰顶的渴望正在被帝国主义和沙文主义利用，无法摆脱登顶第一人、第一个登顶国家所带来的经久不衰的吸引力。他努力唱出正确的调子，最终还是走回了老路上。只有抱着"正确的精神"对待珠峰，才能"体现我们的现代优越性！"[29]

蒂尔曼才不想被搅和进希普顿的"现代优越性"。他并不

158

认为西方的生活方式有多大的优越性。1935 年勘测珠峰时，他亲眼看到了萨尔乡首领对西方方式的谨慎，这种方式仿佛在考验西藏人的智慧。[30]那里的边界一直以来都不清晰，可明确的边界线有什么意义呢？它可以阻挡入侵者吗，或只是为他们提供了一个新的理由？山口的准确位置，山脉和河流的季节性涨退的丰富知识，为什么不能留在牧羊人的记忆中呢？

刚从桑赫斯特皇家军事学院（Royal Military College Sandhurst）毕业不久且还是一名年轻中尉时，温斯顿·丘吉尔也问过自己类似的问题。一方面，他认为在阿富汗边界驻军没有任何好处，留在那里也是个错误。他这样写道：就让天性凶残的部落民相互厮杀好了。可另一方面，他又无法否认制高点效应在战略上的重要性。苏联军队可以经吉德拉尔（Chitral）堂而皇之地抵达贾拉拉巴德（Jalalabad）。如果他们不采取措施的话，苏联特工肯定会买通部落民，让他们对抗英国。

丘吉尔最欣赏的维多利亚时代的作家 G. W. 斯蒂文斯（G. W. Steevens）曾写道："向亚洲发动进攻后，你们真的能全身而退吗？"在边界发动战争有什么意义？只会导致更多战争，同样没有定论，只会一场接着一场。他们刚占领一处高地，眼前便会出现更高的战略要地。如同吉德拉尔，它只是绵延曲折的边界上一个微不足道的小点。"而吸引你的肯定是那一整条边界。"[31]英国人也许可以把部落民赶进茫茫大雪中，把他们全部冻死，再占领他们的山谷。或者，他们也许可以彻底夷平土地。但这么做也会把苏联人引入权力的真空地带。如果印度陆军和苏联人在前线联手，那么在后方——印度境内，心怀不满的人们肯定会发动兵变。

周而复始，仿佛一场没有尽头的博弈。说到底，是一群绅士对安定的生活感到乏味，把它当作一种自以为高尚的消遣和娱乐。可以预见，无论在西北前线挥霍多少军费，洒下多少热血，当对英国控制印度的威胁终于来临的时候，它不会以共产主义大军在现代亚历山大大帝的率领下涌过 2 万英尺高山口的形式出现。随之而来的注定是上帝的惩罚。

迈克尔全神贯注地把一个固定点和下一个固定点连接起来，而完全不知道绘制这张地图的目的。不过，他们离开阿斯科尔村已经六个星期了，如果在接下来的六个星期内无法找到某个落脚地的话，他们肯定会挨饿。维尔德牌照相经纬仪坏了。他们的靴子也撑不了太久。只有 F6 将永久矗立。在夏尔巴人念着"唵嘛呢叭咪吽"（Om Mane Padme Hum）时，迈克尔则默念"坚持"和"不要放弃"。他心想，弗里乔夫·南森①坐雪橇穿越格陵兰时，肯定也用丹麦语默念过类似的话。

"走得越远，我便越依赖南森的故事，确保平安的唯一方法是前进，"迈克尔在日记中写道，"没有退路。"[32]

冰隙冰川顶端附近的营地，喀喇昆仑山脉，1937 年 8 月 11 日

由于燃料短缺，他们不得不作出决定。15 人在一天中没法只靠 1 品脱石蜡存活。考虑到尚未勘测的地区，希普顿决定分头行动：一组人继续往西，另一组人则留在两个长久以来存在地理争议的地区休息。

19 世纪的探险家马丁·康韦（Martin Conway）曾看见过一

---

① 弗里乔夫·南森（Fridtjof Nansen，1861 – 1939）：挪威探险家、科学家和外交家，1922 年获诺贝尔和平奖。——译者注

大片雪白光滑的冰，从中冒出的群峰仿佛一座座岛屿。他将那里取名为"雪湖"（Snow Lake）。数年后，两个大胆的美国人——沃克曼夫妇（Dr. and Mrs. Workman）——从远方望见了雪湖。也许因为此前康韦对它的描述太美了，人们以为雪湖应该类似某种冰帽。沃克曼夫妇继续向前走，坚称在附近曾看到过另一座与已知冰川完全不同的冰川——既没有冰川出口（outlet），也看不到头。其他探险家也同意他们的观点，包括约翰·奥登也在 1933 年这样主张过，可从没有人真正靠近过它。

当康韦质疑冰川没有出口的说法时，沃克曼博士气愤地说，他该亲眼去看一眼再诽谤别人。蒂尔曼对于业界出现了可以争论的新东西感到开心，他支持沃克曼夫妇的说法，不仅因为自己十分乐于质疑科学的专业知识，还因为维护的是一位女性。奥登也支持他。希普顿和斯彭德则支持康韦。迈克尔质疑沃克曼夫妇的观察的准确性，因为他们的文章写得相当随性，绘制的地图也比较业余。如此一来，希普顿和蒂尔曼、奥登和斯彭德之间出现了尴尬的"同伴交换"。

由于蒂尔曼迫不及待地想开始攀登珠峰，奥登则希望在休假前返回加尔各答，所以，希普顿要求两人在离开前弄清楚雪湖还是檐口冰川（Cornice Glacier）的争议。希普顿知道约翰想加入 1938 年的珠峰探险，蒂尔曼和奥登则都带着一种精明的幽默感，这也许是个好主意。

然而，没人想过问问巴尔蒂人的意见。他们拒绝继续前进，除非往南走。加上普里默斯牌便携式汽化煤油炉已经坏了，蒂尔曼只得独自一人解开这些地理谜团。希普顿给他分配了两个夏尔巴人和够吃 22 天的食物。奥登则得到四个夏尔巴人和够吃 12 天的食物。两人在他们共同发现的一个山口道别。如果巴尔蒂人没有罢工，如果汽化炉没坏，如果他们可以在一起多待一两个星期，蒂尔曼会邀请奥登加入他的珠峰之旅吗？也许吧。

相反，约翰最后一次看见蒂尔曼是在海拔 17300 英尺的观测点，他的身影上下颠倒地出现在经纬仪的取景框内。之后，他便离开了这幅画面，远离了蒂尔曼和他的珠峰梦，继续一路往南。下降到诺邦德索邦德冰川（Nobande Sobande Glacier）时，他为了走出高耸的冰塔迷宫而花了整整一天。他的巴尔蒂人整晚都在向真主祷告。第二天一早，他派两个巴尔蒂人先去一条可能的出路查看情况。他们回来时欢天喜地，浑身泥巴。他们一路走，不时被从融化的冰块中落下的石头击中。在帕马慕士塔格（Panmah Muztagh）的尽头，泥石流裹挟着重达 120 吨的巨石从他们身边流过。在巴尔蒂人眼中，这是"上帝存在的又一有力证明，而且祂释出了善意"。他们像囚犯似的逃跑了。

随后，他们经过了数座山谷，下坡，上坡，穿过松树林，蹚过穿梭着鳟鱼的河流。他们在奥斯柯里村买了烟草和鸡蛋。斯科罗拉村（Skoro La）里到处都是杏子。[33] 在锡卡都，约翰收到了过去三个月的来信，包括卡里特在大吉岭喝醉时试图说服他加入共产党的信。马德里还在坚持，可日本军队已经攻入北京了，上海即将沦陷。至于当地的情况，南迦帕尔巴特峰在某天半夜里发生了严重雪崩事故，导致 7 名德国人和 9 名搬运工丧生，整支探险队几乎全军覆没。卡尔·维恩也没能幸免于难。约翰还从信中得知，甘地终于和林利斯戈侯爵会面了。国大党在地方政府的势力不停地壮大，共产党依旧被禁，只有印度总督才有办法解决这些问题。[34] 所以辛哈勋爵路上（Lord Sinha Road）的政治保安处的工作照旧。

约翰·奥登不停地赶路，经过一个又一个地标。剩下的路

161

途从以星期计，到以天计、以小时计，最后以分钟计。在最后
1英里路时，他满脑子都在期盼克拉特巴克太太送来的美食篮。
在经历了冰川间让人精疲力竭的工作，以及背着沉重的设备在
不适宜于人类居住的恶劣环境中徒步数百英里后，英国如今成
为他唯一的目的地。

> Wesm-i-Dur冰川和布拉尔杜冰川（Braldu Glacier）尽
> 头的交接处，喀喇昆仑山脉，1937年9月2日

并排地躺在睡袋中，希普顿向迈克尔讲起早年在上多菲内
（High Dauphiné）[①] 爬山的经历，自那之后，他便爱上了登山。
迈克尔则谈到了欧洲如何影响他的英国人做派。他们梦到了寄
宿学校、那些认识的男孩和校长。一些夜晚，迈克尔会因为希
普顿持续不断的咳嗽而睡不着，他会担心钱的事，不知道还能
否负担起一辆汽车。

希普顿和蒂尔曼都不在乎"鱼子酱和肉冻"。虽然蒂尔曼
喜欢经济舱多过头等舱，但最近他父母的过世意味着他再也不
用工作了，他能靠西印度群岛糖业公司（West Indian Sugar）的
分红生活。希普顿总会在口袋里放一张100英镑钞票，而迈克
尔带的钱则从不超过40先令。他把利弗休姆奖学金
（Leverhulme Fellowship）都给了埃丽卡，而靠给《观察家》撰
写锡卡都和奥斯柯里村的经历赚钱。约翰·奥登呢，在关键时
刻，他没有舒斯特外祖母可以依靠，生活变得更加艰难。印度
地质调查局甚至不愿给他买一把冰锤。探险结束时，他甚至欠

---

① 法国东南部地区，1789年曾发生暴动，成为法国资产阶级革命的发源
地。——译者注

162

下希普顿 250 卢比。

在希普顿强迫迈克尔爬一座看起来相当险恶的山峰时，迈克尔畏缩了。望着不断聚集的云朵，他抗议道：如果要冒险向上爬，他可能会失去海拔较低处的观测点，虽然海拔较高处的地面更为平整。他自问：在海拔 2 万英尺处真的会变得更快乐吗？显然，那是希普顿和蒂尔曼的乐趣所在，但他只看到错综复杂的山峰、一条又一条覆盖着冰雪的奇形怪状又粗犷的山脊。说老实话，迈克尔更喜欢坐船航行。

哪条路能通往布拉尔杜冰川呢？是希普顿无意中发现的那条，还是迈克尔发现的那条？希普顿同意尝试迈克尔发现的那条路，希望能激发他对探险的兴趣。实际上，他发现那里山谷的岩壁上布满了海洋化石。迈克尔看到了非常多的海螺、长春花、贻贝和海胆，不禁让他回忆起在大堡礁探险时的海边时光。可他们走到山谷尽头时才发现那条路不通往布拉尔杜冰川，而且他们经过的地方有个名字：Wesm－i－Dur。"懒得管它究竟是什么意思。"[35]迈克尔写道，能回到有名字的地方让他十分高兴。这次绕路意味他们要再多花八天走去布拉尔杜，才能完成调查。

这次经历说明他根本不适合探险。

K2 再次成为世界上最愚蠢的山峰，它的存在只为一件事：固定点。可他不禁困惑了：他们付出牺牲，艰难地绘制出的这张地图，究竟有什么用呢？迈克尔每天晚上都会读几页 E. M. 福斯特（E. M. Forster）的《印度之旅》（*A Passage to India*）。福斯特写道，印度人去山里经历磨难是为了摆脱与生俱来的诅咒。从基督教禁欲主义的观点来看，这是赎罪式的自我惩罚。可是，迈克尔更愿意接受西藏人的信仰，即他们的苦难根本没

163

有意义。山峰只意味一件事：死亡。[36] 在高山中被困整整三个月后，离它们越远，便越让他觉得轻松、开心。

在测绘仪表格上填完了最后几个观测点的数据后，迈克尔和希普顿吃了顿庆祝大餐，还特意杀了两只松鸡。第二天早晨，他们开始远离冰川，从远处已经可以望见希姆沙尔山谷的青草和树木了。没多久，他们来到拥有无数支流的布拉尔杜河（Braldu River）。越往下走，水量越丰沛。最后，另一边的山谷在向他们招手。他们决定尝试穿越它。

但在途中，他们爆发了一场激烈争论。

迈克尔问道，对巴尔蒂人的生活而言，印度的历代统治者之间究竟有什么区别？莫卧儿人（Moghuls）也许带来了全新的宗教，英国人征收更高的税，可这些真的影响到了他们最基本的生存吗？除了坚固的房子，够吃够喝，巴尔蒂人没有其他欲望。实际上，他们知道统治者是谁吗？克什米尔人已经扮演了地方专员的角色。他发现，当地受英国统治的唯一证据只是邮票上国王的肖像和在加冕日（Coronation Day）派钱的习俗。奥登曾用印度语向他们解释："我们的大老爷（big Sahib）被授予了一顶金王冠。"可巴尔蒂人只是简单地以为希普顿得到了一顶新帽子。如果巴尔蒂人都完全不在乎，那其他人有什么可在乎的呢？[37] 他们不过是在殖民印度这件事上自欺欺人。

在哥本哈根一家挤满丹麦探险家的咖啡馆里，迈克尔开始追问和质疑帝国的概念。这些男人有个共识：格陵兰应该"在现代的世界中拥有一席之地"。如果失去了丹麦政府保护，爱斯基摩人如何才能不被剥削？格陵兰有一种稀有的矿物，可开采它的好处几乎全都落到了统治国家的西格陵兰人手上。他们大多是丹麦人和爱斯基摩人混血。纯粹为了生活在那里的人民

尼赫鲁
摄于 1947 年，法新社记者
Wikimedia commons

穆扎法尔·艾哈迈德
摄于 1925 年，作者未知
Wikimedia commons

穆罕默德·阿里·真纳
摄于 1945 年，作者未知
Wikimedia commons

上图：1942 年，印度妇女在孟买接受空袭预防 (ARP) 职责培训

作者为 No 9 Army Film & Photographic Unit，藏于帝国战争博物馆，Wikimedia commons

下图：孟加拉饥荒

摄于 1943 年，作者未知，Wikimedia commons

印度军队在缅甸

摄于 1944 年，作者为 No 9 Army Film & Photographic Unit，Wikimedia commons

蒙巴顿总督在 1947 年印度独立仪式上
摄于 1947 年，Alamy Stock Photo

上图：1947 年，圣雄甘地与全印度广播电台工作人员在新德里
©TPG

下图：1951-1952 年印度大选
©TPG

1921 年珠穆朗玛峰勘察探险队成员

珠穆朗玛峰营地
©TPG

印度总督林利斯戈
摄于 1935 年，作者未知
Wikimedia commons

威斯坦·休·奥登
摄于 1939 年，作者为 Carl Van Vechten，藏于美国国会图
Wikimedia commons

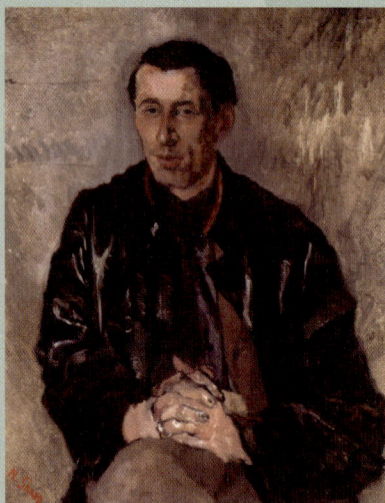

南希创作的路易斯·麦克尼斯肖像画
1936 年，藏于国家肖像画廊，国家肖像画廊官网

的利益而治理一个国家的想法，深深地震撼了迈克尔。他相当怀疑大英帝国曾创造过这样的世界。[38]

希普顿反驳道，大英帝国坚信个人榜样能够产生巨大的能量，像他们这样的探险家和登山家以及社会上层人士便肩负着这种责任，所以他们需要在异国他乡培养友谊，谈论政治和战争。"个人关系也可以成为帝国哲学的基础。"[39]希普顿坚持说。

迈克尔表示反对，他认为把自己视为西方文明或英雄的完美化身只是浪漫的幻觉。人们一旦认定做什么事有价值——无论是种土豆还是绘制冰隙冰川的地图——他都该放手去做。如果希普顿认为攀登珠峰有意义，他很欢迎他这么做，可这不意味它比其他事更有意义。它是一座山，而不是一种比喻。

希普顿认为迈克尔也许想多谈谈登山的乐趣，可他无法为自己的观点提供充分的证据。[40]不过，他还来不及开口回答，迈克尔便"扑通"一声掉进了布拉尔杜河。有那么一刻，他仿佛一只被翻过身的甲虫，双手双腿无望地扑腾着，河水却依旧奔流不息，匆匆汇入 14 英里外的上沙克思干河（Upper Shaksgam）。最终，迈克尔在河对岸浮上来了，呛了满口水，冷得发抖。

斯利那加还在 300 多英里之外。

上公园路 38 号，贝尔塞斯公园，伦敦，1937 年 7 月

康斯坦丝·罗莎莉·奥登（Constance Rosalie Auden）在诺丁山（Notting Hill）挤满了人的水星剧院（Mercury Theatre）等待观看威斯坦和克里斯托弗新剧《攀登 F6 高峰》的首演。作

为母亲，她现在非常担心身在西班牙的威斯坦。克里斯托弗·
165 伊舍伍德的母亲也在，就坐在 E. M. 福斯特和他的朋友们后面。

灯光重新亮起时，凯瑟琳·布拉德肖 - 伊舍伍德
（Kathleen Bradshaw - Isherwood）发现演出的高潮让奥登太太非
常难过。随着剧情的展开，萦绕在 F6 高峰的魔鬼正是英雄的母
亲——是那位母亲过早把儿子送上了死亡之路。

"可怜的奥登太太。"[41]她想。

威廉·巴特勒·耶茨①认为剧本写得相当高明。他的一个
不满是剧本让魔鬼母亲最后在山顶现身。剧本不是为了凸显法
西斯的狂妄自大或恋母情结，它讲的是印度。他在给导演的信
中写道，奥登和伊舍伍德错过了讽刺大英帝国的绝好机会。白
布褪去后，应该露出国家这个魔鬼的真面目——肤色雪白的不
列颠人坐在帝国的摇椅上。

"那样才是个好剧本。"[42]

威斯坦在西班牙待了没多久便明白，共和国事业并非他所
想象的那种斗争。1937 年 7 月，他回到上公园路 38 号时，南希
从康沃尔打来电话，责备比尔没回她的信。

威斯坦保证一定会"传达她的话"[43]，还提到他做了个和她
有关的怪梦。

"升旧国旗。"[44]他在梦中这么说。

"真是个好消息。"[45]南希给路易斯·麦克尼斯写信，路易斯
还悲伤地留在赫布里底群岛。

---

① 威廉·巴特勒·耶茨（William Butler Yeats，1865 - 1939）：爱尔兰诗
人。——译者注

12　从老鼠头上摘帽子

圣彼得酒店（Hotel St. Peter），苏黎世，瑞士，
1938 年 3 月 27 日

迈克尔·斯彭德开车带埃丽卡从伦敦前往苏黎世。一路上，他有条不紊地罗列了战争可能会爆发的种种迹象。萨尔地区（Saar）的工厂和煤矿不眠不休地运作。他到商店想买奶油，可被告知已经没人吃奶油了。为省下谷物，动物被宰杀，牧场改为耕地。报纸充斥着憎恶犹太人、武力恫吓的言论，几乎找不到理智的声音。一篇题为"我们还有私人生活吗?"（Have We Still Any Private Life?）的文章在谴责那些"坐在怀念咖啡馆听黑人乐队"的人们。一个好的德国人必须对犹太人的娱乐活动嗤之以鼻。最后，在通往萨尔布吕肯（Saarbrucken）的路上出现了一条又一条以希特勒命名的街道，每个小镇的年轻人都穿着廉价又不合身的制服。在这些德国年轻人苍白的脸上，在他们对暴力的迅速反应中，迈克尔都看到了令人不安的迹象。[1]

迈克尔知道，人们现在需要斯蒂芬曾思考过的问题。在希

特勒宣布德奥合并（Anschluss of Austria）① 的六天后，团体剧场首次上演了他弟弟的作品《一位法官的审判》（*Trial of a Judge*），观众是一群精神高度紧张的左派分子。剧本讲述了法官审理共产党同谋的故事。起初，法官偏袒法西斯分子，后来他改变立场，成为一名共产主义者，加入了危险的共谋活动。在德奥宣布合并的大背景下，每位观众都面临着同样严峻的选择。[2] 斯蒂芬已经作出了他的决定。

167　　但迈克尔心想，成为共产党员可以改变什么呢？他把纳粹崛起归咎于英国和法国没能察觉到德国的绝望，而且以为希特勒也许会成为英国的盟友。在阿尔萨斯（Alsace）边界，埃丽卡衣服上的每条缝都被仔细搜查过，以确保没有藏有纸条的"嘶嘶"声。迈克尔猜测这是个敏感的边界地区。动员煤矿和工厂对德国的生存至关重要，而非他之前认为的情况紧急。从法国传来的近在咫尺的枪声让人感受到了真正的威胁。他相当钦佩德国火车在这种时候还能保持准点。[3] 迈克尔总为效率着迷。

　　尽管如此，抵达苏黎世仍让他松了一口气。城里正在举行春季嘉年华，街道挂满了彩旗，到处都是游行的队伍。商店挤满了人。星期天晚上，男人打扮成小丑，举着代表冬日老人（Old Man Winter）② 的画像穿过喧闹的人群。太阳落山时，老人的画像会被钉在柴堆上燃烧。可就算在这里，每家俱乐部的每张餐桌的话题都离不开德奥合并。瑞士人担心自己会成为下一个目标，因此焦虑地让自己保持距离。[4] 丘吉尔表示失去奥地利、捷克被孤立后，他的感受仿佛冬日老人。可没人想听这些。

---

① 1938 年 3 月 12 日，德国吞并奥地利。——译者注

② 冬天的化身，来自古希腊神话。节日期间，人们会燃烧冬季老人的肖像，寓意加速春天的到来。——译者注

尽管 1938 年探险已经进入准备阶段，可当迈克尔、埃丽卡遇上约翰·奥登来苏黎世见一位著名的阿尔卑斯山地质学家时，关于蒂尔曼和希普顿的珠峰准备进度的话题便立刻被岔开了。相反，他们从孩提时代起就反复思考的问题，如今被摆到了台面上：如果战争爆发，他们会怎么做？

约翰是加尔各答飞行俱乐部（Calcutta Flying Club）的成员，因此他希望成为皇家空军飞行员。虽然迈克尔对飞机持怀疑态度，可他也想加入皇家空军。英国地形测量局（Ordnance Survey）刚花费三年，用三角测量完成了不列颠群岛的勘测，可他们却决定把绘制地图的合约交给民用航空测量机构。迈克尔在《观察家》上撰文称，私人公司没有能力完成这项工作，因此应该由英国空军部牵头。[5]只要有立体绘图仪和几架经特殊改造的飞机，他和皇家空军就可以为英国做他曾给瑞士做过的事。

埃丽卡对约翰·奥登找老婆的事更感兴趣，她不想听迈克尔喋喋不休地谈论德国和瑞士的立体绘图仪孰优孰劣。她已经受够了当一位地图绘制者的太太。喀喇昆仑山脉的勘测结束后，迈克尔在印度多停留了 6 个月，用来绘制沙克思干地区的地图。如今，他正在维尔德的工厂绘制喜马拉雅山地区的地图，埃丽卡则打算带孩子去拜访德国的朋友们。迈克尔渐渐让她感到陌生。他们失去了往日的相知相惜。[6]

去年圣诞节，约翰在布鲁塞尔再次向一个女人求婚，她是威斯坦介绍给他的。不过，被拒绝后，他反倒松了口气。1 月，他去伦敦听希普顿在皇家地理学会发表的有关喀喇昆仑山探险的演讲，以及参加在地质调查局和博物馆（Geological Survey and Museum）举行的会议。他受邀并愉快地接受了睡在上公园路原本属于威斯坦的房间，虽然在威斯坦经伦敦去中国时，他不得不暂时离开。威斯坦和克里斯托弗打算写一本有关中日战争的书。

约翰在《印度地质调查局记录》（*Records of the Geological Survey of India*）上发表了论文《喜马拉雅山脉加瓦尔地区的地质构造》（The Structure of the Himalaya in Garhwal），分析了从恒河平原南部到喜马拉雅主山脉之间 200 公里宽的岩石和地层。论文浓缩了他长达八年的实地考察成果，由于受到太多条件的限制，它非常难读。几乎没有人对论文感兴趣。地质调查博物馆馆长告诉他，可以带论文来，不过他更想听听他对阿斯克尔（Askell）在多塞特郡（Dorset）所作的出色研究的看法。[7]

南希·科德斯特里姆也许无法在地图上找到加瓦尔的位置，可她很想见见威斯坦的哥哥。[8]约翰离开伦敦前曾邀请她吃晚餐。享受烛光晚餐之际，约翰滔滔不绝地谈论工作，南希却迷失在他湛蓝的瞳孔中。她形容道：它们透着某种无助和天真，仿佛一层纱，遮住了这个男人的内心。他使她想起埃罗尔，她的前未婚夫。

南希还是读了未经删节的《查泰莱夫人的情人》，看看这本书究竟有什么值得大惊小怪之处。她花了两天，读完后，她欣喜若狂。也许，守林人是个一本正经的人。但是，她被他和查泰莱夫人的相遇彻底唤醒了。[9]如今，她决心成为戴维·赫伯特·劳伦斯笔下海洛因般让人上瘾的女子，威斯坦曾说在她身上看到过这个影子。南希打断了约翰夏天打算去阿尔卑斯山的话题，她身体前倾，靠近桌子，弯起一边的黑色眉毛。

"如果是其他男人，现在肯定吻我了。"她说。

他马上从椅子站起身，扑向桌子的另一边。

他本想亲吻她，却不小心把她撞倒在地。[10]她站起身后，欣慰地发现约翰·奥登那缺乏吸引力的自我克制突然被激情取代了。一场太过轻易的征服。她和路易斯的交往也始于一次类似的"突然袭击"，可当时是他自发的。最后，她却因为他的傲慢，怒气冲冲地跑出了他的公寓。[11]

那，还是在读查泰莱夫人的故事之前。

在苏黎世时，约翰·奥登感到自己醒了过来，爬出地窖，站在阳光下眨着眼睛。他陷入沉醉：加尔各答找不到南希这样的女人。她毫无保留地说出自己在想什么，仿佛他认识她提到的每个人。从没人叫他"哦，约翰尼，我的甜心我的爱"或"我的小公牛"。他不禁想：她会嫁给他吗？他几乎没有留意到路易斯·麦克尼斯曾出现在她的生活，虽然路易斯经常来访，而且她常提起他。还有比尔和她的婚姻。以及某个叫埃罗尔的人。

上公园路38号的记忆和他如影随形：雪利酒的味道，坐出租车回家，藏在门口垫子下的钥匙。无论他身在何处，总能看见她的卧室关着门，在黑暗中拉起百叶窗，电炉嗞嗞作响，闪着亮光。他记得手心中她头发的质感，她的微笑使他兴奋，如饥似渴地想要占有她。如今，他感到自己无所不能，仿佛被新的磁极吸引。她，便是他在寒冷的夜晚、孤独的房间中所渴望的一切。他的固定点。

也许正因为这样，他在苏黎世收到南希的信时忽略了其中值得引起注意的小小警告。虽然南希的信充满对他的爱恋——"你走后我痛苦极了"，"亲爱的，如果我能帮上任何忙，你知道我随时都听你吩咐"——可她的爱也附带某些条件："只要

170 不伤害路易斯，或别让比尔介入"。[12]她甚至承认有时会被狂热
的告白冲昏头脑。[13]但是，约翰只留意到她多么想再见到他。

约翰从苏黎世不停地给南希写信，她终于邀请约翰去康沃
尔探望她。在布德，他带着米兰达在悬崖边爬上爬下，指给朱
丽叶看悬崖表面上化石的波浪形图案。南希感到很欣慰。她告
诉约翰，路易斯总是一脸困扰地注视着她的女儿们。因此，约
翰在回苏黎世时心情十分愉快，准备加入西阿尔卑斯山
（Western Alps）推覆构造（nappe structures）① 的权威机构，开
始一次短暂的探险。回来时，南希的信已经在等着他了。

约翰边读信，他的心不断下沉。南希写道，原因很简单，
比尔拥有比他更多可贵品质。虽然他们的婚姻风雨飘摇，可她
不打算离婚。他停留布德期间，她曾数次对他发脾气，她为此
感到抱歉，并坦言如果那个周末可以重来，她也许会做同样的
事。[14]"需要关注的问题是保持独立。"她曾向他如此建议。他
不该视婚姻为最终答案。婚姻无法改变任何事。只有独立的思
考和行动才能让他快乐。[15]

虽然看似她曾爱过他，可现在已经不是那么回事了。

他推测，一切并非完全没有预兆。约翰仔细读着她的信，
留意到南希虽然在自己之前的感受和现在的感受之间划出了一
道明确的界线，可她依然承认非常爱他。他不禁想，他们的关
系是否存在挽回的可能。也许这便是真爱，昨天脸上还挂着迷
人的微笑，今天就把汤泼到对方脸上。[16]他曾短暂地体会了自
由，掌握了让南希这样的女人快乐的技巧，现在到了更折磨人

---

① 由（逆）冲断层及其上盘推覆体和下盘组合而成的整体构造。冲断层总体
倾斜平缓，常呈上陡下缓的铲状或下陡上缓的倒铲状，也可呈陡缓相间的
台阶状。——译者注

的阶段：即将到来的痛苦。

他打算再去伦敦，在给南希的信中，他提到自己会在 5 月
28 日从苏黎世飞往克罗伊登（Croydon），于下午 1 点 35 分到达
维多利亚车站。如果她方便的话，星期六、星期天、星期一他
能否住在她家，随后在 5 月 31 日回苏黎世？[17]

南希收到信时，关于布德的记忆已经变淡了。她本可以作
出更好的判断，可想到能再见到他，她便兴奋极了。

"我的小猫咪，下个周末我的脾气可能会很坏，但现在可   171
非常热情呢。"[18]

皇家咖啡馆（Café Royal），摄政街（Regent Street）68
号，伦敦，1938 年 7 月 1 日

约翰 5 月的拜访没比布德的周末好多少，因此，他打算在
6 月底再做一次尝试。他受邀于 7 月 1 日在皇家咖啡馆出席喜
马拉雅山俱乐部的年度晚宴，于是，他问南希能否作为他的女
伴出席宴会（每人的价格为 8 先令 6 便士，含酒水）。她没有拒
绝。皇家咖啡馆是伦敦的时尚中心。奥古斯塔斯·约翰①、诺
埃尔·科沃德②、温斯顿·丘吉尔等名流经常现身于这栋装饰
着无数镜子的、金碧辉煌的恢宏建筑。当天晚宴的主持人是
1922 年、1924 年珠峰探险的领队查尔斯·格兰维尔·布鲁斯准
将（C. G. Bruce）。[19]

---

① 奥古斯塔斯·约翰（Augustus John，1878 - 1961）：威尔士画家。——译
  者注
② 诺埃尔·科沃德（Noël Coward，1899 - 1973）：英国演员、剧作家、流行
  音乐作曲家，曾获奥斯卡荣誉奖。——译者注

那天晚上，约翰·奥登渴望得到的一切都在这个房间。喜马拉雅山俱乐部晚宴的出席者都是名人，享有极高的社会声望。置身名流之中，南希情不自禁地视约翰为男人中的男人。埃佛勒斯委员会成员和皇家地理学会高层都留意到了盛装打扮的南希。也许，这会让他们对约翰·奥登刮目相看——既是探险家又是科学家，而且刚发表了关于喜马拉雅山加瓦尔地区地质构造的优秀论文。从某种程度而言，那晚的皇家咖啡馆把所有东西凑到了一起：他的高山，他的女人，以及他想成为的那种男人。

埃里克·希普顿也出现在拥挤的房间，他刚从珠穆朗玛峰回来。由蒂尔曼领队的 1938 年探险，如同之前的三次一样，以失败告终，他们再次把失败归咎于提前到来的季风季节。目前还没有下次探险的消息，可希普顿试图说服约翰和他重回喀喇昆仑山脉。希普顿打算调查阿吉尔山口以西的地区，历时约 16 个月。迈克尔·斯彭德已经答应加入。当晚，斯彭德也在现场。

极地探险家和珠峰探险家手上端着威士忌，拿着烟斗，挤满了房间。约翰终于找到了比尔·韦杰或埃里克·希普顿或比尔·蒂尔曼，或其他的几个熟人。不管是谁，约翰都打算把他们一一介绍给南希。可在这之前，南希的视线落在了另一个人身上。约翰认识他吗？从此，事情便偏离了约翰最初的打算，他把南希介绍给了迈克尔·斯彭德。[20]

172

她留意到的第一件事，便是他拥有一双矢车菊般颜色的眼睛。

几天后，约翰回到苏黎世，收到了一封埃丽卡·斯彭德寄来的信。她在信中坦言其实找不到任何理由给他写信；尽管如此，听说他如此失落、寂寞，她难以忍受。这是他们的某个共同点。她还提到迈克尔坐船去苏格兰沿岸了，只要约翰来伦敦，她很欢迎他来家里住，并随时欢迎收到他的信。[21]

可是，约翰已经知道迈克尔在苏格兰了。在南希的建议下，他们在斯坦斯特德（Stansted）和他告别。约翰自己的告别简直是场灾难。南希宣布，他们之间到此为止，从此之后，两人纯粹是精神上的关系。[22]她原本会定期给他写信，现在不了。她电话里的声音听起来心不在焉。她和路易斯在一起，路易斯在帮忙照看孩子，她没法说太多。他想见她想得发疯。得知她现在心情变化无常，也希望她会重新考虑两人的事，约翰又订了一张飞往伦敦的机票。

路易斯·麦克尼斯本该提醒他的。

约翰发现南希正为朱丽叶生病而焦虑不安。等她再次拾起对他的信任后，他强迫她付出比以往更多的爱。他在意识到这点之前，已经发过脾气了，而且表现出一副南希所说的极端自私的模样。他难道不知道她很担心朱丽叶吗？可是，不，约翰只考虑自己，完全不在意她是否开心。

回苏黎世的途中，他写信向她道歉。当然，他没有权利占有她。也许，他本该为她和矢车菊建立起新的珍贵关系而感到开心，可要保持那种程度的客观可不是件容易事。除非南希是因为他而感到开心，否则，他怎么能因为她的开心而开心呢？随后，当他得知她对自己仅剩下精神上的牵挂，而对矢车菊却并非如此时——他实在不想写下迈克尔的名字——他感到难过极了。

与此同时，他再次询问是否能在停留伦敦期间借住在她家——她不用特意换床单，就算威斯坦睡过也没关系。威斯坦那时已经从中国回来了。约翰会和他一起从伦敦去布鲁塞尔。

173

而且他马上要去印度了，他需要在离开前见她最后一面。[23]

好吧，是的。路易斯本该提醒他的。

上公园路 38 号，贝尔塞斯公园，
伦敦，1938 年夏天

1938 年的整个春天和夏天，路易斯·麦克尼斯答应了南希的要求，常常给她写信，并转述了她在康沃尔期间他所掌握的各种伦敦的流言蜚语。南希知道奥古斯塔斯已经从皇家美术学院辞职了吗？《旗帜晚报》（Evening Standard）上充斥着相关报道。在家里，女仆罗西娜擦洗了婴儿室的墙壁。他正在整理书架。"明天，亲爱的，我会整理你的抽屉。"路易斯调皮地补充道。下个星期，他会和斯蒂芬喝茶，听听他对绘画的一大堆不置可否的见解。"他的语气相当冷淡，而且完全没提到性。"他告诉她，和斯蒂芬聊天完全无法和她相比，他热切地期待着他们下次重逢。他还寄给她一首诗，让她不要告诉别人。[24]

她没照做，把诗分享给了约翰·奥登。

路易斯和南希吃早餐时，看见他的情敌正走进莱昂斯转角餐厅（Lyons Corner House）的大门，他便立刻丢下吃到一半的鸡蛋和培根逃跑了。他经常梦到暴力和被折磨。不做噩梦时，他也睡不着，他整夜给南希写信，天亮时再将它们付之一炬。只要不小心看到信封上她的字迹，便会唤醒他的所有希望，让他把所有常识抛到脑后。他体会到了等待一通电话时心脏如何扑通乱跳。一个又一个小时，他聚精会神地聆听载她来的出租车是否停在他家窗下，门口是否响起了她的脚步声。[25]期待落空后，他几乎快被失落逼疯了。

有时他也恨她，绝望地想从自己生活中删除有关她的所有印记。他告诉自己，她软弱无能、肤浅、爱说长道短又夸大其词；她如此忧郁、倔强，讨厌到让人难以置信。他不喜欢吵架，可南希的脾气很坏。她从来没动过粗，却似乎在怂恿他先出手。[26] 如果他把她的话当真，她会说是在和他开玩笑；可如果不当真，她可能会把茶杯里的水直接泼到他脸上。这是个精心设计的陷阱，路易斯不是第一个中招的人。威斯坦也被她用茶杯砸过，之后还手捧鲜花祈求她的原谅。[27]

可是，还有她的渴望、好奇、一点就着的性冲动，以及她对过去十年来束缚他们的种种抽象观念的极度怀疑。路易斯为她熟睡的画面而着迷，仿佛荆棘林中的美景，无法靠近却让人失神。可是，在那些她终于躺在他臂弯的夜晚，他的耳边总回荡着一个声音，它随着床架有节奏地撞向墙壁：

这是爱吗？它什么时候会结束？它什么时候会开始？

类似的疑问也回荡在威斯敏斯特的俱乐部、唐宁街 10 号、整个伦敦，充斥着整个夏天。

这是平和吗？它什么时候会结束？它什么时候会开始？[28] 当路易斯再也无法忍受时，他离开伦敦去了都柏林（Dublin）。

所以，路易斯本该提醒约翰·奥登的——约翰平静地吃完了他落荒而逃后剩下的鸡蛋和培根——正如他反复警告自己那样。路易斯本该告诉奥登，想想自尊心和"保持理性，避免失控"。他本该像教导自己般教导奥登在众多疑问中寻找漏洞；本该强迫奥登，如同张伯伦狂热地追随希特勒那样，"将宝押在下次约会上"[29]。

但是，约翰打算赌上整个 8 月，而且他不是最后一次这么

做。在去印度之前的一个星期，他从布鲁塞尔飞回英国，偕同
住在康沃尔的南希进城吃午餐。他希望在平和、沉稳的气氛中
结束见面，虽然整个世界似乎正在向相反的方向坠落。随后，
南希问他借了 1 英镑便离开了。

9 月，埃里克·希普顿按响了上公园路 38 号的门铃，他想
说服约翰在 1939 年和他重回喀喇昆仑山脉。可让他困惑的是，
开门的人竟是迈克尔·斯彭德。[30]

> 维多利亚车站，伦敦，
> 星期三，1938 年 9 月 28 日下午 2 点

"我很高兴来这里，"1938 年，绘画学院（School of Drawing
and Painting）尤斯顿路画派（Euston Road School）成立的工作室
秋季展开幕首日，斯蒂芬·斯彭德站在火炉边说道，"一想到终
于放弃了写作，真让我松了口气，虽然从现在开始学画晚了些。"
斯彭德算不上画家，可斯莱德的小伙子们需要赚他的学费。

"是吗，你放弃写作了？"他身边的一位画家开口道，"真
奇怪，我决定开始写作、放弃绘画呢。"[31]

学校的主要教学工具是一条铅垂线和一把 12 英寸长的尺
子，这是比尔·科德斯特里姆和几位斯莱德的小伙子确立的。
尺子，约一臂长，用来验证距离；铅垂线从模特正前方垂下，
用来确认其身体各部分是否对称，仿佛她是刚被征服的领土，
急需一张地图。如同迈克尔·斯彭德的三角测量工具，这是一
种绘画上的实证研究，使他们坚定地背弃了抽象艺术和政治意
识形态。斯蒂芬用铅垂线量了下胳膊；他在画布落下的第一笔
总是他的签名。

秋季学期的第三个星期，斯蒂芬在星期天邀请比尔·科德斯特里姆来家里和外祖母喝茶。也许，斯蒂芬认为比尔如何看待捷克斯洛伐克危机，能够对外祖母有所启发。比尔刚见过迈克尔。埃丽卡发现丈夫迈克尔和南希的婚外情后，迈克尔搬到了上公园路藏身。约翰·奥登刚去布鲁塞尔，迈克尔就带着行李来了。在威斯坦的坚持下，约翰撕掉了本想发给南希的怒气冲冲的电报。[32] 相反，他给康沃尔打电话，责怪她故意让矢车菊在他前脚离开后马上搬进来。[33] 他所有的希望都破灭了。他被人下了诅咒。

倒茶的时候，大家都是这样。

但是，接下来的争论却和迈克尔、比尔妻子的婚外情无关，而是那天刚从德国回来的张伯伦。首相向捷克斯洛伐克内阁传达了希特勒对苏台德地区的要求，即他们必须在星期三下午两点前投降。捷克斯洛伐克内阁立刻宣布解散，把球又踢回给了张伯伦。此时，示威者正准备去白厅游行，他们挤满了特拉法尔加广场（Trafalgar Square），高喊着："支持捷克人！让步就意味战争！张伯伦下台！"[34]

如果再向希特勒妥协便意味战争，那么，支持捷克是什么意思呢？空气中弥漫着茫然的恐惧，使人无法冷静思考。但是，比尔似乎是个例外。张伯伦突然成了偏激的纳粹支持者吗，如同南希·阿斯特夫人（Lady Astor）① 那样？当然不是，他向每个人保证。张伯伦不傻也不消息闭塞，他只是迫切地渴望和平。每个人都如此。[35] 比尔正千方百计地逃避入伍。

176

---

① 南希·阿斯特夫人（Lady Astor, 1879 - 1964）：美国出生的英国政治家。虽然她曾批评纳粹主义贬低女性地位，但坚决反对发动第二次世界大战来对抗德国。——译者注

斯蒂芬不希望爆发战争，也不赞同外祖母值得为和平付出一切代价的观点。他个人愿意付出什么代价呢？他还不确定。克里斯蒂娜同时为外祖母和张伯伦辩护，她的话给了哥哥一些启发。[36]虽然迈克尔表情僵硬地坐着，一语不发，斯蒂芬却责怪他让外祖母针对自己。[37]午茶会在克里斯蒂娜的泪流满面中结束了。[38]

南希忍受着康沃尔炎热的天气，但拒绝承认她是因为苏台德地区的局势紧张才逃离城市的。她迫切地想回到伦敦。她推测威斯坦肯定从约翰那里听说了她的许多破事，她的名声算是毁了。正是威斯坦把她出轨的事告诉她的邻居的。那个爱管闲事的邻居又马上告诉了埃丽卡。[39]虽然威斯坦背叛了她，她依然期待他在下星期三来上公园路。南希让迈克尔代她亲吻威斯坦，还确认了家里有他吃早餐时需要的奶油和黄油。

在康沃尔，每人每天会收听五次无线电。南希的母亲担心怀孕的女仆随时可能分娩。每次吃饭时，她都要重复：罗西娜必须在周末回伦敦，一天也不能多等。南希非常绝望。如果罗西娜离开了，她肯定会被来这里避难、整天打桥牌的亲戚们缠住。[40]希特勒设下9月28日星期三下午2点的最后期限，可就在那天早晨，她收到一封不祥的电报：别送罗西娜回伦敦，拦下迈克尔。[41]

过去数月，克里斯托弗·伊舍伍德觉得像欠了一屁股债，他不停地恳求债主多给他一些时间，虽然知道那根本不可能。他问战地记者彼得·弗莱明（Peter Fleming）：捷克斯洛伐克的危机是否意味着肯定会爆发战争？就像从老鼠头上摘帽子一样，弗莱明回应道，局势可能往任何方向发展。[42]即将逼近最后期限所规定的下午两点，克里斯托弗到维多利亚车站接威斯坦，却碰上一群哭哭啼啼送行的女人。大本钟敲响两点的钟声时，他正在买口香糖和报纸。每二十分钟便有新的号外，报童如剥玉米般熟练。把威斯坦的行李搬上出租车后，他们看见了最新张贴的海报：戏剧性的和平进展。克里斯托弗又买了份报纸。[43]

张伯伦在下议院发表了一次冗长的讲话。临近尾声时，他宣布将再次前往德国。[44]长途电话交换台忙得不可开交。从康沃尔寄来的信和从贝尔塞斯公园寄出的信混在了一起。威斯坦在上公园路下车，他的皮肤被太阳晒过，穿一件非常花哨的外套。迈克尔·斯彭德把他迎进门，可没有亲吻他。约翰已经在布鲁塞尔整理完行李，第二天就要去印度。南希从康沃尔给他写了一封告别信。

她希望他可以遇见新的人，"一如既往"地照顾他，这让他想起威斯坦曾说女人天生是破坏分子。有些战时工作是有报酬的。战争将为她带来期盼已久的自由和独立。[45]当然，她的母亲认为，她唯一的工作便是照顾孩子[46]，可如果要她多回答一个问题，比如朱丽叶是否喜欢她做的大米布丁，她简直想自杀。她后悔两人没能在分别前说上话，电话线路已经忙得不行。[47]

南希设法打通了都柏林的电话。路易斯·麦克尼斯小心翼翼地避开了眼下的危机。她追问时，他犹如小猫般语气平静地嘟哝：不会有战争。[48]战争只会在最出人意料的时刻爆发，可现在人人都在谈论战争，早晚都会证明大家都错了。[49]两人在电话中陷入沉默，即使只是他缓慢的呼吸声，也会让她渐渐平静下来。[50]

还没等到张伯伦从慕尼黑回来，威斯坦已经计划离开伦敦了。[51]他厌倦了收听广播，厌倦了谎话连篇的媒体。[52]英国人所讴歌的自由和正义，被希特勒视为虚张声势，而它们正显露出威斯坦曾在大英帝国东部要塞目睹过的腐败。经过香港时，他向一位英属马来亚的橡胶种植园主询问英国人是否会离开印度。只要那里还有处女，或哪怕1卢比可搜刮，他们就绝不会离开[53]，男人沾沾自喜地回答。

威斯坦曾告诉约翰，如果战争爆发，他会面对它。他打算入伍，不是因为爱国——他希望即将到来的冲突能够为帝国带来冲击，而是因为战争会终结他多年来的孤独。他在离开伦敦后写了首十四行诗，后来成了《战地行纪》（*Journey to a War*）的结语，那本书记录了他和克里斯托弗在中国目睹的日本侵略战争。在威斯坦看来，战争已经爆发了，没有一个地方可以幸免。伦敦和南京一样脆弱。

> 加尔各答的一家医院，
> 星期六晚，1938年10月1日

福斯·韦斯科特主教是个好人，斯科特牧师躺在医院的病床上听他的讲话时这样想。主教从不管年轻的助理牧师在休息时间做什么。只要他准时出现在星期天的礼拜，准备好一场漂亮的布道，主教便心满意足了。当政治保安处的一个特工告诉主教，他曾在卡拉亚路上见过斯科特牧师的红色跑车时，主教只是轻描淡写地表示：如果他必须去那种地方，下次最好坐出租车，这样低调点。斯科特有时会在卡拉亚路见地下联络人。如果他没伤得那么重，也许会为这段记忆开怀大笑。

179　　他的跑车，正是为此而准备的。他坐在一架德哈维兰虎蛾机（Moth）上兜风，试图理清在慕尼黑上演的闹剧。希特勒和墨索里尼面露笑容、交头接耳的照片出现在各大报纸，还有张伯伦站在敞篷车上向慕尼黑群众高呼"万岁"（Heils）的照片，人们还在赫斯顿机场（Heston airfield）脱下礼帽向他致敬，仿佛他是恺撒。一长排昂贵的轿车说明了一切。那天还没结束，希特勒的部队就入侵了苏台德地区。

太阳落山之际，斯科特的思绪已经飘到了正在消退的季风云团之上。他返回城市后，依旧觉得轻飘飘的。当他的车撞向一辆公共汽车时，脑海中闪现的最后一个念头是今天是星期六晚上，他还要准备礼拜的布道。[54]他的胸撞坏了方向盘。

让少数几个煽动分子受苦，难道不比眼看着整个印度沦为废墟好吗？主教的话依旧在他脑中挥之不去。可那些孟加拉村民呢？英国士兵痛恨他们支持民族主义分子，所以殴打他们的孩子，强奸妇女，用火烧他们的房子。英国的统治在用复仇取代正义。而且，如果英格兰和整个帝国不打算对抗邪恶的纳粹主义，它又能带给印度什么呢？韦斯科特主教的声音依旧萦绕在他床边，他要斯科特别灰心，告诉他还有许多事等他去完成。他考虑将一切向这位老人和盘托出。[55]

可相反，他去了卡绍利（Kasauli）休养。他和卡里特在那里写了一本小册子，记录了孟加拉失地农民短暂又残酷的一生。那是他们为自己所信仰的事业而挥洒的最后激情。

哈蒂巴甘，康沃利斯街 139 号，加尔各答，
1938 年 12 月 24 日

苏丁在阿达上用一个词偏颇地概括了所有女作家，即"心

胸狭窄"。乔治·艾略特①让人忍无可忍，她和艾米莉·勃朗特②一个样。简·奥斯汀③的作品最不让人讨厌，可她的散文总带着装饰花的味道。一位加尔各答"进步作家协会"（Progressive Writers' Association）的成员歪着头听他发表见解。秘密日记作家留意到，他油腻的黑发笔直地梳到脑后，使他看起来像一种奇怪的长脖子鸟类。苏丁抨击完 19 世纪女性小说家后，像鸟一样的男人问他怎么看弗吉尼亚·伍尔芙④。

"只能把她放在和她的教育程度、生活经历相似的男作家中衡量她的价值，比如阿道司·赫胥黎⑤。"[56]

苏丁并非没有盲点。

为了和最近阿达上流行的党派论调保持一致，一位年轻的共产党员挑战尼赫鲁的私人秘书——当天的客人之一，要他至少说出一个进步派英国作家。

没问题，那个男人说，不是有表达反帝国主义论调的《印度之旅》吗？[57]

---

① 乔治·艾略特（George Eliot，1819 - 1880）：英国小说家、诗人，代表作有《亚当·比德》（*Adam Bede*）、《弗洛斯河上的磨坊》（*The Mill on the Floss*）等。——译者注

② 艾米莉·勃朗特（Emily Brontë，1818 - 1848）：英国作家、诗人，著名的勃朗特三姐妹之一，世界文学名著《呼啸山庄》（*Wuthering Heights*）的作者。——译者注

③ 简·奥斯汀（Jane Austen，1775 - 1817）：英国女性小说家，主要作品有《傲慢与偏见》（*Pride and Prejudice*）、《理智与情感》（*Sense and Sensibility*）等。——译者注

④ 弗吉尼亚·伍尔芙（Virginia Woolf，1882 - 1941）：英国女作家、文学批评家，被誉为 20 世纪现代主义与女性主义的先锋，代表作有《到灯塔去》（*To the Lighthouse*）、《一个人的房间》（*A Room of One's Own*）等。——译者注

⑤ 阿道司·赫胥黎（Aldous Huxley，1894 - 1963）：英国作家，代表作有《美丽新世界》（*Brave New World*）、《岛》（*Island*）等。——译者注

《攀登 F6 高峰》算吗？苏丁问。最近，加尔各答大学正在上演奥登和伊舍伍德的戏剧。[58]

在共产党人眼中，左翼读书俱乐部最近出版的一本选集才称得上真正的进步文学。一位孟加拉书评人士指出，《自由之诗》（*Poems of Freedom*）中没有一首诗歌涉及印度的自由。W. H. 奥登放弃了英国诗人应该在政治问题上扮演角色的立场，甚至没有谴责英国以统治的名义做出的不公正行为。[59]所有左翼人士均对西班牙局势、德国残忍对待犹太人、资本主义的极度贪婪以及英国对印度的残酷统治失望至极，但英国作家中显然存在一个阴谋，即他们决定在这些事上保持绝对沉默。对于该加入共产主义者还是社会主义者阵营，他们犹豫不决，仿佛在挑选一件宴会的晚礼服。他们还用从印度赚的钱去资助前往西班牙的旅行。[60]

12 月从伦敦来加尔各答的小说家安纳德亦赞同此观点。[61]他身材矮小，相貌英俊，说话语速很快，偏爱深红色衬衫。[62]作为布鲁姆斯伯里团体（Bloomsbury）①的外围成员之一，他和路易斯·麦克尼斯是朋友，还在西班牙见过乔治·奥威尔。安纳德在英国竭力为印度争取自由，可是，对他感兴趣的只有军情六处（MI6）。安纳德抵达加尔各答后，政治保安处立刻行动起来。安纳德上次参加阿达时由于同情受压迫的人们，和哈桑·沙希德·苏拉瓦底起了冲突，他的禁书《苦力》便是证据。

安纳德还在西班牙时就和斯蒂芬·斯彭德有交集。他认为斯蒂芬很难相处，而且傲慢。斯蒂芬轻描淡写地表示，印度根

---

① 英国 20 世纪初号称"无限灵感，无限激情，无限才华"的知识分子小团体，成立初期有点像剑桥同学会，一群好朋友聚在一起吃吃喝喝。——译者注

181 本没有为独立做好准备。[63]虽然斯蒂芬似乎抓住了帝国主义法西
斯分子的本质，但他却更关心这将对英国的自由和风雅造成什
么影响，尤其将如何影响他个人，而不是关心印度的政治
抱负。[64]

安纳德告诉加尔各答的朋友们，奥威尔对斯蒂芬的观点并
不感到意外。奥威尔逐渐意识到，左翼号召破坏英国的经济秩
序纯粹是骗人的把戏。英格兰不是他们学生时代某个风光明媚
的乡村了，而是依赖帝国主义的扩张来获取无限廉价劳动力的
世界强国。他指出，左派在过分强调工人阶级的力量时，经常
忽略一个事实，即大英帝国的绝大部分无产阶级是印度人。[65]正
是他们——印度人——在东非铁路、马来亚的橡胶园、缅甸的
柚木森林、拉尼甘杰的煤矿劳作。安纳德说，虽然奥威尔没有
斯蒂芬身上那股中产阶级的傲慢，可听完斯蒂芬对印度的见解
后，安纳德只是责备他很傻。[66]

苏丁也许该在那时走到书架边，抽出《我是小间谍》：

> 米尔（Mill）是印度之家（India House）的神职人员；
> 卡莱尔（Carlyle）赞同总督艾尔（Eyre）；
> 在帝国主义的摇椅背后，
> 挤着一百个叫嚷不停的诗人。[67]

13 爱的真谛

上公园路38号，贝尔塞斯公园，
1939年1月17日

在即将爆发战争的威胁暂时消退后，威斯坦再次离开了上公园路借住的家。去年1月，他在中国，前年是西班牙，这次是去纽约。比尔问威斯坦打算在纽约做什么，他得到了十分合理的答案。他向南希保证，如果战争爆发，他就马上回来[1]，可在此之前，他要好好享受仅剩的自由。实际上，现在每个人都必须把握机会。一部分忠心耿耿的人已经站出来了，他们或出于爱国或出于对政治党派忠诚，但人心仍有待争取。当战争的行进曲再次奏响、世界越转越快时，似乎没人能忍受醒来时还躺在同一张床上。

仿佛每个人都明白是这么一回事。

在本杰明·布里顿的新家举行的告别派对上，斯蒂芬·斯彭德表现得相当冷淡，似乎不愿被一群同性恋包围着。威斯坦曾鼓励布里顿在作曲时再放开一点，并向他保证看似粗俗或愚蠢的表现完全不会有问题。但是，斯蒂芬无法接受，他自视甚高。他告诉布里顿，他的音乐太娘娘腔。斯蒂芬不时靠近南希，抓住她的手，仿佛在充满敌意的地方寻求安慰。[2]

南希认为斯蒂芬相当温柔，经常脸红，长得白白净净。迈
183　克尔则更像个真正的男人。³《慕尼黑协定》签订时，南希决定
过个舒服自在的冬天。她画画，迈克尔写书，尽管迈克尔在她
回伦敦的前一天晚上就已告诉她，他不想和她私奔，而且已经
申请了在英格兰西部的工作。充斥着恶言恶语的信立刻追来了。
迈克尔是头猪。为什么不是曼彻斯特或珀斯（Perth）①？他是否
想过7点前回家吃晚餐？⁴迈克尔没有上钩。威斯坦一直听两人
在电话中吵架。

　　"为什么这么做呢？你知道的，是吧，你不过在掐自己
的喉咙？"威斯坦给在加尔各答闷闷不乐的约翰写信道，南
希和迈克尔根本不合适。迈克尔表现得比她更置身事外，更
冷静。⁵

　　赫德丽·安德森（Hedli Anderson）迟到了，可她完全不顾
当时派对上的状况，径直走向钢琴，放声高歌一曲科尔·波
特②的《你是最好的》（You're the Top）。赫德丽受过非常专业
的训练，在因流亡而无法继续在柏林演出卡巴莱歌舞
（cabarets）③ 后，她出演了团体剧场几部作品的角色，包括
《攀登 F6 高峰》。战争结束前，赫德丽就会嫁给路易斯，这让
南希懊恼极了。可那天晚上，她一心只想给威斯坦留下一个难
忘的告别。唱完波特的歌曲后，她又唱起了威斯坦填词的新歌
《哦，告诉我爱的真谛》（O Tell Me the Truth about Love）。

---

① 苏格兰中部城市，位于泰河（Tay River）河畔。——译者注
② 科尔·波特（Cole Porter, 1891 – 1964）：美国著名作曲家、填词人。——
　　译者注
③ 一种音乐剧，通过歌曲与观众分享故事或感受，演绎方式简单直接，没有
　　精致的布景、服装或特技效果，纯粹凭借歌曲与观众进行交流。——译
　　者注

这是他们在上公园路度过的最后一晚，因为房东不同意续约。威斯坦洗澡时，比尔给他泡了阿华田，南希则先睡了。在比尔喝醉前，他们聊了一会儿天。[6]回到各自的床上后，他们很快就睡着了，做着截然不同的梦。

它来时会像天气一样变换吗？
它来时是粗鲁，还是彬彬有礼？
它会彻底改变我的生活吗？
哦，告诉我爱的真谛。[7]

兰斯当（Lansdowne），马苏里（Mussoorie）的避暑地，加瓦尔地区，1939 年 2 月

迈克尔·约翰·卡里特和汉弗莱·豪斯都回英格兰了，约翰·奥登只能回到在陌生人之中孤独地喝酒的生活。他曾尝试说服苏丁在 1 月和他来加瓦尔，但对不停抱怨加尔各答的人来说，劝他离开其实不是件容易的事。[8]提起山，苏丁便想起有次差点被冻死在山里。[9]斯科特牧师从卡绍利休养回来后，约翰请他在菲尔波餐厅（Firpo's）吃饭，庆祝他恢复健康。

在菲尔波餐厅经常可以遇见社会名流。仿制的路易十四椅子，洁白的桌布使得在那里用餐类似于在享受半岛东方轮船（P & O steamship）① 的头等舱服务。菜色高档可口。还设有以卡巴莱舞表演为特色的夜总会，大手笔花钱的客人可以在吧台喝到美式鸡尾酒，还有免费小香肠。意大利老板和领

① 总部位于伦敦的航运公司，成立于 1837 年。——译者注

班巴拉兹尼先生（Signor Barazini）在拉卡亚路的妓院长大。他妻子的脸上盖着一层厚厚的白粉底，仿佛也想把自己变成意大利人。[10]

约翰和牧师刚坐下，邦纳吉兄弟便进来了，他们在旁边的桌子坐下来。两人穿着廉价的西装，带两把卷起的雨伞。[11]起初，他们假装没看见对方，可牧师最终还是朝他们挥了挥手。他们站了起身，斯科特便把奥登介绍给了他们。

"当然，我听人说起过你，"普罗泰普·邦纳吉说，"我听过你的名字，还有你兄弟。我正在读《纽约客》（New Yorker）上评论他作品的文章。当然了，他们完全不理解他的意思，是吧？他们根本不知道他在干吗，不是吗？你不这么认为吗？"

"好吧，我其实不太清楚。"约翰说。

"再来点培根和鸡蛋吗？"普罗泰普问。约翰还来不及回答，他又喋喋不休地说了起来。

"再来些酒？我说，你不吃点什么吗？会所三明治怎么样？相当美式吧，难道不是吗？"

"什么，培根和鸡蛋？"

"哦，不。是火腿和鸡蛋。它们是两回事。这里总让我想起皇家咖啡馆。那里的服务员对工作非常认真——不这么认为吗，奥登先生？"

普罗泰普向他投来征询的目光，似乎在寻求认同。约翰有点搞不清楚状况。

185 "可以问您一个非常私人的问题吗，奥登先生？您的弟弟是哪所学校毕业的？"

"格雷沙姆。"

"啊，真奇怪。算新学校呢。当然，那里只出过一个名人。

桑德森 （Sanderson）。您是哪所学校毕业的？"

"我来自马尔堡 （Marlborough）。"

"哦，我对马尔堡很熟。是很安全的学校吧。在印度，只要提到安全的学校，我们就认为在马尔堡和惠灵顿（Wellington）。我猜，贝弗利·尼科尔斯①是您的校友吧。"

简直和他的父亲拉特纳 （Ratna） 如出一辙，奥登暗自想。[12]

如果说约翰厌倦了被人简单地称作威斯坦·奥登的哥哥，普罗泰普的父亲——拉特纳，一位相当杰出的律师，到头来只是别人眼中沃梅什·钱德拉·邦纳吉 （Womesh Chandra Bonnerjee） 的儿子。

沃梅什·邦纳吉是国大党首任主席，加尔各答上流社会极其富有的大律师，也是英格兰亲英派中的杰出人物。他非常迷信英国教育。长子到了读牛津的年纪，他在伦敦近郊买下一栋拥有十个卧室的三层豪宅，还在两侧加建了台球室和吸烟室。豪宅以他们家族在胡格利河上的祖传庄园命名——基德波（Kidderpore），它还附有网球场、果树林、花园和马厩。邦纳吉把妻子和八个孩子安顿在豪宅后，回到加尔各答继续赚钱，住在帕克街 （Park Street） 一栋同样奢华的豪宅。那里也有网球场、马厩，还有鸟舍、两个种蕨类植物的房子以及一条宽度可通行四轮马车的走廊。[13]对沃梅什·邦纳吉数不胜数的孙辈而言，基德波和帕克街的两幢豪宅 （普罗泰普在后者中长大），象征着一个黄金时代和它的传奇人物。

拉特纳在跟随沃梅什·邦纳吉的脚步成为律师前，曾在贝

---

① 贝弗利·尼科尔斯 （Beverley Nichols, 1898 – 1983）：英国作家、记者、剧作家。——译者注

利奥尔学院（Balliol）① 学习古典人文科目。一次，在拉特纳以正义的名义向被告发出连珠炮式的诅咒后，他突然意识到，自己其实该为那个人说话。于是他转过身，换了种说法，重新表达了自己的论点。[14]拉特纳家四位令人敬畏的姐妹均从剑桥大学毕业，其中两人成为医生，一人在巴黎大学（Sorbonne）学习。如果英国女人想和她搭话，她要么以法文作答，要么当对方是傻子。

拉特纳娶了沃梅什·邦纳吉一位老朋友的女儿，姬蒂·罗伊（Kitty Roy）。[15]他们生了六个孩子，住在帕克街豪宅顶楼。拉特纳曾给四个女儿吃了太多蛋糕，使得姬蒂不得不彻夜照顾吃坏了肚子的孩子，抚摸她们的额头。[16]他教女儿们读莎士比亚、雪莱、布朗宁②、丁尼生，还有希腊、罗马和印度神话。[17]他们会举办奢华的英式派对，每人都在音乐房里静静地欣赏钢琴独奏，然后一起唱歌。他们还常去泰戈尔和苏丁家做客。实际上，正是苏丁的一个叔叔把沃迈什介绍给拉宾德拉纳特·泰戈尔的。[18]

传闻称姬蒂突然去世后，普拉罗普和巴拉特（Bharat）——拉特纳仅有的两个儿子，被迫提早结束了英国教育。据说她死于心脏病，因为她总为拉特纳酗酒和他们欠下的债操心。帕克街的豪宅被出售：邦纳吉的六个孩子各分到一小块地。普罗泰普有份"体面又喜欢"[19]的工作，可人们常在跑马场和卡拉亚路的妓院看见他的身影。他的四个姐妹中只有一人结婚。据说，

---

① 牛津大学最著名、最古老的学院之一，以活跃的政治氛围而著称，曾培养出多位英国首相和英国政界重要人物。——译者注

② 布朗宁（Browning, 1812-1889）：英国诗人、剧作家，代表作有《戏剧抒情诗》（Dramatic Lyrics），《环与书》（The Ring and the Book）等。——译者注

巴拉特很蠢。每当巴拉特想说什么时，普罗泰普总会立刻让他闭嘴。

"我猜——你们肯定还想喝一杯。斯科特牧师，奥登先生，你们喝什么？"他向远处的侍者示意。

"服务生！白兰地！"

"不。我不喝了。"斯科特牧师说。

"那怎么行，你肯定要和我们一起喝。"他再次喊道，"服务生！白兰地！"

可是，他们最后还是拒绝了。普罗泰普又邀请他们去家里喝白兰地。他们编了更多借口。普罗泰普却绝不轻言放弃。

"好吧，我可以给您打电话吗？"他最后问道。

"随时。"斯科特牧师优雅地说。他们相互道别。

约翰和斯科特牧师走出餐厅后一致认为：普罗泰普·邦纳吉是英国必须负责的又一个例证。几乎在同时，他们提到了苏丁。只有苏丁保持了尊严和由内而生的正直，同时继承了欧洲和印度的优秀品质。他们没想过问问自己：他的姿态——在两种文明之间保持优雅的平衡，到底能否挺过战争？ 187

想到普罗泰普的不幸命运，约翰·奥登便想赶紧抓住手边的东西。圣诞假期即将到来，有关南希的记忆正在褪去，他满怀爱意地回想起去年圣诞节拒绝他的求婚的布鲁塞尔女人。也许他对她的付出还不够多。不同于南希，她从不焦虑，而且永远不必担心床上的灾难。简单来说：她很善良。[20]如果苏丁不能陪他去加瓦尔，也许可以邀请她。[21]

直到贝蒂·博根斯（Betty Boggins）抵达加尔各答，苏丁才开始后悔没接受约翰的邀请。[22]约翰在想什么？可一直没有他的音讯。新年第一天，约翰带贝蒂去了巴拉格布尔（Barrackpore）。

他们坐的单桅帆船升起了大三角帆,舵手的腰间缠着印度式腰布。巴拉格布尔是加尔各答风景最秀丽的地方之一。眼前的景色深深打动了贝蒂,以至于她表示:如果约翰的求婚依旧有效,她现在愿意接受。当约翰拿出戒指时,她提到她的父亲要求先看他的离婚证明。也许在这一刻,约翰曾隐约记起上次来巴拉格布尔是和玛格丽特一起的。[23]他又盲目行事了。

两星期后,他们开车游览了凉爽的平原,车一直沿尼泊尔边界行驶,再折向北边。南方 1200 公里外的阿拉瓦利岭(Aravalli Range)发生了供水问题,他赶去处理,不过很快又折回北边写报告。在鲁尔基(Roorkee),他房间的墙上挂着一张伦敦地图。他留意到,南希在普罗沃斯特路(Provost Road)的新家离他们之前去摄政公园经常抄的小路很近。突然间,南希穿红裙的记忆汹涌而来,供水问题和隔壁房间的贝蒂顿时黯然失色。[24]

他们在兰斯当时,约翰病倒了。贝蒂为他端来刚烧开的茶,把铅笔整齐地排列在书桌上,悉心整理好床边小桌上的书。约翰听话地让她照顾,担心这次发烧是否会要了他的命。他裹在被子里不停地出汗,断断续续地陷入睡眠,模模糊糊地感觉到许多心爱的人在古龙水的香气中经过他身边。[25]贝蒂拍打着枕头,让他睡得更舒服。她决定在 7 月底举行婚礼,之后去锡兰度蜜月。她要先回布鲁塞尔收拾行李,而他则去处理他该完成的事。

他的身体刚好,便迫不及待地希望贝蒂离开。窗外,熟悉的喜马拉雅山脉上白雪皑皑的山峰正在向他招手。他仔细研究了内朗 - 根戈德里(Nelang-Gangotri)① 新地图的初稿。[26]他希望

---

① 内朗,中国称葱莎,属西藏自治区阿里地区札达县的一部分。——译者注

把加瓦尔的地质研究扩展到西藏边界地区。贝蒂离开的第二天，他收到印度地质调查局的信，问他是否有兴趣去阿富汗工作。他们需要有人为奥克苏斯河（Oxus River）附近发现的秘密煤矿绘制地图。飞往喀布尔，花三个月徒步通过兴都库什山脉，再花数个月在俄罗斯边界附近绘制煤矿地图，忽然之间，这听起来比结婚更让他兴奋。约翰答复电报表示同意，他开心极了，只担心这件事可能无疾而终。印度地质调查局表示会再和他联络。

他进山了。

为了在晚上休息时制造欢乐气氛，他为从兰斯当一路陪伴他的搬运工举办了篝火晚会，提供了数加仑汽水，还邀请了三个胡吉亚（Hurkiya）①女人唱歌跳舞。他让一个搬运工穿上威斯坦从中国带来的长袍，请他宣布晚会开始。[27]按照习俗，男人们会一起唱歌、拍手，但不会跳舞，胡吉亚女人却觉得被羞辱了，转身就走了。[28]男人们追上前，直到第二天才出现。

那天夜里，他不得不睡在村里小屋中到处都是虱子的草堆上。气温高达 103 华氏度，波图（Potu）的苍蝇不停地叮他的脸、手臂和腿，这些都意味着他已经到达恒河和帕吉勒提河（Bhagirathi River）交汇处的德沃普拉耶格（Devprayag）。他的心情糟透了。埃里克·希普顿的信正在等他，希望约翰改变主意，从而和他去喀喇昆仑山脉开展长达 16 个月的调查探险。他有点后悔当初在伦敦时忘了和他谈这件事了。[29]约翰还收到了贝蒂从孟买的码头发出的电报，倾诉了她的爱和对他永恒的忠诚。[30]

———————————

①　印度北方邦和北阿坎德邦的一个种姓。——译者注

上帝啊，他如此想。[31]

189　　如果他没能在哈西尔（Harsil）① 等到印度地质调查局的答复，他会在 6 月 20 日在根戈德里稍事停留。他发电报拒绝了希普顿的邀请，告诉贝蒂婚礼可能需要延期，随后又上路了。[32]

巴尔加赫（Balgach），瑞士，1939 年 4 月 29 日

迈克尔·斯彭德总无法摆脱这个想法：至少和精心维护的机器比起来，人类的头脑不过是个二等装置。[33]他一向信仰努力工作、测量的精确性，以及使用正确的方法和工具。可他渐渐开始怀疑这些东西根本无法回答真正重要的问题。比如，个人幸福。去年，他坐船从印度回来时曾遇见卡尔·荣格。旅途中，荣格博士介绍了他的集体无意识理论。迈克尔对此非常感兴趣，回伦敦后就开始沉迷于荣格式的精神分析。

可是，它不怎么奏效。他曾要斯蒂芬回答分析师提出的关于他童年的问题，因为他几乎什么都不记得了。之后，他便刻意抛开普通人的常识和理解[34]，他称这种能力为"难以捉摸的元素"，相信能用它来解释特定的人类行为，比如南希的愤怒，或蒂尔曼神经质的大笑，或埃丽卡的依赖，那些事他总琢磨不透。[35]他的分析师建议，除非对方个性温和，他最好不要和其他人走得太近。[36]可南希是个例外。所以，他离开伦敦去了瑞士的一个宁静村子，也是维尔德的工厂所在地。

从早晨 7 点到傍晚 7 点，迈克尔和希普顿不停地把 1935 年珠峰探险时拍摄的照片放入维尔德牌 A5 立体自动绘图仪，两

---

① 帕吉勒提河沿岸的一个村庄，属于军事地区。——译者注

张一组，通过调整手轮让它们在镜头下融合。维尔德 A5 比他
1931 年在苏黎世使用过的绘图仪更先进，因为能够读取俯瞰视
角的航空摄影照片。A5 可以自动将航空照片的失真度降到最
低，所以他可以充分利用 1933 年在珠峰测量带上拍摄的照
片——它们已经在皇家地理学会闲置了很久。[37]结合 1935 年勘测
所拍摄的照片，他终于可以画出属于珠峰的"肖像画"了。[38]坐
在 A5 橄榄绿的拱形钢架下，他看见两张不同的照片在取景器　190
中慢慢对齐，珠峰顿时跃然眼前。他上下调整照片，以便让不
同海拔、不同岩层的岩石精确融合，仿佛他在亲自攀登珠峰
北坡。[39]

　　如果他也可以如此清晰地看见自己，如果他有黑匣子，能
够自动记录他测绘一张张地图时的样子，他就会看到自己对幸
福的渴望仿佛沙漏中不停流走的细沙。1939 年 5 月 13 日凌晨 4
点，迈克尔本该出现在马赛港，加入希普顿，开始长达 16 个月
的喀喇昆仑山脉调查探险。但是，一想到欣克斯怒气冲冲的脸、
希普顿失望的表情，以及还有可能失业，他便打消了自讨苦吃
的念头。

　　迈克尔打算分别给欣克斯和希普顿写信，他提到战争随
时可能爆发，在这种关键时刻离开欧洲让他感到不安。一个
星期后，他收到的回信说这"无疑是在抗命"。他还没来得
及回信，又收到了欣克斯措辞更加激烈的信，欣克斯告知他：
他唯一的"任务"便是去喀喇昆仑山脉。希普顿无法想象队
伍中缺少他。[40]可没过多久，捷克斯洛伐克的其他地区也落入
了希特勒手中，一家英国的民间航空测绘公司打算给他一份
工作，即使用航空测量调查伊拉克的油田。[41]石油是新时代的
煤矿。

希普顿启程去喀喇昆仑山脉了，队伍中没有迈克尔。[42]

鲁达盖拉山谷和加特林冰川（Gatling Glacier）之间一个尚未命名的山口，海拔 18200 英尺，1939 年 6 月 29 日

抵达哈西尔继续地质考察时，约翰·奥登忽然意识到他从苏黎世飞去探望南希已经是一年前的事了。他多么盼望两人重逢！会有什么灾难在等着他们呢？在渴望、寂寞以及后劲非常大的青稞酒的影响下，约翰尝试理解何为爱的真谛。

在卡拉亚路上的女人眼中，性不是奉献，不是礼物或树荫底下凉爽的美梦。那是非常直截了当的事，明码标价，服务有保障。能从体面的桎梏中解放一小时，多么令人心醉神迷！他从床上起身时，那些女人都怀着轻松的心情，没有一丝怅然若失。但和贝蒂在一起时，爱的价值不停上涨。青稞酒唤醒了他试图掩埋的记忆，它们仿佛连珠炮般不断地向他发起攻击。记忆里浮现出她的顺从、她的叛逆，她是女神般的优雅爱人。还有她穿着裙子凶神恶煞的模样，她的信中写满了神秘的虚无。那时候，她算准他回家的时间，把贝多芬的唱片放进留声机，仿佛好莱坞电影中的画面。她会花好几小时沉默地注视着自己的手指，她床边的桌子上放着克里希纳穆提（Krishnamurthy）的作品，还有一套鲁珀特·布鲁克全集，里面夹着红丝绸书签。他很久之前就曾答应她讲弗兰克·斯迈思在卡美特山的风光日子，可一直没找到机会。

事情正变得越来越糟糕。她现在不经意地张开双腿，露出阴部。

露出她的阴部！

贝蒂离开兰斯当的前一晚，他做了个在山路上狂飙摩托车的梦。黑暗中隐约出现了印度斯坦语的告示牌，可他还没看清楚上面写了什么，便把它抛在了身后。他究竟为什么答应娶她？因为缺乏勇气。他不得不接受这个事实。"最好不用结婚。"离开哈西尔几天后，他在日记中写道。

依旧没有贝蒂的音讯。而且，阿富汗的事看来没戏了。[43]

上加瓦尔地区的甲扎岗噶河流域（Jadh Ganga）是湿婆文化和佛教文化的交会点。在这里，覆盖着青苔的藏传佛教寺院和湿婆的生殖器雕像和平共处。[44]另一方面，印度地质调查局中的权威们崇拜的外邦神像——边界碑，也在被不停地拔起、改变位置。如果让约翰依据山谷干旱的地表和呈螺旋状的岩石作判断，这里无疑就是西藏。可是，地貌特征什么时候被用来确定过边界呢？绘制地图的人画出线条，边界碑标识出它们的位置，军人捍卫它们不容侵犯的地位。

新地图没有包括他想走的路线，所以约翰不得不猜测哪条路可能无法通往西藏，虽然从他身边出现酥油灯的迹象来说，他已经在西藏了。他花了一整天爬上一个黏湿的山坡，赶在暴风雨到来前到达一个山坳。直到那时，他才意识到弄错了山谷。他看到另一条通往南边的路，地图上标示的海拔为19300英尺。背上沉重的装备，他再次出发。

闪电和雷鸣在他身边此起彼伏，他和搬运工们花了数小时翻过一个又一个丑陋的碎石坡，他们顶着阴霾的云层，沿着山谷两边行走，靴子下的碎石仿佛腐烂的煤渣，被踩得喳喳作响。[45]他的努力显得荒谬又可笑。无论他是否能够成功地把地质构造研究延伸到中印边界处，或开辟一条从喜马拉雅山某地通往其他地方的新路，这些又有什么意义呢？斯科特和卡里特至少在为印度做事。他感到精疲力竭，就像失去了所有防备。[46]

最终，他们在瓢泼大雨中搭好了帐篷。望向远处，约翰认为从曼纳冰川（Mana Glacier）也许可以找到路通往阿瓦山谷（Arwa Valley），可最后 1000 英尺太陡峭了，而且看起来有些不对劲。冰川尽头也许有一条更迂回曲折的路，可考虑到极难应付的冰碛石和变幻莫测的天气，他不愿意尝试海拔超过 2 万英尺的路。他编了个要回根戈德里查看邮件的理由，终于暗自舒了口气，之后的三天，他不用再在冰川上扎营过夜、忍受没有燃料的煎熬了。

他们走到大片高山草甸时，一只老鹰将一只小狼崽扔到了他们面前。约翰给它取名叫"吉姆西"（Jimsie），小家伙便加入了探险队伍。它会尿湿约翰的睡袋，但也会为他带来温暖，能逗他开心。在内朗——前往甲扎岗噶河的半途中，吉姆西第一次尝到生肉的味道，搬运工们则喝掉了 4 加仑青稞酒。约翰本希望看他们跳舞，可他们很快便醉得不省人事了。在根戈德里，依旧没有贝蒂的音讯。

补充补给后，他们渡过帕吉勒提河，向南前往凯达尔恒河流域（Kedarganga），在瓢泼大雨中走过松树林和杜鹃花丛。随后，他们登上山谷西边的一条山脊，进入鲁达盖拉山谷，借助指南针在云雾中前进。他曾在 1935 年来过这个山谷，当时，他尝试和达瓦·腾图普、昂·策林攀登 Jogin 峰和根戈德里峰，却均以失败告终。这次，他的身边只有当地搬运工，不过队伍中的朱安·辛格（Juin Singh）当年曾和他在一起。

雨下了整整 25 个小时，停了一阵后，又连着下了三天。奥 193
登第三遍看完了一本讲西班牙内战的小说，同时补齐了调查日
志。从根戈德里回来的搬运工报告：印度教典籍称雨还要继续
下九天。他还带来了印度地质调查局局长的信。奥登将被调往
矿泉工作，这意味他在喜马拉雅山脉的工作即将结束。于是，
约翰·奥登下定决心：要么就是现在，要么再也没有机会了。
他决定尝试着走主山脊上的一条新路，即使可能因此丧命。朱
安·辛格也像他一样跃跃欲试。

他们把帐篷搬到山谷南边的尽头，建在上个冰川期遗留下
来的悬冰川投下的阴影处，四周都是滚落的岩石。天空逐渐放
晴。他们面前耸立着一堵年代久远、几乎垂直的雪墙，顶端呈
锋利的水晶体状。那天的日落有着他平生以来从未见过的壮美。
月亮在蓝绿色的暗夜中升起。这里，在喜马拉雅山脉的山峰包
围的中心地带，没有种族贵贱。这里，在山脉形成的远古时期，
没有英国统治或上帝的神秘智慧。痛苦与平和、声音与寂静同
在。他的内心充实极了。

如果他足够幸运，会有探险家在回到家乡后讲述他的故事
和光荣。可是，几乎没有人能真正理解他曾经历的险境和带回
来的知识。地图无法传达日落时分身体所感受到的彻骨寒意，
或背着沉重的装备在烈日下行走数小时后的疲惫。更让人难以
理解的是，男人回来后几乎和离开时没什么不同——他很快便
会渴望重回山里。新地图会不停地出版，逐渐标示出更危险的
路线。通过这种方式，探险家不停地徘徊在想念家乡和怀念探
险的挣扎之中。

约翰·奥登知道他在那年夏天没有做一些非做不可的事，
这种状态如同甲扎岗噶河流域的居民。他们的生活，仿佛是对

像他这样怀抱崇高理想之人的无声侮辱。不像巴布或登山家，他们在无情的大地上过着贫瘠的生活，没有留下任何丰功伟绩。没有冰镐、三角钉鞋、也没有从平原带来的玩家牌（Players）香烟，他们只是放羊，从一个山谷走到另一个山谷。

黎明时分，他们收起帐篷上路了。约翰不时地靠在冰镐上调整呼吸。他们在上午 8 点 20 分到达那条新路，可下方陡峭的冰川迫使他停下脚步。风刮得异常猛烈，心脏在胸腔中一阵狂跳，几乎要了他的命。"恐惧是爱的敌人，生命的破坏者。"他默念起《薄伽梵歌》中克里希纳（Krishna）向心生恐惧的战士阿朱那（Arjuna）① 发出的警告。随后，他拿出绳子，绑在身上。朱安·辛格先走，让他跟在后面。他照做了。

他们跌跌撞撞地走着，滑到了一片无人涉足的雪地，之后又在厚重的积雪中跋涉了数小时，一片几乎蔓延了整个山谷的冰瀑布出现在他们眼前。约翰想起和巴尔蒂人穿越喀喇昆仑山脉时遇上的种种麻烦，返程时他缺乏耐心，只想赶快踏上回斯利那加的路，然后回加尔各答、回到伦敦南希的身边。如今，等待他的又将是什么呢？

但是，在这个明亮的早晨，朱安·辛格把小狼崽绑在背包上，在巨大的冰缝间展露了无畏的勇气，他从一块岩石跳到另一块岩石，没乱一下节奏，没打一个趔趄。这个小时，这一整天，这个胜利，都归于他。[47]

之后的六天，天气格外炎热，他们只得沐浴着月光在夜晚前行。到达马苏里后，约翰终于换掉了爬满虱子的衣服，刮了

---

① 印度史诗《摩诃婆罗多》中的主要人物。——译者注

胡子。三个月以来，他的耳边只有风雨拍打帐篷的声响，雪崩时如雷鸣般的巨响，以及岩石滚落时发出的仿佛开枪般的"哒哒"声。现在，军乐队正在台上拙劣地演奏着吉尔伯特和萨利文①的曲子。女人打着遮阳伞，戴着宽大的太阳帽，挽着男人的手臂在草地上散步。马苏里算不上一流避暑地，这使他的跋涉显得更加绝望了。[48] 行走在萨沃伊度假酒店（Savoy）略显陈旧却不失大气的建筑之间，他身边的搬运工忽然害羞起来，开始注意起自己的言行。只有朱安·辛格依旧大摇大摆地走路，吹口哨，试图引起侍者的注意。约翰尴尬极了，脸"唰"地红了。他们带着吉姆西搬到了一处较低调的住处。[49]

朱安·辛格有次问约翰：英文中的"quite，quite"是什么   195
意思？这可不比解释可能爆发战争更容易。如果朱安·辛格从没见过飞机，该怎么向他解释炸弹从天而降呢？还有防毒面具和集中营？可是朱安·辛格非常清楚，旅途结束后，他还是白人的搬运工，约翰则是他的老板。[50] 就是这么回事。休息一天后，约翰在付完钱后看着他们离开。回来后，他继续给威斯坦写信。

去年夏天在伦敦时，克里斯托弗·伊舍伍德曾告诉他，威斯坦在从中国回来的路上突然崩溃了，他向伊舍伍德坦言自己不招人喜欢。[51] 那时，约翰正因为南希的事郁郁寡欢，所以没有追问更多的细节。痛苦是威斯坦的某种专长，他坚不可摧。[52] 威斯坦的运气总是很好。如今，从他由马苏里寄来的信中，约翰

---

① 指威廉·S. 吉尔伯特（William S. Gilbert, 1836－1911）和阿瑟·萨利文（Arthur Sullivan, 1842—1900）的合作。他们创作了十余部轻歌剧，最著名的为《皮纳福号军舰》（H. M. S. Pinafore）、《彭赞斯的海盗》（The Pirates of Penzance）等。——译者注

得知他爱上了一个名叫切斯特·卡尔曼（Chester Kallman）的美国人。他们正在新奥尔良度蜜月。[53]

约翰在信中描述了回加尔各答后可能要面对的噩梦。他收到了贝蒂的电报。她已经坐船来印度了。她希望他来码头接她，还带来了结婚申请书。毫无疑问，他做错了。他一下子打出太多牌。他发誓再也不打牌了。如果她起诉他背弃承诺，他也会全盘接受。无论要付出什么代价，只要能收获他的自由，都是值得的。他给贝蒂坐的船发了电报。

不知道接下来会怎样，他沮丧地写道，而完全忘了祝福他弟弟新婚快乐。[54]

> 哈蒂巴甘，康沃利斯街 139 号，加尔各答，
> 1939 年 5 月 12 日

约翰·奥登在哈西尔缅怀他的爱情之际，邦纳吉家三个尚未结婚的姐妹出现在苏丁·达塔的阿达。她们身披色彩斑斓的纱丽，仿佛叽叽喳喳的小鸟围在国大党的大文豪——58 岁的诗人沙拉金尼·奈都——身边。当天晚上，她那张表情生动的方脸映衬在插满花朵的头发下。她是国大党的传奇人物，非常健谈。沙拉金尼是革命家的女儿，她的父亲在两年前被斯大林处死。她个人对英国统治的反抗始于 1905 年的"孟加拉分治"运动。她曾在"长得像米老鼠的男人"的带领下投身食盐进军运动，还在之后的公民不合作运动中遭到监禁。阿达上，她开口提到的第一件事便是近来穆罕默德·阿里和国大党的关系非常糟糕，以至于她需要找件外套挡挡风寒。[55]甘地更让人觉得温暖。不同于长着一对猎犬般双眼的尼赫鲁，甘地和她一样爱

笑。[56]在沙拉金尼口中，民族主义的领袖们仿佛一个争吵不休的大家庭。对此，阿达上的人们照单全收。

在沙拉金尼讲述泰戈尔的丑事时，苏丁把邦纳吉家的三姐妹介绍给了穆克吉的年轻朋友，一位忠诚的共产党员。苏丁知道明妮和谢拉对政治完全没兴趣，虽然安妮拉可能不排斥共产党。[57]安妮拉身形瘦高，犹如一支毛衣针。她最近刚从苏联回来，身边则是一位深深坠入爱河、研究普希金的贫穷英国学者。上星期五，她刚和一个把希特勒视为湿婆化身的男人爆发了激烈争执。[58]

她们的母亲姬蒂去世后，三姐妹中年龄最大、最聪明的明妮尝试着接过母亲的担子，可她从没能把家打理得井井有条。她主要研究斯摩莱特①，在女子大学教书。长久以来，她都是阿达上唯一的女性常客，这让秘密日记作者大感沮丧。他无法和女性知识分子相处，尤其是毫无魅力的女性知识分子。[59]明妮虽然没有出众的外表、不够贤惠，可她了解许多亲英派的私生活，这使她在阿达上极受欢迎。她经常陪伴穆克吉、《政治家》的编辑林赛·埃默森出席各种场合。汉弗莱·豪斯曾喜欢过她。[60]明妮包裹得严严实实的纱丽之下，隐藏着一颗坚强的心。

谢拉是三人中最漂亮的，也是一名艺术家。她和明妮抱持相似的宿命论，还有些神经质。从加尔各答的东方艺术学院（Oriental School of Art）毕业后，她获得了慕尼黑德意志学院（Deutsche Akademie）的奖学金，直到纳粹迫使她搬去伦敦。[61]她刚搬回加尔各答不久，正在和亚米尼·罗伊（Jamini Roy）共事。罗伊受过古典绘画训练，后来成为一名民间艺术家，两人

197

---

① 斯摩莱特（Smollett, 1721 – 1771）：小说家、戏剧家，还翻译过大量文学作品，被誉为18世纪最有才华的小说家之一。——译者注

一同参加了最近举办的展览。[62] 罗伊告诉日记作者（日记作者认为谢拉的英式口音有点做作），如果不是因为需要钱，他肯定会对谢拉·邦纳吉敬而远之。她太西化了。[63] 苏丁曾来他的工作室观摩过谢拉创作。罗伊怀疑两人之间是否发生了什么事。

尽管苏丁反复提醒过自己许多次，他快 40 岁了，对幽默、漂亮还带着几分忧郁的 27 岁画家来说显然年纪太大，可他被她深深地吸引了。不同于 1929 年他在德国抛下的情人，谢拉·邦纳吉属于那个他熟悉的"被夹在中间"的世界。她逗得他开怀大笑。她揶揄他。她是天赋极高的画家。在她的陪伴下，他觉得自己如此自由。可他能给她什么呢？他不是个自由的男人。他从没拥有过自由——不仅受制于英国统治，还有他过分讲究礼节的大家庭。他年迈又温和的父亲提出的"好主意"束缚了他。所以，即使他有钱养情人，他也不愿成为自己经常鄙视的浪荡子。谢拉值得遇见更好的人。正如炎热的五月过去之后就将迎来六月的季风，欧洲即将爆发的战争将颠覆一切承诺，苏丁陷入了激烈的挣扎。他和谢拉相处得越久，便越感到快要失去她了。他还和之前一样面带笑容，可心中却为眼睁睁看着机会溜走而懊恼。

虽然非常缓慢，他开始接受失去了她的事实。

雨季来临一个月后的一天晚上，苏丁告诉谢拉，等他的朋友约翰·奥登从山上回来，她必须见见他。他尝试着形容约翰。

"约翰·奥登说话时就像条冷酷的鱼。"她大笑着说。很快，"约翰·奥登"成了两人间的玩笑话。只有一次，她的玩笑开得有些过头。她在光明街（Bright Street）的家中挂上绿色的窗帘后，嬉笑着告诉苏丁，她想制造类似水族馆的光线，让那条冷酷的鱼来她卧室时就像回到了自己家一样。他朝她露出苦涩的表情。[64]之后，她开玩笑时便小心多了。

在谢拉15岁那年，她的父亲开始酗酒和欠债。如同普罗泰普和巴拉特从寄宿学校退学一样，她也有相似经历，他们被迫缩短了接受英式教育的时间。她眼睁睁看着一排车子停在儿时的家门前，她那具有传奇色彩的祖父曾在公园大道的豪宅主持了无数场精致的晚宴。法警没收了精心仿制的路易十四风格家具，卷起地毯，从墙上拆下画作，一股脑儿地把它们运往罗素街（Russell Street）上的拍卖行。兄弟姐妹，阿姨叔叔，仆人，宠物，从此离散各地。[65]

之后，谢拉发誓要轻装上阵，刻意装出一副无所谓的样子。她在和苏丁疯狂调情、酗酒时不禁疑惑：她以后会怎样呢？虽然苏丁有时会拿她高贵的出身开玩笑，可她发现，他却带着比她更深的失落之情。

政治保安处偶尔出席阿达的"那位先生"，在林赛·埃默森宣称自己全心全意支持印度武装起义的晚上，肯定忙得不可开交。如果政治必要性使欧洲人最终难逃一死，那也只能如此了。苏丁笑了，指出发动武装起义可不容易。真的那么难吗？难道不能偷偷运送士兵吗？从暹罗呢？林赛不肯让步。爱尔兰人可是成功地策划过数起相当轰动的暗杀事件呢，他指出。[66]

明妮"咯咯"地笑了。虽然林赛毕业于伊顿和牛津，可两人都带着加尔各答人身上的那种随性。尽管如此，那年8月去康沃利斯街喝酒、看表演的路上，明妮还是恳求她的姐妹们表现得成熟些，不要像个头脑简单的、傻乎乎的学校女生。苏丁也许能忍受这一套，可这对于约翰·奥登却完全不起作用。

这个约翰·奥登可真是个自命不凡的人。谢拉对安妮拉耳语。[67]

　　起初，谢拉对他格外苍白的脸色、火辣辣的面颊感到相当惊讶。有个傻乎乎的女人竟然问他是否擦了粉底。他浅金色头发让她想起了慕尼黑的希特勒分子，他们曾粗暴地把她拉到街边，质问她是不是犹太人。她刚开口便非常紧张，不知怎么谈199 起了金发在国外的魅力。如果他以为她的调情太肤浅，她也无法反驳什么。他的沉默让她感到不安。同样，她可能太过在意苏丁从房间的另一头看过来的目光了。[68]

　　在中国城的凯西饭店（Cathay），谢拉不停地把食物送进嘴里，而把谈话交给了明妮。约翰·奥登再次请她们外出时，明妮要去见林赛，她只得独自赴约。在钟瓦饭店（Chung Wa），她吃得不比上次少，可席间依然萦绕着一股紧绷的沉默。之后，便是他们星期六在菲尔波饭店和苏丁一起吃饭了。[69]

　　前天晚上的阿达让苏丁相当沮丧，失望。秘密日记作者第一个到。他刚进门，苏丁便问他是否会爆发战争。星期三，纳粹德国和苏联刚签署协议，苏丁认为英国似乎已经准备放任希特勒在波兰为所欲为了，然后把一切问题推给法国。

　　虽然英格兰没能捍卫其宣扬的理想——无论对印度还是对它的欧洲盟友，苏丁还是决定加入印度陆军。这是因为心碎而作出的决定吗？是对法治和民主的高尚承诺，还是因为憎恨法西斯？他说不清楚，也许都是。

　　随后，印度文职机构官员、穆斯林联盟成员纳吉菲尔（Naziphile）大步走进房间，脸上挂着得意的笑容。

　　"苏丁，我不是早就告诉你了吗？你们这些人完全不懂政治。你们不知道正在发生什么。你们永远无法理解我为什么崇拜斯大林。英国的外交政策一无是处。那些人都该被革职。尼赫鲁为什么还在嚷嚷着要拥护民主？现在明明是摆脱英国统治的好机会。你们必须承认，希特勒是个天才。你们没看到吗，他如此轻易——"

苏丁举手投降。"我无法否认你说的任何一点。尽管如此，我已经准备入伍，去任何英国需要我的地方。"

"德国究竟对你做过什么？"纳吉菲尔提高音量说道，摆出一副自以为是的模样。

秘密日记作者对这种极其失礼的行为感到非常吃惊。

"没必要吵架。"苏丁温和地说着，递给他一支烟，随后，便陷入了沉默。[70]

第二天在菲尔波饭店，苏丁是第一个开始紧张的人。他突然夸夸其谈地说，他和约翰可以共享谢拉，她可以轮流去两人家中过夜。约翰立刻说会娶谢拉，这给了他当头一棒。他在台拉登（Dehra Dun）时，曾有算命先生说他会娶一个名叫多丽丝（Doris）的女人。他似乎有些犹豫。

"不然你可以改个名字？"

"如果我改名字，你会娶我吗？"

"好吧，我不知道。你看起来有点骄傲。"

"你怎么能这么说。"谢拉生气了。

"就是，"苏丁打断了两人的对话，"我很欣赏你，约翰，可我认为你向来无法准确地判断女人的个性。"说这话时，他想到的是贝蒂·博根斯。

之后，问题总算解决了。他们都会和谢拉一起生活。那时，他们已经喝了太多酒，丧失了理智。约翰答应晚上带他们坐飞机看看加尔各答，之后，三人便告别了。约翰回到办公室，诡异地欣赏起自己绘制的地图。

200

约翰回来接他们时，谢拉和苏丁都还没有完全清醒过来。也许把谈笑风生的午餐延长到晚上不是个好主意。谢拉坐车时非常不舒服，直到上飞机时才好些。约翰先把苏丁送回家。当他把车开到光明街时，谢拉立刻冲下了车。他猜她可能担心他会吻她。

约翰还不想回阿里博，于是开车去了莉齐（Lizzie）处。卡拉亚路上停着一排高级轿车，掩映在树荫下。他刚进门，头戴假发、身形肥胖的南斯拉夫女佣人洛拉（Lola）便问他会不会爆发战争。

"为什么不？当然了。"他回答。在这里，他感到格外轻松。

问过一轮后，他发现艾琳（Eileen）、芭比（Baby）和佩姬（Peggy）姐妹俩都被人带走了。在星期六晚上，她们显然忙得很。

"要芭布斯（Babs）吧，"老鸨莉齐说，"我以过来人的身份告诉你，她是个好女孩，是个好人。"

他要了芭布斯。她的房间里传来德文广播的声音。

"他们会轰炸我们吗？"芭布斯问道。

"放心，你安全得很。"[71]他边说边脱下裤子。

第三部分
上帝的陨落

乌鸦的眼，照相机的镜头

它们通往荷马的世界，不是我们的。总的来说

它们放大了这片土地，维系着

永恒的上帝和人类

W. H. 奥登，《城市记忆》（1949）

你看到昨日之神陨落

明日之神陨落

然而，你说听不到一声叹息或悔恨

为无尽悲伤的海洋

W. H. 奥登，《珠穆朗玛峰》（1922 年 12 月）

14 陌生而精明的明天

星期天的午餐，彭韦瑟之家（Penwether's House），
布德，康沃尔，1939 年 8 月 27 日

六个月以来，南希·科德斯特里姆一直在盘算如何让迈克尔·斯彭德回心转意。可是，当她沮丧地说到不得不去母亲家，因为战争看起来又会爆发时，他拒绝继续听她说下去。之后，她便没再和他说话。她坐上去伦敦的火车，在奥克汉普顿（Okehampton）车站的站台给他打电话，问他能否去滑铁卢车站接她。他告诉她，不行。因为他要去汉普斯特德吃晚餐。

你似乎不太开心，迈克尔说。

星期天刚吃完午餐，南希便扔下孩子跑出了门。比尔追了出去，和她一起跳上火车，恳求她理智点。伦敦太危险了，他说。

南希开始向迈克尔诉说她和母亲之间的争吵，可他打断了她。

"为什么你总把自己的麻烦强加到别人身上？"[1]她挂断了电话。

第二天，她又给他打电话。迈克尔说不太方便去高级餐厅，所以他们在一家乏善可陈的餐厅见面。当得知比尔和她都在伦

敦而且她不能在家里见他时，他不太高兴。回到普罗沃斯特路
后，比尔热心又满怀好意，坚称他们的婚姻还有挽救机会。南
希屈服了。第二天早晨，他说服她回到康沃尔。[2]

204   威斯坦让比尔放弃了所有关于电影的想法，并重拾画笔。[3]
尽管索尼娅·布劳内尔（Sonia Brownell）已经在他的艺术学校
做了近一年模特，比尔不久前才见到斯莱德的小伙子们口中的
"尤斯顿路的维纳斯"。索尼娅在上星期五的日记中写道："比
尔。一口坏牙，手很漂亮，想必已经结婚了。"不仅仅是那枚
结婚戒指煮到了她，她还留意到他有些驼背。"不值得为这种
事感到遗憾。"她继续写道，透着一股刻薄。[4]索尼娅答应比尔，
等他周末从康沃尔回来就给他当模特，所以，她迫切地希望看
到南希乖乖地离开伦敦。直到下个星期天，即战争正式爆发之
时，南希才知道自己被糊弄了。

    她连着给迈克尔打了两通电话，依然没能缓和两人的关系。
他诅咒她，写信说再也不想见她。她担心自己怀孕了。收到约
翰·奥登的包裹时，她正处于这种状态。看见包裹的那一刻，
她的痛苦便一扫而光了。他真的要回来了吗？他娶了那个比利
时女孩吗？她告诉他，路易斯在爱尔兰崩溃了。他写的信仿佛
从坟墓中传来的呢喃。她也许好多年都不会再见他。还有，迈
克尔·斯彭德是个没良心的伪君子。[5]她没有提到战争。她根本
不关心战争。

    南希在三个月后回到伦敦，怒气冲冲地抓到了正在鬼混的
比尔和索尼娅，他那时的恐惧远远超过被征召入伍。[6]在斯莱德
的小伙子们眼中，科德斯特里姆的婚姻是个老生常谈的话题。
南希怀疑每个人都比他们看上去的更清楚比尔的所作所为。他
们确实如此。索尼娅怀疑每个人都以为她想嫁给比尔。[7]他们也

确实如此。斯莱德的小伙子们认为，如果路易斯·麦克尼斯没离开伦敦，如果比尔没那么出名，他可能不会这么作茧自缚。[8]夏洛特街（Charlotte Street）上的人们频频点头。南希想厚着脸皮继续谈论她的救护训练。人人都彬彬有礼地听着。[9]她感到被羞辱了。

路易斯不停地从爱尔兰写信安慰她。那时，他终于知道，他对她的爱注定不会有结果，可彻底放弃爱她则意味要面对无法言说的深渊。有时，他想象着就这么走出家门，被炸弹炸得粉身碎骨。[10]都柏林的工作泡汤后，路易斯接受了康奈尔大学（Cornell University）讲师的教职。南希猜测：如同威斯坦一样，他肯定不会再回来了。他设法在离开前见了她一面。她还是一如既往的狠心。[11]

"继续作画吧，姑娘，别让斯莱德的小伙子们把你从伦敦吓跑了。"[12]路易斯在码头给她写信。　205

路易斯离开两个星期后，南希终于确信索尼娅夺走了比尔的心，她买了毒药，在斯莱德的小伙子们面前吞下了大半瓶。[13]他们把她送去医院洗胃，比尔却躲在贝克街一家旅馆的床上。[14]一个斯莱德的小伙子说，如果想让比尔彻底从南希那儿得到自由，除非往她头上扔炸弹。[15]

"洗胃，还有没完没了的恐惧。"南希如此形容在大学附属医院（University College Hospital）病床上的自己。早晨，她的医生严厉地警告道：

"除非你保证……"

"我保证。"还没等医生说完，她便接话了。

出院还不到一个月，南希便被派往卡姆登镇（Camden Town）后面圣潘克拉斯路（St. Pancras Way）49号救护站。她每星期给路易斯写两封信，每次都在信中不停地抱怨。那些男人——退休的出租车司机、前军官，都毫无魅力可言。因为天气太冷而没法练习开车（这从来不是她的强项），她每天的工作便是从下午 3 点 30 分到晚上 11 点 30 分坐在电暖炉边为士兵织毛衣。这对她来说也不是件容易事：不久，她便因为不按规矩做事而被人排挤。

那里的女人都极为保守、克制，面无表情，唯一的话题是渴望赶紧回到丈夫和家中的暖炉边。对南希而言，回到珀西街（Percy Street）上的房间里住一小会儿就够了。[16]这是九十年来最寒冷的冬天。由于铁路结冰，无法运送煤炭，每个人、每件事都被冻住了——包括战争。她没有告诉路易斯自己自杀的事，也没有向他提起索尼娅。

乔治·华盛顿酒店（George Washington Hotel），列克星敦大道（Lexington Avenue）23 号，纽约，1939 年 9 月 3 日

威斯坦从家人处得知约翰想加入皇家空军后，给他发了电报，责备他为什么要如此为难自己，仿佛他已经失去了活着的价值。他恳求约翰在签字前先等他的回信。[17]

威斯坦曾说过，作家的责任是"迅速行动，弄清本质"。[18]1938 年，正如 1937 年他在西班牙那样，他做好了牺牲一切的准备。他曾相信死亡能解决他的"问题"。但是，他在离开英格兰后改变了主意，正是对作家的责任的思考转变了他的想法。他不再想寻死，不再妄想成为男人中的男人。政府宣布战争爆发时，他顿时泪流满面，而且把这视为他不适合上战场的迹象。

　　可是，他该怎么说服哥哥呢？

　　希特勒入侵波兰那天，威斯坦放弃了过去的所有信仰。他的最新信条是"我们必须相爱或者死去"（We must love one another or die）。他在给约翰的信中阐述了关于至高无上之爱的四个论点。

　　首先，如果约翰曾得到让他感觉幸福的爱情，后来又选择放弃它，那么，这的确是英勇的。谢拉是孟加拉人，切斯特是"先生"而不是"小姐"，这又有什么区别呢？全新的生活正在等待约翰——"别说你无法找到它"。去寻找那种生活远胜于被困在现在的生活中。

　　其次，这场战争是纳粹的战争机器和帝国主义的殖民生意之间的一决胜负。威斯坦看不出约翰能帮到哪边，因为对纳粹恨之入骨而加入英格兰军队，和因为对英国殖民恨之入骨而加入希特勒军队，同样说得通。"这不是我们的战争。"他坚称，仿佛凭他一己之力便能为两人作决定。

　　再者，作为知识分子精英，约翰的主要职责是理解正在发生什么。这样，他也许能为自己的生活创造出更光明的未来。"更别提这就和驾驶飞机一样，需要极大的勇气和艰辛的努力了。"他恳求约翰留在印度或想办法来美国。

　　威斯坦和伊舍伍德曾在加利福尼亚向一位当地人学习瑜伽。这便是他的第四个论点。威斯坦写道，别管那些莫名其妙的话和没意义的事，练习瑜伽能让你收获良多。如果决定采取和平主义立场，就必须付出巨大的努力，以保证无论是私底下还是公共生活中都是非暴力的。[19]路易斯·麦克尼斯曾在留在美国还是回英格兰之间挣扎，最后，他决定离开威斯坦。他不知道如何为和平主义者辩护，毕竟，在西班牙和慕尼黑出事时，他们

207

都不是和平主义者。[20]

虽然没有说出口，除了以上四点之外，威斯坦还非常害怕失去约翰。

无线电中传来宣战的消息时，约翰刚在电影院看了爱德华·G. 罗宾逊①主演的《一个纳粹间谍的自白》（*Confessions of a Nazi Spy*）。他扪心自问：威斯坦所说的是否正确？他在自讨苦吃吗？他明白：不，他不是。收到威斯坦的信后，他逐一反驳了。对瑜伽没兴趣。企图通过战争在一片废墟上建立起新秩序根本不现实。对他而言，通过战争终结纳粹主义也没有意义。他现在最亲密的朋友是苏丁，谢拉是他的情人，他当然不会认同种族优越感，因为那不过是英国的"血与土"（*Blut und Boden*）②。对他而言，英格兰的伟大事业就像阿伯加文尼（Abergavenny）③附近的糖面包山（Sugar Loaf）④、唐斯（Downs）的洞穴、科茨沃尔德（Cotswolds）⑤、罗马城墙、奔宁山脉（Pennine Fells）⑥之于他的意义。为了这些童年记忆，他愿意献出生命。[21]仅此而已。他希望证明的是，他能够阅读地图和驾驶飞机是有用的。[22]

---

① 爱德华·G. 罗宾逊（Edward G. Robinson，1893－1973）：好莱坞黄金时代的美国演员。——译者注
② 一种德国种族意识形态，指民族的生存依赖于血（民族的血统）和土地（农业生产的基础）。——译者注
③ 位于威尔士东南部的英国边界。——译者注
④ 位于布雷肯比肯斯国家公园（Brecon Beacons National Park）内。——译者注
⑤ 位于牛津以西，周围散落着许多有趣的小镇，具有浓厚而纯正的英格兰小镇风味。——译者注
⑥ 英国北部的主要山脉，有"英格兰的脊梁"之称。——译者注

苏丁知道约翰在和谢拉交往，至少现在如此。苏丁曾在喝醉后做出过非常尴尬的举动，当他察觉到约翰的矛盾时，他尝试着重新夺回谢拉。后来，他写信恳求约翰的原谅，表示希望约翰能保持和谢拉的恋人关系，以及他们之间的友谊，就像从前那样。

之后，约翰和谢拉几乎每晚都会在菲尔波跳舞至深夜。在她怀中度过不眠之夜后，约翰会在黎明时分穿着卧室拖鞋开车送她回光明街，之后又马不停蹄地赶到德姆德姆机场（Dum Dum aerodrome）① 练习起飞和降落。到早晨 10 点，他已经累得趴在书桌上睡着。[23]

这样的生活持续一个月后，他觉得该控制下自己了。不能再熬夜。他的神经脆弱到了极点。他在三点式着陆时失败了，因此没有通过皇家空军的第一轮考试。他双手发抖，胃像被人挖了个洞。他没有告诉威斯坦自己入伍的真正原因，因为知道他不会认同。他想看自己穿上空军制服的样子，他想驾驶布伦海姆轰炸机（Blenheim bomber）。

如果他和谢拉属于相同种族，如果他们不在加尔各答，也许他们会获得幸福。[24]可赤裸裸的现实是，他们并非如此。他宁愿死，也不愿勇敢地面对那些英国人的敌意，他们看待他和谢拉的关系仿佛他在和纳粹交往，令人厌恶至极。[25]谢拉马上要去孟买出席自己的画展了，他们的关系将到此结束。皇家空军不至于让他坠入泥潭。[26]

208

谢拉的态度完全正确：一切都不重要。[27]

留在美国，约翰在信中告诉威斯坦。无论威斯坦写什么，

---

① 现为内塔吉·苏巴斯·钱德拉·鲍斯国际机场（Netaji Subhash Chandra Bose International Airport），位于加尔各答近郊。——译者注

都无法拯救英格兰。除非把唐宁街那帮缺乏经验的家伙，以及躲在印度的豪宅里一门心思策划罪恶和流血事件的人干掉。如果威斯坦决定做美国人，他不会对他指手画脚。[28]

但是，其他人会。也许议会中有人会问，在国家最需要 W. H. 奥登的时候，他为什么不回英格兰。不过，在英国政府决定对抗纳粹很久之前，威斯坦便为此战斗过，而且输了。他交出武器，退出战场。他原以为自己是个信守承诺的人，结果却食言了，他从没指望过得到宽恕。

总督官邸，新德里，
1939 年 9 月 3 日

总督林利斯戈侯爵没能按 1935 年《政府组织法》的设想那样，把印度各省和土邦召集起来。无论他在尼扎姆、行政长官、邦主和王公贵族面前多么能言善辩，请求他们交出土地、签署加盟文书，他们都表现得吞吞吐吐。他们很清楚，丘吉尔说过没人会强迫他们。这不过证明总督办公室在勤奋工作、释放善意，不妨大方地认为这是他们一厢情愿的妄想。那年夏天，在一群王室成员直接拒绝提议后，其他人也不再装模作样了。之后，希特勒入侵了波兰，林利斯戈立刻代表印度宣布参战。

他宣称："面对外国强权的命令和要求，印度决定坚定自己的立场。"这等于是在提醒每个人，只有一个外国强权可以向印度发号施令；如果有人反对，他随时准备引用 1935 年《政府组织法》的相关章节和条款，重申他有权力这么做。

印度总督和印度事务大臣都认为，甘地的非暴力信仰意味着不可能拉拢他支持英国，虽然他们不是百分百的确定，因为林利斯戈从没和他提过此事。[29]让林利斯戈感到惊讶的是，甘地以个人身份表示会无条件地支持英格兰。伦敦可能会遭到轰炸让他感到非常难过。[30]"甘地在说这些话时流露的真情实感……让我十分震惊，"林利斯戈报告道，"他有时激动得没法继续说下去。"[31]

真纳的头脑相当清晰，他马上关闭了伦敦的法律事务所，卖掉了汉普斯特德的房子。过去两年来，他眼看着国大党在八个省份执政，还有两个非穆斯林联盟政府控制着以穆斯林人口为主的省份——旁遮普和孟加拉。他十分乐见全印度联盟的想法失败，受邀前往总督府时相当激动，并就印度在冲突中该扮演何种角色出谋划策。这场战争为已经被政治边缘化的真纳提供了全新的救生索，让人们重新听到了他要为印度穆斯林建立一个独立国家的梦想。他称她为"巴基斯坦"。

1936年以来，尼赫鲁经常在演讲中谴责希特勒。他在1938年访问了西班牙，还在伦敦亲眼见到了内维尔·张伯伦签署屈辱的慕尼黑协定。他公开表示，如果战争爆发，他会全力支持西方民主国家。"我希望印度能充分发挥作用。"他曾这么说，同时以为英格兰会询问印度议会领袖的看法。事与愿违后，他问林利斯戈英格兰参战的目的是什么，虽然他没有明确说出口，可暗示道：如果想要得到他的支持，英国必须在书面上承诺允许印度独立。之后，议会成员便静观总督将如何行事。

M. N. 罗易曾咆哮道：什么样的最后通牒礼貌地要求帝国主义自我了断？[32]罗易偶尔会出席苏丁的"相识"阿达，他14岁便在孟加拉地下组织的恐怖活动中崭露头角。他组建了墨西哥和印度的共产党。他因和斯大林产生矛盾而逃回印度，很快就被逮捕了。在被囚的六年中，他重新思考了自己的政治哲学，获释后便和尼赫鲁、国大党走到了一起。他还成了苏丁的亲密友人。

罗易曾要求尼赫鲁保持中立。他认为这种明智做法既能维持国大党在各省的势力，还能在宣战后保护印度的公民自由。[33] 但是，尼赫鲁得知英国政府只打算提供一个战争委员会（war committee）的顾问席位，以及允许一到两人加入总督执行委员会后，他便要求国大党成员集体辞职。罗易大惊失色。当尼赫鲁要求印度立刻全面独立时，他举双手反对。不出所料，林利斯戈联手真纳，将之视为与国大党进一步合作的绝佳屏障。

与此同时，在 1940 年 4 月的纳尔维克战役（Narvik）① 后不久，保守派政治家、前《泰晤士报》记者利奥·埃默里（Leo Amery）在伦敦的下议院（House of Commons）历数政府的种种不是，继而把矛头对准张伯伦，并引用了奥利弗·克伦威尔②对长期议会（Long Parliament）③ 的控诉。"你坐在这里太久了，没干出一点好事。下台，别让我们再看到你。以上帝的名义，下台！"值得纪念的历史时刻！温斯顿·丘吉尔组建新政府后，将埃默里——他在哈罗德的校友——任命为新任印度事务大臣。

德国在欧洲大陆发动闪电战（blitzkrieg）后，埃默里重新思考了英国政府的印度政策。他倾向于在战后赋予印度自治权。起初，丘吉尔严厉地谴责了这种让英国政府跟在甘地身后跑的荒唐场面。随后，他发现光强调自治地位就像在鸽子群中出现

---

① 位于挪威，世界上最北的不冻港。英德海军在此爆发激战。——译者注
② 奥利弗·克伦威尔（Oliver Cromwell, 1599－1658）：英国政治家、军事家、宗教领袖。——译者注
③ 指 1640 年至 1660 年的英国议会，在此之前曾有过"短期议会"，仅于 1640 年存在了三个星期。——译者注

一只特立独行的猫。他的私人秘书在日记中写道："温斯顿以
印度教徒和穆斯林教徒之间爆发的新冲突为乐,他说过希望他
们的关系充满苦涩和血腥。"战争内阁(War Cabinet)最后决
定,现在还不到作出任何让步的时候。在丘吉尔的带领下,他　　211
们一致认同:"我们必须保持磐石般的坚定。"[34]

　　哈兹拉路(Hazra Road)49C,巴利根戈,加尔各答,
　　1940 年 6 月 21 日

　　苏丁从没和父亲谈起过他婚姻中的裂痕。如果有孩子的话
可能还好,可他和查比一直没有生育。他的父亲也许曾怀疑过
苏丁的兄弟——一个年纪轻轻的鳏夫,是否和查比走得太近。
这种事在大家族并不少见。或者,他父亲察觉到了他最近的心
碎。无论原因是什么,苏丁知道他的痛苦被人看在眼里。[35]这也
许是他父亲决定在加尔各答南部为他们租一套新公寓的原因,
希望他和查比能在那里找到一些离开大家庭的自由。

　　于是,阿达的常客依依不舍地离开哈蒂巴甘,来到哈兹拉
路。[36]穆克吉保证,他还会动用加尔各答北部的秘密资源继续为
大家提供甜品。当地人普遍看不上加尔各答南部的甜品店。苏
丁重新装修了哈兹拉路上的客厅,这次没有靠背长沙发和茶几,
而是传统的孟加拉风格,地板的垫子上铺着白布和彩色丝织靠
垫,门口挂着手织纱丽。只有那些书还保持原样。[37]

　　迁址一个月后,曾在三个大陆闹过革命的老将现身了。战
争爆发后,M. N. 罗易的敌人多过朋友。也许,这便是他当天
脾气不好的原因。伟大的老革命未发一言。他离开后,穆克吉
说罗易曾暗暗希望有人漫不经心地问起他离开苏联的真正原因。

穆克吉不相信斯大林真的想置他于死地，毕竟他曾被列宁誉为"东方革命的象征"。[38]

"马那班德拉（Manabendra）总能把话说到点子上，只要他愿意。"苏丁说道。他对罗易在和穆克吉争论时没能更有力地阐述自己的观点而感到失望。

"他只是心情不好。"

"是啊，他太粗鲁了。"明妮·邦纳吉慢吞吞地吐出几个字。

212　　秘密日记作者留意到，只要明妮在，没人能插上嘴。她的话题不停在欧洲战争、罗易的外国妻子和她本人之间转换，吓得不够世故的年轻诗人们不敢说话。[39]近来，秘密日记作者开始对明妮有了些好感，可还是打从心底无法接受女人抽烟。[40]

自德国 1940 年春天侵犯欧洲各国以来，阿达成员开始选边站。星期五晚上，可以听见从街道另一头传来的烟花声。[41]不同角落上演着不同争论。英国和法国在这里。苏联在那里。印度在放甜品的桌子附近。每个人都有自己的看法。讨论不再轻易离题，诸如罗列无领长袖睡衣的优点，或小镇俱乐部（Town Club）的板球手投出了多么漂亮复杂的内弧球和外弧球。相反，众人就各国的海军和空军实力展开了白热化辩论。秘密日记作者留意到，苏丁——大家都指望他能讲些俏皮话来缓和根深蒂固的观点——不是陷入不同寻常的沉默，就是透着一股莫名的烦躁。[42]

为了说明英格兰人的优柔寡断，有人讲了个家人细心照顾临终老人的笑话。他们以为他活不了几天，可老人在拖了数月后仍一息尚存，终于，大家都束手无策了。随后，一个疯疯癫癫的人跑过来朝他们大喊："他活够了，干脆烧了他吧！"除了苏丁，每个人都大笑起来。

长久以来，苏丁都在指责英格兰没有重新武装起来，对抗邪恶的希特勒政权。华沙被轰炸后，他曾坚信英格兰会马上帮助波兰人。事与愿违后，他开始认同《政治家》的作者林赛·埃默森的观点，只要布鲁塞尔被攻击，英格兰肯定会迅速采取军事行动。可直到 1940 年 4 月中旬，他才终于打消了英国始终不宣战的困惑。非常简单：英格兰绝不会动一根手指来捍卫欧洲。[43]意识到这点让他心碎，他感到相当痛苦。尽管如此，那时阿达上如果有人讲愚蠢的双关语笑话，比如把"纳尔维克"（Narvik）说成"神经衰弱"（nerve weak）[①]，还不至于激怒他。[44]但法国遭入侵、巴黎沦陷后，他彻底崩溃了。苏丁曾向《相识》的读者介绍保罗·瓦莱里和安德烈·马尔罗[②]的作品，斯特芳·马拉美[③]是他的偶像。法国代表某种不可动摇的存在。

当话题转为法国突然垮台后，一缕缕不祥的烟雾在阿达最狂热的亲法人士身边升起，仿佛他马上就要燃烧起来了。

"法国沦陷并不意味着她的军事实力不如德国强大，只是因为她更爱好和平。"那人说。苏丁在开口前先露出了一抹苦涩的笑容。

"法国人难道没想过该做些准备吗？"

那人没有回答。没有任何人回答。法国的沦陷也让国大党非常震惊。他们开始讨论战争合作的新提案。星期五晚上的阿达仍在继续，可似乎失去了方向。

213

----

① 谐音。——译者注

② 安德烈·马尔罗（André Malraux, 1901 – 1976）：法国作家，公共知识分子。他曾在戴高乐任总统期间出任法国文化部部长。——译者注

③ 斯特芳·马拉美（Stéphane Mallarmé, 1842 – 1898）：法国象征主义诗人和散文家。——译者注

有人试探性地提出一个观点：如果希特勒现在入侵英格兰，苏联就会突然袭击伊斯坦布尔。几个脑袋转向苏丁，可他正在书架上找书。"德国必须在入侵前获得制空权，"回到座位后，他终于开口了，"虽然德国空军很强大，可他们的飞机速度太慢，躲不过速度快得多的喷火式战斗机（Spitfires）。他们永远飞不到伦敦。"

也有人提出如果英国战败，印度将何去何从的问题。众人勉强赞同英国失败对印度没有好处的观点，可从长远来看，又是另一回事。许多人都乐见英国的地位产生动摇。

"英国人都在说敦刻尔克（Dunkirk）是场巨大的胜利。"辛巴达·辛克莱告诉苏丁。辛克莱是苏丁阿达上的另一位英国"先生"（sahib）。他毕业于牛津，一头银发，手指毛发浓密，在巴拉特石油公司（Burmah Shell）工作，天生口才极佳。[45]在苏丁眼中，他的妻子埃莉诺是位非常典型的太太，腿修长。[46]

"人类历史上从没出现过在如此短的时间内把如此大规模的人从一个地方转移到另一个地方的先例，而且死亡率相当有限。"汉弗莱的牛津朋友苏肖本·萨卡尔插话了，"我会毫不犹豫地庆祝英国当局取得这场决定性胜利。"[47]这本是一根橄榄枝。大家都很担心苏丁。数星期来，他一直和穆克吉针锋相对。

214 　"眼睁睁看着纳粹的铁骑碾过欧洲各国，你真的开心吗？"苏丁问穆克吉，语气中丝毫没有掩饰对他的轻蔑。

"当然，开心得很，谁不开心？英国人被逼到走投无路也是另一种希望。"

"我敢肯定，大家都不同意战争结束后，德国人会比英国人更适合做统治者。"他的一位追随者说。

"我们都不想被外国统治，"穆克吉平静地说，"可我们知道英国霸权走向衰弱将给世界带来巨大改变。我们还知道在所有帝国主义势力中，没有哪个国家比英国更狡猾、更残忍、更无情。"

"傲慢的罗马人就别提了，而且没人比德国人更心狠手辣。"苏丁反驳。

"德国在让英国瘫痪的同时也会削弱本国实力。之后，便会爆发阶级战争，而工人阶级将取得最终胜利。"[48]穆克吉肯定知道共产党正在秘密鼓动当地军工厂罢工，停止向中东提供武器。[49]"西方人还不明白这场战争的革命性意义，"他补充道，"他们的理解和前线士兵差不多——这里有坦克，那里有战机。"

"正相反，"苏丁也用同样平静的语气说，"之后，纳粹肯定会对自己的军事实力信心大增，开始对抗苏联，从而打败共产主义。"[50]

苏丁在《相识》的合作编辑一向认同他的观点，即大英帝国会在圣雄甘地去世后仍然存在，就像罗马帝国在耶稣去世后仍屹立不倒一样。[51]但是，他在那天夜晚一直保持沉默，似乎把心思完全放在了甜点上。饱得一口也吃不下去后，他才像突然活了过来。

"我赞同穆克吉的看法，"他说道，忠诚来了个一百八十度大转弯，"无论德国的扩张多么迅速，来自英国和法国殖民地的原材料不能一夜之间就投入使用。如果德国和英国保持现在的状态，双方的经济都会崩溃，而工人们将从此站起来。"

苏丁仿佛完全没听见他说话，继续向穆克吉开炮。阿达的气氛俨然处于爆炸边缘。"说到武器装备，德国总能找到办法。 215

就算德意志国防军没法完全守住法国，英国和自由法国（Free France）的实力也无法击败它。这就是你想要的吗？你现在开始同情法西斯主义了吗？"

听到这里，穆克吉彻底爆发了。

"是英国的工党和自由党领袖与资本家联手，合谋把苏联逼到了绝境！正因为这样，他们才把希特勒当成英雄！"

连秘密日记作者也受到了鼓舞，想为穆克吉辩护。

"从一开始，苏联就坚定不移地在联合反法西斯势力！"

苏丁尝试把希特勒的崛起归咎于德国共产党时，穆克吉立刻指出共产党在魏玛政府（Weimar government）所占的席位微不足道。"是法国和英国的合谋，制造出了德国这台战争机器。他们以为纳粹势力会针对莫斯科，瓦解苏联。但是，希特勒没有上当。而且，斯大林比任何人都聪明。他甚至让法西斯分子把矛头对准了帝国主义者。"

秘密日记作者第一次听穆克吉如此激情昂扬地发表长篇大论。

随后，他镇定下来，把目光投向苏丁的书架。

"这个房间里有很多书，"他有些伤感地说，"可竟然找不到一本有关苏联社会体制改革的专著。"

苏丁不同意。认为他选书时带有偏见是不公平的——他认为穆克吉这么说几乎丧失了理智。这不是个让人信服的反驳。长久以来，苏丁向阿达施加的向心力在逐渐减弱。他所在的太阳系中，其他主要行星正滑向另一个太阳周围的轨道。[52]加尔各答的声音找到了一种全新的表达。

整个晚上都没怎么开口的苏肖本将注意力转向了时刻保持警惕的秘密日记作者。

"你的英国同事怎么看待巴黎的沦陷？"

"他们看起来不怎么难过，"秘密日记作者回答，"但他们有点神经质。仿佛每块石头背后都藏着第五纵队的人，即使面对的是最普通的火车事故。连我们的日本客户也有点不知所措。'英国人打算怎么做？'他们问，'英格兰真的能袖手旁观吗？' 比起焦虑，他们似乎更兴奋，仿佛德国碾平欧洲会给他们带来天大的好运似的。实际上，我的英国同事都在忙着向日本出口钢铁制造所需的锰和铁。"

他突然为自己讲了这么多话而感到不好意思。苏丁打破了沉默。

"只要谈到利润，就不分朋友或敌人了。"[53]

所有人都表示赞同。

《政治家》的编辑曾在给新任印度事务大臣利奥·埃默里的信中写道："无论向谁效忠，每个人心中都涌起了一股苦涩之情。"他的朋友苏丁首当其冲。这位编辑恳求埃默里站出来，和尼赫鲁、国大党联手拯救目前的局面。数星期以来，埃默里都在和林利斯戈一起呼吁印度各界领袖团结起来。没有人民和议会领袖的支持，埃默里担心印度会爆发内战，而英格兰终将被追究责任。7月的前两个星期，他还游说战争内阁马上起草提案，允许印度在战后立即获得全面自治地位。

林利斯戈也加入他的行动。也许迟迟没有决定印度全面自治的确切日期带来了一个错误的印象，他在从德里发出一封冗长电报中这样写道。忽然之间，似乎可以说"英国也许……这么说吧……会在战争结束一年内不遗余力地让印度获得自治地位"[54]。给出最后期限会是个好主意。如果印度议会坚持独立，就很容易说他们是在无理取闹，埃默里在向丘吉尔报告时说。

丘吉尔绕过埃默里直接给林利斯戈回了信。英格兰大敌当前之际，他真的认为现在给出承诺是明智之举吗？[55]丘吉尔其实不太相信英格兰真的会被入侵，可他很乐意激发人们的恐惧，让人人保持战斗的勇气。[56]所以，总督现在感到非常沮丧，但在此之前，他没有忘记先指责埃默里在战争内阁对这件事的支持程度上误导了他。他的电报太长，以至于不得不分几次发出。[57]

"彻头彻尾的虚伪。"[58]丘吉尔朝他的秘书叹了口气。

飞机运营公司（Aircraft Operating Company）的工厂，
温布利（Wembley），伦敦西北部，1940 年 2 月 10 日

在飞机运营公司多数习惯于坐在办公桌前工作的同事之中，
精通维尔德 A5 的迈克尔·斯彭德透着一股高高在上的特立独
行气质。他们不得不承认，只要他开始工作就没人能阻止他。
熬夜加班后，他就这么离开了，也不说什么时候回来。[1]一个不
安分的家伙。

1940 年 2 月，迈克尔坐在绘图室的椅子上，上司交给他一
批 5 英寸×5 英寸的透明幻灯片。戴黑色眼罩、留一撮泛白胡
子的哈罗德·亨明（Harold Hemming），也被称为"利姆诺
斯"，给人一种漫不经心的印象。他曾是英国皇家飞行队
（Royal Flying Corps）①的飞行员，在上次战争中失去了一只眼
睛，之后成立了一家航空测量和地图绘制公司。[2]他曾写文章反
驳迈克尔发表在《观察家》的观点，强调的是私人公司在民用
地图绘制中可以发挥的作用。[3]迈克尔成功说服他购买了一台维
尔德 A5，并雇他当员工。

---

① 第一次世界大战期间，英国的陆军航空兵。战争早期，皇家飞行队主要通
过火炮协作、照片侦察来支援陆军。——译者注

尽管亨明不知道交给迈克尔的那些照片拍摄于何地，可他有个主意。他告诉迈克尔，尽可能从中收集能够读取的信息。走进"圣地中的圣地"——放置维尔德 A5 的全透明空调工作间，迈克尔把其中两张照片放到仪器下，让它们对焦。

第二天，一辆红色加长版霍奇基斯（Hotchkiss）豪华轿车加速驶向工厂，它突然在石子路上急转弯，开进了工厂大门。司机下车，打开后车门，一个高个子男人伸出腿，拿起手提箱下车了。几个大步后，西德尼·科顿（Sidney Cotton）就站到了从前的生意伙伴面前，从手提箱中取出一卷胶片。

"我带了更多来。"他说，"你那边进展如何？"

"进来再说。"[4]亨明接话。

宣战后，西德尼·科顿开始为皇家空军的秘密部队招募成员。之前，他主要为法国情报机构和英国军情六处秘密拍摄德国重要军事设施的航空照片。军情六处向他提供了一架墨绿色洛克希德 12A（Lockheed 12A）定制机。他在机上秘密安装了莱卡相机，由飞行员座位底下的开关操控。在对外宣称"兜风"的飞行中，他设法拍摄了德国机场。当时，他身边正坐着一位德国空军（Luftwaffe）将军，科顿的手指则伺机偷偷操作座位下的相机。战争爆发前，科顿最后一次从柏林起飞时，看到大部分德国军舰都停泊在威廉港（Wilhelmshaven）和埃姆登港（Emden），后者的规模较小，位于德荷交界处，是荷兰最靠近英格兰的港口。"俾斯麦"号（Bismarck）的姐妹战舰"蒂尔皮茨"号（Tirpitz）停在干船坞。[5]他把这些都拍了下来。[6]

迈克尔完全沉浸在前一天收到的照片中，直到亨明问他进展如何时才抬头。

"尺寸实在太小了，"他回答得非常简短，"也难怪，我相信照片是从非常高的地方拍摄的。不过，我已经从里面得到了相当多信息。只要我能分辨轮廓，几乎可以绘制或测量任何东西。"

亨明解释迈克尔的话道："照片在维尔德下可以放大九倍。"[7]

科顿提供的照片比例为 1∶80000（相当于每英寸一英里），所以空军情报员认为无法从这么小的图像中获取任何信息。而且，飞行员在 1 万英尺高空监视德国无异于自杀。[8]

"现在不用担心比例问题了。"科顿说，"拍摄这些照片的相机可以在 8000 英尺高空作业。而且，我们马上就会有更好的装备。"[9]

科顿设法从空军部搞到了两架喷火式战斗机，还在拼命争取更多资源。虽然他是杰出的皇家空军中校，而且他的秘密部队的飞行员在没有损失任何飞机的情况下几乎拍到了鲁尔地区和齐格菲防线（Siegfried Line）① 的全貌，空军部的人还在想方设法地阻挠他。但是，喷火式战斗机无法兼容他想要的 25 毫米镜头相机。目前，他们使用的镜头尺寸只有它的一半，这意味着图像的比例也会相应地缩小。一张 5 英寸×5 英寸的照片可以覆盖 16 而非 8 平方英里。科顿走到绘图桌前，查看迈克尔的计算结果。

"我知道你可以准确地测量大楼，"他停顿了片刻，"所以没理由测量不了战舰。"海军部依赖空军部的侦察，但他们只能追着对方要情报。迈克尔表示，如果他可以画出轮廓，应该

① 第二次世界大战开始前，纳粹在西部边境地区构筑的对抗法国马其诺防线的筑垒体系。——译者注

就可以测量和确认战舰。[10]这正是科顿想要的答案。为扩大飞行范围，他打算拆掉两架喷火式战斗机的机关枪，来增加油箱的容量。同时，他向温布利的工厂保证会源源不断地给迈克尔送胶片，并恳请空军部购买维尔德的设备，雇用飞机运营公司的技术人员。

然而，他的要求一再被无视。

之后，海军情报部收到消息，"蒂尔皮茨"号不在威廉港的干船坞。[11]海军部找到科顿时，已经有一架喷火式战斗机改装完毕了。它每小时的飞行距离达 100 英里，可以爬升到海平面以上 5 英里的高空。很快，这架战斗机带着威廉港和埃姆登港的照片返航了。科顿把胶片交给迈克尔，还带来一位懂得识别敌方战舰的联络员。不到 48 小时，在星期天凌晨 2 点 10 分，迈克尔按比例绘制了两个港口的情况，包括码头的船只数量和类型。"蒂尔皮茨"号依旧停泊在干船坞。

他的报告引发了质疑。航空照片不可能反映军事设施的状况。不能使用这种方法来识别战舰。空军部不准科顿把迈克尔的报告交给海军部。他们打算袖手旁观。[12]海军部直到星期一晚上仍没有收到任何消息，而且又得知轰炸机司令部（Bomber Command）准备攻击停泊在埃姆登港附近的 60 艘潜艇（迈克尔认为它们只是普通驳船），于是，科顿违背了命令，直接把报告交给了海军情报部。[13]他成功了。海军参谋长提醒时任海军大臣（Admiralty）的温斯顿·丘吉尔，空军部隐瞒了重要情报。丘吉尔非常震惊，因为这则情报竟然来自民间渠道。车轮开始转动。科顿被召见了。

丘吉尔打算让空军部知道，如果他们不感兴趣，海军部非常乐意和科顿合作，还包括温布利的普通公民以及那台神奇的设备。[14]负责此事的空军上将否认曾听过维尔德 A5 的事，并和海军参谋长针锋相对起来。科顿困惑极了。法国沦陷四天后，他会由于让空军部表现得太无能而遭到解雇。

那年 4 月，迈克尔拿到了德国和挪威边界附近的基尔港（Kiel harbor）的照片。港口停满了船只，旁边的空地都是敌人的轰炸机。他没看过基尔港之前的照片，所以不清楚这种情况是否反常。他那时才意识到，只有一组照片远远不够。为了建立时间上的连续性，他需要不同时期拍摄的照片。有了这些照片，他不仅可以凭直觉判断敌军的动向，还可以推测他们的作战计划。直到两天后德国入侵了丹麦和挪威，海军部才意识到科顿的照片捕捉到了持续 7 个月的"无聊战争"（Bore War）的结束。迈克尔的方法后来被称为"对比覆盖"（comparative cover），而且定义了相片判读（photographic interpretation，PI①）。[15]

之后，配备照相机的侦察机一次次从英国周边各个机场起飞，拍摄占领区的情况。飞机返航后，胶片会被冲洗、贴上标签，值班的相片判读员会分辨地貌或港口外观是否发生改变。轰炸后拍摄的照片还可以展现炸弹坠落后的效果。如果目标完好无损，战斗机将再次起飞。

安托万·圣-埃克苏佩里②曾说，这项工作好比细菌学家在显微镜下研究载玻片，"他们在脆弱的人体中寻找……病毒吞噬的轨迹"。[16]迈克尔是技术高超的病理学家。他建立了英吉利海峡沿岸和挪威峡湾（Norwegian fjords）的相片记录（photographic

221

---

① 根据地面物体的光谱、空间、时间特征和成像规律，识别与相片影像相应的类别、特性和某些要素或测算某种数据指标的过程。——译者注

② 安托万·圣-埃克苏佩里（Antoine Saint-Exupéry，1900-1944）：法国最早一批飞行员之一，作家，代表作有《小王子》。——译者注

memory)。他可以指出从前的模样，包括拍摄日期、航拍任务和相片编号，一切都在他的脑子里。

他天生就是干这个的。[17]

> 跨军种间会议，白厅，伦敦，
> 1940 年 6 月 10 日

1940 年 5 月 31 日，入侵预警小组委员会（Invasion Warning Sub-committee）首次在海军部开会，当时正值敦刻尔克大撤退。德国入侵英格兰会从哪里登陆？存在数种可能，从波罗的海的港口到爱尔兰的港口均在考虑范围内。此时，他们偶然听说了一则传闻。有报告称，德国驻安卡拉大使馆的武官和土耳其资深官员的一次谈话透露，德国也许会跨越英吉利海峡发动入侵。这听起来根本不合理，但丘吉尔认为参谋长们也应该考虑这种可能。[18]

十天后，轰炸机司令部和皇家海军的资深官员会面，商讨谁可以得到科顿的部队、他改装的喷火式战斗机、赫斯顿的飞行员、维尔德 A5 以及首席技术员迈克尔·斯彭德。轰炸机司令部坚持优先确认军事目标。海军部不同意，认为侦察应该主要集中在港口和沿海地区。于是，海岸司令部（Coastal Command）插手其中，而且空军部也不愿袖手旁观，他们已经完全认识到从温布利的简陋工厂中所传出的情报的重大价值。

"独眼"亨明和迈克尔·斯彭德成了皇家空军的 CC 类①雇

---

① 全称可能为 Civilian Component，文职人员。——译者注

员。迈克尔被任命为皇家空军后备队一般职责分部的空军中尉，属于文职人员。[19]1940年6月初，英国国王和王后来访问时，他们刚领到制服。乔治六世（George VI）留意到一份标记为"疯狂计划"（WILD PLANS）的文件，他朝亨明使了个眼色，说道，"你不会让我看里面有什么吧？"[20]随着迈克尔从照片中收集到的情报越多，海军部和皇家空军便要求执行更多飞行任务、拍摄更多照片，他们因此更需要迈克尔那双如矢车菊般湛蓝的眼睛。

1940年夏天，温布利有了30名训练有素的相片判读员，其中12人隶属于空军女子辅助队（WAAF），她们以前都是打字员。[21]科顿认为女性比男人更有耐心、注意力更集中，因为她们有织补袜子的经验。迈克尔还介绍了数位学者加入其中。珠峰"狂人"比尔·韦杰，也是他在东格陵兰考察时的地质学家同行，被任命为空军少尉。还有一位剑桥大学的考古学家。其他人也陆续加入。一位植物化石专家建立了工业部，以确定哪些工厂对德国维持战争至关重要。敦刻尔克大撤退为他们送来了一位无线电和雷达安装领域的专家。[22]一位女性空军记者组建了航空部。迈克尔则牵头了由"专业判读员"组成的部门。大学教授、演员、舞蹈家、新闻编辑、作家，以及丘吉尔的一个女儿，慢慢壮大了相片判读团队的规模。[23]后来，迈克尔还介绍了自己的弟弟汉弗莱。不过，他绝对不会推荐斯蒂芬。

斯蒂芬得知迈克尔告诉别人他不把战争当回事后，认为有必要提醒哥哥——他曾经还指责过自己太好战。威斯坦和克里斯托弗都走了，斯蒂芬信誓旦旦地说可以凭一己之力完成手头的工作。他向迈克尔罗列了他有关战争的作品。他正在写一个

222

剧本以及一本与诗歌有关的书。他经常接受 BBC 的采访。他每月都为《企鹅新作》（Penguin New Writing）[1] 写文章，每星期还不定期为《倾听者》（Listener）或《新政治家》撰稿。不仅如此，信息部[2]的高级官员曾告诉他，他参与编辑的《地平线》（Horizon）杂志是英格兰面向中立国家——美国——的最有价值的宣传。[24]

7 月，照片显示了不寻常的活动迹象。在法国北部海岸附近，从前的田野和牧场中间出现了一条斑驳的小径。他们通过清晨阳光投下的阴影确定了电线杆的位置，再根据电线追踪到了当地的军事指挥部。卡车厚重的胎面上沾着的白黏土暴露了它们来自 5 公里外的加来（Calais）[3]，从而帮助他们确定了弹药库的位置。陆军部持续制造鼓声做更多掩护。

8 月的最后几天，基尔港出现了 40～50 艘商船，埃姆登港多了 350 艘从前没见过的汽艇，而 56 艘驳船则忽然从阿姆斯特丹消失。迈克尔留意到，鹿特丹的造船厂改造了 5 艘 130 英尺长的驳船的船头。显然，它们将被用来搭载坦克和部队。[25]改造后的驳船开始出现在安特卫普、鹿特丹和阿姆斯特丹的港口。照片还显示汽艇和其他船只也沿海岸向荷兰、比利时、法国北部的港口和河口移动。

温布利得到了一座机场，用来严密监视法国海岸的动向。每个晴朗的日子，喷火式战斗机都会在布洛涅（Boulogne）、加来和敦刻尔克进行掩护飞行。100 艘经改造的驳船突然离开了安特卫

---

① 1940 年至 1950 年之间出版的文学文摘，共出版了 50 册，每册的内容均十分丰富。——译者注

② 在一战和二战期间负责监管所有与军事和民事活动有关的宣传。——译者注

③ 法国的重要港口。——译者注

普，而 18 艘驳船则出现在奥斯坦德（Ostend）。摄影情报发现船只的活动越来越频繁，驳船沿海岸驶向多佛白崖①对面的码头。到 9 月 6 日星期五，奥斯坦德附近已经聚集了 200 艘驳船。

东方路（Oriental Road）69 号，银城（Silvertown），伦敦，星期六，1940 年 9 月 7 日

下午 4 点 43 分，空袭警报响起后，南希爬到救护站的天台观看空中混战。傍晚的天空泛着浅蓝，没有一片卷云，只有东方漂浮着一团形状奇特、略带粉色的积云。她接到让她去接一名男伤者的电话，那人由于担心被炸死枪击头部想自杀。回到救护站时，她心中涌起一股挥之不去的忧愁，不过到 6 点时已经完全平静了。距轰炸机扔下第一批燃烧弹已经过去一个小时了，弹闸被清空后的飞机相继穿越英吉利海峡后返航。救火车在城市中呼啸而过，发出尖利的警笛声。又有电话打来要求紧急搬运。在南希再次冒着生命危险出勤之际，刚才空中的那团积云迅速膨胀、翻滚、炸裂，泛出危险的红，末端则呈黑色。

德国飞行员根据情报部门的地图，集中轰炸了伦敦港口地区一个叫银城的地方。[26]轰炸机穿越英吉利海峡后，沿东南海岸飞行，再顺泰晤士河向西。当天下午，英国的参谋长们在白厅开会，惊慌失措地发现轰炸机的引擎声在不断向他们逼近。[27]他们很清楚，伦敦大轰炸后就是入侵了。是现在吗？

晚上 7 点，情况依旧不明朗。8 点 10 分，空袭警报再次响起。第二轮轰炸开始了，火光成了城市中的"灯塔"。南希在

224

---

① 位于英吉利海峡的比奇角（Beachy Head），是一片长达 5 公里的白色悬崖。——译者注

一小时后接到出勤电话：西汉姆南边的东方路 69 号需要两台救护车。分配给她的司机年届五十，光头，在第一次世界大战期间也驾驶过救护车。南希从墙壁的钩子上抓起安全帽和几条毯子。

救护车没开车头灯，沿霍洛韦路（Holloway Road）出发了，副驾驶座上的南希看到远方不停有炸弹落下。他们的车速约为每小时 40 英里，可南希希望司机再开快点。她开始焦躁起来。司机平静地告诉她，他们肯定会到目的地的，这多少安抚了她。每隔几英里，都有戴白帽子的人高举火把为他们引路。为避开一只突然蹿出来的野狗，司机猛打方向盘，却让后面的救护车碾过了它。他们眼前升起的红光照得漆黑的房屋轮廓分明。他们到了西汉姆的一个交会点，那里还停着数辆绿线巴士和救护车。等待片刻后，她看见了现场指挥官。

"可以从这里去东方路吗？"

"天呐，不行。"他说，"东方路在银城。"[28]他们还要往前开 9 英里。发动救护车时，他们遇上了些麻烦，好在有人从后面推了一把，车又再次上路了。他们在街道上左右躲闪，随着房屋间的红光变得更近、更亮，道路也变得更弯、更狭窄。他们再次停车，询问一个男人怎么去银城。他说还要再开 2 英里，但已经太晚了：从伦敦塔（Tower of London）到蒂尔伯里（Tilbury）一带，码头完全淹没在了火海之中。很快，他们就看不到任何活人了。

如果你想对伦敦码头区的规模有个大致的了解——它对帝国海外事业的重要性绝不亚于对伦敦的巨大贡献——首先，你必须退后一段距离，爬升到数千英尺的高空，想象自己是一名瞪大双眼的飞行员。从这个角度而言，由防波堤、仓库、码头、水闸、涵洞、隧道、船闸入口、河流盆地组成的网络，仿佛一张徐徐展开的工程图，而非一种景观。圣凯瑟琳码头（St. Katharine Docks）的仓库从伦敦塔下方开始向外延伸。起重机 225 在这里卸下一袋袋澳大利亚羊毛和马来亚橡胶。随后便是泰晤士河南边的商用码头萨里（Surrey）。它的规模是前者的三倍，其设计使它能够卸载加拿大的乳制品和谷物，还有体积庞大的雪松、松树、道格拉斯冷杉和云杉。穿过形状如发夹的犬岛（Isle of Dogs）的内陆地区，便是西印度码头（West India Dock）和米尔沃尔码头（Millwall Dock）。西印度码头吞吐着从西印度群岛（West Indies）运来的缅甸红木和柚木、热带水果、蜜糖和未加工的生糖。与米尔沃尔码头相邻的是深水港东印度码头（East India Docks）。那里曾停泊了东印度公司载重数千吨的商船，它们运载茶叶、香料、染料、丝绸、波斯地毯，穿梭在好望角（Cape of Good Hope）和合恩角（Cape Horn）之间的每个港口。继续往下游走，靠近北边河岸的是占地面积庞大的皇家维多利亚码头（Royal Victoria Dock）、艾伯特码头（Albert Dock）和乔治五世码头（King George V Dock），那里可以装卸冷冻肉制品、谷物和烟草。

经过犬岛，他们驶上一座狭窄的吊桥。仓库犹如熊熊燃烧着的教堂，在他们眼前崩塌了。暗红色的火焰吞噬了码头和工厂之间拥挤的住宅楼。两艘汽船、一艘远洋轮完全被火光包围了。小型船只仿佛点燃的火把，漂流在燃烧的泰晤士河畔。一座仓库倒向河中，里面的豆子仿佛倾盆大雨般一泻而出。他们耳边不时响起煤气总管的爆炸声，接着便有房子像喷泉般冲上半空。漂浮着焦油的蜿蜒河面上升起滚滚浓烟，爆炸还持续不断。他们面前的景象都映照在运河、水池和运河船闸的水面上。

忽然，他们前面出现了一排汽车，其中有几辆救护车，可大多是消防车，后者正用消防泵从运河中抽水。虽然不知道前面发生了什么，他们还是决定通过此地。但是，马路对面的一座仓库在他们面前轰然倒塌了，燃烧着的碎片砸向救护车车顶。他们在消防员的协助下调转车头。所有其他救护车的司机都大喊过不去。

"我们知道另一条路。"南希的司机说道。他开始加速。

"等等我们！"其他救护车的司机喊道。

226　　"没法等你们了，"南希大喊，"我们不能停在这里。我们把路堵住了。"在炮火的轰鸣声中，已经听不到防空火炮的声音了。探照灯射向夜空，仿佛巨大车轮的辐条。他们找到了回吊桥的路，它竟然还奇迹般地立在原地。司机试着走了几条路都无法顺利通过，于是他离开道路，穿过燃烧的码头，碾过缠绕在一起的水管和煤渣路。

南希惊讶极了：大火竟蔓延得如此迅速，仿佛在不顾一切地吞噬其中所有的东西。似乎每座仓库都发生了不同程度的火灾。加拿大运来的成堆木材爆炸了，迸发出火花。[29]西印度码头的酒桶像炸弹般爆开。西印度群岛的生糖被点燃，漂浮在泰晤士河面上。锡兰的胡椒粒烤焦后冒出的烟直冲人的胸腔。阿萨姆茶（Assamese）和大吉岭茶燃烧后升起一阵带着甜味、让人作呕的浓烟。成群结队的苍蝇在墙间乱撞。落单的鸽子在火光上方鲁莽地绕圈飞翔，惊慌失措的老鼠则四散蹿过燃烧的地面。[30]

他们碾过或绕过椅子、婴儿车、床架、屋顶，以及不计其数的砖块。每次迷路，都有消防员为他们引路。每次转弯，街边的房子都在爆炸。他们来到一堵高耸的、可怕的火墙前，司机踩足油门冲了过去。他们在一群戴着面具的消防员跟前停下车，南希摇下车窗喊道：

"有人受伤吗？"

有个男人拉起面罩回答道："都死了，往前开吧。"

终于，他们来到了"世界的仓库"——银城。皇家码头上的建筑使银城看起来仿佛一座虚构的岛屿。工厂和制衣厂占据了维多利亚码头和泰晤士河之间的大部分空间，这里也是1.3万名码头工人和海员的家。住在这里的人们没有避难所。水位对挖地窖来说太高了。

他们遇见一个满脸烟灰的男人，他说找不到妻子，他母亲的房子也被烧毁了。他们让他上车。生活在码头的男人们要等数星期才会知道，早晨他们出门后留下的家人究竟是死是活。他们下次问路时碰到的人告诉他们，东方路已经成了人间炼狱。他们经过一个犹如废弃村庄的地方，所有两层高的公寓楼都没有了屋顶。最后，他们停了下来，那里没有墙，什么也没有，只有一个四周散落着杂物的巨坑，中心处燃烧着一抹淡黄色的火焰。这里便是东方路。

在巨坑中寻找幸存者的几个人从碎石中探出头。南希想，这里看起来就像威斯坦笔下中国战争中的某个场景。自昨晚的轰炸以来，南希的救护车是抵达此地的第一批救援。

"这里是东方路吗？"南希大喊。

"救护车？"有个脑袋探出来，高声回话。

"对。有人受伤吗？"

"在墙的另一边。"另一个人回答道，同时指向远方滚滚浓烟中支撑着引水渠的巨大砖砌拱门。"救护车开不过去。你们只能把车停在这里。"南希拉出担架，和司机一起在瓦砾中摸索着前行。她望向拱门下方犹如洞穴的地方，发现了约 40 人。

"有人受伤吗？"她问，可她只看到一张张面无表情的脸。她走到一个女人跟前，扶住她的肩膀。女人转身，指向另一个女人和她出生不久的婴儿。他们刚被挖出来。她又问了两个精神极其紧张的人。当地的督查员已经死了。他们往救护车里塞进了 16 个人，放下窗帘，以隔绝大火的场面。没有人说一句话。南希后来才知道，他们得到的地址有误，东方路不在任何救护站的营救范围之内。

黎明时分，空袭警报解除。昨天夜里，载着缅甸柚木的驳船漂向河中自燃了，如今，它们又随着星期天早晨的潮水被推回岸边，火依旧没有熄灭。银城的幸存者只能从水上撤离。政府宣布当天为全国祈祷日。[31]斯科特牧师和迈克尔·卡里特在伦敦合租了一套公寓，他们那晚负责一处防空设施。他日后写道，政府高官只在乎头上那顶"官帽的价值"，根本无法理解人民的痛苦。他在混乱中四处奔走，还不忘为甘地祷告。[32]

三个星期后，所有家庭依旧靠在废墟中觅食度日。有人不得不和尸体一道藏在码头附近教堂的地下室。人们还在交租，可家里没有水，没有电，没有煤气，甚至没有屋顶。有人回老家了，有人住进了临时搭建的油布帐篷。一年后，他们还会继续住在那里。[33]到那时，媒体已经揭发出"大后方总指挥"约翰·安德森爵士为死人准备的供给品比给活着的人还多。[34]他被革职后，丘吉尔邀请他加入战争内阁，接替去世的内维尔·张伯伦。他在考虑让前孟加拉的地方长官取代林利斯戈，出任印度总督。他称他为耶和华的安德森（Anderson Jehovah）[35]，指望靠他的支持来拯救大英帝国。

在炸弹再次落向南希的公寓，使得那里彻底没法住人前，她家的窗户已经被震碎过三次了。有一段时间，她无家可归。[36]
《地平线》的编辑请她写文章描述空袭首晚的情形，可索尼娅·布劳内尔立即退回了她的文章，称它"毫无文学价值"。[37]
12 月，比尔去新职位赴任前，怀着伤感拜访了南希的新家。他厌恶军中的生活。他说，虽然他们永远不会在一起生活了，但也绝不会离婚，因为他们认识彼此太久了。他们都哭了。[38] 他已经被索尼娅甩了。[39]

之后的几个月，南希常常爬上卡姆登镇救护站的天台，看消防车的指示灯在迷宫般的破败街道上闪烁。在那个笼罩着浓烟的深夜里，她形单影只。当整个伦敦东区陷入一片火海、500 辆救护车悉数出动时，她独自一人跋涉了 16 英里，进入了火海的中央。[40]

飞机运营公司的工厂，温布利，伦敦西北部，1940 年 9 月 17 日

当迈克尔·斯彭德的中队长在信号很差的电话里对他大喊大叫时，他正在追踪德国的一波波空袭。码头区被轰炸十天后，照片显示满载物资的补给船、商船和护送舰，以及 266 艘驳船在距多佛白崖 32 英里的加来集合。另有 220 艘船在敦刻尔克，600 艘在安特卫普列队。迈克尔午夜赶来查看相片判读的报告时，整间工厂都笼罩在焦虑的情绪中。迈克尔经计算后得知，130 艘驳船是在四天内相继抵达的。突然，他推开立体镜，去找剑桥大学的考古学家——是他教会了考古学家相片判读。[41]

"还没数够驳船吗？德国在明天或后天就会入侵。我们是不是该去肯特（Kent）？如果我们每人可以干掉一个德国人，就算会为此送命，对这个国家、对历史都是好的。"

当时已经很晚了，男人连上了三个班次，不停地数驳船。工厂也遭到了多次轰炸。迈克尔盯着他时，他寻思了片刻。

"你的下个夜班是后天。"考古学家终于开口了，"我会准备好一辆车：到时我们就开车去多佛。"[42]

等考古学家回来时，新照片显示驳船是平行而非垂直地靠在码头，数量也减少了。[43]没人知道为什么。迈克尔来上夜班时，狠狠地瞪了考古学家一眼。

"所以，我们不用去多佛了。"男人马上说。

"不用，反正都一样。你已经证明了你看事不准。"迈克尔说，带着一向的狡猾，"能请您现在集中关注法国被占领的港口吗?"[44]

16　印度代表

哈兹拉路49C，巴利根戈，加尔各答，
1940年8～10月

秘密日记作者到达时，关于英吉利海峡附近各郡遭严重破坏的讨论正进行得如火如荼。所有人都同意空袭造成的陆上人员的伤亡，远超过在海中发射鱼雷所造成的。[1]苏丁指出，每四个英国人中就有一人生活在德国的打击范围内，因此几乎无法做防御安排。英国拥有喷火式战斗机，还有人自愿上战场，皇家空军的能力和技术弥补了其战机数量的不足，但英国还能承受这类损失多久？他又补充道，这也不是说他完全相信从无线电里听来的所有事，随后，他望向穆克吉。[2]

"英国用不了一个月就会投降的。"穆克吉的语气非常肯定。

"德国快不行了，"苏丁反驳道，"对英格兰的狂轰滥炸说明希特勒正变得歇斯底里。"

在他们开始新一轮辩论前，阿普鲁巴·昌达姗姗来迟，他优雅地走进房间。自从成为侯赛因·沙希德·苏拉瓦底的私人秘书后，他便没法每星期都来参加阿达。人人都迫切地想知道他在西姆拉和德里的走廊背后听来的八卦。阿普鲁巴刚喝了口茶，苏丁便开口了。

"议会怎么看印度总督的'八月提案'（August Proposals）？"[3]

231　　法国沦陷后，议会再次表示支持同盟国，以换取承认印度自治。数月后，林利斯戈免去场面话直接提出了他的方案。他会在执行委员会增设数个"印度代表"席位。等战争结束，他将立刻提议英国政府召开制宪会议，制定一部新宪法。换言之，它将成为另一部由伦敦授意的《政府组织法》。林利斯戈准备按他的方式展开对话，这意味他在打开另一扇门的同时也关上了这扇门。

现在，尼赫鲁终于意识到林利斯戈蠢得就像块硬石头，而且是块总想强调自我意识的硬石头。[4]

阿普鲁巴在等穆克吉插嘴。

"议会应该会拒绝提案。别无选择，只能这么做。"

"真纳会接受吗？"苏丁问阿普鲁巴，全然不顾穆克吉。六个月前，沙希德·苏拉瓦底成为《拉合尔决议》（Lahore Resolution）① 的签署者之一，真纳在这次会议上号召建立巴基斯坦——一个以穆斯林人口为主的独立国家，这仿佛是从印度身上割肉。该想法形成之初，这个穆斯林家园并不包括孟加拉，真纳主要关注的是西北边境省、俾路支省（Baluchistan）、信德省（Sindh）和旁遮普省。可现在，孟加拉已经成为真纳巴基斯坦计划的一部分。凭苏丁对沙希德的了解，他肯定已经在畅想作为孟加拉首任土生土长的地方长官的全新生活了。苏丁担心真纳会接受总督的提议，以换取英国支持巴基斯坦独立，这必

---

① 全印穆斯林联盟关于建立独立的伊斯兰国家的决议，1940 年 3 月在拉合尔签署。——译者注

定会给孟加拉带来致命的后果。

阿普鲁巴清了清嗓子，房间立刻安静下来了。

"我认识西姆拉的一位高官，他告诉我自'八月提案'公布以来……总督府的每个白人官僚都表现得比从前更加趾高气扬，更喜欢自吹自擂。"阿普鲁巴总结了官方态度，"无论战争是赢是输，我们都不会蠢到把权力拱手让给其他国家。"[5]

无线电开始播报伦敦空袭以及日本、意大利和德国签署三边协议的消息，穆克吉竭力克制着兴奋的情绪。他悄悄地说，无论如何，到10月，一切都会尘埃落定的。[6]英国会崩溃，而斯大林将要求印度独立。

　　232

9月底，人们看到哈桑·沙希德·苏拉瓦底现身时不由得惊呼起来。无论他在过去数月经历了什么，他的夹鼻眼镜仍牢牢固定在原处，精心打理过的头发紧贴头皮，像海豹般光滑。他先朗读了一封巴桑塔·库马尔·马利克写给各位阿达人士的长信，当时，马利克已经回牛津了。他写道，战争不会打乱他对于冲突理论的研究，相关研究必须继续下去。秘密日记作者有些不耐烦，想快点听沙希德谈正经事——他究竟怎么从被纳粹占领的法国逃出来的。

沙希德终于开始讲他的经历了。德意志国防军入侵之初，无线电被切断，没有水、电、瓦斯，整座城市都笼罩在燃料储备焚烧的浓烟中。可是，德国人在把守主要干线的交叉路口后，供应便相继恢复正常了。完全没有抵抗。甚至，交通警察还留在原先的岗位上。他花三天时间搞到100公升汽油后，便踏上了逃亡之路。为了躲避飞机和机枪的扫射，他们的车队在深夜出发，飞驰在乡间。他们中有苏联和印度的情报人员、英国的使馆人员、法国公民和犹太人，大家一路都不吃不喝，到了波尔多（Bordeaux）才喝到上好的红酒。沙希德登上一艘挤满了犹太难民的英国船，每人都为船上的舱位付了一大笔钱。

沙希德相当欣赏英国海军，但在巴黎严守军纪的德意志国防军给他留下了更深刻的印象。法国每个行政区只有一家餐厅向德国士兵开放，酒店则完全禁止士兵入内。他没看到抢劫，也没看到任何违反纪律的行为，只看到德国士兵对橱窗中琳琅满目的商品惊讶得哑口无言。[7]

阿达上那个狂热的亲法分子聚精会神地听着，随后消失在重重烟雾中，他把身上的披巾缠得更紧了，仿佛想掐死自己。苏丁已经听过大部分内容了，所以没说什么。秘密日记作者听说苏丁最近经常莫名地心神不宁，连他的母亲都特意从哈蒂巴甘赶来探望儿子。这是秘密日记作者第一次见她。据说，她是个相当传统的女人。实际上，日记作者留意到，她进门时还小心翼翼地避开了门帘，担心被低种姓的人污染。苏丁向她保证自己感觉好多了，还掀起门帘让她安心通过。[8]

10月过去了，英格兰仍在坚持。斯大林只字未提印度独立的事。有人大胆猜测斯大林的动机时，穆克吉笑了。

"好吧，够了，"苏丁的语气相当不客气，"为什么不给大家一些启发呢？"[9]

苏肖本认为斯大林在利用和希特勒签署过的协议，为苏联争取攻打德国的时间，穆克吉则坚信英格兰才是苏联真正的敌人，所以印度当然应该是苏联的盟友。[10]穆克吉猜测，斯大林尚未对印度独立作出表示，只是因为不想伤害印度的自尊。

"斯大林很清楚，只有进攻伦敦才能瓦解英国对殖民地的控制。世界各地被压迫的人民已经受够了，而且绝望极了。只要有人打头阵，就会创造出社会主义繁荣发展的机遇。"秘密日记作者把目光投向苏丁，等待他的回答。

"任何认为印度人可以容忍苏联共产主义的想法都太荒唐了。"苏丁说。

阿普鲁巴的脸涨得通红，愤愤不平地插嘴道："你以为我们的统治者不比纳粹残忍、无情吗？"

"人类历史上还没有比纳粹暴行更野蛮的行为。"苏丁说，语调突然拉高了几分，"还有什么比无差别地消灭数个世纪来形成的整个民族更加冷酷的，仅仅因为他们是犹太人？"[11]一船船犹太人和沙希德·苏拉瓦底一样抵达加尔各答，脸上带着极其疲惫的表情。[12]"我会带你去城里见一个人，一位热爱和平、相当有涵养的先生。他完全和政治无关，唯一的奢侈爱好便是收集艺术品。他们没收了他的全部画作，逼他穷困潦倒地离开了德国！还有什么比这更野蛮的？"

"你根本不知道我们那'文明'的统治者都怎么折磨吉大港起义（Chittagong uprising）的革命者。"阿普鲁巴激动地说，"他们才是真的野蛮——你知道他们绑起被捕者的双手双脚，往他们身体里塞辣椒时笑得多欢吗？你听过一个个村庄里，无论老少，无论是人是动物，都被关在屋子里活活烧死吗？"

"不管你怎么说，我在谈的是整个民族被连根拔起，背井离乡。"[13]

无论苏丁对加尔各答的现状有多绝望，他实在无法想象比驱逐更悲惨的命运。诚然，英国人是群迟钝的傻子。允许印度自治会让他们损失什么呢？完全没有。可现在，他打从心底里担心真纳对孟加拉的考虑和安排。他希望甘地再次呼吁的非暴力不合作运动能够连根除去穆斯林联盟。经挑选的个别人士站上法庭，发表煽动性言论，使法庭作出逮捕的决定。尼赫鲁是首批被捕人士之一。他刚开始长达四年的刑期。

"马德拉斯的穆斯林正参与不合作运动。"苏丁说。能让穆斯林团结起来就表示有希望。

"甘地早晚会丧失勇气的。"穆克吉预言。[14]他的不少共产党同志也签署了非暴力不合作请愿书，到头来只是向外界展示甘地的非暴力策略缺乏权威性。[15]穆斯林也许是出于同样考虑。

苏丁从可靠信源处得知，德国在入侵英格兰前会先向它施加更大的经济压力。他祈祷英格兰能够顶住。

"很难把英格兰从它的帝国和遍布全世界的无限资源中分离出来。"穆克吉回答道，尽管他也非常佩服英格兰能够在闪电战三个月后仍屹立不倒。[16]

下沃顿庄园（Nether Worton House），沃顿（Worton），牛津郡（Oxfordshire），1941 年春天

初看袖珍立体镜，它仿佛一副立在小桌子上的金属眼镜，但不同于眼镜，它有四条腿。两个圆形开口处装配着放大镜，凹槽处是鼻托。将设备放在平整的桌面上，下面放一组照片。相片判读员弓着身子，透过放大镜，用双手调整照片，直到两张拍摄角度稍有不同的照片在镜头下融合，呈现出三维画面。

现在，让我们退后一步，想象面前有一台规模更大的立体镜，它的镜片的放大倍率大大超出现有技术水平，这样才能让伦敦和加尔各答的人们看到相同的战争场景。这需要在两座城市拍摄大量战争时期的照片，再把它们放在立体镜下合成三维图像。1941 年春天，迈克尔·斯彭德的舅舅乔治·欧内斯特·

舒斯特议员也曾有过相似的想法。

当时，印度财政部前部长正沉浸于完成他的大部头作品《印度和民主》（*India and Democracy*）。《泰晤士报》和《观察家》均刊登了他撰写的如何打破印度总督和议会僵局的社论。他的提议针对的即是印度和英国所持的不同看法和立场。他建议邀请印度代表访问伦敦，亲眼见证英国人在闪电战中所激发出的勇气和精神。这样他便可以和乔治·舒斯特站在同样的角度，看待英国人和他们为战争所作的努力，如此一来，这位印度代表也许可以更好地向印度传达英国的形象以及它所代表的一切，它们都是值得奋斗的。

英国代表什么？如今，伦敦的优雅街道被夷为平地，完全超过慕尼黑协定所带来的耻辱。在信息部看来，一场空袭是对喜欢质疑大英帝国合法性的美国代表的最好宣传。[17]两年前，那些去柏林的特使认为，德国总理对奥地利和捷克斯洛伐克的处置谈不上完全缺乏合法性。还有那些政客提议"物物交换"，用这里的法国殖民地换那里的葡萄牙殖民地，之后照样做生意。他们从未受到过谴责。丘吉尔是位风云人物。要是印度明白这点就好了。

丘吉尔任命林利斯戈为印度总督后，曾有脾气古怪的下议院后座议员（backbencher）表示反对——据说现在他的政治生涯已经完蛋了。这位议员称，在他看来，在国大党和穆斯林联盟之间创造沟通途径的任何努力"都让人极度反感"。[18]当时，温斯顿·丘吉尔还没决定如何处置印度。现在，他开始着手此事，而且认为向印度承诺其享有英联邦国家地位，应该无限期推迟。"正如您自己所说的"，埃默里提醒他，英国对印度政策的基础是要坚持"让它的内部保持分裂，而非因为我们不愿意

236

交出权力，阻止了印度实现他们所'设定的目标'"。埃默里向他保证会坚持这一点。[19]

但是，英国没能守住这条线。《时代》周刊（*Time*）公开表达了质疑。《纽约每日新闻》（*New York Daily News*）正在讨论"帝国主义的剥削"，并把甘地塑造为"印度最伟大的人"。埃莉诺·罗斯福（Eleanor Roosevelt）正向丈夫吹耳边风，而她的一位记者朋友则认识甘地。随后，罗斯福的国务卿向英国大使施压，要他明确印度在"国际伙伴关系"中处于什么位置。[20] 大使又开始老生常谈，再次提到了印度教徒和穆斯林之间的僵局。

乔治·舒斯特爵士以前从不关心食盐价格对孟加拉农民的影响，现在却更同情印度的困境了。他认为，英国理所当然地从印度拿走了太多东西。他彻夜难眠，思考该如何调动印度人的精神。他想象尼赫鲁和甘地在成千上万民众前发表演讲的画面，它们激发了当地人对战争的激情。"这将多么鼓舞人心！"[21]

除了印度的精神财富外，还有一个更加紧迫的问题——物资分配。乔治当时负责战时生产，这非常重要，没人比他更清楚印度可以发挥的关键作用。印度可以借此成为民主国家的弹药库，跻身于工业强国行列，成为重要的工业生产力量，他敢说，它的地位将不输给任何英联邦国家，甚至不输给英国。战争爆发两年来，印度的总支出仅增加了30%，简直不忍直视。乔治舅舅是从埃默里处听说这一数据的。[22] 印度拥有世界上品质最高的铁矿石，可工业总产值尚不足美国的1%。制造汽车和飞机仍是遥远的梦想，连无线电装备和电力设备也要依靠进口。[23] "印度可以作出更大贡献，现在还远远不够，难道有人已经知足了吗？"乔治爵士反问道。[24]问题究竟出在哪里？美国人也存在同样的困惑，并派出一位工业巨头去寻找答案。

约翰·奥登一边穿梭在印度次大陆各地，撰写关于水力发电项目的可行性报告，一边懊悔没能入选英国皇家空军。印度地质调查局局长撰写了一份机密备忘录，建议在煤炭发电站附近造钢铁厂，比如拉尼甘杰便是选择之一。而且，如果能连上现有的水库，水力发电站就可以利用从喜马拉雅山脉奔涌下来的河水发电，大大降低电价。[25]约翰想象战后继续为印度工作，但为了全面提升印度工业实力而建造的基础设施，则纯粹出于帝国的利益，而非考虑印度的国防和福祉。

乔治爵士提出了一个敏感的问题：大展拳脚的印度是否会让英国的工业利益集团感到恐惧？他很清楚他们肯定会担心。负责生产飞机的业界大亨便怀疑埃默里正在谋划制造"巴布"飞机。[26]乔治爵士辩称，英国现在可是在为生存而战，必须让议会明白英国参战的目的和印度的愿景完全一致。只有一个人能邀请印度成为平等的合作伙伴。只有一个人能说服尼赫鲁和甘地，让他们相信英国的真诚。温斯顿·丘吉尔的演讲对印度所产生的影响力，绝不会亚于他调动的国内士气。

"他只要讲出事实就好，"乔治爵士恳求道，"危险之迫切性的事实——这是我们的战争，也是印度的战争——这将成为印度巨大机遇的事实——英国人民希望看到印度抓住机遇提升其地位，继而成为英联邦国家中最强大的伙伴之一——战争结束后，如今的英联邦也许会进一步扩大，成为自由民族的大家庭。"[27]

哈兹拉路 49C，巴利根戈，加尔各答，
1941 年 3 月 18 日

苏丁和普罗泰普·邦纳吉讨论正酣时，明妮·邦纳吉和罗伊夫妇来了。[28] 人人都起身向他们致意。罗伊胡子拉碴，衣衫不整，似乎相当长时间没去理发店了。最近的人身攻击显然让他不好受。

罗伊在巴黎沦陷后也改变了立场。中立已经不再是选项之一。他呼吁议会无条件地加入全球反法西斯总动员。由于这一表态，他被嘲笑为英国的走狗，被骂为叛徒、卖国贼。尼赫鲁中止了他今后一年的议员资格。[29] "我还要怎样才能更爱国？"他愤怒地回应，"怎样才能表现得更像个自由战士？主动给温斯顿·丘吉尔递铲子，让他亲自为大英帝国掘坟吗？"他据理力争，强调这是一场消耗战。英格兰有机会取胜，但大英帝国不可能继续存在下去。[30] 没人听他说话。他离开得太久了。

苏丁问罗伊，德国人是否在用从犹太人处查抄的财产购买原材料，以维持战争。罗伊的妻子插话了，她认为伦敦的银行在战争前提供的贷款足够让德国囤积原材料。

"我们多喝茶少说话吧，"她的丈夫打断她，"我们是来喝茶的。"罗伊夸小吃很美味，似乎在为自己的鲁莽感到抱歉。

秘密日记作者再次写道，伟大的革命家不打算和小人物进行任何严肃的讨论。不过，他很高兴有机会近距离地观察他。他随手画了人物漫画。只要再把罗伊的牙齿和乱蓬蓬的头发画得夸张点，就和他本人十分相似了。[31] 罗伊的太太转换了话题。

"我先生一点也不关心女人的外貌，几乎分不出女人之间的差别。"

"所以我们才成了好朋友。"明妮说完哈哈大笑起来。

苏丁从书架上抽出一本书，与此同时，邦纳吉家的另一位姐妹到了。

"别停，接着说。"安妮拉说。秘密日记作者觉得她和明妮一样，总说个不停。

"不如问问乔大叔（Uncle Joe）。"苏丁说完，示意安妮拉身边那位研究普希金的学者、斯大林主义者，当时，他正半躺在垫子上。

"还是问问罗莎·卢森堡（Rosa Luxemburg）吧。"乔大叔搪塞了，并暗示罗伊的太太是位德国犹太人。

"有什么好介意的，就因为罗伊在这里？"有人以非常不敬的语气说道。秘密日记作者尽量不去看罗伊是否听到了这句话，当时，安妮拉正坐在他身旁。罗伊告诉她，他曾两次尝试驯服熊仔，但它们每次都在笼子下挖洞，就这么逃跑了。 239

可他的故事还没讲完，诗人的地质学家哥哥就带着怀孕的太太来了。好吧，现在阿达上到处都是女人，他心想，突然感到有些烦躁。[32]据说，林赛·埃默森最近在电话里向明妮求婚了。接受求婚后，明妮才问："那么请问您是谁呢？"[33]秘密日记作者暗自寻思，现在只剩下安妮拉了，快点嫁给她的普希金学者吧。如此一来，邦纳吉家四姐妹中就有三个嫁给英国人了。谢拉·奥登首先引领了这股"潮流"。之后，宝宝们就该相继出生了。

1939 年 11 月，谢拉·奥登打算回孟买时，约翰才考虑娶她。她的展览大获成功，收到了无数富人和有教养的帕西人发出的聚会邀请。其中一场舞会是由准男爵招待的，还有一场晚宴的主人是塔塔家族（Tata family）的实业家。约翰担心她可能会遇见乃至嫁给有钱的帕西人。他们在圣诞节之后订了婚，1940 年 2 月结婚。

约翰写信告诉母亲要娶谢拉·邦纳吉时，母亲的反应十分平静，让约翰以为她肯定没弄明白这件事。他又写了一封信。"我很清楚谢拉是印度人。"[34] 康斯坦斯·罗莎莉（Constance Rosalie）在回信中写道，如今时过境迁，人们的态度已经发生了很大转变。虽然得知邦纳吉拥有高等的"婆罗门"（Brahmins）种姓时，她很高兴，可依旧希望邦纳吉能皈依天主教。至于孩子，她认为有孩子比没孩子好，不过，这是他们两人的选择。他们的孩子在 5 月出生。康斯坦斯·罗莎莉收到孙女的照片后不久，便在睡梦中与世长辞了。

谈话变得有一搭没一搭时，明妮说起了她的观察："自从我来阿达后，其他人就越来越少了。"她说得没错。阿达的情况不复往日。把这怪罪到女人身上的，不止秘密日记作者一人。

"也许我不该来了。"明妮故意刺激在场的人。人们陷入了沉默。

秘密日记作者终于殷勤地开口道："我们还是认为质量比数量重要。"[35]

那段时间，拉宾德拉纳特·泰戈尔刚去世，某种神秘的联系仿佛把"相识"阿达、泰戈尔和孟加拉的命运捆绑到了一起。苏丁在筹备《相识》的诗歌纪念文集，所有人都参与了创作。让人意外的是苏丁竟然称赞了穆克吉，说许多人钦佩他的口才，认为他是孟加拉唯一的希望。穆克吉完全没把这件事放在心上。[36] 苏丁在私底下相信世界已经失控了，局面太戏剧化，连共产主义对此也束手无策。他告诉约翰，这个时代仿佛想发动一场宇宙级别的大破坏，就如地质记录中的大灭绝一样。[37] 尼赫鲁被监禁了，甘地的非暴力不合作运动迅速瓦解，穆斯林联盟的势力在侯赛因·沙希德·苏拉瓦底的领导下重新抬头，孟加拉似乎不可能完好无损地从战争中幸存。

沙希德·苏拉瓦底是阿达上的穆斯林之一。他赞同苏丁的想法，希望旁遮普省和孟加拉省的穆斯林领袖能够打乱真纳号召建立巴基斯坦的计划。如果可以说服这两个省的大部分穆斯林的话，真纳的计划便无法实施。[38] 目前看来，这似乎还只是他弟弟的一厢情愿。

苏丁指责沙希德·苏拉瓦底在积极操纵和利用穆斯林对现实的不满，以维系他苟延残喘的政治生涯，并加强穆斯林联盟对孟加拉的控制。英国商人也在煽动和资助穆斯林的叛乱，他们向沙希德提供了资金支持。[39] 英国政府高层任命他出任关键职位。人们不会忘记这一历史：1905 年，总督寇松曾为实现孟加拉的分治，用 10 万英镑贷款收买了达卡（Dacca）一位德高望重的穆斯林。[40]

真纳的巴基斯坦梦似乎开始变得触手可及。[41]

"印度不是只有孟加拉和旁遮普才有穆斯林。"苏丁抗议道。到处都有穆斯林。"整个概念完全不切实际。"真纳以为这两个省都是他自己的吗？最后会是什么样子呢？孟加拉和旁遮普相距 1000 多英里远。他担心真纳打算通过挑起印度教徒和穆斯林之间的内战，来达到他的目的。这个人绝不会向任何人妥协的，苏丁说，不管是总督还是甘地。

"也许只有共产主义才能让我们团结起来。"另一个穆斯林说，他看起来相当沮丧。

241　　　"如果印度想发展为工业强国而不是农业国家的话，"苏丁说，"说不定社会主义还有机会。"穆克吉一言不发。

　　有人提起了苏巴斯·鲍斯的名字，人人都想知道他现在躲在哪里。假装生病获得保释后，他成功逃脱了软禁。阿达上的每个人都在猜想。有人说他伪装成锡克教徒，目前在日本训练军队，以便日后反攻印度。提到日本，秘密日记作者开口了。

　　"我们公司比以前更重视向日本出口锰和铁了。"[42] 这是他得以幸存的日记中留下的最后一句话。

　　1941 年 3 月 18 日，加尔各答至少还有一家公司在向日本出售锰和铁。人们相信日本将成为中国的心头大患。连孟加拉的地方长官也弄不明白日本的打算。[43] 印度最优秀的部队正在北非与德国人作战，还有一部分部队被困在兴都库什山脉（Hindu Kush）的山脚下，等待迎击苏联人，帝国真正要面临的威胁尚未露出它的全部面目。

　　　哈蒂巴甘，康沃利斯街 129 号，加尔各答，
　　　1941 年 12 月 23 日

　　时年 39 岁的苏丁已经不适合于服兵役，所以他加入了空袭防御组织（Air Raid Precautions，ARP），担任副主管。他把阿达留给了共产党员，也暂停了《相识》的编辑工作。由于苏丁不办阿达了，所以闪电战在 5 月突然结束时没人留意到苏肖本·萨卡尔的观点——其实希特勒并不打算入侵英国。6 月 22 日，德意志国防军突然向莫斯科进军，当时没人问穆克吉斯大林是否还打算拯救印度。事态发展得非常迅速，人们还没摸清

头脑时，印度总督就取消了对共产党的禁令，穆克吉开始号召人们支持同盟国、对抗法西斯分子。人民阵线名存实亡，甘地和国大党再次代表了资产阶级——"巴布"——的声音。

没人曾记下 1941 年 8 月 7 日拉宾德拉纳特·泰戈尔去世时，苏丁的感想。随着在欧洲中心上演的野蛮行径不断被突破底线，泰戈尔也失去了信心。他在去世前曾愤怒地说出了自己的想法，而苏丁则早就找不到合适的语言了。

"我曾经希望英国的领袖们——虽然他们对我们的苦难无动于衷，而且忘记了他们对印度的神圣责任——最终能够在自身面临巨大考验时，重新认识我们为之奋斗的事业的正义和人道。"泰戈尔在给福斯·韦斯科特牧师的信中写道："我非常非常难过，充满希望的日子离它实现的那天越来越远了。"44

1941 年底，苏丁搬回哈蒂巴甘的大家族，全身心投入空袭防御组织的工作中。那时，英国才被迫意识到自己需要捍卫整个帝国。12 月 10 日，20 架轻型轰炸机全体出动，迎击日军从马来亚发起的进攻，这次进攻导致战舰"反击"号（Repulse）和"威尔士亲王"号（Prince of Wales）遇袭，它们和近 10 万吨商船一同沉入了中国的南海。45 两个星期后，仰光（Rangoon）被轰炸，大批难民涌入加尔各答。圣诞节当天，香港宣布投降。

"（如果印度）被攻击，而且没有任何必需品和防御装备，必将造成灾难性的政治影响。"早在四个月前，新上任的印度军队总司令就这样提醒过丘吉尔。他的继任者要求调拨坦克，至少能够组建一个装甲师，可首相不同意，还反问道："你怎么知道他们不会调头往反方向开炮？"46 相反，两百万英国士兵被派往印度，他们不是为了保卫国家，而是去维持当地的法律和秩序。

242

在 1940 年的"八月提案"公布整整一年后，罗斯福和丘吉尔签署了《大西洋宪章》（Atlantic Charter）。其中，第三条的第二句写道："希望曾经被武力剥夺了主权和自治权的民族，能够重新获得主权和自治权。"罗斯福和丘吉尔指的是被轴心国占领的国家，可印度人不是这样诠释《大西洋宪章》的。珍珠港被偷袭后，罗斯福亲自向丘吉尔提到该如何处置印度，正如利奥·埃默里所料——丘吉尔大发了一通脾气。[47]埃默里在日记中写道，只要提到印度，首相"真的像变了个人似的"[48]。罗斯福让步了。

不过，《大西洋宪章》能否用来解决印度的问题依旧是个争议点。年底，丘吉尔在下议院发表演讲时的说法，很难让印度人民保持冷静："身为国王的首席大臣，我从没打算过要清算大英帝国的资产。"第二天早晨，战争内阁的全体成员在丘吉尔的愤怒咆哮中低下头，因为总理绝对无法接受"世界上继德国之后最心狠手辣的人"可能被踢出印度的屈辱下场。[49]他指的不是日本。

数月的局势动荡中，苏丁勤勤恳恳地修建防空洞，处理空袭防御组织的事务，彻底从人们的视线中消失了。即使有时他心情不错，身边的朋友也很难接近他，他的真实感受总隐藏在一抹温暖但神秘的微笑之后。他挚爱的父亲去世时，哈蒂巴甘的豪宅挤满了哭哭啼啼的女人，这抹微笑加上深蓝色的 ARP 制服，让他显得更加疏离了。[50]约翰·奥登曾问起他的悲伤，苏丁没有回答。他侵犯了他的隐私吗？他的努力是不是还不足够突破他的心防？

他没有再问过这件事。

下沃顿庄园，沃顿，牛津郡，

1941 年晚些时候

张伯伦执政期间，尽管威斯坦·奥登和克里斯托弗·伊舍伍德为离开英格兰找到了合理借口，但他们没能在闪电战时赶回来，确实让他们错失了机会。[51]至少这是斯蒂芬·斯彭德的观点。他现在认为："我们就在我们应该在的地方，因为我们相信我们所相信的。"[52]可是，迈克尔拒绝推荐他出任海军情报机构的某要职，反而要他加入民防部队（Civil Defence Corps），还要他完全放弃与共产党相关的工作，他为此气得要命。他为什么要屈从"外面的大众生活"的"庸俗要求"呢?[53]在他看来，保持原地不动才需要足够的勇气。

斯蒂芬最后还是妥协了，他加入了消防局。他的主要工作是待在闷热的娱乐室，那里的无线电总在播 BBC 的休闲节目。[54]他坚持了 5 个月，才被调去负责组织公民小组讨论。他彻底放弃了欧洲主义（Europeanisms）立场，转而认为"作为英国人"便是种美德，虽然这种想法带有种族优越感。威斯坦批评他越来越像他的父亲，更糟糕的是，他可能会成为他舅舅的翻版。[55]

如同他的外甥一样，乔治舅舅也热切地渴望传达他在英格兰重新发现的美德。尽管如此，在东方国家经历动乱之际，乔治·舒斯特撰写的《印度与民主》没能引起多少关注。由于日本的下一个目标肯定是印度，所以林利斯戈认为政府不适合大力宣传乔治·舒斯特的新书。乔治爵士询问英国驻华盛顿大使可以做些什么来改善书在美国的销量，他没有得到任何回应。

印度事务大臣尽了全力。埃默里给宣传部（Propaganda Ministry）寄了 20 本《印度与民主》。他所在的部门为自己和殖

民地办公室（Colonial Office）购买了 426 本。由于书太厚，需
要对结论作简单明了的摘要。有人建议结论最好能这样传达：
有责任心的英国公务员真心希望印度能够成功，唯一的问题是
寻找到合适的方法和途径。林利斯戈认为这种说法愚蠢透顶。[56]

为了使英格兰和印度的关系看起来更讨喜，乔治爵士在
《印度与民主》的结论章节作了最后的努力，即虚构了他和一
位印度代表的对话。

"我认为，你说这些已经太晚了。"印度人坦率地告诉他，
"我们不会再相信你了。你的提案没法给我们一个完全自治的
政府，却还要我们相信英国终有一天会妥协。"

"当然，我们犯了许多错误，"乔治舅舅避免正面回应对方
的说法，"而且错过了许多机会，可犯错的不只是我们……想
要逃避责任时总能拿'太晚'来当借口。"

245 "你这么说就想得太简单了。"[57]印度人回答。

没有任何实质性进展。

战争不同于在山峰立界石碑。它没有固定点，也无法找到
观测它的固定方位。甚至，人们在桌上铺开的地图中也看不到
它。他们的视线总来自山顶。他们已经在地图上标注了煤矿和
钢铁厂、油田和机场的位置。他们只要动一动手指便可以召集
100 万人，调动 100 万吨谷物。世界各地的情报网络为他们送
来决策所需的情报。他们书写的历史，或他们作为主角的历史，
将在地图上重现冲突，展现权力的此消彼长。所有这些都会影
响战争这幅地图本身。历史就这样抹去了数百万无名者，他们
的生命仿佛无法由自己掌控的潮汐，甚至找不到一个浅浅的坟
墓，来纪念他们曾经存在过。

苏丁·达塔是乔治·舒斯特想象中的印度代表吗？他永远无法以舒斯特期待的方式来审视战争。每当苏丁沉浸在西方著作或观点中时，他总在担心出卖自己作为一个人的某些非常根本的东西。无论他多么为自己身为印度人感到骄傲，无论他多么重视孟加拉文学和印度哲学的传统，每当他尝试用印度的方式思考时，他总无法摆脱西方的思维模式。

法国沦陷后，苏丁便再也找不到合适的语言了。以前，他的散文简洁、充满激情，如今却像是外国人在用第二外语或第三外语写作。[58]他不再认同父亲的信念，即孟加拉可以通过和英国思想联姻而得到重生。在他情绪最低落的时候，他怀疑在他那融合了东西方思维的头脑中，存在着某种非常不稳定的东西。[59]

还有，他的婚姻彻底走入了僵局。苏丁无法过日常的家庭生活，因为他从来没有全心全意地投入过。[60]他永远找不到那个美妙的位置，在那里，从两种视角观看到的同一座山的景色能够融为一体。

17 无尽的悲伤

在第一次世界大战中，6.4万名印度士兵为捍卫大英帝国而丧生。他们的装备、武器和服役所需的一切花费，均由印度财政部负担，为了一个甚至连战争发生在其边界上的人都不清楚的原因。印度免除了英国1亿英镑的战争债务，直接引发了延续至1930年代的财政危机。[1]1940年代，英国勉强同意负担派遣印度士兵去海外作战和向海外输送军用物资的庞大军费。不难想象，假以时日，情况会从印度向英国欠债转变为英国向印度欠债。到那时，战争拖得越久，债务便越庞大。

温斯顿·丘吉尔非常讨厌英国政府欠印度东西的想法。当印度不再是"皇冠上的明珠"时，她就成了"我们小小岛国的肩膀上"[2]背负的十字架。印度事务大臣利奥·埃默里告诉丘吉尔，中止英镑债务膨胀的唯一方法便是停止派遣印度士兵。战争高峰时期，印度军队每月要招募五万多名士兵。[3]林利斯戈侯爵形容为：250万印度兵最终将遍及非洲、远东、缅甸、马来亚和欧洲，成为"历史上规模最大的志愿军"[4]，仿佛他们眼见波兰人的自由被践踏而咬牙切齿地主动参战似的。

让乔治·舒斯特感到欣慰的是，印度在输出大量士兵的同时，也制造了一船船靴子和毯子、数百万吨用来做沙袋和生产制服、帐篷、降落伞的黄麻纤维，还运输了铁、钢、煤炭和木材。在突然得到了美国的资助后，他们甚至开始生产"巴布飞机"。在孟加拉和比哈尔邦，两百多个机场取代了农田。[5]尼赫鲁在监狱的院子里打理蔬菜时，印度的各个阶层——从最富有的帕西人到弹药工厂里最底层的工人——都被调动了起来。这并非表明他们都支持同盟国，实际上，这是更简单的算计：赚钱。[6]英国对印度的债务开始上升。

即便如此，这对英国还是有好处的，毕竟要等战争结束后才会算账。[7]在此之前，印度和他们一样无法阻止资金外流。由于印度总督没能采取有效的措施来资助战争，因此，他的政府只能不停地印钱。战争前，市面上流通着约30亿卢比；到战争结束时，这个数字膨胀到了220亿。[8]这比总理和印度总督搞的任何阴谋都更能决定谁在战争中笑到最后。对此，孟加拉体会最深。

情报局（Intelligence Bureau）的记录，内政部（Home Dept.），从新德里发往政治保安处，加尔各答，1942年3月12日

"最近，自称'自由印度'（Freedom India）的新电台开始用印度斯坦语广播，频率为9400 KC/S，印度斯坦语的播送时间为英国夏令时（BST）16：00至16：15，英语的播送时间为英国夏令时16：15至16：30。广播站位于德累斯顿以南约75英里处。如能就本台广播在贵国管辖范围内的效果做报告，本局将不胜感激。"

"使用侮辱性语言攻击英国人，并经常将他们描述成'狗崽子'或'豺狼'。控诉英国对印度犯下的所谓恐怖罪行；歌颂轴心国；煽动印度人通过造反来摆脱身上的枷锁。"

　　政治保安处的回复，

　　辛哈路，加尔各答

　　"电台对听众的影响不错，因为他们……说很多脏话。无法获取其他名为'自由印度'或'自由印度临时政府'（Azad Hind）① 电台的情报。"⁹

248　　波特莫尔疗养院（Portmore Nursing Home），西姆拉，1942 年 8 月 8 日

　　谢拉·奥登在德里拜访朋友时，英国高层再次努力尝试打破总督和议会之间的僵局。那是一场相当盛大的演出。在新加坡和缅甸沦陷后不久的 1942 年 3 月，斯塔福德·克里普斯爵士（Sir Stafford Cripps）抵达德里，他带来了英国政府给议会领袖的新提案。

　　克里普斯到印度之时，日本海军上将南云忠一（Chuichi Nagumo）② 的舰队恰好出现在孟加拉湾，后者在 4 个月前刚率军成功偷袭了珍珠港。世界各国媒体在报道克里普斯的动向时纷纷打赌——谁将先踏上印度的土地，手持文书的克里普斯，还是日本的零式战机？¹⁰印度大门敞开，全国没有一辆装甲车或坦克，也没有一架轰炸机或战斗机。当王公贵族和政客云集在德里各取所需时，孟加拉却笼罩在空袭和日军登陆的阴影中。

----

① 1943 年 10 月，日本扶持鲍斯在新加坡组建"自由印度临时政府"，鲍斯担任国家主席、总理、国防部长兼外交部长；之后，还组织了四万余人的"印度国民军"（INA），并对英国和美国宣战。——译者注

② 日本发动太平洋战争时的联合舰队第一航空舰队司令官，曾率领舰队参与偷袭珍珠港及中途岛海战。——译者注

她那绵长的海岸线更适合信鸽飞翔，而非停泊战舰。[11]

谢拉从德里给约翰写了信，每个人都兴奋极了。[12]

外国媒体率先留意到，在他们接触的英国人中，很少人亲眼见过真纳、尼赫鲁或甘地。他们觉得很奇怪，在长达三个星期的谈判中，竟然没有一位议会领袖可以直接和真纳对话。有记者写道，这就像一场捉迷藏游戏。[13]罗斯福的特使也被拉入谈判——他原本被派来协助印度经济完成军事化，可他只看到克里普斯被各式诡计和狡辩耍得团团转。很显然，丘吉尔只是在利用他。[14]

尘埃落定后，谢拉在信中告诉约翰，"每个人都对克里普斯的提案非常失望"。此后，她便坚决拒绝看报纸。为了她肚子里的孩子，她的女儿安妮塔（Anita），她觉得最好保持冷静和沉着，因此甚至连报纸大标题也不看。她感到很欣慰，因为约翰和苏丁、苏肖本、沙希德、明妮都在加尔各答。如此一来，她还可以有社交。[15]物价引发了人们的公愤。生活费飙升至400%。[16]明妮已经彻底破产了。

可怜的明妮。新加坡沦陷后，她便再也没收到过林赛的消息，还因为读到了太多关于日本暴行的报道而焦虑不安。谢拉明白，在欧洲人手下长年饱受羞辱，也许会滋长疯狂的仇恨。她坦率地承认，眼看着昔日高傲地凌驾于他人的人，现在成为被羞辱的对象，有多么痛快。[17]她没有为此而自豪，可事实就是如此。约翰认为孩子出生前她最好别回加尔各答，所以谢拉便前往西姆拉，等待她第二个孩子的降生。少了埃莉诺·辛克莱的陪伴，避暑地的生活肯定非常寂寞。

谢拉是在苏丁举办的单人喜剧表演和酒会上认识辛巴达·辛克莱夫妇的。那天晚上，查比也罕见地现身了。她安静地摆

249

弄着盘子里的虾和咖喱鸡，还有配红辣椒的、炸得像小气球的普里小麦饼（puris）。她的客人们在她身边喝着、聊着、吃着时，查比却站得像一幅亚米尼·罗伊的肖像画。埃莉诺独自坐着观察她，就在这时，谢拉挺着大肚子向她询问关于婴儿的各种建议，当时，安妮塔就快出生了。她们一直聊到凌晨两点。第二天一早，埃莉诺又带着一辆旧婴儿车来谢拉的公寓，请求谢拉收下。奥登夫妇开始去辛克莱家做客，享受美味的奶油里脊和巧克力布丁，或一起去沙希德·苏拉瓦底家打羽毛球和网球。

他们的公寓在西姆拉贾库山（Jakhu Hill）的山脚下。他们在家里挂起手织的帘子，谢拉在客厅的墙壁画了芭蕾舞者的像。猴子会偷偷地从窗口溜进来，虏走桌子上宝贵的水果，还吓坏了孩子们。他们像自我折磨一样追忆起在南京饭馆（Nanking restaurant）喝过的蟹汤，吃过的糖醋排骨、炸虾，还有早餐时的罐装水果、奶油和火腿鸡蛋，而不是现在吃的黏糊糊的东西。西姆拉的食物让人难以下咽。[18]之后，雨季便来了。

每次，邻居家的无线电里传来《我会等待》（J'attendrai）①的音乐，谢拉都会怀念起那些夜晚，那时，她和约翰一走进菲尔波餐厅，管弦乐队便会演奏这首歌。可音乐节目结束后，总会播出苏巴斯·钱德拉糊弄听众的讲话，他宣称轴心国在前线战无不胜，英国即将毁灭，印度很快就会获得自由。谢拉总会在此时默默地走出房间。可是，比起从缅甸跋涉 900 英里逃命而来的难民，战争离他们仿佛有 100 万英里般遥远。实际上，在婴儿出生的第二天晚上，约翰都在等消息。他没有收到谢拉

250

---

① 法国的流行歌曲，最早由莉娜·凯蒂于 1938 年录制，是第二次世界大战期间最流行的歌曲之一。——译者注

发来的任何速达电报。他写信时快疯了。[19]

"要么解放印度，要么马上去死。我们不会再眼睁睁地看着奴隶制持续下去了。"甘地在面对不断逼近的警察时这样说。就在几天后，谢拉为分娩住进了波特莫尔疗养院。甘地发动的最后一场大型群众抗议——"退出印度"运动——开始了。作为回应，林利斯戈宣布"缓和期"到此结束，议会将被解散。[20]谢拉生孩子时，加尔各答的和平示威遭到了警棍和催泪弹的驱逐。暴徒横扫康沃利斯街，先用砖块袭击有轨电车，再将它付之一炬，街边的煤气表和电表亦未能幸免。发动暴乱的人们被枪击。国大党成员被成千上万的人包围着，然后被囚禁至秘密地点。约翰·奥登在等待第二个孩子出生的消息时，谢拉听着雨点打在铁皮屋顶上震耳欲聋的声音，大桥被炸毁，铁路轨道被破坏，电报和电话线路被切断。"骚乱的典型特征之一，"一位困惑的社论作者写道，"便是邮局和邮筒遭到破坏。"[21]

利奥·埃默里引用"秘密证据"来谴责尼赫鲁和他身边的歹毒分子破坏帝国运作的行为，全印广播电台（All-India Radio）都重播了这次讲话。[22]总督林利斯戈也抨击议会操纵"爆炸事件和其他恐怖主义行径"。[23]加尔各答的政治保安处突袭了一名告密者，该人士供出了苏巴斯·鲍斯的"第五纵队"和甘地之间如何通信的细节。被审问时，他承认消息来自拥有神秘力量的哲人（swami），不过政治保安处并不相信他的话。[24]

苏巴斯在广播中暗示，破坏活动不是由被囚禁的国大党领袖教唆的，而是BBC东部频道（BBC Eastern Service）。[25]鲍斯对乔治·奥威尔的广播关注密切——正如奥威尔关注他那样，因此，曾听奥威尔谈起过"未加制止的破坏"将对德国的军事行动产生的影响。"朝关键位置痛击数下就可以让发电站瘫痪。

251 故意拉错信号杆就可以撞毁火车。小小的爆炸就能让船沉没。"[26]鲍斯曾不怀好意地这样暗示，印度的破坏分子也许采纳了他的建议。他们确实如此。面对警察的暴行，梅迪尼普尔的叛乱者发起了长达两年的暗杀、破坏和敲诈勒索行动。

谢拉不清楚各地暴乱横行，又给约翰发了一份电报，并一封接一封地给他写信。她不想给孩子取名为莉拉（Lila），因为总让她想起自命不凡的莉拉·高希（Lila Ghosh），而且等她上学肯定会被人叫作莉莉（Lily），这实在太糟了。埃莉诺建议可以给孩子取名为罗米拉（Romila）。约翰能问问苏丁这个名字有什么含义吗？苏丁多次答应夏天会来看她，可总拿空袭防御组织的工作当借口。她很希望有人来探望她。西姆拉到处是女人，健康的男性难得一见。那里唯一的男人是在缅甸丛林里染上过致命疾病的康复者。[27]

谢拉承认对印度越来越忠诚，这是她从未有过的感受。她知道自己的混血女儿们将来可能会看到她祖国的某些缺点。她希望女孩们可以既爱印度又爱英格兰，还要有足够丰富的阅历来看清两者的不足之处。她猜测这场狂风暴雨之后，结局想必是"日本人入侵，再见吧孟加拉"。无论如何，埃莉诺快回德里了，到时只剩下她独自一人照顾襁褓中的婴儿和另一个稍大的女儿了。根本找不到女佣。约翰懊悔她又生了个女儿吗？可她却松了口气。混血男孩肯定会经历一段相当痛苦的日子。她希望到此为止，两个孩子足够了，别再对避孕含糊其词。对曾经担心自己不育的男人来说，他们做得还不坏。[28]

谢拉絮絮叨叨地写个没完。除了存钱然后在《政治家》刊登启事，她不知道还能做什么。她隐约感到了一种责任。

他们的大女儿出生时，约翰把明妮的留声机音量调到最大，播放了贝多芬的《第七交响曲》。当他终于收到第二个女儿出生的消息时，他再次播放了这首曲子。他相信，终有一天，女儿们会发现自己与众不同，继而尝试去理解她们身上所继承的东西的意义。她们会认为哪里才是故乡呢？肯定不是英格兰。印度呢，也未必。"黑人血统"的说法会给每个没能拥有纯正浅金色头发的人投下阴影。约翰担心种族傲慢将成为一种传染病毒，如同希特勒所宣扬的日耳曼民族最优秀的观念一样蛊惑人心。战败后，也许人们仍会认为德国作出了顽强抵抗，但爱复仇的盎格鲁-撒克逊人是否如此，约翰便没那么有把握了。[29]他不会再相信英国宣称自己代表和象征的任何精神。

在战争的最初几年，谢拉不停地搬家，她大多在不同的避暑地生活，以便约翰在印度各地奔走撰写工程报告时，她能离家人和朋友近些。她给女儿们裹紧毯子避寒，让她们睡在她的床上取暖，她则戴着手套给丈夫写满怀爱意的长信。谢拉喜欢重温他们刚恋爱时的时光——在黎明前坐飞机去桑德班斯（Sunderbans）看日出，跳舞到深夜。她吃了那么多杏仁水果蛋糕和菲尔波的巧克力！还有那么多牡蛎！她希望女儿们可以明白这些小小的奢侈。这多少能让她们的生活好过些。

谢拉当然知道，比起丈夫被派去沙漠和丛林的妻子们，她是幸运的。如果她明天就要死去，她十分确信人们将如此评价她的一生：这个女人一生没过过一天苦日子。[30]

苏巴斯·钱德拉·鲍斯，自由印度广播，
1942 年 8 月 17 日

"现在，全世界都看到英国扔掉了掩饰它铁拳的天鹅绒手套，以及它统治印度期间赤裸又无耻的暴行。在浓烟下，在警棍的重击下，在子弹的呼啸声中，在不停响起的枪声中，在伤者、垂死之人的愤怒反抗中——'四大自由①何在?'消息传遍了世界的每个角落——华盛顿却无动于衷。喘息片刻后，印度人再次质问：'清楚地表明了将保障每个国家拥有自己政府的《大西洋宪章》何在?'这次，唐宁街和白宫几乎同时作出回应：'《大西洋宪章》不适用于印度。'"[31]

253　　　　　　记录战争期间传闻的档案，1942 年，政治保安部，辛哈路，加尔各答

　　"驻海外士兵的信是由邮局代写的。在新加坡，一位英国高级官员被迫去拉坐着两个印度人的人力车。载满受伤平民的卡车从仰光的医院开到森林深处；轻伤者被要求离开，重伤者则被活活烧死。在仰光大撤退中，印度人不能坐汽船，只能被迫穿过到处埋伏着暴徒和土匪的丛林小道。数千人因为饥饿而失去了理智。"

　　"日本人很快会从桑德班斯渗透进来。日本军队正沿着缅甸撤离人员所经之路向吉大港进发。最近的空袭警报不是演习，而是真的空袭，真相被掩盖了，以防止惊慌失措的人们从加尔各答逃走。豪拉、巴利根戈都埋了炸药。日本人一旦入侵，就会点燃豪拉和锡尔达（Sealdah）火车站的引线。有人在火车站

---

　　①　美国总统弗兰克林·罗斯福于 1941 年在美国国会大厦发表演说时提出的"言论自由、信仰自由、免于贫困及免于恐惧的自由"。——译者注

的休息室听到一个欧洲人说，鲁道夫·赫斯①访问英格兰是为了谈联手摧毁苏联的计划。苏联战败后，他们就会宣布和平已经到来。据说，英国已经把印度当作抵押品让给了美国，赫斯现在是美国人了。"[32]

加尔各答的大街，1943 年

1942 年 9 月 5 日，美国国务院收到美国驻新德里使团（American Mission in New Delhi）发来的有关各地出现政治动乱的长电报。其中一段写道，印度各地的领事馆官员都反映了食物短缺。一个月后，横扫梅迪尼普尔和吉大港的飓风把农田夷为平地，导致 3 万人丧生。又过了一个月，飓风的消息才出现在加尔各答的大小报章。地方专员提到了上述地区在"退出印度"运动中扮演的核心角色，提议"考虑到他们犯下的政治恶行"，不妨推迟展开救援行动。飓风灾害的大部分死者其实都是冲出去保护庄稼的农民。[33]

飓风是导致饥荒的非人为因素之一，之后便是缅甸的沦陷，它长期以来都是孟加拉的粮仓。此外，孟加拉湾的梅迪尼普尔和其他粮食产区都施行了焦土政策（scorched‑earth policy）。[34] 所有可能落入日本人手中的当地交通工具悉数被毁。铁路轨道被破坏。[35]牛车被拆。2.5 万艘船被毁于一旦，粮食正是通过它们才从原产地被运往加尔各答各大市场的。[36]孟加拉的英国官员辩称，这种方式可以制止日本入侵加尔各答。

但是，日本可以选择空袭。1942 年 12 月 20 日起，零式战

254

---

① 鲁道夫·赫斯（Rudolph Hess, 1894－1987）：纳粹德国政治人物，1933 年至 1941 年任纳粹党副元首。——译者注

斗机发动了三次夜间空袭，导致近千名码头工人丧生，摧毁了大量关键设施。空袭引发了公众的恐慌。人力车夫、扫大街的清洁工、衣着体面光鲜的官僚贵族纷纷逃离加尔各答。英国人征用了所有交通工具，成群结队地从城市撤离，导致了食物供应进一步中断，苏丁和他在空袭防御组织的同事被迫自力更生。乌鸦、野猫、野狗争相翻找大街上的垃圾。1 月，战争内阁否决了林利斯戈要求额外运送 60 万吨小麦的请求，这些小麦被提议用来应付不停涌入加尔各答的士兵以及维持军需品的生产水平。[37]相反，到 1943 年 7 月时，总量达 7.1 万吨的粮食——足够四十万印度人吃一整年——被运往锡兰、波斯和南非。政府雇员和作战关键行业采购了大量粮食，不仅抬高了价格，还进一步减少了库存。

由于数千名国大党党员被捕，甘地发起的"退出印度"运动在四个月后宣告失败。印度总督拒绝接见甘地后，他宣布从 1943 年 2 月 8 日起绝食 21 天。战争内阁受到德军在阿拉曼（El Alamein）和斯大林格勒（Stalingrad）战败消息的鼓舞，认为甘地是死是活都不再重要。"这是我们在全世界各地赢得胜利的时刻，"丘吉尔指出，"而不是在一个可怜的老头子面前卑躬屈膝的时候。"就算总督委员会里那些"黑皮肤的人"威胁要辞职，就算人们不会允许甘地为自由而牺牲，那又有什么关系呢？[38]甘地最终活了下来。

255　　甘地开始绝食的那个星期，《时代》周刊的封面故事报道了印度粮食短缺的现实，讽刺利奥·埃默里在自欺欺人。[39]任何涉及粮食短缺的报道都是饥荒爆发的标志，必须采取严密的应对措施。第一步，宣布爆发饥荒。到 4 月，没有土地的农民开始陆续抵达加尔各答，郊区的火车站被挤得水泄不通——这是另一个标志。在豪拉大桥（Howrah Bridge）的两端和马坦公园的树下搭帐篷的人越来越多。街上一具尸体的验尸报告显示，死者的胃里都是野草。[40]有人认为，加尔各答大街上突然涌现了大量乞丐，是苏巴斯·鲍斯的"第五纵队"的阴谋。英国当局意识到日本不会入侵后，便开始相信到处都是"第五纵队"的人。

"很难相信他们都是自发来这里的。"政治安保处的一位官员写道，他发现乞丐们拥有惊人地相似的"职业技能"。[41]起初，城里的人们同情他们饥肠辘辘，可他们很快开始故意占据人行道，抱着大腿坐在路边。他们难道生来就有权利让别人讨厌自己吗？那位官员对士兵怎么控制他们的情绪感到非常好奇。如今，加尔各答已经成为抗日战争的行动基地和补给中心。到处都是军人，他们大手大脚地花钱，导致物价上涨，从而更加剧了食物短缺。上述官员建议通过颁布法令来关闭乔林希路，这样人们走路时可能会舒服点。

同月，英国分管印度事务的国务大臣（Secretary of State）非常惊讶地得知：林利斯戈竟然容许甘地给穆罕默德·真纳写信。真纳在被软禁期间曾公开谈论过总督和甘地之间的通信。真纳问，甘地为什么不写信给他？印度政府肯定不敢没收他的信。相当高明的圈套，而且林利斯戈正中下怀，埃默里心想。印度总督拦下了那封信，但只留了拷贝。还好他先把拷贝发往伦敦了，然后才打算寄出原件。

林利斯戈在收到伦敦的反馈后惊慌失措地去找原件，生怕它已经被寄出去了，还好他及时地追回了它。尽管如此，埃默里仍然震惊得目瞪口呆，林利斯戈竟然还在考虑这两人的会面。信中所写的内容完全无伤大雅，可最关键的是阻止双方对话。

256

印度总督从德里发出一封长电报，罗列了应该寄出那封信的理由，絮絮叨叨地说个没完。埃默里则全然不为所动。丘吉尔也从华盛顿发来电报表示赞同。埃默里从未如此激烈地反对过林利斯戈。他很好奇对方的反应。他希望对方能保持优雅。

林利斯戈现在开始质问，这封信和压下这封信的做法会被曝光吗？埃默里在电报中答复：这只会引发更多的狡辩。最好的做法是宣布因为煽动大规模群众运动而被逮捕的甘地，已经严重干扰到了印度的作战，而且，由于他至今仍不愿放弃他的斗争手段，所以他不能和真纳甚至其他任何人通信。[47]罗斯福最新派出的印度特使出身于贵族家庭，来自波士顿上流社会，他对英国政府的荒唐说法感到万分惊讶。政府声称，主要政党在孤立各方的情况下无法达成协议。[43]甚至，他也不被允许与甘地对话。

战争内阁为甘地的信件之争忙碌了三个星期。直到六个星期后，林利斯戈还在提这件事。双方相互发送了许多电报，留下了非常翔实的沟通记录。与此同时，孟加拉的饥荒却丝毫没有缓解的迹象。当总督还在为甘地的信是否该公之于众，或是否该出于礼貌告知真纳此事据理力争之际，沙希德·苏拉瓦底——如今他是穆斯林联盟在孟加拉的民用物资部部长——还在坚称粮食供应充足。当多位英国官员报告外界对甘地的信的反应之际，沙希德则在秘密讨论粮食采购一事。当林利斯戈在斟酌丘吉尔提出的对信件保密的要求，并因为甘地事件应对巧妙而受到赞扬之际，大米价格涨了600%。[44]到处都在疯抢和囤积物资。政府仍然没有宣布饥荒爆发了。

7月，加尔各答的人行道上尸体成排，孟加拉议会的成员要求沙希德宣布爆发了饥荒。他拒绝了。当再有救援人员恳求

他时，他勃然大怒，称饥荒谣言是反对派破坏穆斯林联盟政府 257
的阴谋。[45]无论沙希德去哪里，他的身边总跟着身材矮胖的阿普
鲁巴·昌达和一支由豪拉贫民窟打手组成的护卫队。阿普鲁巴
留意到，无论谁从沙希德身边经过，他都一副怀恨在心的
样子。[46]

同月，美国经济战委员会（Board of Economic Warfare）发
布报告称，除非马上进口大量食物，否则成千上万的印度人将
会挨饿。报告写道，印度人平均每天从食物中摄取 1000 卡路
里，可实际上，每人每天至少需要摄取 2000 卡路里，美国人和
英国人平均每天的摄取量甚至接近这个数字的两倍。[47]林利斯戈
仍然每天花 14 个小时匍匐在书桌前写信。他上次请求调拨粮食
被拒绝已经是 7 个月前的事了。终于，他再次要求增加粮食运
输。他在 7 月时写道："印度南部的一些地方和孟加拉开始出现
饥荒了。"他警告说，如果这次提出的 30 万吨粮食的要求不受
重视，他将不会为任何后果负责——好像现在的状况都和他无
关似的。[48]

到 8 月，一切为时已晚。多份报告称农民开始被迫卖孩子，
而且爆发了霍乱。[49]有人在康沃利斯街上发现了被野狗啃了一半
的孩子的尸体。[50]秃鹰在树枝、屋顶站成一排，随时等待下方死
去的东西。豺狼则没那么有耐心。[51]河堤淹没在大火之中，尸体
叠得像一堆堆烧焦的木头。据负责点火的人说，尸体很容易烧
焦。村子里几乎找不到还有体力挖坟墓或砍柴的人，所以尸体
直接被抛进河里，被冲到下游，变得如橡胶般惨白。南加尔各
答的人行道被粪便堵得几乎无法通行。到处弥漫着死亡的
味道。[52]

1943 年 8 月 22 日，第一批令人震惊的照片刊登在《政治

家·星期日版》上，还发表了一篇抨击政府不作为的社论。
《政治家》的编辑是英国人，他们通常不会让加尔各答的商界
难堪，所以这一做法是种突破。照片上，骨瘦如柴的母亲们和
孩子们争先恐后地涌进免费厨房（free kitchen），垂死的男人躺
在街边，它们让美国国务院非常震惊。[53]第二个星期天，媒体刊
258 登了更多可怕的照片。总督官邸和行政长官办公室均未对此发
表任何声明。直到第二批照片刊登两个星期后，总督的发言人
才承认"低估"了孟加拉的灾情。尽管如此，政府仍没有宣布
爆发了饥荒。

　　10月初，林利斯戈终于离任，他感到非常遗憾，因为没能
说服印度的政治家放下分歧和争执。十天后，沙希德·苏拉瓦
底宣布孟加拉正在经历"前所未有的大饥荒"。城里每个星期
的死亡人数高达1800人。[54]新总督赴任之际，《政治家》再次刊
登了一组新照片。饥荒终于取代欧洲战争，登上了报纸头版。[55]

　　谴责声纷至沓来。由埃默里领头，伦敦的报纸纷纷将饥荒
归咎于地方政府执政无能以至于穆斯林和印度教徒之间的紧张
关系加剧，以及贪婪的投机者急于利用祖国人民的苦难。[56]还有
说法称，加尔各答的有钱人视乞丐泛滥为社会公害。[57]另一种观
点认为，林利斯戈迟迟不愿插手，是因为不想破坏地区自治的
原则。但是，在逮捕孟加拉议会中的二十位民选官员时，他从
没半点犹豫。不仅如此，孟加拉的多数党领袖承诺会调查梅迪
尼普尔的三个村子里，几十位女性被数百名警察和士兵轮奸一
事后，孟加拉的英国地方长官毫不犹豫地强迫他辞职。[58]讽刺的
是，这些做法恰恰助长了穆斯林联盟中沙希德·苏拉瓦底的势
力。沙希德通过提供救援物资而巩固了自己的地位。[59]

　　11月，英国下议院终于决定开会讨论饥荒问题，然而，仅

有 53 名议员出席。孟加拉议会的一名成员称："这彻底打破了长久以来的迷信，即相信可以靠 600 人在 7000 英里之外统治印度。木偶剧《庞奇和朱迪》（*Punch and Judy*）① 是时候落幕了吧？"[60]

在饥荒临近尾声之际，作家霍华德·法斯特（Howard Fast）随 43600 名美国士兵抵达加尔各答。他问"相识"阿达的新主人——一位工会成员——如何看待这场灾难。起初，男人什么也没说。随后，他讲了个故事。

一天晚上，他家窗外传来了女人和孩子们要水要饭的哭声。 259
他没有站起来。当时，他正坐着和工会的三个同事吃一天中唯一的一顿饭。他问法斯特，如果是他，他会怎么做。

"我会把自己的晚餐分给那几个可怜人。"

"我们没有把自己的晚餐分给他们。"那位工会成员说，"天亮后，我家门前躺着五具尸体——两个女人和三个孩子。"

法斯特不知该说什么。

"那五个人迟早会死，也许在今天，也许在明天。"工会成员继续说，"人们会不停地像这样死去，直到印度获得自由。自由总要付出代价，而我们付出的代价之一便是活下去。"[61]

根据许多关于饥荒的记载，约十万贫民涌入加尔各答寻找食物。苏丁日后写道，空袭防御组织的防空洞里挤满了饥肠辘辘的人们，随后，他们逐渐被转移到"免费厨房"。他完全没提自己所作的努力，这很像他的风格，毕竟他当时是空袭防御组织的负责人。之后，便发生了以下这些事。《政治家》刊登

---

① 英国传统木偶剧，讲述的是庞奇和妻子朱迪之间打打闹闹的故事。——译者注

的照片引发轰动后，大街上的尸体被拖走。在孟加拉地方长官的坚持下，10 月下旬通过了《孟加拉贫民遣返和救援条例》。根据这项奥威尔式的"改善方案"，43000 名"身患疾病的贫民"被送回乡下，在没人知道的地方饿死。挨饿的人们经常在楼梯间躲避巡逻队时死去。[62] 在战争结束后，苏丁告诉路易斯·麦克尼斯，饥肠辘辘的人们经常会爬进罗素街上一栋公寓的楼梯间，在那条街上，他有一套新公寓。[63]

苏丁没有留下有关孟加拉饥荒的任何记录。许多年后，他坐在芝加哥的书桌前尝试写下自己的一生，那些发生在那座让他爱恨交加的城市中的故事。可中途他放弃了芝加哥的奖学金，他的写作在童年记忆之后便没有了任何进展。正如他因为太过谨慎而无法讲出自己绝望的真正原因一样，他的骄傲同样阻止他写下加尔各答那些年所经历的事。他徘徊在高尚和羞耻之间，永远没能开口。苏丁可以告诉路易斯在饥荒最严重时，每天要从大街上清理 2000 具尸体，但他没法告诉路易斯：每天早晨醒来都会听到卡车上的广播，它呼吁大家清理自己家门前的尸体。[64]

很难相信苏丁竟然认为死者是一项公害。相反，不妨想象他身着深蓝色的 ARP 制服，站在楼梯间，手上端一碟给租户的米饭。在那个亲密的短暂的瞬间，他们也许会交换某种讯息，一个点头或一句问候。又或者，他们只闻到了他手上食物的香气，而他只留意到对方身上的体臭。随后，苏丁继续迈开脚步，把车优雅地开上街道，脸上挂着一抹面具式的微笑。

1944 年，轮船开始运来谷物和大米，但死亡人数还在不停地上升。乡下的火车站仍然挤满了饥饿的人们。[65] 稻米丰收了，可许多村子已经没人收割了。吉大港、梅迪尼普尔、迈门辛

（Mymensingh）地区的田里到处躺着尸体。[66]新总督持续要求增援粮食，可战争内阁还是决定让 18 艘满载小麦的澳大利亚船只绕过饥肠辘辘的孟加拉，前往等待解放的希腊和南斯拉夫，以便增加那里的粮食储备。[67]在那些人眼中，显然有些人的生命比另一些人的更宝贵。约有 350 万孟加拉人死于饥饿、伤寒、霍乱、疟疾和痢疾，真实数字可能远不止这些。他们才是真正被抹去了痕迹的人，在人们的冷漠和袖手旁观中死去。

饥荒期间，英格兰对印度的债务飙升至 8 亿英镑，这难道只是巧合吗？直到 1943 年的年中，印度持续在向英格兰偿还长期债务，使英镑保持收支平衡。可在此之后，英国的债务却出现了爆炸式增长。[68]丘吉尔想知道为什么英格兰将印度从日本人手中拯救出来，而印度却无须为此付出相应代价（说得好像英格兰真的在坚定保卫印度，而没有对它实施残暴统治一样[69]）。可是，印度的国防开支是由他们自己承担的，埃默里解释。那时，英格兰对印度的压榨已经远远超出了他的想象，连林利斯戈也认为印度快崩溃了。[70]J. M. 凯恩斯（J. M. Keynes）告诉丘吉尔：英格兰也许可以拒绝偿还债务，或在战后把债务缩小到一定规模。[71]丘吉尔让埃默里转告印度，他将保留债务违约的权利。丘吉尔也许担心如果英格兰对这笔债务太认真，可能会在某一天被迫承认大英帝国能够继续存在多少要归功于印度。他大可不必担心这些事的。

相反，丘吉尔警告印度是在利用饥荒威胁英格兰。他咆哮道，如果要填补英镑的赤字，英国工人就会沦为衣衫褴褛的乞丐，成为可恶的印度富裕磨坊主的奴隶。1943 年 11 月，在另一次粮食运输会议的前夜，丘吉尔的农业大臣曾提到，印度也许可以在战后"花大笔英镑购买食物，以持续增加国家人口"[72]。"他们的繁殖能力就像兔子。"丘吉尔附和道，还向他的私人秘书抱怨印度人是"肮脏下等的人种，只能靠不断增加人口来逃避厄运"。他表示，如果皇家空军的轰炸机司令部有多余炸弹，他愿意像对待汉堡那样对待印度。[73]

这便是殖民走向尽头时藏在阴影中的权势。

与此同时，英国人民则被告知为了欧洲的解放，他们的巧克力配额将会被削减。[74]

上公园路 30 号，贝尔塞斯公园，伦敦，

节礼日（Boxing Day）①，1943 年 12 月 26 日

　　二十个月以来，迈克尔·斯彭德不知疲倦地奔波在各大机场。他评估和判断地面上的物体，向飞行员作简单说明，再派他们执行新任务。他的眼睛一直盯着剧场，从无数幻灯片中捕捉的景象展开，裁切，放大成 5 英寸 ×5 英寸的照片。他过度集中于被纳粹占领的欧洲城市在工业和军事基础设施上的细微变化，以至于完全没有时间休息。他连续熬夜，脸色惨白。他的老毛病疟疾复发了。他的头发比胡椒粉还咸。他矢车菊般的瞳孔黯淡成了灰色，露出一副与他母亲在第一次世界大战时相似的表情。[1]

　　那是经过伪装的战舰吗？干草堆后藏着什么？通过研究游船留下的尾迹，迈克尔可以计算它的航速和方向，如此一来，也许轰炸机司令部可以再找到它。[2]如果他需要近距离的图像，飞行员会采用"掷骰子"（dicing）的飞行方式。喷火式战斗机从云层俯冲下来，以倾斜的角度拍摄照片，在拉升高度前拉近

---

　　①　圣诞节次日，英国及部分英联邦国家的公共假期。——译者注

镜头。侦察机大大改善了夜间拍摄的效果，前方的飞机会先下降一段距离，投下照明弹。飞行员拍摄的照片方便随后部署船只、潜艇、部队和飞机，它们仿佛由陆地和大海构成的巨大棋盘上的棋子。

263　　如果长期关注的军舰突然消失，总会让他精神紧张。消失的"俾斯麦"号成了"永不沉没的超级战舰"[3]。"舍尔海军上将"号装甲舰（Admiral Scheer）、"希佩尔海军上将"号重巡洋舰（Admiral Hipper）、"沙恩霍斯特"号巡洋战舰（Scharnhorst）、"格奈森瑙"号巡洋战舰（Gneisenau）等在大西洋行踪不明时总会引发恐慌。[4]皇家空军圣埃瓦尔（St. Eval）基地的侦察机出动，它们在被德国占领的英吉利海峡港口布雷斯特（Brest）① 附近的船厂和码头搜寻"俾斯麦"号的踪影，甚至会将搜索范围扩大到大西洋。与此同时，从威克（Wick）② 起飞的侦察机横扫过广袤的北海，从设得兰群岛一路飞往挪威沿岸。信号很差的无线电中不停地传来喊声，人人忙个不停，直到重新发现"俾斯麦"号的踪迹并将它击沉。

　　在巨大的工作压力下，端庄的仪表和优雅的谈吐早被抛到了一边，迈克尔常常连洗澡也顾不上。[5]他专横的训话声回荡在每个人的办公桌前。[6]他对新人非常粗暴，只当他们是件行李。[7]他毫不掩饰自己的想法——部门里一半人是废物。[8]他在本森（Benson）基地养了三只小猫，没留意一位怒气冲冲的空军上校会卷起报纸揍它们。[9]他会在休息室的钢琴弹古典乐。在漫漫长夜的加班后，他从不缺勤第二天的工作。人们总能看见他的

---

① 位于欧洲大陆西北，大不列颠岛、斯堪的纳维亚半岛、日德兰半岛和荷比低地之间。——译者注

② 位于苏格兰北部高地的一座城市。——译者注

身影。[10]

无论迈克尔对官方的无能有多么恼火，他还抱有希望，只要上层兑现承诺，重组他所在部队，等一切尘埃落定，"独眼"哈罗德·亨明的飞机运营公司就会完全并入皇家空军的梅德曼哈姆基地（Medmenham）。到那时，所有效率低下的地方都会被揪出来，所有笨蛋都会被开除。新司令官上任时，他以为时机到了。但那人对他说的事一窍不通！为了撰写繁文缛节的报告，他花费了成倍的时间。[11]迈克尔抱怨那些人只有靠这种方式才能拿到皇家空军的大合约。[12]虽然他的部队仍缺乏人才，他的前中队长——他在相片判读上的经验比任何人都丰富——还是上了"遣散"官员名单。[13]

之后，迈克尔尽量不待在本森基地。圣埃瓦尔也好不了多少。那里经常被轰炸，仿佛德国人很清楚里面正在发生的事一样。[14]位于苏格兰东北部海岸的威克基地似乎是个更好的选择。从圣埃瓦尔出发，迈克尔会沿着威尔士海岸飞行。在驾驶员座舱，他的视线可以掠过明奇海峡（Minch）①眺望到赫布里底群岛，它们看起来就像南希为路易斯的书画的地图。[15]有一次，飞行员把操作杆交给了他，之后便漫不经心地睡着了。

平民官员和皇家空军飞行员之间本该保持距离，可迈克尔完全不顾这些。他被飞行员迷住了，就像他曾被爱斯基摩人、夏尔巴人和巴尔蒂人迷住一样。他们在喝下六品脱当地啤酒后会放下戒备，向他描述在北海上空飞行时的感受。他偷听飞行员之间关于布伦海姆轰炸机是否可以在空中翻转的争论，惊讶于他们总能巧妙地战胜制造飞行事故的小妖精（gremlin）。他

264

---

① 位于外赫布里底群岛和苏格兰之间的海峡，通往大西洋。——译者注

有次向斯蒂芬解释，飞机上的设备极为精密，经常不是这里出问题就是那里有毛病。[16]当别人嘲笑他太过钟情于飞行速度慢又不起眼的德哈维兰虎蛾机时，他的脸红得就像少女。威克基地的飞行员终于锁定了"俾斯麦"号的踪迹。从高处看，它仿佛像一艘隐匿在挪威一千多个峡湾中的小皮艇。

有一天晚上，扩音器中传来一架喷火式战斗机和一架布伦海姆战斗机未能返航的消息，机上有一位迈克尔非常喜欢的飞行员。人们陷入了不知所措的沉默中。飞行员很像相信各种迷信的爱斯基摩人。[17]他们也像爱斯基摩人那样不愿意谈论死亡。三小时后，奇迹般地传来那架喷火式战斗机的报告，营地中涌起一股狂喜，人们甚至忘了他还有同伴在另一架失踪的布伦海姆战斗机上。[18]四天后，八架飞机在执行常规任务时失踪了。[19]果然不出所料。

身边人人几乎都必死无疑，自己却过着幸福的生活，这让人羞耻极了。如果能坐上驾驶座，也许能让迈克尔从每次得知飞机失事后的羞耻感中解脱出来。当他的名字出现在"电讯"（Mentioned in Dispatches）① 中时，他窘迫地发现自己竟和一群曾获得"优异飞行十字勋章"（Distinguished Flying Cross）的飞行员并列。

战争爆发后的第二个冬天，迈克尔躺在空军部队硬邦邦的床上，缩进睡袋，想起了南希。她曾给他打电话，邀请他出来喝咖啡。在聊天时，他让她解释为什么工厂里空军女子辅助队的女孩们随时都愿意向他献出一切，而他只对其中三分之二的

---

① "电讯"中提到的部队人员名单均会出现在高级将领撰写的正式报告中，这份描述了他们在敌人面前的英勇举动或立下的战功的报告，还会被送往最高指挥部。——译者注

女人感兴趣。她嘲笑了他一番。他仍不放弃。他真的想知道自己错过了什么。这让她笑得更起劲了。喝下许多酒后，他们在他的汽车上疯狂亲吻起来。[20]

他现在心想：水管还结冰吗？如果这样，南希怎么洗澡呢？　265
当泰晤士河涨潮时，当河水漫上本森基地建筑的墙壁而兵营的黑暗角落长出蘑菇时，他回想起她对洗澡的热爱。当复活节过去之后春天未能如约而至时，当他厌倦了一段又一段必须和她分离、两人无法共度的时光时，一想起她，他便感到温暖。他觉得很奇怪，单单是想念一个人，便像炉火般点亮了他。当无线电中传来炸弹落在伦敦的消息时，他把袖珍立体镜推到一边，开始给她写信：

“躺下吧，我的爱……另，你有我的睡衣。”[21]

南希在卡姆登镇的 49 号救护站也有一张简陋的小床、一只睡袋。在午夜，她边给迈克尔回信，边坐在电话旁等救护车的电话。司机和其他工作人员躺在她旁边的担架上，睡得正熟。战争爆发的第一个冬天，她回过一次上公园路，那栋门牌号为 30 的房子的一楼。她在那里挂起了窗帘，为客厅角落的双人床缝了新床单。朱丽叶和米兰达从她母亲那儿来探望她，她们欣慰地发现她找回了平静，重新开始专注于家庭生活。[22]

如果南希在电话里用《圣经·旧约》般一板一眼的语气讲话，迈克尔就知道常在救护站的登记表上把“死伤者”（casualty）的首字母拼成“K”的女孩在她身边。她写信告诉他，有天下午回到家，她想起后花园积了雪。于是，她点燃炉子，打开窗户，穿着外套画了两小时窗外的风景。[23]她会和比尔（现在他是经官方认可的战地艺术家）吃午餐，偶尔会和斯蒂芬、路易斯约会。不过，如果天气突然变坏，她会毫不犹豫地取消所有约会——因为迈克尔只能在天气晴朗的时候工作。

整个漫长的冬天和 1941 年的春天，她画了迈克尔看报纸、迈克尔靠在水池边洗脸的素描。她画他的鞋子，画他工作时的模样——一只手捏着下巴，拇指嵌进脸颊，另一只手拿着铅笔。

一切都取决于迈克尔。她总能找到时间，不是吗？只要有机会，我们的英雄也许会安排见面，是吗？那不是一种奖励吗？[24] 在回信中，迈克尔·斯彭德伸出双臂，紧紧环抱着她。她画他们的身体交缠在一起，就像祈祷的双手。分别时，她回她的救护站，他回他的空军基地，信件维系着两人之间的交谈。当 1941 年的夏天终于来临时，迈克尔希望战争可以暂停一个星期，这样他们便能在一起多待一晚。

到了夏末，战争真的为他停止了。他以为收到的消息肯定有问题，所以向一个又一个办公室求证。最终，照片情报部门的负责人助理告诉他，他们不再需要他了。迈克尔找到他的指挥官，后者负责向情报部门负责人提供建议。那位负责人问，如果迈克尔·斯彭德离开，会影响接下来的行动吗？"毫无疑问。"迈克尔的指挥官回答。迈克尔应该留在原来的岗位上，同时等待"荣誉委任"（honorary commission）的申请结果——皇家空军会认定极少数文职人员对战争至关重要。

可是，没有任何答复。迈克尔询问为什么拖了这么久，负责人助理告诉他，有位空军准将认为出于安全考虑，他不适合于参与情报工作。因为他还没和德国妻子离婚吗？因为他在《观察家》撰写的文章透露了战争初期他对德国人民所处的困境的同情吗？皇家空军梅德曼哈姆基地流传的说法是迈克尔太固执，不够圆滑。[25] 1941 年 8 月，他被迫脱下帅气的天蓝色制服和镶有三道金线的肩章，且必须在 16 个小时内离开基地。负责

266

人助理亲自没收了他的通行证。[26]

"独眼"亨明只是轻描淡写地表示，"这可不是个好消息"。[27]但对迈克尔而言，这简直是一场灾难。他满腔怒火地给叔叔、舅舅写信，强调自己"无懈可击的端正品质"，责骂解雇他的"可怜虫们"错得太离谱。"议会的作用就是防止权力滥用。"他在信中怒喝道，形容这件事无异于伊丽莎白时代的阴谋。[28]他希望空军部很快会明白他的重要性，可另一方面，他也清楚自己是在浪费精力。[29]他难过极了。他不曾留意过的同事们纷纷表达了他们的惋惜和支持。[30]由于申请毫无进展，他撤回了它。

迈克尔联系了海军部的熟人，得到一个宣传部门的职位。　267
一段时间后，他申请调往作战情报部（Operational Intelligence），可发现那也是死路一条。叔叔艾尔弗雷德警告他，如果他还不知收敛，还不知道表现得谦虚一点，他就会被彻底视为不可理喻之人，从此被军队拒之门外。[31]他再次提到向皇家空军提交的申请，却被告知最好还是留在海军部，因为相片判读专家在那里屈指可数，而在皇家空军却一抓一大把。也许他早晚会接受现实。可是，南希的信让他再一次元气大伤。经过仔细考虑，他相信只有达到某种卓越的成就，才会赢得她的欣赏。

"我们这样的人，"他在给她的信中写道，"如果不是因为还有希望或改变的可能，绝不可能接受如此不公平的职位。"他清楚自己的能力，认为只要保持希望，总有一天会被调回报酬丰厚的高级岗位。如果这都无法实现，他确信南希肯定会一把掐死他。每当面对困难时，南希总想一死了之。他没有因此感到害怕，也不认为和她继续交往是个错误。他只是明白，如果选择走比较安全的路，她早晚会质疑他。[32]所以，他决定再去皇家空军碰碰运气。

迈克尔在充分阐述了会顾及海军部利益的立场后，得到了一位海军上将的支持，后者愿意协助他申请调回皇家空军的照片情报部。[33]如同实习期的飞行员一样，他需要向中队长比尔·韦杰报告——那个当初迈克尔手把手教会他相片判读的格陵兰地质学家，那个曾阻止约翰·奥登加入珠峰探险队的人。比尔·韦杰强调所有人都讨厌迈克尔，自己则相当乐意留下他，挫挫他的锐气，对此，迈克尔·斯彭德什么也没说。[34]

相反，在此起彼伏的爆炸声中，他的车停在了上公园路30号门前，在车上，他拿出戒指，呈现在南希面前。[35]他读了一封内容生硬的信，信中罗列了娶她的理由。其中最重要的理由是她美丽的身体，以及两人将享受到的喜悦。他承认，在战争期间求婚可能不被人看好。可是，他看过太多意料之外的事，已经见怪不怪了。他还笨拙地写道，娶她是出于理性考虑，且如果他不这么做，南希也不会过上更好的生活。他还保证会在她生病和老了之后照顾她。"虽然我们都不想遇上不幸的事。"他小心翼翼地补充道，很清楚她在即将年满33岁时的心境。最后，他发誓会努力创造美好的婚姻生活，仿佛他准备把婚姻大卸八块，再对它细心修补一番。[36]

埃丽卡同意离婚后，南希和迈克尔在1943年3月结了婚。圣诞节后的第一天，他们的儿子出生了。"朱丽叶和米兰达都很喜欢他，我也是。"四年后，南希在给约翰·奥登的信中写道，"不过，他的父亲是个有趣的家伙，儿子长大后可能会像他一样喜欢发动机。"尽管南希有时会后悔再当母亲，有时会非常想念救护车上的生活，不过，她生活得相当满足。她对于生下了"美丽的男孩"（如果是个女孩，她可能会把她淹死[37]）感到非常自豪。威斯坦答应当男孩的教父。

不久后，迈克尔写道，小菲利普将来也许会成为优秀的登山家。他希望儿子拥有出众的平衡能力，因为南希不会在他每次惹麻烦时就大发雷霆。他认为自己比不上埃里克·希普顿，就是缘于自己有个过分焦虑的保姆。[38]

梅尔斯布罗克机场（Melsbroek Aerodrome），布鲁塞尔郊外，1945 年 2 月 1 日

迈克尔再次现身于皇家空军的梅德曼哈姆基地时，仿佛变了个人，他似乎终于明白该怎么做个好人了。[39]菲利普出生不久后，他被调往 34 联队（34 Wing），隶属空军第二战术大队（Second Tactical Air Force）下的战略侦察机联队（Strategic Reconnaissance Wing）。[40]部队驻扎在汉普郡（Hampshire）的机场，其中的三个中队将为诺曼底登陆的部署和执行做侦察。喷火式战斗机、蚊式轰炸机和威灵顿式重型轰炸机拍摄了沿海地区的设施，提供了制作登陆点地图的情报，还在登陆前夜执行了夜间侦察，通过投下照明弹来追踪部队的动向。4 个月后，即 1944 年 9 月初，34 联队跟随艾森豪威尔将军进入法国境内，飞机投下闪光弹，判定了零星抵抗力量的位置。1944 年 10 月，34 联队的飞行员和军官抵达了布鲁塞尔郊外的梅尔斯布罗克机场。

在迈克尔重返英格兰大陆的几个星期之前，他预计战争随时可能会结束。他亲眼看到德国向伦敦发射了 V－1 火箭，这是德国穷途末路的信号之一。可是，德意志国防军不顾身边溅

269

起的污水和泥浆,继续作战。狂风几乎吹跑了他们的帐篷,就像自己当年在珠峰遇过的情形那样。睡觉时,他根本没时间脱掉橡胶长靴和厚大衣。他必须抵达布鲁塞尔,为了洗个热水澡,吃口热饭,"就像约翰·奥登熟悉的性欲大冒险"。这就是战争最后9个月留给迈克尔的记忆:没有热水刮胡子,通宵达旦地在寒冷的夜晚工作,疲惫至极,还有集体供应的茶水中的酸味。他经常辗转在前线的不同机场,向飞行员作简报,收集他们拍摄的照片。

尽管如此,他还是挤出时间在坑洼不平的路上骑摩托车,向火车站站长、牧师、孩子以及抵抗组织的成员——他用自己的巧克力和他们交换了鸡蛋——练习他小学生水平的法语。在德国占领期间,他听说了许多难以想象的苦难遭遇。[41]当南希讲述她的母亲、斯蒂芬、比尔或斯莱德的小伙子们的新愤慨时,他总会想到在士兵和平民正在不停地死去的关头,怎么还有人的行为如此不知廉耻。

"我必须动用所有的想象力和记忆才能够明白,有一小撮人确实会这么做。这种做法绝对不正常,他们完全不顾普通人的付出,而是认为到处都像自己生活的地方一样,这让人不禁思考他们是否作出过任何贡献……这就是英格兰最糟糕的地方,而我们却必须为那些人渣作战、牺牲。"[42]不同于那些人的行为,他打从心底钦佩军人。他负责审查他们寄给家人的信,他们在充满了拼写错误、语法错误和圈圈叉叉的信中表达了伦敦人永远无法理解的爱与奉献。他写道,没有一个英格兰人能够想象他们经历过的恐怖。[43]

圣诞节当晚,夜空晴朗,迈克尔又通宵工作了。防空警报让他误以为回到了闪电战期间的伦敦。新年的第一天,梅尔斯布罗克遭到轰炸，损失了三个中队中的两个中队，包括所有蚊式战斗机、5 架喷火式战斗机和 11 架威灵顿式重型轰炸机。不久前，迈克尔被晋升为中队长。再一次，《伦敦宪报》（*London Gazette*）在新年"电讯"中提到了他的名字。

然而，他 2 月的探亲假过得非常艰辛。三个孩子都得了水痘，而且他们家的煤快烧完了。南希几乎陷入了绝望，因为她认为他肯定会死在战场。他之所以在战争期间负起结婚的责任，并很快和她生下孩子，就是因为不知道接下来会发生什么。他不敢说出相片判读员正被派往印度和日本作战的真相。相反，他告诉她，人一旦失去对未来的信念，那么，什么都帮不了他。她必须保持希望。[44]

曾有人说只要成功攀登珠峰，就会为全人类带来技术上的突破。就算登顶失败，也能让人类掌握有关海拔高度如何影响生理和认知的重要知识。这些知识，又会促进氧气罐技术的发展，让飞行员爬升到之前无法想象的高度。使用立体摄影测量绘制珠峰北坡的地图是为了获取情报。如果没有休斯顿女士对研发超级马林发动机的资助，继而带动喷火式战斗机的发展，英国怎么可能打赢不列颠空战（Battle of Britain）？

但是，人类必须权衡他们得到的好处和必须为此付出的代价。拉宾德拉纳特·泰戈尔曾诅咒，人类驾驶飞机在空中愤怒地自相残杀是对天堂的亵渎。当迈克尔·斯彭德身处 3 万英尺的高空时，他又如何看待这种愤怒呢？整整 6 年来，他都在追踪遭到破坏的地区，因而比绝大多数人都更清楚破坏的规模和其彻底性。当迈克尔得知皇家空军的轰炸机司令部准备把目标瞄准德国平民时，他感到万分震惊。蛾摩拉行动（Operation

270

Gomorrah）——对汉堡的夜间轰炸——彻底激怒了他。

1943 年 7 月 27 日晚，在持续 45 分钟的空袭中，一百多万枚燃烧弹和数百枚重达 2 吨的"巨型炸弹"，在黑夜中如雨点般落下，引发了一片火海。大火蹿升至 6500 英尺高空，仿佛煽起了一场龙卷风，整座城市被吞没在大火之中，到处都传来人们困兽般的哀号声。潮水般的火焰以每小时 90 英里的速度沿住宅区蔓延。[45] 短短数分钟之内，就有成千上万人被烧成灰烬。他们像干树叶般被卷入烈烈火焰中，或被活活闷死在被大火吸走了所有氧气的防空洞和地下室。空气上升至一定温度后，人们的衣服开始自燃，全身着火的人们在滚烫的柏油路上拼命挣扎。[46]

"实在找不到为赢得胜利而必须轰炸汉堡的理由，"迈克尔向斯蒂芬解释道，"对德国以及欧洲十分重要的地区而言，这都是一种破坏。"[47]125 万幸存者跌跌撞撞地逃离城市，所有人都震惊得哑口无言。[48]四次夜间空袭和两次日间空袭导致 4.5 万名平民丧生，超过了闪电战期间的死亡人数总和，是伦敦死亡人数的 2 倍。[49]

1945 年 4 月 26 日，迈克尔亲自驾驶小型飞机视察鲁尔地区。他以前见过的灰色和黑色如今清一色成了铁锈色。工厂、铁路沦为废墟。科隆（Cologne）的街道空空荡荡。一排排衣服像西藏的经幡，在废墟上空飘扬，这是生命存在的唯一迹象。"虽然多年来，我一直在关注被破坏地区的情况，可当你亲眼看到面前的景象时，你仍然会惊讶于它竟如此可怕。"他在信中告诉南希。等到科隆、汉堡、杜塞尔多夫、埃森、多特蒙德以及其他地方解放时，那里究竟还会剩下怎样伤残的人类呢？

271

一部分城市和小镇解放后，迈克尔便隐隐感到一种不安，似乎有某种破坏活动正在进行。人们曾讨论用武力解除比利时的武装反抗。[50]丘吉尔在议会上以民主的名义为空中轰炸希腊抵抗军（Greek Resistance）作辩护，他肯定在撒谎。"我确信，他肯定清楚自己是头谎话连篇的老猪（old pig），因为在整场讲话中，他没想过用一个好词、一句好话来维护英国所秉持的道德标准。"[51]德国的战争机器停止运作很久后，鲁尔地区仍被付之一炬，丘吉尔还在狡辩：恶人躲在前线和英格兰，他自己则在谋划让一切回到战前的样子。[52]无线电的宣传节目讴歌着他们的丰功伟绩，就像汉堡的燃烧弹一样让他感到恶心。他在给南希的信中写道，知识分子已经不再思考要把更好的思想传达给民众了。

272

"对他们来说，这场战争打得太久了，现在只剩下我们在谈论轰炸和死伤人数。"[53]在鲁尔地区被轰炸了三个月后，他视察了当地的破坏情况，难以想象欧洲的重建究竟要付出多大的努力。他只想赶快回家。他从报纸的字里行间读到唐宁街此刻可能正在起草声明。他心中因而涌起了一股小小的喜悦。在他写给南希的信的最后，他终于让自己欢欣鼓舞起来。

"已经到头了！"[54]

美国第 125 疏散医院（125th American Evacuation Hospital），门兴格拉德巴赫（München-Gladbach）郊外，德国，1945 年 5 月 5 日

迈克尔喜欢说，他在喜马拉雅山爬过的高度比坐飞机飞过的海拔还高，仿佛他相信只要不去海拔 21000 英尺以上的地方，

就不会有危险。[55]可是，他最后一次前往德国时曾告诉弟弟汉弗莱，他知道自己要死了。数字对他不利。[56]之前已经发生过一次惊险状况了——德文郡（Devon）的迫降事故，还有去年 1 月，汉弗莱曾打电话告诉南希，迈克尔的飞机失踪了。数小时后，他才设法打通电话，向她报平安。[57]

但是，迈克尔之后坐飞机穿越英吉利海峡返航时，他的耳畔不停地响起蚊式战斗机的轰鸣声，还有南希的抽泣声、痛哭声。迈克尔可以想象出她的模样，独自一人悲伤地坐在上公园路 30 号的客厅，身边是他们的儿子。电话铃声在两个月后响起时，南希和儿子恰好在客厅，她得知了迈克尔的飞机在德国森林坠毁的消息。[58]第二天一早，她在皇家空军的诺索尔特（Northolt）基地坐上飞机，穿越英吉利海峡。[59]他在一天后去世，当时南希陪伴在他身边。他从没有恢复知觉。

战争后期，迈克尔曾在给南希的信中，附上过一首威斯坦的诗。[60]诗歌是威斯坦根据 1938 年在布鲁塞尔看到的勃鲁盖尔（Brueghel）的一幅作品创作的。迈克尔去世当天，威斯坦恰好来到德国。他当时负责美国战略轰炸调查（U. S. Strategic Bombing Survey）的一项海外任务，评估空袭如何影响平民的士气。威斯坦顶着美国陆军少校头衔，花了整整两个月来倾听德国人描述经历轰炸时的感受。虽然有好几次差点流泪，他却对他们所讲的故事并不感到十分惊讶。他写信告诉一位朋友，如果不是亲眼所见，他根本不相信达姆施塔特（Darmstadt）92% 的地区在短短 30 分钟内悉数毁于一旦。[61]

第一次世界大战时，诗人威尔弗雷德·欧文[①]便谴责贺拉

---

① 威尔弗雷德·欧文（Wilfred Owen, 1893－1918）：反战诗人，25 岁便英年早逝。——译者注

斯（Horace）① 所说的"为国捐躯是件美好又正确的事"，事实上，那是一个"老掉牙的谎言"。他见过太多孩子在惊慌失措和惊恐万分中死去，所以，他再也不会相信这种话。欧文希望读者不要期待于从他的诗歌中找到宽慰，因为那里只有苦涩的现实。威斯坦曾渴望追随欧文的脚步，去发现什么是他那一代人"苦涩的现实"。第二次世界大战结束前的最后一个星期，他找到了。相较于德国所经历的一切，威斯坦·奥登告诉斯蒂芬·斯彭德，伦敦几乎在轰炸中完好无损。

它依旧，完好如昨。

在迈克尔看来，威斯坦创作的《艺术殿堂》（Palais des beaux arts）捕捉到了另一个苦涩的现实：眼看着飞机从空中坠落是种什么感觉呢。那一刻，他十分清楚：在英国，人们继续着各自的生活，不留意或很少留意战争带来的损失。

> 在勃鲁盖尔的《伊卡鲁斯》（Icarus）② 里，比如：一切都是如何
> 从容不迫地远离灾难呢；农夫也许
> 听见了水花飞溅之声，被遗忘的哭声，
> 可对他而言，这不算什么重大失败；阳光
> 一如既往地照向白色的大腿，它们消失在绿色的
> 水中。造价昂贵、精致的轮船肯定见过
> 什么了不起的景象，一个男孩从天而降，
> 它要去某个地方，继续平静地航行。62

---

① 即昆图斯·贺拉提乌斯·弗拉库斯（Quintus Horatius Flaccus，前65—前8）：古罗马文学"黄金时代"的代表人物。——译者注

② 希腊神话人物。——译者注

皇家空军中队长迈克尔·艾尔弗雷德·斯彭德于胜利日
（VE Day）当天在埃因霍温公墓（Eindhoven General
Cemetery）下葬，彼时，世界各地的人民都在庆祝欧洲战争
的结束。那天，阳光在某处闪耀，一如既往，英国继续平静
地前行。

19 无法相容的神，
无法调和的差异

印度地质调查局，乔林希路 27 号，加尔各答，

直接行动日（Direct Action Day），1946 年 8 月 16 日

"我看报纸时感到很焦虑，希望你们都别死——真是腹背受敌。"威斯坦在加尔各答爆发骚乱之初给约翰写信道，"吉卜林和爱德华·埃尔加①肯定会因为'英国腔'（E. B.）现在的下场而在坟墓里辗转反侧。"[1]

战争临近尾声时，国大党领袖被释放，此时，印度已经变了。新一届地方选举完成后，国大党再次拿下多数省份的席位，但穆罕默德·真纳领导的全印穆斯林联盟最终夺回了他们在 1937 年失去的席位。尼赫鲁依然认为关于巴基斯坦的整个想法都非常不切实际而且荒谬。总督邀请尼赫鲁组建临时政府，可他和真纳无法达成共识，于是真纳决定强迫尼赫鲁接受关于巴基斯坦的方案，否则便让他走着瞧。

时任孟加拉首席部长（chief minister）的沙希德·苏拉瓦底按照真纳的指示，宣布 1946 年 8 月 16 日在加尔各答的马坦公

---

① 爱德华·埃尔加（Edward Elgar, 1857 – 1934）：英国作曲家。——译者注

园举行"直接行动日"集会，目的在于回应尼赫鲁的临时政府方案。类似集会还将在印度各地举行，沙希德还规定那天全市放假。[2]不仅如此，他威胁道，如果议会成员在德里宣誓就职，他就会宣布孟加拉独立。[3]"流血事件和混乱本身未必是坏事，"他告诉《政治家》的记者，"只要是为了崇高的事业。"[4]

275

信仰印度教的各家店主在 16 日开门做生意时，被驾驶卡车的穆斯林暴徒放火烧了店，显然，他们事先得到了稀缺汽油的配给。"这并非荒唐的猜测，肯定有人提前向他们提供了汽油。"[5]苏丁在《政治家·星期日版》一篇未署名的社论中愤愤不平地写道。穆斯林男人在马坦公园集会时，印度暴徒则将挤满了女人和孩子的穆斯林贫民窟付之一炬。沙希德·苏拉瓦底亲眼看见一群年轻人在帕克马戏城（Park Circus）包围一个落单的印度教徒。印度人被问话的当口，另一个年轻人恰好经过。他朝人群竖起手指，那伙人立刻靠近他，拿刀朝他的胃部捅去，随后便一哄而散。当时，虽然英国的坦克堂而皇之地停在街上，然而，全副武装的士兵只是眼睁睁地看着事情发生，完全无动于衷。到了午夜，印度教的骨干们四散在城市各处。在加尔各答，印度教徒和穆斯林的比例为三比一。48 小时后，整个城市已经看不见警察的踪影了。[6]

经过四天三夜，多达 1.5 万人被刺、被扔石头，被酸性物质和砖头袭击，被斧头砍死或被烧死，其中大部分是穆斯林。[7]商店和公寓陷入了死寂，秃鹰再次懒洋洋地盘旋在城市上空。暴徒四处游荡，洗劫火车，拦截汽车，杀死车上的人后再放火烧了他们。到处都在发生抢劫，到处都是尸体。[8]约翰·奥登带着食物和补给，坐着吉普车去办公室探望员工。如果员工是穆斯林，他就送他们去帕克马戏城；如果员工是印度教徒，他就送他们去加尔各答南部。他载苏丁去探望住在康沃利斯街的母亲时，沿路见到了十几具穆斯林小贩已经开始腐烂的尸体。苏丁得知，一个从英国大学毕业的邻居煽动袭击小贩，从而导致了他们死亡。"那些还没有完全丧失理智的人们紧紧锁上了家里的大门，"他日后写道，"虽然这么做，他们就无法'欣赏'房屋在夜晚燃烧时，在受季风吹拂的天空中所发出的光亮。到处都是散发着恶臭的腐烂尸体，根本无处可逃。"[9]《政治家》率先将持续数日的流血事件称为"暴怒事件"，而后又称其为"加尔各答大屠杀"。

回到家后，苏丁撕掉了正在写作的小册子，他在其中称自己的同胞对暴力过敏。在未署名的社论中，他将这个事件称为加尔各答大屠杀，"印度公共历史上一个史无前例的悲剧"，因此必须采取"特别措施"。他恳求尼赫鲁在临时政府中继续保留为真纳预留的席位，希望穆斯林联盟和国大党最终能够和解。作为穆斯林联盟的回应，他们也许会放弃"显而易见的灾难性"立场，避免社区的紧张局势进一步恶化。一个星期过去了，仍然没有任何和解的迹象。苏丁强烈谴责侯赛因·沙希德·苏拉瓦底领导的内政部所犯下的重大疏忽，指出后者必须为这场"死亡狂欢"负责。[10]虽然苏丁和侯赛因·沙希德的关系不如和他哥哥哈桑·沙希德那般亲近，不过，他毕竟认识对方二十多年了。他本以为他们属于同一个世界，拥有相似的想法；然而，即使他们曾经如此，现在也不可能了。

暴动期间，苏拉瓦底一直在拉比扎尔（Lalbazar）警察局的指挥部，并谴责警察局长对整个城市失去了控制。在之后的公开质询中，一名孟加拉议会的议员、他的政敌站出来斥责苏拉瓦底，还引用了利奥·埃默里当初引用过的克伦威尔的句子：

276

"下台，别让我们再看到你。以上帝的名义，下台。"[11]不同于内维尔·张伯伦，沙希德还手握筹码，彻底否认了一场不信任动议。

最坏的情况过去后，约翰在给威斯坦的信中写道："魔鬼在这里逍遥了整整三天三夜。"[12]他花了一天时间，帮忙掩埋了500具尸体。在8月的热浪下，尸体腐烂得很快，连老鼠和秃鹰也对它们失去了兴趣。[13]他们膨胀成奇怪的形状：双腿鼓胀，臀部翘起，阴囊肿得像球那么大。约翰不禁留意到，他们脚底的老茧一层层剥落了，仿佛踩在地毯上的旧拖鞋。那些死亡时间达到一个星期的尸体，已经变成了骷髅。他告诉威斯坦，凶手声称欧洲人是他们的下一个目标。[14]幸好他们不是。

冲突持续了数月。政治保安处的相关报告形容道：穆斯林的贫民窟被大火吞噬了，人们从下水道的检修孔中拉出尸体，尸体还被抛弃在麻袋里、池塘中、泵站和屠宰场。[15]排灯节（Diwali）期间，传单在人们之中流传。上面写道："应该让黑暗的排灯节染上这些巴基斯坦穆斯林的鲜血。应该让穆斯林取代牛羊，成为迦梨女神（Mother Kali）面前的祭品。"[16]首席部长未能采取任何措施来保护加尔各答的穆斯林，这让他们感到非常愤怒，他们相信，大量印度教徒正坐火车赶来城里，因此，他们开始用炸药、酸性物质和枪支来武装自己。孟加拉东部的诺阿卡利（Noakhali）正在酝酿针对印度教徒的大屠杀。甘地为平息暴动而奔走各地。

真纳和尼赫鲁都没去加尔各答。真纳在孟买马拉巴尔山上的家中发表了有关暴动的讲话，尼赫鲁则是在德里约克路（York Road）的家中。真纳宣称，这就是穆斯林如果被印度教徒统治会遭受的待遇。尼赫鲁则表示绝不会考虑分裂印度的选项，坚持认为什么都没改变。[17]

然而，尼赫鲁错了。加尔各答大屠杀改变了一切。苏丁形容道，穆斯林和印度教徒在 1946 年 8 月爆发的骚乱——印度历史上还从没发生过这种事——表明大英帝国诞生两个世纪以来依靠强权制造出的和平局面，终于走到了可耻的尽头。"随着（骚乱）平息，统一的印度将不复存在，这便是英国统治所取得的最大成就；也许加尔各答将因此迎来它特殊的命运。"[18]之后的 7 个月，类似的骚乱在印度各地接二连三地爆发，尽管它们不至于像加尔各答那么致命。尼赫鲁曾在比哈尔邦见过印度暴徒意欲用私刑处死数名穆斯林。他对他们的残忍做法大为震惊，因此把带头的人摔倒在地，还差点掐死了他。

末任印度总督大致明白了今后的发展态势。战争持续了六年，英国既派不出部队，也没有控制局面的意愿。当蒙巴顿元帅（Lord Mountbatten）宣布印度主权移交日将提前十个月（也就是至 1947 年 8 月 15 日）时，加尔各答的上空笼罩起一片不祥的阴云。

> 奥朗则布路（Aurangzeb Road）17 号，新德里，
> 1947 年 8 月 15 日

"美国的商界巨头正坐飞机一批批地抵达印度，"约翰在给威斯坦的信中写道，"他们拿出无数合约，以民主的名义提振民众的士气。"这不只发生在印度。198 个俄罗斯人被派往苏联驻泰国使馆。约翰想象在克里斯托弗·伊舍伍德创作的柏林故事中，狡猾的诺里斯先生（Mr. Norris）从奥斯坦德来到印度，向当地的男孩兜售炸药和捕鱼网。[19]

标准石油公司（Standard Oil）有位来印度考察的人士坚信路易斯·麦克尼斯是石油商，他在飞机上不停地讲粗俗的笑话，使路易斯不由得心生厌恶。飞机在开罗加油时，男人还比较了菲斯帽（fez）① 和圣地兄弟会（Shriner）② 成员所戴帽子惊人的相似之处。他得意扬扬地说，帽子肯定是哪个聪明的美国人卖给埃及人的。飞机再次降落在巴格达加油时，他误以为到了德里。当路易斯告诉他在伊拉克时，他说道："啊，是的，是的，原来是新不列颠（New Britain）③。"[20]

路易斯在德里的报纸上读到英国各城市板球赛的比分时相当惊讶，可读者来信刊登的内容则是要求宣布屠宰奶牛非法，这又把他拉回了奥朗则布路。反奶牛屠宰联盟（Anti-Cow Slaughter League）的创始人拉姆克里希纳·达米亚（Ramkrishna Dalmia）被称为印度的亨利·福特。可是，拉姆克里希纳不是将眼光停留在一个行业，而是涉足多个领域，从航空业，到饼干制造，再到煤矿。战争期间，德国制造的 U 型潜艇（U-boat）不断袭击商船，有效地阻挠了从英国进口货物的行为。布料价格暴涨至原来的 5 倍，本地工业在受到巨大的刺激后创造了巨额财富。达米亚便是受益者之一。许多人相信他在奶牛身上花费的心思只是个噱头，目的是转移人们对他敏锐的商业头脑的注意力。

"你们为保护奶牛而发起的这场运动，"路易斯向身材消瘦、尖下巴且戴着国大党帽子的矮个子男人提问道，"究竟是

---

① 即土耳其毡帽，奥斯曼土耳其帝国的传统服饰，呈筒状，顶部常有流苏。——译者注
② 正式名称为"古阿拉伯神秘圣地之贵胄"（Ancient Arabic Order of the Nobles of the Mystic Shrine），该组织成立于 1870 年，总部位于美国佛罗里达。——译者注
③ 位于南太平洋，现属于巴布亚新几内亚。——译者注

因为宗教，还是经济？"

达米亚的丝织蓝外套和沙发的颜色相得益彰。他的助理们不停地进进出出。每当达米亚的注意力转向别处时，路易斯总被房间里让人眩晕的金色装饰所吸引，整座豪宅都体现了相同的风格。达米亚紧张时会轻拍大腿，这才把路易斯拉回到眼前的画面。

"亲爱的年轻人，"达米亚回答道，"你不能这么区分。所有东西都是一体的。奶牛非常神圣，因为它们犹如母亲，甚至比母亲更珍贵。只要对人类有益，都是神圣的，反之亦然。"[21]

在路易斯打过交道的穆斯林资深官僚中，许多人的祖先在德里的历史都可以追溯到数个世纪之前。其中一人说道："印度教徒打从心底里痛恨我们。"他们因为顶着巨大的压力，所以才选择了离开。在他们看来，即将实现的印度分治是印度教徒的胜利。虽然去火车站的路上挤满了坐着孩子和老妇人的牛车，男人们却不急于收拾行李。[22]在首都的烟花和庆祝活动中，隐隐约约地流传着旁遮普省即将爆发骚乱的谣言。传闻甚至说真纳被软禁在马拉巴尔山上的家中。达米亚和他相交甚笃。实际上，路易斯现在身处的豪宅不久前还是真纳的。这让人感到非常困惑。可是，达米亚的目光已经投向了他的下一个"宠物计划"——由仁慈的独裁者领导的世界政府（One-World Government）。

指的是他自己吗？路易斯潦草地写道。此话当真？也许吧。是在发疯？可能吧。

达米亚声称民主完蛋了，西方世界已经证明了这点。他们还在清点战场上的死伤人数。察觉到路易斯的怀疑态度后，他重新回到了屠宰奶牛的话题。

279

"奶牛就像你的母亲,比母亲更伟大。她不停地为你产奶。告诉我,你会杀死自己的母亲吗?即使她年纪很大了,还会拉出牛粪做燃料。我可以用数字来证明这些。"²³

由于还在运作的电话所剩无几,BBC 团队开始靠双轮马车来传递消息。路易斯因此联系上了约翰·奥登的朋友辛巴达·辛克莱。辛克莱帮忙安排了对达米亚的访问,同时也证明了自己比一般意义上的石油商人更有教养,打扮也相当有品位。他家非常宽敞,离达米亚的豪宅不远。辛巴达说,他的妻子和孩子都在英格兰,所以很欢迎路易斯在他家留宿。每天晚上回家后,路易斯都会坐在天鹅绒般柔软的草坪上,边喝辛巴莱的威士忌,边尝试着厘清眼前的事。

在一场疯狂的下午茶和午餐会上,他见到了许多上校、地方官员、财政部官员、博物馆馆长、留着卷曲胡子的建筑家,甚至还有一位恰好来自马尔堡的前领导。他被包围在形形色色的人之中,可 BBC 当地团队的资源不足导致他错过了独立日前的一系列庆祝活动,虽然他获赠了入场券。在总督官邸举行的鸡尾酒派对上,留声机中传来《老人河》(*Old Man River*)的曲子,诗人、国大党领袖沙拉金尼·奈都告诉他,她对于他没有蓝胡子(a blue beard)①感到很失望。

天知道她从哪儿联想到这个的。约翰·奥登?²⁴

他结识的一位议员告诉他,他以前在牛津和阿道司·赫胥黎合编过一本高雅的文学期刊。他相当有魅力,用词文雅风趣,同时又多次被英国人关进监狱。他提到身居高位的人为了增加

① 来自法国民间的传说,指女性连环杀手或擅长诱惑女人再抛弃她们的男人。——译者注

谈话趣味，经常使用"老家伙""究竟在搞什么"[25]之类的表达，可在爱德华当上国王之后，就没人这么说话了。陆军元帅科丹德拉·卡里亚帕（Kodandera Cariappa）曾亲历过瓦济里斯坦（Waziristan）① 的边界冲突，他的风格比桑赫斯特更桑赫斯特，他还因把扩音器发展为一种全新战术而闻名。他卷起手掌，举到嘴边，以此来为路易斯做示范。

"祝福你（Salaams to you），山上的朋友们，"他突然模仿起喇叭的声音，吓了所有人一跳，"据我所知，你们朝我的哨兵开了好几枪。这打破了我们营地的平静，弄得我们没法睡觉。祝福你。如果你再打扰我们，我们肯定会杀了你。我们不想这么做。祝福你。所以我建议你们就这么散了，去睡觉吧。如果谁不满意，就让他明天一早来见我。晚安，山上的朋友们。祝福你。"现在，卡里亚帕每天都让装着扩音器的汽车穿梭在德里的大街小巷，播放《古兰经》和《薄伽梵歌》的选段，企图以此来吸引情绪上越来越焦虑的暴徒的注意。"你知道，那些小伙子们肯定会上当的，"他说，"真是欢乐又精彩的表演。"[26]

路易斯身边不停地穿梭着随时准备为他服务的仆人，数量多到让他尴尬。每天清晨，包着干净头巾的南部印度人会突然冒出来为他穿袜子。早晨，他读报纸时，会有人为他按摩小腿，在脚趾间抹爽身粉。[27]还有，《印度斯坦时报》（Hindustan Times）一位资历尚浅的记者问路易斯，怎样才能解决印度的问题。他只是发出了些语义不明的声音，那人就立刻唯唯诺诺地表示："那我 9 月再来，也许那时您会有更具体的想法。"他快被弄疯了。[28]

---

① 发生在巴基斯坦瓦济里斯坦州的武装冲突。——译者注

制宪会议（Constituent Assembly）在午夜开会时，已经做好了宣布印度独立的准备。路易斯坐在高处的旁听席，透过下方转动的吊扇，俯视着一大群议会成员的帽子和他们被风吹动的衣角。总统看起来和老工党议员没什么两样，尼赫鲁则显得筋疲力尽。新任副总统萨瓦帕利·拉达克里希南（Sarvepalli Radhakrishnan）发表了被路易斯视为迄今为止最精彩的讲话。唯一不协调的声音是午夜的钟声中夹杂着的沙发的刺耳声响。[29]

281　　第二天晚上，他终于在总督府灯火通明的庭院中被引荐给了印度的新总理。贾瓦哈拉尔·尼赫鲁身上透着学院气，还带着一种牧师风范——真是相当有魅力的人啊，路易斯心想。当天下午，约 50 万人聚集在印度门，参加升印度国旗的典礼。尼赫鲁被困在异常兴奋的人群之中。

"您肯定非常累了。"路易斯说。

"我倒是相当喜欢人群，"尼赫鲁说，"我的第一反应是走到他们中间去，可有时候也不得不想办法脱身，甚至动拳头。"下午，尼赫鲁为了挤出人群，用太阳帽扇了一个男人，可在路易斯的想象中，肯定是那群狂热崇拜他的人差点撕掉了他的衣服。尼赫鲁邀请他两天后共进午餐，那是一个星期天。他想谈些和政治无关的事。[30]

那个星期天将出版新地图。对印度一无所知的英国律师西里尔·拉德克利夫（Sir Cyril Radcliffe）在查阅了所有用红布包裹的关于人口普查和土地的记录后（助理地方专员卡里特肯定也参与其中），划定了印度的新边界。孟加拉再次被一分为二，旁遮普省则是首次被分割。地图把国家分成了两部分，东、西巴基斯坦，以及中间的印度。

也许在邀请路易斯于星期天共进午餐时，尼赫鲁就认为，满足真纳对巴基斯坦的诉求后，印度可能会从"集体高烧"中痊愈，就像用刀切开脓瘤那样。所以，尼赫鲁当时才以为也许可以暂时放下政治一小时，谈谈其他事。可是，拉德克利夫的地图刚发表，旁遮普省边界线的两侧就爆发了冲突。前往东部的印度教徒和锡克教徒还没抵达印度边界，就遭到了穆斯林的伏击，并引发了报复的连锁反应，拿枪和长矛的锡克教徒则在火车站等待坐火车赶来西边的大批穆斯林。午餐会取消了。

"其他人可以利用我们的弱点，因为我们确实有弱点。"那天，拉达克里希南在午夜的讲话中说道。几十年来，英国高层一直把印度教徒和穆斯林之间的冲突当作借口，故意加深双方之间的分歧，却无视双方不断增强的实力。在面对为印度的分裂而感到惋惜的议会立法者时，拉达克里希南反问道："难道我们不是分离主义下的受害者吗？不是现成的受害者？"[31]

路易斯抵达旁遮普省的拉合尔后，德里也开始出现暴力事件。9 月 6 日晚，有人在旧德里（Old Delhi）的穆斯林社区纵火。[32]路易斯刚逃出辛巴达·辛克莱家，发疯似的、在头顶挥舞着匕首的锡克教徒便包围了那里，要求交出所有的穆斯林仆人。辛巴达·辛克莱抢起 9 号和 5 号高尔夫球杆，打倒了他们。[33]

路易斯回来后，发现德里已经成了鬼城。乞丐都跑光了。双轮马车和出租车已销声匿迹。制宪会议一位穆斯林秘书的家被洗劫一空，一个月前，路易斯曾在那里受到过热情的款待。在聚集了六万名穆斯林的堡垒（fort）附近的空地，他望着体形肥胖的巴基斯坦总理在卡车上发表演讲，他恳求他们留在印度，并保证印度教徒不会杀害他们。无论路易斯朝哪里看，都有孩子在蹲着拉屎。随后，他去了甘地的祷告会。甘地刚从加尔各答回来，当地报纸称他轻易地化解了暴力事件。对此，路易斯

282

不太相信。

晚上，回到辛巴达·辛克莱家后，当路易斯躺在床上思考有关难民和甘地的事情时，夜空突然天色大变。

他反思了基督教所谓的虚空所指为何之后，便入睡了。第二天早晨，他坐上了开往加尔各答的火车。[34]

6 号公寓，罗素街 6 号，加尔各答，
1947 年 9 月 25 日

虽然沙希德·苏拉瓦底没能应对好孟加拉的饥荒，而且逃避了加尔各答大屠杀的责任，然而，他仍是得到孟加拉法律承认的尊贵的总理，领导着 6000 多万人民。可是，当他听说甘地没有出席德里的独立日庆祝活动，而是又去了形势胶着的诺阿卡利后，他彻底陷入了恐慌。甘地没能阻止印度的分裂，但他认为至少可以牺牲自己，来代表那些在东孟加拉邦成为东巴基斯坦时处于众矢之的的人。

如果甘地在沙希德的眼皮子底下被谋杀，那么，这便意味他的政治生涯宣告结束。更糟糕的是，随之而来的肯定是加尔各答的穆斯林被血腥地屠杀。沙希德亲自去了索德普尔（Sodepur）的修行所，他恳求老人留在城里协助他维持和平。在沙希德保证了诺阿卡利印度教徒的安全后，甘地让步了，可他提出了一个条件——沙希德必须和他住在一起。他们搬到了别利亚加塔（Beliaghata）一个印度教徒和穆斯林混住的社区，暂住在一位做小买卖的穆斯林摇摇欲坠的家中。沙希德更进一步，他甚至脱掉了西装，换上了有赎罪意味的卡其布束腰宽松裤。

独立日那天，相安无事。印度教徒和穆斯林平和地走上街头，一年前，他们曾在同样的地方搏杀。新地图把孟加拉一分为二，但加尔各答被归入印度，这为两大族群带来了些许欢乐。当印度教徒在当时被称为东巴基斯坦的地区受到威胁时，那些穆斯林很快就会被镇压。沙希德和甘地一起吃素（虽然偶尔有人看见沙希德去餐厅），和他一起参加祷告。[35]他甚至愿意为1946年的加尔各答大屠杀负责。[36]印度总督和穆斯林联盟纷纷表达了他们的敬意。多份报纸写道，甘地在加尔各答创造了奇迹。

可是，旁遮普省传来的消息却令人不安。石块打破了窗户。印度教暴徒破窗而入，要求交出苏拉瓦底。甘地表示他们可以把自己带走，用来交换让他们"恨得咬牙切齿"的总理。[37]警方驱逐了暴徒，并用催泪瓦斯驱散了附近围观的人，但第二天，整个城市发生了暴乱。几十人丧命。甘地宣布从1947年9月1日晚8点15分开始绝食，直到死亡。《印度时报》宣称，全印度的和平到了最危急的关头。沙希德和印度右翼人士分守在他床榻的两侧。[38]

绝食73小时后，两大族群的代表签署协议，保证让城市恢复平静。他们用生命发誓会维护和平。圣雄喝了点橙汁。为回应群众要求他发声的诉求，他用孟加拉语在纸上写下一句话： 284
Amar jibanee amar bannee，我还活着即我想传达的讯息。[39]

拉宾德拉纳特·泰戈尔本以为自己是欧洲和亚洲之间的枢纽、桥梁。《相识》和苏丁的阿达也在做同样的努力。可在甘地眼中，印度永远是宇宙的中心。他坚信，西方需要向印度学习的地方，远远超过印度该向西方学习的地方。在经历了轰炸、饥荒、大屠杀以及分裂后，苏丁如今更加能体味到他这一愿景的深远意义。他写道，这个衣不蔽体的矮个子男人的印度梦，将比他们所有人的梦更持久。[40]

当路易斯·麦克尼斯抵达加尔各答时，北方上演的恐怖事件似乎离这里还十分遥远。苏丁·达塔改变了主意，安排他住在罗素街上自己家的客房，房子位于以前被称为萨希卜帕拉（sahib para）社区的深处。苏丁家杂乱但通风效果不错，墙上挂满了孟加拉画家的作品，显然比路易斯每次来这里时入住的大东方酒店（Great Eastern Hotel）更惬意。只要住在那里，路易斯每次转身时总会遇上戴着白手套向他讨小费的服务生。[41]

路易斯和苏丁很快就熟络起来。[42]苏丁的藏书数量和语种比路易斯在任何印度家庭所见过的都多。不仅如此，以 46 岁的年龄而言，他显得很有活力，大智若愚，又带着高明的幽默感。他家的餐点如此精致，每当路易斯吃完盘中的食物后，便马上有人端上下一道菜。一天晚上，约翰·奥登的小姨子和她的丈夫从孟买来到家中做客。她说，她是邦纳吉姐妹中唯一没有嫁给英国人的。路易斯认为，虽然她的丈夫才是帕西人，不过，她的做派已经很像帕西人了。[43]

让他感到欣慰的另一点是，苏丁似乎是城里仅有的没受共产主义思潮影响的知识分子。路易斯发现孟加拉的共产党人相当固执己见。他和进步作家联盟（Progressive Writers' Association）的成员聊天时，还猝不及防地被提了数个有关约翰·奥登和迈克尔·斯彭德的尖锐问题，并被迫回答。[44]一位共产党员的 8 岁女儿背诵了一首献给温斯顿·丘吉尔的诗。诗的最后写道："你说过不会抛弃印度。好吧！那现在算什么？"

"他们竟然在政治上如此早熟。"他在给妻子海迪的信中写道。[45]

确实如此。印度现在已经摆脱温斯顿·丘吉尔了。虽然英国人离开了，然而，他们的语言却留了下来。孟加拉人如今必须克制对英文的钟情。英文单词和用英文写作的作家不再受追捧。孟加拉人渴望彻底的独立。他们讲述的故事、撰写的历史都必须揭露谎言，暴露在这种语言统治下所遭受的或微不足道或惊天动地的背叛。正如路易斯所预言的，我们也可以从印度人身上学习一些东西。路易斯惊呼自己已经被印度文化征服了，他在离开加尔各答时带走了一幅亚米尼·罗伊的画、买给海迪的纱丽和数张印度经典音乐唱片。苏丁充满魅力又温柔的年轻妻子带他挑选了这些礼物。[46]

苏丁·达塔决定把查比送回娘家并迎娶更年轻的女人的消息传出时，亲英派把这看成是一桩丑闻。最让人意外的是，拉杰斯瓦里（Rajeswari）竟不是孟加拉人，而是旁遮普人。[47]她很快适应了丈夫的趣味，学习说和阅读法文、意大利文和孟加拉文，与此同时，她还在继续着自己职业歌手的生涯，演唱由泰戈尔的诗歌改编的歌曲。苏丁的朋友们终于改变看法了，并欣慰地发现在她的陪伴下，他渐渐远离了 1940 年的忧郁。

除此之外，获得自由——无论在个人意义上还是政治上——都没有真正地改变苏丁。他还是常常为这座城市被抛弃而怒火中烧。虽然无法得到其他作家的认同，他仍然不确信孟加拉和英格兰联姻对双方而言都算是好事。他还在和巴德拉洛克阶层的共产党争执不休，后者总谴责他缺乏政治参与度。他还是不停地把年轻的孟加拉诗人、画家和知识分子的作品推荐给来访的外国人（包括斯蒂芬·斯彭德）。而且，他还在坚持用饮料和笑话款待众人。苏丁曾向约翰·奥登保证，年龄增长不会让他的情感变得迟钝，只会让他变得更加包容、善解人意。也许，他终于理解他的愤怒从何而来了。[48]

286　　如同所有诗人一样，苏丁也会怀疑今后是否会有人阅读他的作品，他是否会被世人铭记。他经常将自己形容为上个时代的遗留物，不停褪色，破烂不堪。有些日子，他似乎正在等待那个时刻的降临，正如他见证过的诸多历史那样，他最终也会落得灰尘满面。但过几天，总会有某位朋友来访，他们一起坐在阳台上，一连数小时沉浸在聊天的愉悦中，这又会让他重生，变得开心起来。

有人说，苏丁的人生基于一种绝望，而这种人生本身便是艺术。[49]

辛克莱的家，奥朗则布路17号，新德里，
1947 年 11 月 17 日

谢拉带着女儿们去奥登博士夏天度假住的湖区小屋时，奥登正赶往伦敦，试图弄清楚是该继续留在加尔各答的印度地质调查局，还是前往它在巴基斯坦的分部。虽然伦敦很大，可约翰总会遇上埃丽卡·斯彭德。[50]后来，谢拉和女儿们来伦敦和他会合了，他们又见了埃莉诺·辛克莱、南希以及她们各自的孩子。南希为他们找了一间公寓。她现在在私立学校教艺术谋生。南希和谢拉聊了不少绘画的事。

直到奥登回到加尔各答、得知旁遮普省发生的残忍屠杀后，他才放弃了去巴基斯坦的念头。与此同时，除了路易斯·麦克尼斯，苏丁和明妮几乎找不到其他的共同话题。约翰告诉南希，路易斯的出现是个"巨大的成功"。约翰在路易斯回到伦敦的五天后去了德里，也在那里听说了他大受欢迎的事。约翰在辛克莱家的客房写道，浴缸里甚至还留着他的洗澡水。

他不禁想，究竟是辛克莱的威士忌，还是路易斯留下的诗句，让他在那天晚上做的梦中充满了对1938年的回忆？[51]

> 谁在我的生命，在墙壁留下香气
> 与她的影翩翩起舞
> 她的长发缠绕，如瀑布
> 整个伦敦都散落着记忆中的吻。[52]

印度地质调查局，乔林希路 27 号，加尔各答，　　　　　287
1953 年 5 月 29 日

1950 年，尼泊尔的边界终于开放了，比尔·蒂尔曼邀请约翰·奥登一起登山探险。他拒绝了。正如印度已经无法为英国人提供展示他们优越的英式作风的舞台一样，约翰心中攀登珠峰的理想已经被另一件事取代，一个更大的野心。

他想成为一个更好的人。

1951 年 3 月，约翰去大吉岭附近的避暑地见信奉耶稣的登山家安德森·贝克韦尔（Anderson Bakewell）。贝克韦尔神父不久前陪蒂尔曼去了索卢昆布地区探险，那里是 1930 年代珠峰探险队所雇的大吉岭夏尔巴人的家乡。旅途中，贝克韦尔和蒂尔曼从南边对珠峰展开了一次简短的勘测。贝克韦尔的 16 毫米全景镜头中似乎出现了一条路，可以从马卡鲁峰和洛子峰（Lhotse）相邻山峰南边的山谷通往珠峰。尽管当时还不清楚能否经它登顶，不过，当希普顿在 1952 年完成一次更为详尽的勘测后，回程时，他发现这条路对他十分有用。[53]与贝克韦尔神父交谈后，约翰·奥登成了天主教徒。

皈依天主教后，约翰提议在前往伦敦的途中，把贝克韦尔拍摄的珠峰照片带去开罗的耶稣会大学（Jesuit College）。安妮塔和丽塔在加尔各答度过了六年的愉快时光——她们如今分别十岁和九岁，现在，是时候送她们去英国的寄宿学校接受正规教育了。这是约翰离职前最后的休假，他和谢拉计划夏天去英格兰旅行，以便把女孩们安顿在伯明翰的女修道院学校。他们会在意大利稍事停留，去伊斯基亚（Ischia）拜访威斯坦和卡尔曼。约翰还想找机会在半私人场合拜见教皇，以及参观梵蒂冈的一间告解厅。那时，约翰已经深知任何事都不可操之过急。[54]

谢拉也曾希望事情都能有好结果。她在丈夫停留罗马期间询问威斯坦，约翰是否对她不忠。威斯坦"尽责"地提供了许多细节，佐证了她的怀疑。[55]在四年前印度重获自由和独立之际，约翰和南希旧情复燃。此后，他一直偷偷地给她写信，送礼物。[56]谢拉在约翰从罗马回来后和他当面对质，并下达了最后通牒：他必须在自己的家庭和南希·斯彭德之间作出选择。约翰发誓再也不会见南希或和她联络了。[57]他回到英格兰后，安顿好妻子和女儿们的新生活，没有见南希便直接回了印度。

回到加尔各答后，约翰事无巨细地报告所有事，从井产量、灌溉问题、恒河平原的水文地质情况，到水力发电的方方面面。各项工程方案都在稳步推进中。在给弟弟的信中，约翰恼怒地写道："新大坝会建得比博尔（Boulder）大坝还高100英尺，而且计划只用一半时间建成，没有任何人能够阻挡卷土重来的

民族主义。"[58] 大规模的工业发展也在如火如荼地进行。如果
1948年甘地没有死在暗杀者的子弹下，肯定会对眼前的一切大
感震惊。甘地对印度田园牧歌式的憧憬，集中发展小规模家庭
生产的理念，以及类似浪漫主义诗人笔下湖区生活的愿景，都
随着他的去世而消亡了。甘地的去世对苏丁打击极大，首次让
他产生了是否该离开印度的念头。[59]

约翰抱怨道："除了尼赫鲁、拉贾戈巴拉查理（Rajagopalachari）[①]
和沙拉金尼·奈都，整个国家都被一群没受过什么教育、一味
趋炎附势的人把持着。"他成了印度地质调查局同等职位上的
最后一个英国人，处境岌岌可危。他眼看着伪君子们解雇了最
后一位英国主管，当时他正在休假。[60]当他质疑是否该在喜马拉
雅山脉地质活动频繁、经常发生泥石流的地区建造大坝时，却
被人间接地讽刺了一番他的衷心。有传闻称，他考虑过被调去
巴基斯坦，而会去那里的英国人都被视为卖国贼和内奸。[61]当约
翰拒绝在维持薪水不变的情况下出任主管职位时，决策层竟威
胁要剥夺他的养老金。[62]

没有谢拉陪在身边，约翰重新陷入了沮丧和绝望。1940
年，他放弃了星期六俱乐部（Saturday Club）、托利贡吉俱乐部
的会员资格，因为那里不欢迎谢拉。而且，他现在也没有余力
支付会员费。为了省钱，他不再抽烟，也不再喝威士忌。他抱
怨明妮不懂得做家务、总想吃好吃的，抱怨没法冲水的马桶和
经常在他床边大便的狗。[63]苏丁身边几乎没几个朋友，可当他联
络仅有的朋友时，又担心自己被人讨厌。沙希德·苏拉瓦底在
巴基斯坦。苏肖本·萨卡尔在忙着教书，为共产党四处奔波。

289

---

① 拉贾戈帕拉查理（Rajagopalachari，1878–1972）：印度政治家、主张独立
的活动家、最后一任印度总督。——译者注

明妮和林赛每晚都出门约会。他没有收到过任何地方的邀请。[64]
他觉得自己不属于这个时代，仿佛一块被嵌在石头里永不见天
日的化石。他把自己弄得身心俱疲。

约翰在印度地质调查局的工作快临近尾声时，贾瓦哈拉
尔·尼赫鲁问起他要离开的事。总理告诉新上任的局长，印度
非常需要奥登这样的人才，但新局长曾使出全身解数不让他过
上好日子。[65]实际上，在今后的数十年，世界银行（World Bank）
将资助无数个约翰·奥登曾参与过的田野调查。[66]在加尔各答的
最后几星期，他火气大得一触即发，因为压力太大而长了疖子，
此外，这还是他记忆中最炎热的夏天。他在黑斯廷斯街
（Hastings Street）看见一个可怜巴巴的锡克教出租车司机在不停
地抹额头上的汗水，男人发觉约翰在看他后，便撩起衬衫，给
他看胸前闷出的一大片痱子。约翰也撩起衬衫给他看自己皮肤
的惨况。[67]

收拾办公室时，约翰在印度经历的种种再次浮现在他的眼
前。他几乎忘了自己写过《喜马拉雅山脉加瓦尔地区地质构
造》这种论文。[68]最后一次离开加尔各答前，他久久地无法入
睡，回忆起谢拉从西姆拉、大吉岭和伦敦寄给他的所有信。谢
拉又回到了战争期间四处漂泊的生活状态，上课期间，她住在
学校提供的公寓，放假则去奥登和女儿那里。虽然约翰会定期
给她写信，可她仍过得非常寂寞。

天亮时，约翰意识到了她在 13 年的婚姻中所忍受的所有苦
难。在那些寒冷的夜晚，她独自待在狭窄的房间，种种画面交
织到一起，再次让他认识到自己是个多么糟糕的丈夫。给她
一个属于自己的地方，这个理由便足以让他无怨无悔地离开印
度。[69]他在给女儿们的信中提到了即将加冕的新女王，却没提及

290

他要等到举办加冕仪式时才会回家。人类终于登上了珠穆朗玛峰。

埃德蒙·希拉里（Edmund Hillary）和丹增·诺盖①与阿瑟·欣克斯头脑中理想的英国人化身有着天壤之别。希拉里是新西兰人，诺盖曾在 1935 年陪同迈克尔·斯彭德前往珠峰，他是尼泊尔出生的藏族人，印度公民。地图和边界都没能定义这个男人：丹增登顶珠峰的身份不是西藏人、印度人、尼泊尔人或大吉岭的夏尔巴人，而是一位登山家。

约翰在喀土穆开始了新工作。第一次休假时，他在往返哈罗德街（Harrods）和圣詹姆斯广场（St. James's Place）的公车上遇见了南希。他没有和她说话。[70]

"我是你的妻子，"谢拉在信中告诉约翰，明妮在五个月前的早早离世让她悲痛欲绝，"我应该尝试着安慰你，给你打气——而不是嘲笑你。我应该牢记不用独自一人生活有多么美好，我生病、感到难过的时候有你照顾我，就像我也会照顾你那样。"[71]当时，谢拉已经知道丈夫没能信守他 1951 年在伊斯基亚向她保证的事。约翰在伦敦的巴拉特石油公司工作期间，再次和南希重续前缘。多年来，他们在午餐时间去巴比肯酒店（Barbican Hotel）约会，在电话里讲悄悄话，暗地里相互写信、送礼物。他只要看一眼谢拉，脸就会立刻涨得通红。妻子的眼泪夺眶而出时，他却眼眶干涩，他对自己的薄情感到既意外又震惊。[72]

用谢拉的话说，她有段时间成了脾气暴躁、说话又刻薄的

① 1953 年 5 月 29 日，两人从珠穆朗玛峰南侧攀登，第一次站在了世界之巅。——译者注

讨厌鬼。[73]她告诉约翰，这不是因为她多年来必须忍受身体上的各种不适，而是因为他无休止的谎言和虚情假意的承诺。他出于"保护"她而向她说谎，是对她的极大侮辱。[74]她在英格兰和印度的学校中接受的教育都反复强调"信任的神圣"，印度总督也多次承诺会把印度的最大利益放在心上，如今，在她听来，都是一派谎言。她告诉约翰，他的谎言让她无法分辨他们生活中什么是真实，什么是欺骗，实际上，她已经无法分辨任何事。[75]

约翰曾将这段婚姻形容为在印度和英格兰之间"抵抗苦难的安全岛"。[76]相反，它却承载了无穷的心酸与背叛。

291   海菲尔德之家（Highfield Residential Home），
             马尔堡，威尔特郡（Wiltshire），1999 年

南希没有再结婚。她精心保存了所有情书，仿佛叠得整整齐齐的地图，描绘着她曾经征服过的领土，如今却都已经与她无关。战争结束后，她开始教艺术课，并实现了长久以来所渴望的经济独立。她人生最后的时光在养老院度过。她和其他老人相处得不太融洽，她经常生气，尤其是她被冷落的时候。曾有几个男人喜欢过她，可她很快就会和对方吵架。她把时间都花在画一只猫上，那是她从伦敦带来的。后来，猫被人毒死时，她表现得就像爱人被谋杀了一样。

她曾希望在晚年找回平静。可是，她没有。

"你是那个我会永远放在心里的人。"路易斯在信中告诉她。南希以为他写的信都被弄丢了，其实，它们都保存在战争爆发之前比尔离开她时所带走的一个书桌抽屉里。还是战争期

间的事情呢？她记不得了。

迈克尔遇难后，路易斯是第一个去世的，之后是威斯坦、比尔，最后是约翰。传记作家和 BBC 摄影团队登门拜访南希，他们带来了香槟，希望她多说些什么，可那些都不是她所津津乐道的记忆。她喜欢沉浸在童年记忆中。战争爆发前，她的医生带她走上了独立谋生的路，最终，她凭自己走到了最后，靠着一股调查刑事案件般的顽强精神。这些记忆在她脑海中留存得最久，在它们离她而去之前，她把它们一一写了下来。[77]

我们知道该如何治愈撕裂的伤口吗？怅然若失的情感真的能够得到救赎吗？有些人不在意记忆会随风而逝，可总有人被留在过去，长久地凝视远方，在残存的记忆碎片中魂牵梦绕，挣扎着把它们拼凑到一起。即使是最平常的东西——一张羊皮纸或一件褪色的纱丽，一只空烟盒或一张所绘国家早不复存在的地图——都可以轻易地勾起痛苦的记忆和内心的混乱。也许是年轻男人，在盒子中翻找旧物，在描写战争和战前岁月的书中寻找那个让他感到陌生的父亲。也许是女孩，按时间顺序整理家人的照片以及他们在长期分别时写的书信，为了寻找摩登的墨镜背后她熟悉的母亲首次消失的那个瞬间。研究者会仔细翻阅年代久远的土地记录，寻找只存在于祖母故事中的老房子。也有研究者会调查饥荒的死亡人数，他们没有脸孔，没有姓名或任何遗物，只有多年前的人口普查记录来悼念属于他们的空白。

最后，还有那位打扮得十分体面的绅士，他端坐在书桌前，可再也无法在城市中找到家的感觉。他书写过去的人生章节，一写再写，为了更好地把握和捕捉一座城市或一个国家，他的

292

生命中曾出现过的一个女人或一座高山。

那些仍留存在他的梦中。

瑟洛广场（Thurloe Square）43 号，南肯辛顿（South Kensington），伦敦，2002 年 1 月

威斯坦·奥登一个人的印度之旅并不成功。没有酒，没有狂欢到深夜的派对，没有美食，这一切都让他闷闷不乐。在总理尼赫鲁招待他的舞会上，他中途怒气冲冲地离场了。谢拉没有把所有错都怪在他身上。但有次吃晚餐时，她责备自己赫赫有名的小叔对印度的所有事都缺乏好感。随后，她还指出了奥登家族的种种虚伪。

第二天，谢拉不顾约翰的反对，写信向威斯坦道歉，承认她喝了太多酒。2002 年，谢拉去世后，她的女儿在母亲的钱包里找到了威斯坦的回信。

"我不相信酒后吐真言（In vino veritas）——人在清醒的时候已经知道并说出了大部分真相。"威斯坦在信的开头这样写道，带着他一贯的自负。然而，怨恨，尤其是对直系亲属的怨恨，最可能在喝醉酒后发泄出来。在他看来，其实这么做也无妨。

威斯坦坦率地承认，他在看待印度时带着一种戒心。"无论在宗教、艺术，还是思想上，东方都是一个完整的世界，或数个完整世界的组合，它们绝对值得被认真对待，而非外人蜻蜓点水般的涉猎"，他从没想过要研究东方，"最明智、最尊重的方式，便是和它保持距离"。可是，他确实认同谢拉所指出的奥登家族的伪善。他的父亲曾当着切斯特的面痛骂

犹太人。

　　"不止奥登家族，而是整个英格兰社会都像个傲慢的家族。你以为我为什么要去美国？可是，请再对我们耐心点儿，亲爱的。"[78]

　　谢拉·邦纳吉·奥登已经竭尽所能。

20　夜幕降临

　　夜幕降临在吉卜林笔下的大干道①，废弃的军营。

　　夜幕降临在穆里山区（Murree Hills），西姆拉的杜鹃花。

　　夜幕降临在寺院，寺院门前的车，莫卧儿的花园和莫卧儿的墓地

　　降临在黄麻磨坊和修行所，降临在十字架和湿婆像。

　　降临在铁路月台沉睡的枕木，

　　降临在农田守望者，降临在栖木上的小摆件。

　　降临在从没离开过森林的人，

　　降临在即将离开的最后一个英国人。

　　　　　　　　路易斯·麦克尼斯，《印度日记》[1]

塔波凡（Tapovan），戈穆克附近，加瓦尔地区，
2015 年 5 月 6 日

　　史弗林山（Shivling）的山脚下，距喜马拉雅山脉加瓦尔地区的根戈德里冰川尽头的不远处，便是终年结冰的村子塔波凡。

---

　　① Grand Trunk Road，亚洲最古老、最长的道路。拥有至少 2500 年历史，连接印度大陆与中亚地区，全长 2400 公里。——译者注

数个世代以来，塔波凡都是大师（baba）的栖身之所。他们住在巨石下的洞穴或粗糙的石头房子里，眼前便是史弗林山。即使现在，仍有三人住在这个山谷里。他们信奉湿婆，跟随神走过艰难崎岖的道路来到这里。每人都曾发誓禁欲，保持沉默。他们面前的花岗岩、脚下的冰川，见证着他们的苦行。其中一位大师曾是通讯公司的会计，他已经在这里住了 3 年，另一位大师住了 11 年。

正如为了攀登凯达尔纳特峰而跋涉到此地的登山家一样，大师们也很清楚他们内心的召唤。他们对从前圣徒的名字如数家珍，他们忍受的苦难远甚于大雪纷飞时的严寒。其中的一位圣徒便是南迦大师（Nanga Baba）。大师们的随身物品屈指可数，可他们仍保留着他的相片。希普顿和蒂尔曼在没有尼龙帐篷和谷歌地球（Google Earth）的情况下征服了惊人的海拔，南迦大师也没有飞行员墨镜或羊毛保暖衣。他赤身裸体。他的手掌和脚底被磨得像石头般坚硬。为了寻找神圣的生活，南迦大师经历了身体和心智的极限考验。只要提起他的名字，朝圣途中的大师们都会争相发出惊呼声。

可是，尽管南迦大师在自我克制中获得了神秘力量，然而，他还是在一场大雪中被活埋在了他生活的洞穴。如今，在岩石下生活的大师们，是否也担心过同样的灾难会降临到他们头上？他们是否琢磨过南迦大师最后一刻在想什么？哎，他那时在乌塔卡西（Uttarkashi）看病，有块牌子警告不准好奇的人们入内。那位前会计曾解释为肠胃问题。他的声音很轻，为了不打破"保持沉默"的誓言。

离塔波凡不远，最多走上两天便能抵达鲁达盖拉山谷的入口。再花四天时间爬到山谷顶部，就可以站在 1939 年 6 月 29

295

日约翰·奥登和朱安·辛格曾经过的危险山口了。这里的海拔超过阿尔卑斯山脉的所有地方，但对于喜马拉雅山脉来说，海拔 1.8 万英尺的山口根本不值一提。穿越这个山口需要先爬一条从谷底延伸出来的异常陡峭的山路，再利用索绳下降到远处比兰甘纳山谷（Bhilangna Valley）中哈特林冰川（Khatling Glacier）上一道巨大的裂缝中。乌塔卡西的尼泊尔搬运工称这个山口为乌丹山口（Udan Col），意指"风大得会把人吹跑"。印度向导因为有地图，知道它的名字是奥登山口（Auden's Col）——为了纪念某个曾穿越它，如今已经被遗忘的英国人。这里是加瓦尔地区最危险的山口之一。

1945 年，约翰·奥登被派去美国学习水电项目，以便投身于印度战后的工业化建设。在回程途中经过伦敦时，他在皇家地理学会见到了埃里克·希普顿，还送给南希一双长袜。迈克尔已经去世五个月了。约翰拒绝和她上床，加上约翰还活着迈克尔却死了的事实，都让南希既生气又难过。她痛骂了约翰一顿。还是老样子，她说，没有想法也没勇气地站在我家门前。你会去印度纯粹是因为你没法应付英国的事。

她曾用同样的话伤害过他。现在，还可以找到那时留下的痕迹。

他在开往印度的运兵船上写给她的信中提到，像她这么聪明的女人如果认为英国是衡量世间一切的标准，未免太过狭隘。"没有任何国家的垄断是天衣无缝的。"他说，并指出迈克尔最伟大的地方便是他的无所畏惧，所以他才会去大堡礁、东格陵兰和印度。他坦言，关于年轻时的梦想，他只记得两件事——登上珠峰，以及弄清楚是什么力量让它拔地而起。他承认，两件事都落空了。[2]

尽管约翰不是第一个登世界最高峰的人，不过，他所处的年代没有任何探险家能够像他这样，如此近距离地观察喜马拉雅山脉和它岩石的构成。他就像最虔诚的朝圣者那样，沿小路徒步抵达恒河的圣泉和塔波凡冰封的山谷。他在朝圣途中距伯德里纳特（Badrinath）① 158 英里处发现了大量不合常理的、高度变形的石头，它们都为喜马拉雅山脉来自地壳深处提供了表征。他在喜马拉雅山脉的其他地方也见到过这种错乱分布，比如高强度的结晶岩曾受到过某种推力作用。虽然约翰·奥登曾多次否认大陆漂移学说，可他从骨子里知道，这条断层肯定和喜马拉雅山脉最初的形成有关。

一位印度地质学家后来留意到，虽然约翰·奥登得出的结论主要集中在单一地区，他却是首个在他自己钟情的加瓦尔地区的地图上，标识出这种错乱分布的人。而且，他画出了一条横贯喜马拉雅山脉东西、全长达 1500 英里的弧线。[3]是的，的确如此。

这条断层如今被称为喜马拉雅主冲断层（Main Central Thrust in Himalaya）。

---

① 印度查尔达姆（Char Dham）朝圣之路上的四大地标之一，因为巴德里纳特神庙得名。——译者注

跋

　　为了欢迎约翰·奥登难得地回到加尔各答，苏丁·达塔在明妮和林赛·埃默森家和大家吃了晚餐。不久后，1960 年 6 月 25 日，他在睡梦中平静地离世了。

　　沙希德·苏拉瓦底出任了巴基斯坦第五任总理。在被赶下台之前，他和美国建立了相当亲密的关系。有说法认为，他是被人下毒的。他的哥哥哈桑·沙希德撰写了许多和艺术有关的书，创建了巴基斯坦笔会（Pakistan PEN），并出任了巴基斯坦驻西班牙、摩洛哥、突尼斯和梵蒂冈等国的大使。他和尼赫鲁成了好朋友。

　　苏肖本·萨卡尔在加尔各答院长学院（Presidency College）和贾达普大学担任历史系教授，培养了一大批学者和知识分子，包括后来摘得诺贝尔经济学奖的阿玛蒂亚·森（Amartya Sen）。希林杰拉德·穆克吉进入下议院，到死都没有停止对约瑟夫·斯大林的崇拜。人们最后一次见到阿普鲁巴·昌达时，他正喋喋不休地抱怨申请加尔各答俱乐部（Calcutta Club）会员资格的人都有多么糟糕。

　　一位敏锐的牛津警官留意到，在博尔斯山上，卡里特家的花园里有一堆泥土被重新刨开过。他在其中找到了一只装满印度政府"机密"官方文件的盒子。军情五处（MI5）这才确认印度文职机构的高级官员迈克尔·约翰·卡里特是共产党特工。卡里特在文职机构的养老金很快被取消。汉弗莱·豪斯把他最著名的作品《狄更斯的世界》（*The Dickens World*）献给了苏丁·达塔。迈克尔·斯科特牧师最终和印度共产党高层不欢而散，而他则继续为阿萨姆的部落奔走发声，并在晚年致力于终结南非的种族隔离制度。他在死后被称为纳米比亚共和国的"英国甘地"（British Gandhi）。

298

直到南希·夏普去世，人们才意识到她是那个年代最被低估的画家之一。如今，她创作的路易斯·麦克尼斯的肖像画被悬挂在国家肖像美术馆（National Portrait Gallery）。比尔·科德斯特里姆出任了斯莱德美术学院院长。索尼娅·布劳内尔嫁给了乔治·奥威尔。

1949 年，乔治·舒斯特宣布，英国将在"他们的马歇尔计划"中为印度着想，偿还对印度欠下的债务。

当埃佛勒斯委员会决定由其他人担任 1953 年探险的领队时，埃里克·希普顿不得不说服埃德蒙·希拉里不要为了表达抗议而退出探险队。他晚年训练童子军，继续四处旅行。比尔·蒂尔曼和所有船员在前往马尔维纳斯群岛途中失踪。享年 80 岁。

斯蒂芬·斯彭德被授予爵士称号。威斯坦·奥登则没能获得这项荣誉。

温斯顿·丘吉尔也许现在尚在人间。

注　释

人物

CRA － 康斯坦丝·罗莎莉·奥登

CAA － 乔治·奥古斯塔斯·奥登

JBA － 约翰·比克内尔·奥登

HH － 汉弗莱·豪斯

HM － 海迪·麦克尼斯（原姓：安德森）

LM － 路易斯·麦克尼斯

MC － 迈克尔·卡里特

MS － 迈克尔·斯彭德

NS － 南希·夏普

SB － 谢拉·邦纳吉

SD － 苏丁吉纳特·达塔

SS － 斯蒂芬·斯彭德

WC － 威廉·科德斯特里姆

WHA － 威斯坦·休·奥登

档案

私人档案

AMA － 安妮塔·莫尼档案

约翰·奥登的女儿和谢拉·邦纳吉的通信；她的日记：

1929 年、1938 年至 1939 年，1938 年至 1939 年的日记经常包括她寄给威斯坦·奥登、谢拉的书信和电报的草稿。本书在引用谢拉·邦纳吉和约翰·奥登未经发表的作品时，均已征得安妮塔·莫尼的同意。

PSA - 菲利普·斯彭德档案

有关迈克尔·斯彭德和南希·夏普的文件，包括书信、未发表作品的打字稿、照片、素描簿、记录做梦情况的日记、记事簿，以及维奥莱特·斯彭德 1917 年的日记、斯蒂芬·斯彭德创作的小说《旁波纳小姐》（"Miss Pangborne"）的影印本。本书在引用迈克尔·斯彭德未经发表的作品时，均已征得迈克尔·斯彭德遗产继承人的同意。

公共档案

AHCUW *American Heritage Center University of Wyoming*

H. W. Tilman diaries 1934 – 1967

BERG *Henry W. and Albert A. Berg Collection of English and American Literature*; *the Research Libraries of the New York Public Library*; *Astor, Lenox, and Tilden Foundations.*

约翰·比克内尔·奥登的文件属于 W. H. 奥登藏品的一部分。伯格收藏还有两本路易斯·麦克尼斯的《1947 年关于印度的广播剧的笔记》（"1947 notes for radio programs about India"），以及三份 BBC 第三季广播剧节目的油印本。

BL *British Library*

BLASR *British Library Archival Sound Recordings*, *National Life Stories Collection*：*Artists Lives.*

Humphrey Spender Interview.

BL: Mss Eu *British Library Private Papers*

Papers of John Bicknell Auden, Michael Carritt, George Schuster, Sir Arthur Dash, and Leonard George Pinnell.

BL: IOR *British Library, Indian Office Records*

IOR/L/PJ/12 *Indian Office Records, Public and Judicial Department (Separate) series*

Scotland Yard Reports on Michael John Carrittand Hassan Shahid Suhrawardy.

IOR/L/I *Indian Office Records Information Department*

Ministry of Information records on India and America.

IOR/L/PS *India Office Records: Political and Secret Department*

Records of frontier expeditions to Everest, Tibet, and Northern India.

IOR/V *Official Publications series*

The Geological Survey of India and the war.

BOD *Special Collections, Bodleian Libraries, University of Oxford*

Papers of Louis MacNeice, E. R. Dodds, and Sir Isaiah Berlin. Diaries of Erika Haarmann, Mrs. Michael Spender.

HL *Huntington Library, San Marino, California*

Christopher Isherwood Papers.

HRC *Harry Ransom Humanities Research Center, University of Texas at Austin*

The Diary of Kathleen Bradshaw Isherwood, Christopher Isherwood Collection.

LHAC *The Labour History Archive and Study Center, People's History Museum, Manchester*

Michael Carritt Papers and files relating to the Communist Party of India and the Indian National Congress.

迈克尔·卡里特和印度共产党、印度国大党有关的文件和材料

MED *The Medmenham Collection Archive in Wyton*　　　301

Papers of Constance Babington Smith.

NLS *National Library of Scotland*

"Wings Over Everest: The Story of the Houston – Mt. Everest Flight," 1934.

PMROK *Police Museum and Record Office Kolkata*

Special Branch and Intelligence Branch files up to 1947.

PRO *Public Record Office at Kew*

William Townsend journals, vols. 1 – 15.

RAFL *Royal Air Force Museum, London*

Oral histories of the RAF.

TGA *Tate Gallery Archive*

Papers of William Coldstream and Claude Rogers.

UVASC *Special Collections, University of Virginia Library, Charlottesville, Virginia*

Papers of Louis Arthur Johnson.

序言

1   MacNeice, "India at First Sight," 2. BERG.

2   *The Strings Are False*, 209.

3   MacNeice, "India and Pakistan," 6. BERG.

4   Dodds, *Missing Persons*, 136.

5   LM to NS, March 26, 1940. BOD. MacNeice, *Selected Prose*, 95.

6   MacNeice, *Letters of Louis MacNeice*, 366.

7   MacNeice, *Autumn Journal*, 4.

8   MacNeice, *Letters of Louis MacNeice*, 319.

9   MacNeice, "India at First Sight," 3. BERG.

10 LM to NS, March, 13, 1940, MS. Eng. c. 7381. BOD.

11 MacNeice, "1947 Notes." BERG.

12 MacNeice, "India at First Sight," 29. BERG.

13 *Times*, August 29, 1947.

14 MacNeice, "India at First Sight," 29. BERG. And LM to HM, August 31, 1947. Box 64, BOD.

15 LM to HM, September 16, 1947. Box 64, BOD.

16 LM to HM, September 6, 1947. Box 64, BOD.

17 LM to HM, August 16, 1947. Box 64, BOD.

18 LM to HM, September 16, 1947. Box 64, BOD.

19 MacNeice, *Selected Prose*, 195.

20 LM to HM, September 6 and 16, 1947. Box 64, BOD.

21 Stallworthy, *Louis MacNeice*, 211.

22 LM to NS, January 20, 1940. PSA.

23 LM to HM, September 22, 1947. Box 64, BOD.

24 LM to HM, September 6, 1947. Box 64, BOD.

25 Isserman, *Fallen Giants*, 148–49.

26 MacNeice, "India at First Sight," 44. BERG.

1. 湖区

1   Violet Spender, "1917 Diary," 2. PSA.

2   Stephen Spender, "Miss Pangborne," 196–98. PSA.

3   Spender, "1917 Diary," 3. PSA.

4 Spender, "Miss Pangborne," 196–98. PSA. *World within World*, 87.

5 Spender, "1917 Diary," 4. PSA.

6 http://femalewarpoets.blogspot.com/2014/04/violet-spender-one-of-her-poems. html.

7 Humphrey Spender interview, BLASR.

8 Spender, "Miss Pangborne," 196–98. PSA

9 Spender, *World within World*, 324.

10 Sutherland, *Stephen Spender*, 23.

11 Spender, "1917 Diary," 25. PSA.该引用来自泰戈尔的《我的回忆录》(*Reminiscences*).

12 Spender, "Miss Pangborne," 196–98. PSA.

13 Spender, *World within World*, 5, 6-7.

14 Harold Spender, *The Fire of Life*, 193–96.

15 Ibid., 207.

16 Ibid., 218.

17 Sutherland, *Stephen Spender*, 31.

18 Violet Spender, "1917 Diary," 22. PSA.

19 Humphrey Spender interview, BLASR.

20 Stephen Spender, *The Backward Son*, 134–35. Humphrey Spender interview, BLASR.

21 *Balliol Record*, 2008, 18–19.

22 Stephen Spender, *W. H. Auden*, 26.

2. 蒸汽船和纺车

1 Townsend, " Journal," Vol. 5, July 2, 1929. PRO. 这段有关奥登的叙述是根据大致和他同时代去印度旅客的记录整理的。

2 J. A. Spender, *Indian Scene*, 5, 7, 14.

3 Muggeridge, *Chronicles*, 95.

4 Spender, "1935 Everest Journal," 4–5. PSA.

5 Muggeridge, *Chronicles*, 95.

6 John Auden, "1913 Journal of Family Holiday in Rhayader." BERG. Spender, *W. H. Auden*, 26.

7 Spender, *W. H. Auden*, 26.

8 Papers of John Bicknell Auden. BL: MssEur D 843/12.

9 Muggeridge, *Chronicles*, 96.

10 Spender, *Indian Scene*, 17–19.

11 Auden, *Reminiscences of Retired Officers*, 41.

12 Spender, *World within World*, 86.

13 Bose, *The Indian Struggle*, 210.

14 Spender, *Indian Scene*, 231.

15 Ibid., 139. Spender, *Worldwithin World*, 77.

16 Auden et al., *Centenary of the Geological Survey*, 6.

17 Peterson, *Bengal District Gazetteers*, 173.

18 J. B. Auden, "1929 Journal." AMA.

19 WHA to JBA [June or December 1927]. BERG.

20 WHA to JBA [April and December 1927]. BERG. John Auden, "1929 Journal." AMA.

21 Mason, *Abode of Snow*, 190.

22 Auden et al., *Reminiscences of Retired Officers*, 42.

23 Valdiya, *The Making of India*, 344.

24 "The Geology of the Krol Belt," in Radhakrishna, *J. B. Auden*, 55, 121.

3. 孟加拉巴布

1 Datta, *World of Twilight*, 51–52, 58.

2 Spender, *Indian Scene*, 220.

3 Steevens, *In India*, 73.

4 Sarkisyanz, *From Imperialism to Fascism*, 163–64, citing Al Carthill, *Verlorene Herrschaft*, 141–43. 卡希尔（Carthill），原名为贝内特·克里斯蒂安·亨廷顿·卡尔卡拉夫特·肯尼迪（Bennet Christian Huntingdon Calcraft Kennedy），《失落的统治权》（*Lost Dominion*）的作者。这本以种族主义观点看待帝国主义的小册子后来被翻译成德文，引起了卡尔·豪斯霍费尔（Karl Haushofer）、鲁道夫·赫斯（Rudolf Hess）和阿道夫·希特勒（Adolf Hitler）的注意。汉娜·阿伦特（Hannah Arendt）也留意到了卡希尔撰写的小册子对纳粹意识形态产生的广泛影响。

5 Aberigh-Mackay, *Twenty-One Days*, 51–52.

6 Bose, *An Acre of Green Grass*, 70–71.

7 Sarkar, *The Swadeshi Movement*, 18–20.

8 Datta, *The World of Twilight*, 64.

9 Datta, *Art of the Intellect*, 230. Datta, *World of Twilight*, 73–76.

10 King, *Partner in Empire*, 104.

11 Datta, *World of Twilight*, 7–9, 27–29.

12   Sinclair, "A Memoir," 54. PSA.

13   Datta, *Art of the Intellect*, 18.

14   Dev, *Sudhindranath Datta*, 24, citing Edward Shils, introduction to Datta, *World of Twilight*, xvi.

15   Bose, *Acre of Green Grass*, 65.

16   Datta, *Art of the Intellect*, 231.

17   Datta, *World of Twilight*, 49–50.

18   Suraiya, *Rickshaw Ragtime*, 108–10.

19   Dev, *Sudhindranath Datta*, 28, 34–35.

20   Suraiya, *Rickshaw Ragtime*, 108–10.

21   Chakrabarty, *Provincializing Europe*, 208, citing *Nana katha* by Srikumar Chattopadhyay, 9, 16. Sarkar,

22   *Essays in Honour*, 23.

23   Muggeridge, *Like It Was*, 103.

24   Dev, *Sudhindranath Datta*, 36, citing *Amar Jauban*, by Buddhadeb Bose.

25   Reminiscences of Kanakendranath Datta (nephew), translated by Gouri Chatterjee.

26   Mukherji, "The Dickens World Revisted."

27   Bose, *Acre of Green Grass*, 55.

28   Ghosh, *Parichay-er Adda*, August 27, 1937, 41. 秘密日记作者为萨马尔·克利希纳·高希（Shyamal Krishna Ghosh）。虽然他在结识《相识》的相关人士后开始用孟加拉语写作，他的日记是用英文写成的。不幸的是，他的日记没能保存下来，可在它遗失前已经有一部分内容被翻译成孟加拉语并出版。古里·查特吉又为我把它翻译成了英文，我对译文作了相应编辑。

29   Ghosh, *Parichay-er Adda*, September 16, 1932, 123.

30   Datta, *Art of the Intellect*, 230.

31   Ibid., 230.

32   Datta, *World of Twilight*, xviii.

33   See Dasgupta, *English Poets on India*, 1–2.

34   Hassan Shahid Suhrawardy, BL: IOR/L/PJ/12/3, File 1256/17.

35   Muggeridge, *Like It Was*, 92, 95. Muggeridge, *Chronicles*, 28.

36   Hassan Shahid Suhrawardy, BL:IOR/L/PJ/12/3, File 1256/17.

37   Dash Papers, BL: Mss Eur D1066/2.

38   Leonard George Pinnell, "Pagesrelating to Bengal Famine." BL: Mss Eur D911/37.

39   Sarkar, *Essays in Honour*, 32.

40   Muggeridge, *Like It Was*, 100.

41   Ghosh, *Parichay-er Adda*, 118.

42   Sarkar, *Essays in Honour*, 27, 29–31.

43   Mitra, *Three Score and Ten*, 82.

44   Sarkar, *Essays in Honour*, 23, 30–31.

45   Abu Sayeed Ayyub, "Sudhindranath Datta."

46   Datta, *World of Twilight*, 60.

4. 冲断层

1   Sinclair, "A Memoir," 40. PSA.

2   Carritt, *Mole in the Crown*, 83–84.

3   Suraiya, *Rickshaw Ragtime*, 100–101.

4   J. B. Auden, "1929 Journal," 本章的主要来源是约翰·比克内尔·奥登在1929年写的日记。除另有说明，直接引用部分均来自上述日记，为清楚起见，略经编辑。

5   WHA to JBA [late July 1927]. BERG.

6   WHA to Christopher Isherwood [March/April 1928]. HL.

7   JBA to WHA [June or July 1927]. BERG.

8   Dash Papers, "A Bengal Diary 1910–1950." Box 2-5, BL: Mss Eur C188.

9   Moon, *Strangers in India*, 14.

10   Muldoon, *Empire, Politics*, 14.
      Straits Times, September 1, 1930.

11   Extract from the Independence Day Resolution passed by the INC in 1930. www .nationalarchives.gov.uk/education/empire/transcript/g3cs3s2t.htm.

5. 三角关系

1   Sarkar, *Essays in Honour*, 18–20. Citing coverage in *Amrita Bazar Patrika*, February 14, 1926, 5; February 20, 1926, 10; and March 9, 1926, 4.

2   Townsend, journals, vol. 1, May 6–12, 1926. PRO.

3   Sutherland, *Stephen Spender*, 63.

4   MS to Anthony Bull, undated. PSA. 布尔（Bul）是未来的运输学会（Institute of Transport）主席。

5   Philip Spender, interview, summer 2014.

6   Laybourn, *General Strike*; Townsend, journals, vol. 1, May 6–12, 1926. PRO.

7   MS to Anthony Bull, undated. PSA.

8   Laybourn, *General Strike*, 16.

9   Townsend, journals, vol. 1, May 6–12, 1926. PRO. Laybourn, *General Strike*, 62.

10   MS to Anthony Bull, undated. PSA.

11   MS to Anthony Bull, undated. PSA.

12   Chris Baraniuk to Philip Spender, January 6 and 10, 2010. PSA.

13   Spender, *The Changing East*, 153.

14   Ibid., 148–49.

15   Ibid., 155–56.

16   MS to Anthony Bull, February 18, 1927. PSA.

17   C. F. Jenkin to Arthur Hinks, February 20, 1928: RGS Archive Gt Barrier Reef CB, 1921–1928.

18   Spender, *World within World*, 44.

19   Carritt, *Mole in the Crown*, 7.

20   Ibid., 15–17.

21   Steevens, *In India*, 72.

22   Carritt, *Mole in the Crown*, 14.

23   www.midnapore.in/town_contai_freedom.html.

24   Michael Carritt, "Tour Diary, Tangail." BL: Mss Eur D 1172/4.

25   Carritt, *Mole in the Crown*, 30–32.

26   Special Branch file no. 6234
     Outrage—Midnapur shooting murder of Mr. Peddie, ICS Midnapur on April 7, 1931. PMROK.

27   Battacharya, *Chittagong*, 147. 465. www.midnapore.in/town_contai_freedom.html.

28   Muggeridge, *Chronicles*, 44.

29   Dash Papers, "A Bengal Diary 1910–1950," Box 2-5. BL: Mss Eur C188.

30   Philip Spender's notes on Nancy Sharp's memories of Michael Spender, January 9, 1967. PSA.

31   MS to Arthur Hinks, January 8, 1931. RGS.

32   Keay, *The Great Arc*, 9, 31, 80.

33   Collier, "Impact on Topographic Mapping."

34   Carritt, *Mole in the Crown*, 42, 46.

35   MS to Arthur Hinks, January 8, 1931. PSA.

36   Arthur Hinks to Professor Carl Fridolin Baeschlin, December 1, 1930. PSA.

37   MS to Arthur Hinks, January 8, 1931. PSA.

38   MS to Arthur Hinks, February 26, 1931. PSA.

39   Spender, "Geography at Work." PSA.

40   Collier, "Impact on Topographic Mapping."

41   Spender, "The New Photographic Survey."

42   MS to Arthur Hinks, February 26, 1931. PSA.

43   Christopher Isherwood to Olive Mangeot, December 1931. Box 64, CI Papers, HL.

44   Diary of Erika Haarmann MSS. German e. 16-19. BOD. Erica spelled her name Erika and Erica, Haarmann and Harman.

45   Spender, *World within World*, 47.

46   Ibid., 46.

6. 艺术学院

1   Sharp, "Memoir and Chronology," PSA. 除另有说明，本章主要基于南希·夏普的各种版本回忆录和大事记（Chronology）。

2   Spender, *Nancy Sharp (Nancy Spender)*, from the introduction.

3   Devas, *Two Flamboyant Fathers*, 149–50.

4   Townsend, journals, vol. 7, July 1, 1930. PRO.

5   Townsend, journals, vol. 7, June 18, 1930. PRO.

6   Medley, *Drawn from Life*, 204. Pery, *The Affectionate Eye*, 26–27.

7   Townsend, journals, vol. 5. January 30, 1929. PRO.

8   Pery, *The Affectionate Eye*, 26. Rogers Papers, 8121. TGA.

9   Townsend, journals, vol. 5, December 13, 1928. PRO.

10   Townsend, journals, vol. 7, November 11, 1930. PRO.

11   Townsend, journals, vol. 7, October 14, 1929, July 1, 1930. PRO.

12   Townsend, journals, vol. 7, December 9, 1929. PRO.

13   Townsend, journals, vol. 10, January 12, 1936. PRO

14   Townsend, journals, vol. 9, August 5 and 9, 1934. PRO.

15   Coldstream Papers, 8922/1. TGA.

16   Graham Bell to Ann Bell, April 27 and 29, 1938. Coldstream Papers, 8922/4. TGA.

17   Rogers Papers, 8121/9. TGA. Moynihan, *Restless Lives*, 30.

18   Devas, *Two Flamboyant Fathers*, 175. Moynihan, *Restless Lives*, 27.

19   Graham Bell, Coldstream Papers, 8922/4. TGA.

20   Laughton, *William Coldstream*, 25. 劳顿（Laughton）从汤森（Townsend）的文章中引用了上述说法，可其中1928年的说法并不正确。他们是在1932年结婚的。毫无疑问，许多版本的文献都证明了这点。

21   Moynihan, *Restless Lives*, 34–35.

22   NS to JBA, May 17, 1938. MSS Auden. BERG.

23   Townsend, journals, vol. 7, May 10, 1930.

24　Townsend, journals, vol. 9, August 5 and 9, 1934. PRO.

25　Pery, *The Affectionate Eye*, 40. Rogers Papers, 8121/9. TGA.

26　Rogers Papers, 8121/9. TGA. Moynihan, *Restless Lives*, 27.

27　Rogers Papers, 8121/9. TGA.

28　Auden and Isherwood, *Journey to a War*, 59.

29　Interviews with Philip Spender, summer 2014.

30　George Augustus Auden to NS, May 4, 1946. PSA.

31　W. H. Auden, "1929 Berlin Journal." BERG.

32　NS to LM, July 12, 1937. BOD.

33　Sharp, memoir chronology, PSA. Carpenter, *W. H. Auden*, 26.

34　Interviews with Philip Spender, summer 2014.

35　NS to JBA, May 25, 1938. PSA.

7. 完美的怪物

1　Andrews, *The Indian Earthquake*, 34.

2　Ibid., 22.

3　Brett, "A Report on the Bihar Earthquake."

4　Andrews, *Indian Earthquake*, 15–17.

5　Prashad, *The Life and Times of Maharaja Juddha*, 66.

6　J. B. Auden, "Traverses in Nepal."

7　Coll 37/11 (1) Northern India: Mount Everest; British Expeditions 1933–1936. BL: IOR/PS/12/4242.

8　Unsworth, *Everest*, 111.

9　Hansen, "The Dancing Lamas of Everest."

10　*London Times*, September 3, 1932.

11　Fellowes et al., *First over Everest*, v–vi.

12　Pugh, *Hurrah for the Blackshirts*, 190, 188.

13　*Wings over Everest*, NLS.

14　Blacker, "The Mount Everest Flights."

15　"Wings Over Everest," NLS.

16　Isserman, *Fallen Giants*, 160, citing the *Times*, April 4, 1933.

17　Radhakrishna, *J. B. Auden*, 55, 121.

18　L. R. Wager to JBA, April 25, 1933. BERG.

19　*Biographical Memoirs of the Fellows of the Royal Society*, Laurence Rickard

Wager (1940–1965), 358–85. rsbm.royalsocietypublishing.org/content/13/358.

20   Shipton, *Six Mountain Travel Books*, 395–96.

21   Isserman, *Fallen Giants*, 151–58.

22   Ibid., 157. Citing Francis Younghusband's letter to William Goodenough, August 10, 1932, in Mount Everest expedition archives. RGS.

23   Ruttledge, *Everest*, 6.

24   L. R. Wager to JBA [May 1933]. BERG.

25   Shipton, *That Untravelled World*, 77.

26   L. R. Wager to JBA, April 25, 1933. BERG.

27   Ruttledge, *Everest*, 1933, 138.

28   L. R. Wager, "Mount Everest's Weather in 1933."

29   Ruttledge, "The Mount Everest Expedition, 1933."

30   Shipton, *Six Mountain Travel Books*, 390–91.

31   Shipton, *That Untravelled World*, 173.

32   Mason, "The Problem of Mount Everest." Ruttledge, *Everest, 1933*, 160.

33   Coll 37/11 (1) Northern India: Mount Everest; British expeditions 1933–36. BL: IOR/PS/12/4242.

34   Shipton, *Six Mountain Travel Books*, 377, 395–97.

35   Fellowes et al., *First over Everest*, 143.

36   Michael Spender, review of *The Pilot's Book of Everest*. PSA.

37   L. R. Wager to JBA, April 25, 1933. BERG.

8. 世界之地母神

1   "Announcements," *Science*, 81, (1935).

2   Perrin, *Shipton and Tilman*, 245.

3   H. W. Tilman, "Diaries 1934–1967." Collection Number 02456, AHCUW.

4   Philip Spender's notes on meeting Eric Shipton, October 23, 1967. PSA.

5   Perrin, *Shipton and Tilman*, 247.

6   Tilman, "Diaries 1934–1967." Collection Number 02456. AHCUW.

7   Shipton, *Six Mountain Travel Books*, 401.

8   Ibid., 403–4. Shipton, *That Untravelled*

9   *World*, 95.

10   Spender, "1935 Everest Journal." PSA. 除另有说明，这是我描述此次探险的主要

来源，可我仅在直接引用部分标注了页码。奥登和伊舍伍德创作的剧本《攀登F6高峰》中也可以找到迈克尔的回忆。

11　Spender, "1935 Everest Journal," 7. PSA.

12　Ibid., 14. PSA.

13　Tilman, "Diaries 1934–1967." Collection Number 02456. AHCUW.

14　Spender, "1935 Everest Journal," 14. PSA.

15　Norgay, *Tiger of the Snows*, 20.

16　Astill, *Mount Everest*, 130–31.

17　Perrin, *Shipton and Tilman*, 251.

18　Ibid., 253.

19　Spender, "1935 Everest Journal," 7. PSA. Spender, "Mount Everest, 1938."

20　Spender, "Tibetan Tent." 根据迈克尔的日记，他们一起吃了饭。可他在《观察家》的文章中说自己找借口离开了。

21　Spender, "1935 Everest Journal," 59. PSA.

22　Mason, "Notes." *HJ* 8 (1935).

23　J. B. Auden, "An Excursion to Gangotri." 这是这部分内容的主要来源。

24　Elsie Few's account of WHA's filming of the New Year's party at 38 Upper Park Road in Rogers Papers, 8121/10. TGA.

25　WHA to JBA, February 24, 1936. BERG.

26　Pery, *The Affectionate Eye*, 66.

27　WHA to JBA, February 24, 1936. BERG.

28　Carpenter, *W. H. Auden*, 78. Spender, *W. H. Auden*, 48. and subsequent

29　quotes from the *Morning Post*, London, October 17, 1936.

30　Ruttledge, *Everest*, 11–12.

9. 我是小间谍

1　Aberigh-Mackay, *Twenty-One Days*, 4–5.

2　Snow, *People on Our Side*, 40.

3　Birla, *In the Shadow of the Mahatma*, 161, 163.

4　Glendevon, *Viceroy at Bay*, 109.

5　Muggeridge, *Chronicles*, 44.

6　Glendevon, *Viceroy at Bay*, 92.

7　Wavell, *Wavell: The Viceroy's Journal*, 11.

8　Scott, *Time to Speak*, 69, 75, 76.

9　Ibid., 82. See also Yates and Chester, *The Troublemaker*.

10　Michael Carritt, "Tour Diary, Tangail," BL: Mss Eur D 1172/4. Michael Carritt (former ICS), BL: IOR/L/PJ/12/618, File 1209/38. Michael Carritt, Indian Civil

Service, Bengal 1930–1939, Communist underground worker, notebooks containing notes on CP organization in India (1936–37); twelve page memo, "Notes on Selected Carritt Documents," Inventory no. 111.58, Report no. 8. CP/IND/CP/INC/MONT/7/4. LHASC.

11   Spender, *World within World*, 77.

12   Carritt, *Mole in the Crown*, 80.

13   Scotland Yard Report of Meeting of Indian League, Holborn Hall, Easter Sunday, 迈克尔·约翰·卡里特谈到了囚犯的遭遇，以及警察为了获得共犯的情报如何折磨死刑犯。卡里特表示自己是从警察本人处得知相关事实的，后者相当热心地描述了囚犯的心理反应。叙述者非常平静，实事求是地陈述了自己的观点。无论卡里特是否出于刻意，他让人以为那人是在悲伤而非愤怒的情绪下说出这几件事的，而且只要他愿意，还可以透露更多情况。Michael John Carritt former ICS.. association with Communist Party of Great Britain. BL: IOR/L/PJ/12/618, File 1209/38; Apr. 1940–Nov. 1948.

14   Humphry House, *I Spy with My Little Eye*, 8. Self-published.

15   关于该没收什么作品，加尔各答的公诉人认为可以分为以下几类：A）被禁止阅读的作品；B）作品没有被禁止，但可能引起异议；C）看似无伤大雅的作品。Special Branch file no. 12885. PMROC.

16   Scott, *Time to Speak*, 67.

17   Overstreet and Windmiller, *Communism in India*, 514.

18   Carritt, *Mole in the Crown*, 130–33.

19   Sarkar, *Essays in Honour*, 22.

20   Ghosh, *Parichay-er Adda*, March 27, 1936, 129. Sarkar, *Essays in Honour*, 32.

21   Sarkar, *Essays in Honour*, 30.

22   Ghosh, *Parichay-er Adda*, March 27, 1936, 128.

23   Ghosh, *Parichay-er Adda*, April 17, 1936, 129.

24   Sarkar, *Essays in Honour*, 6.

25   Ghosh, *Parichay-er Adda*, April 17, 1936, 129.

26   Ghosh, *Parichay-er Adda*, April 23, 1937, 294.

27   SD to JBA, March 19, 1937. BERG.

28   Sarkar, *Essays in Honour*, 32.

29   Ghosh, *Parichay-er Adda*, April 17, 1936, 128.

30   Sinclair, "A Memoir," 54. PSA.

31   Scott, *Time to Speak*, 76.

32   House, *I Spy with My Little Eye*, 5.

33   Ghosh, *Parichay-er Adda*, April 17, 1936, 129.

34   Carritt, *Mole in the Crown*, 141–42.

35   MC to JBA [March 1940]. BERG.

36　Scott, *Time to Speak*, 66.

37　Carritt, *Mole in the Crown*, 85.

38　Ibid., 85–86.

39　Aberigh-Mackay, *Twenty-One Days*, 13.

40　Snow, *People on Our Side*, 40.

41　Rao, *India's Freedom Movement*, 64.

10. 莫斯科特工

1　Spender, *W. H. Auden*, 63.

2　Parker, *Isherwood*, 334.

3　WHA to JBA, October 4 or 11, 1936; he uses the expression *sans feu et sans reproche*. BERG.

4　Carpenter, *W. H. Auden*, 195. Spender, *W. H. Auden*, 28.

5　WHA to E. R. Dodds. MSS. Eng. c. 6766, e. 3302. BOD.

6　Laughton, *William Coldstream*, 40.

7　Stallworthy, *Louis MacNeice*, 214; MacNeice, *The Strings Are False*, 171.

8　Sharp, memoir chronology, PSA.

9　MacNeice, *I Crossed the Minch*, 21.

10　HH to JBA, February 26, 1937. BERG.

11　JBA to SD [November 1936]. BERG.

12　JBA to SD [November 1936]. BERG.

13　WHA to JBA, January 1932 as cited in Davenport-Hines, *Auden*, 157.

14　JBA to SD [November 1936]. BERG.

15　SD to JBA, November 20, 1936. BERG.

16　JBA to HH, March 7, 1937. BERG.

17　HH to JBA, March 20, 1937. BERG.

18　SD to JBA, March 19, 1937. BERG.

19　SD to JBA, March 29, 1937. BERG.

20　HH to JBA, February 26, 1937. BERG.

21　HH to JBA, January 7, 1937. BERG.

22　JBA to HH, March 7, 1937. BERG. 为表达清晰和易于理解略作过编辑 。

23　Mukherji, "The Dickens World Revisited."

24　HH to JBA, February 26, 1937. BERG.

25　HH to JBA, March 20, 1937. BERG.

26　MC to JBA [early March], 1937. BERG.

27　Carritt, *Mole in the Crown*, 174–76; see also Carritt, "India Before the Storm."

28   Carritt, *Mole in the Crown*, 174-76.

29   MC to JBA [early March 1937]. BERG.

30   MC to JBA [early March], 1937. BERG.

31   Special Branch files (one for eachunion). PMROK.

32   Carritt, *Mole in the Crown*, 175-77.

33   Ibid., 177-78.

34   Ibid., 184-87.

35   Berlin, *Flourishing*, 186, 262.

36   Carritt, *Mole in the Crown*, 39.

37   MC to JBA [July 1937]. BERG.

38   "湖区就像一个野心的试炼场。那里孕育了理想。他来孟加拉是为了实现它们。这种未来包括为自由主义牺牲牛，豪华轿牛，每月有1000卢比存款，旺盛的好奇心，在警察局办公室的灯光下洋洋自得地阅读机密文件。" House, *I Spy with My Little Eye*, 2.

39   MC to JBA [July 1937]. BERG.

40   Carritt, *Mole in the Crown*, 189.

41   Kutsobin, *Ajoy Kumar Ghosh*, 18-19.

42   Carritt, *Mole in the Crown*, 189.

43   Michael Carritt Papers, CP/IND/MISC/3/2. LHASC; Carritt, *Mole in the Crown*, 188-92.

44   Michael John Carritt (former ICS), BL: IOR/L/PJ/12/618.

45   Carritt, *Mole in the Crown*, 192.

46   Howe, *Anticolonialism in British Politics*, 71-77. 卡里特最终也不知道这个神秘男人的真实姓名和他后来的情况。他再也没见过这两个人。1937年底，由于和共产党产生宗教分歧，以及在欧洲的其他事务上牵扯精力，布拉德利的反帝大联盟宣布解散。

11. 在冰山上

1   Spender, "1937 Karakoram Journal," 2 vols. PSA. 除另有说明，这是本章的主要来源，仅标注了直接引用的内容。

2   Isserman, *Fallen Giants*, 148-49.

3   Ibid., 135.

4   Shipton, *Six Mountain Travel Books*, 176.

5   Granny Schuster to MS [1937]. PSA.

6   Michael Spender, "The End of an Expedition." *The Spectator*, December 10, 1937. PSA.

7   Shipton, *Six Mountain Travel Books*, 249, 162.

8　Younghusband, "The Problem of the Shaksgam Valley."

9　Shipton, *Six Mountain Travel Books*, 164.

10　Shipton, Tilman, Spender, and Auden, "The Shaksgam Expedition, 1937."

11　Auden, *Reminiscences*, 42.

12　Norgay, *Tiger of the Snows*, 21–22, and interview with Dhamey Norgay in Bhutan, 2016.

13　Shipton, *Six Mountain Travel Books*, 171.

14　当斯蒂芬问迈克尔离开儿子时是否非常不舍，迈克尔说："我知道自己必须这么做，所以有时完全顾不上他。" Babington Smith interview with Rose Macaulay DFG 5783, May 1956/7. MED.

15　Spender, "1937 Karakoram Journal," vol 1, 30. PSA.

16　Shipton, Tilman, Spender, and Auden, "The Shaksgam Expedition, 1937," 332.

17　French, *Younghusband*, 55.

18　Spender, "1937 Karakoram Journal," vol. 1, 45. PSA.

19　Spender, "1937 Karakoram Journal," vol. 1, 50. PSA.

20　Perrin, *Shipton and Tilman*, 330.

21　Tilman, *Men and Mountains*, 7.

22　Spender, "1937 Karakoram Journal," vol. 1, 67–68. PSA.

23　Shipton, *Six Mountain Travel Books*, 242.

24　Ibid., 446.

25　Ibid., 407.

26　Norgay, *Tiger of the Snows*, 57.

27　Michael Spender, "Trans-Himalayan Coronation." PSA. Coll 37/90 Northern

28　Frontier and Tibet: Mr. Eric Shipton IOR/L/PS/12/4324; 25 Mar. 1933 –Nov. 1936. BL.

29　Shipton, *Six Mountain Travel Books*, 168.

30　Tilman, *Seven Mountain Travel Books*, 746.

31　Steevens, *In India*, 230.

32　Spender, "1937 Karakoram Journal," vol. 1, 68. PSA.

33　Shipton, Tilman, Spender, and Auden, "The Shaksgam Expedition, 1937," 332.

34　Chanda, *India's Struggle*, 325.

35　Spender, "1937 Karakoram Journal," vol. 2, 6. PSA.

36　Spender, "End of an Expedition." PSA.

37　Spender, "Trans-Himalayan Coronation." PSA.
38　Spender, "Address on Greenland." PSA.
39　Spender, "1937 Karakoram Journal," vol. 2, 18. PSA.
40　See Warren, "Eric Shipton," and Shipton, "Michael Spender."
41　Diary of Kathleen Bradshaw Isherwood, February 26, 1937, Box 4. HRC.
42　Medley, *Drawn from Life*, 139.
43　NS to LM, July 12, 1937. PSA.
44　WHA to NS, July 10, 1937. PSA.
45　NS to LM, July 12, 1937. PSA.

12. 从老鼠头上摘帽子

1　Spender, "Guns and Carbohydrates."
2　Townsend, journals, vol. 12, March 18, 1938. PRO.
3　Spender, "Guns and Carbohydrates."
4　Michael Spender, unpublished essay, ca. April 1938. PSA.
5　Spender, "New Maps for Britain."
6　Diary of Erika Haarmann MSS. German e. 16-19. BOD.
7　E. B. Bailey to JBA, February 2, 1938. BERG.
8　2014年夏天对米兰达·科德斯特里姆（Miranda Coldstream）的访谈。
9　NS to JBA, May 25, 1938. BERG.
10　2014年夏天对菲利普·斯彭德的访谈。
11　Stallworthy, *Louis MacNeice*, 203.
12　NS to JBA [May 17, 1938?]. BERG.
13　NS to JBA [June 1938]. BERG.
14　NS to JBA [May 1938]. BERG.
15　NS to JBA [May 17, 1938?]. BERG.
16　J. B. Auden, "1939 Journal." AMA.
17　JBA to NS [June 1938]. PSA.
18　NS to JBA, May 25, 1938. BERG.
19　Tilman, "The Himalayan Club Dinner."
20　2014年夏天对菲利普·斯彭德的访谈。
21　Erica Spender to JBA, July 5, 1938. BERG.
22　Draft letter, Auden, "1938-1939 Journal." AMA.

23 JBA to NS [July 1938]. PSA.

24 LM to NS, May 8, 1938, MS. Eng. c. 7381. BOD.

25 LM to NS December 9, 1939, MS. Eng. c. 7381. BOD.

26 LM to NS, January 20, 1940, MS. Eng. c. 7381. BOD. See "Trilogy for X," lines beginning "And love still as crystal over the bed," in MacNeice, *Collected Poems*, 89.

27 Interviews with Philip Spender, summer 2014.

28 MacNeice, *Strings Are False*, 172.

29 MacNeice, *Autumn Journal*, 18.

30 NS to MS, September 27, 1938. PSA.

31 Rogers Papers, 8121. TGA.

32 WHA to JBA [received October 1938]. BERG.

33 NS to MS, September 29, 1938. PSA.

34 Townsend, journals, vol. 13, September 25, 1938. PRO.

35 Townsend, journals, vol. 13, September 21 and 28, 1938. PRO.

36 NS to LM, September 25, 1938. PSA.

37 NS to MS, September 29, 1938. PSA.

38 NS to LM, September 25, 1938. PSA.

39 NS to MS, September 29, 1938. PSA. 邻居是约翰·雷亚德（John Layard）和他的同居女友多丽丝（Doris）。NS to JBA [May 17, 1938?]. BERG.

40 NS to MS, September 25 and 29, 1938. PSA.

41 NS to LM, September 28, 1938. PSA.

42 Isherwood, "Diary," September 14, 1938. Christopher Isherwood Papers, HL. Isherwood, "Diary,"

43 September 28, 1938. Christopher Isherwood Papers, HL. Isherwood, *Christopher and His Kind*, 323–24.

44 Townsend, journals, vol. 13, September 28, 1938. PRO.

45 NS to JBA, September 28, 1938. BERG.

46 NS to MS, September 29, 1938. PSA.

47 NS to JBA, September 28, 1938. PSA.

48 NS to JBA, September 28, 1938. BERG.

49 LM to NS, April 20, 1939. MS. Eng. c. 7381. BOD.

50 NS to LM, September 28, 1938. PSA.

51 NS to MS, September 28, 1938. PSA.

52　Auden and Isherwood, *Journey to a War*, 270–71.

53　Christopher Isherwood Papers, Box 42, Diary of a Trip to Asia May–June 1938. HL.

54　Scott, *Time to Speak*, 77, 81–82.

55　Scott, *Time to Speak*, 81–82.

56　Ghosh, *Parichay-er Adda*, March 5, 1937, 132.

57　Ibid. 豪斯曾设法征得福斯特（Forster）的同意，在《相识》刊登本书的节选，可计划被战争打乱。如果不是克里什那·梅农（Krishna Menon）哄骗他在企鹅出版（Penguin）的伙伴艾伦·莱恩（Allen Lane,），让他以为这是本游记，它可能不会在英国出版。*Telegraph*, October 14, 2007.

58　Michael Carritt to JBA, February 24, 1939. SD to JBA, January 11, 1937. BERG.

59　Mulgan, *Poems of Freedom*, 7–8.

60　Dasgupta, *English Poets on India*, 1–2.

61　Ghosh, *Parichay-er Adda*, March 5, 1937, 132.

62　MacNeice, *Strings Are False*, 209.

63　Anand, *Author to Critic*, 83.

64　Spender, *Forward from Liberalism*, 138.

65　Orwell, *Collected Essays*, 397.

66　Anand, *Author to Critic*, 83.

67　House, *I Spy with My Little Eye*, 12.

13. 爱的真谛

1　NS to JBA, December 18, 1941. PSA. Coldstream, "Journal," undated. Coldstream Papers. TGA 8922/1.

2　Coldstream, "Journal." TGA 8922/1.

3　NS to JBA, December 7, 1940. PSA.

4　NS to MS, September 30, 1938. PSA.

5　WHA to JBA [October 1938]. BERG.

6　Coldstream, "Journal," TGA 8922/1.

7   in Auden, *Tell Me the Truth about Love: Ten Poems*, unpaginated.

8   SD to JBA, August 9, 1939. BERG.

9   Ghosh, *Parichay-er Adda*, January 10, 1936, 235.

10   Suraiya, *Rickshaw Ragtime*, 97.

11   Interview with Sunanda K. Datta-Ray, March 2014, Kolkata.

12   J. B. Auden, "1938–1939 Journal." AMA.

13   Burton, *Family History*, 60.

14   Anita Money, "Sheila." AMA.

15   Author interview with Sunanda K. Datta-Ray, March 2014, Kolkata.

16   SB to JBA, August 30, 1942. AMA.

17   Sinclair, "A Memoir," 55. PSA.

18   Datta, *The World of Twilight*, 72.

19   Interview with Sunanda K. Datta-Ray, March 2014, Kolkata.

20   Auden, "1938–1939 Journal." AMA.

21   Ibid.

22   SD to JBA, August 9, 1939. BERG.

23   Auden, "1938–1939 Journal." AMA.

24   Ibid.

25   JBA to NS, April 16, 1939. PSA.

26   Auden, "1938–1939 Journal." AMA.

27   JBA to NS, April 16, 1939. PSA.

28   Sharma, *Through the Valley of the Gods*, 40–41.

29   Eric Shipton to JBA, January 20, 1939. BERG.

30   JBA to NS, April 16, 1939. PSA.

31   Auden, "1938–1939 Journal." AMA.

32   Ibid., April 30, 1939.

33   MS to Anthony Bull, undated. PSA.

34   MS to NS, March 3, 1939. PSA.

35   Spender, "The Elusive Element." Spender, "The Gentle Savage."

36   MS to NS, March 3, 1939. PSA.

37   F. L. Wills (AOC) to Philip Spender, November 8, 1966. PSA.

38 Spender, "The Photo-Surveyed Maps of the Mount Everest Region and Nyonno Ri."

39 Eric Shipton to JBA, January 20, 1939. BERG. 我非常感激温布利的皇家空军博物馆（RAF Museum）举办"居高临下看英国"（Britain from Above）的展览，主要介绍维尔德的摄影测量仪器。飞行高度和焦距决定了地图的最终比例。焦距越长，胶片能够捕捉到的画面越广。5 英寸 x5 英寸的相片可以反映的面积为 8 平方英里。北坡的地图比例为 1：50000，等高线间距为 250 英尺。多年来，皇家地质学会拥有的另一张珠峰全景地图反应的情况并不准确。迈克尔和斯彭德还在制作第二张地图，覆盖西藏萨尔乡附近约 450 平方公里的面积，包括尼诺日。

40 MS to NS, April 14, 1939. PSA.

41 Courtauld, "Michael Spender."

42 Katy Whitaker, email to Philip Spender, February 10, 2014. PSA.

43 Auden, "1938–1939 Journal." AMA.

44 Sharma, *Through the Valley*, 197.

45 Auden, "A Season's Work."

46 Auden, "1938–1939 Journal." AMA.

47 Auden, "A Season's Work." Auden, "1938–1939 Journal." AMA.

48 JBA to WHA, July 7, 1939. BERG.

49 Auden, *Reminiscences*, 42.

50 Auden, "A Season's Work."

51 Parker, *Isherwood*, 383.

52 JBA to WHA, July 7, 1939. BERG.

53 WHA to JBA, June 27, 1939. BERG.

54 JBA to WBA, draft of letter, July 11, 1939, in Auden, "1938–1939 Journal." AMA.

55 Ghosh, *Paricha-yer Adda*, May 12, 1939, 130.

56 Singh, *Sahibs Who Loved India*, 47.

57 Sarkar, *Essays in Honour*, 29.

58 Sinclair, "A Memoir," 56. PSA.

59 Ghosh, *Parichay-er Adda*, July 15, 1938, 94.

60 Sinclair, "A Memoir," 55. PSA.

61 Special Branch file: Records of Indians travelling abroad, 1936. PMROK.

62　Ghosh, *Parichay-er Adda*, May 12, 1939, 130. LM to HM, September 25, 1947. BOD.
亚米尼·罗伊的绘画作品借鉴了印度教和基督教中的素材，仅使用七种自己调制的色彩，主要由岩粉、泥土、白垩、罗望子种子和槐蓝属植物混合而成，并使用炭黑勾勒线条。他的画布是由织布、硬纸板、胶合板并刷上牛粪和石灰水制作而成的。

63　Ghosh, *Parichay-er Adda*, February 24, 1939, and May 12, 1939, 127, 130.

64　SB to JBA August 30, 1942. AMA.

65　Money, "Sheila." AMA.

66　Ghosh, *Parichay-er Adda*, August 19, 1938, 218.

67　SB to JBA, August 30, 1942. AMA.

68　SB to JBA August 30, 1942. AMA.

69　Auden, "1938–1939 Journal." AMA.

70　Ghosh, *Parichay-er Adda*, August 25, 1939, 218.

71　Auden, "1938–1939 Journal." AMA.

14. 陌生而精明的明天

1　NS to JBA, September 15, 1939. AMA.

2　Sharp, memoir chronology, 1939. PSA.

3　Rogers Papers, 8121/10. TGA.

4　Spurling, *The Girl from the Fiction Department*, 34.

5　NS to JBA, September 15, 1939. AMA.

6　Moynihan, *Restless Lives*, 51.

7　Spurling, *The Girl from the Fiction Department*, 36–7.

8　Townsend, journals, vol. 14, September 8, 1939. PRO.

9　Townsend, journals, vol. 14, September 8, 1939. PRO.

10　MacNeice, *Letters*, 373–74. NS to LM, February 10, 1940, MS. Eng. c. 7381. BOD.

11　LM to NS, January 20, 1940, MS. Eng. c. 7381. BOD.

12　LM to NS, Sunday [January 7, 1940], MS. Eng. c. 7381. BOD.

13　Sharp, memoir chronology. PSA. Townsend, journals, vol. 15, February 7, 1940. PRO.

14　Rogers Papers, 8121. TGA. Sharp, memoir chronology. PSA.

15　Townsend, journals, vol. 15, December 6, 1939, and February 7, 1939. PRO.

16　NS to LM, February 10, 1940. MS. Eng. c. 7381. BOD.

17 WHA to JBA [September 1939]. BERG.

18 Auden and Garrett, *The Poet's Tongue*, ix.

19 WHA to JBA [September 1939]. BERG.

20 MacNeice, *Letters*, 319.

21 JBA, draft of letter to WHA, November 11, 1939, in Auden, "1938–1939 Journal." AMA.

22 JBA, draft of letter to NS, dated September 29, 1939, in Auden, "1938–1939 Journal." AMA. JBA to NS, October 14, 1941. PSA.

23 Auden, "1938–1939 Journal." AMA.

24 JBA, draft of letter to Sheila Bonnerjee, September 2, 1939, in Auden, "1938–1939 Journal." AMA.

25 Auden, "1938–1939 Journal." AMA.

26 JBA, draft of letter to NS, September 29, 1939, in Auden, "1938–1939 Journal." AMA.

27 JBA, draft of letter to Sheila Bonnerjee, September 2, 1939, in Auden, "1938–1939 Journal." AMA.

28 JBA, draft of letter to WHA, July 9, 1939, in Auden, "1938–1939 Journal." AMA.

29 Glendevon, *The Viceroy at Bay*, 103–4.

30 Glendevon, *Viceroy at Bay*, 136.

31 French, *Liberty or Death*, 120.

32 Roy, *India and War*, 4–5.

33 Roy, *M. N. Roy and Mahatma Gandhi*, 47.

34 Colville, *Fringes of Power*, 79.

35 Datta, *The World of Twilight*, 6–7.

36 Ghosh, *Parichay-er Adda*, March 18, 1940, 198.

37 Ghosh, *Parichay-er Adda*, May 10, 1940, 204.

38 Roy, *M. N. Roy's Memoirs*, vi–vii.

39 Ghosh, *Parichay-er Adda*, April 12, 1940, 201.

40 Ghosh, *Parichay-er Adda*, June 30, 1939, 208.

41 Ghosh, *Parichay-er Adda*, July 5, 1940, 210.

42 Ghosh, *Parichay-er Adda*, April 19, 1940, 201.

43 Ghosh, *Parichay-er Adda*, April 12, 1940, 201.

44 Ghosh, *Parichay-er Adda*, May 10, 1940, 204.

45 Ghosh, *Parichay-er Adda*, June 14, 1940, 206.

46 Sinclair, "A Memoir," 54. PSA.

47 Ghosh, *Parichay-er Adda*, June 14, 1940, 206.

48　　Ghosh, *Parichay-er Adda*, June 28, 1940, 207.

49　　Intelligence Branch, Home Department, New Delhi. May 17, 1940, CPI Secret Mtg. PMROK.

50　　Ghosh, *Parichay-er Adda*, June 28, 1940, 207.

51　　Sanyal, *Twenty Years*, September 16, 1932, 6.

52　　Ghosh, *Parichay-er Adda*, June 28, 1940, 208.

53　　Ghosh, *Parichay-er Adda*, July 5, 1940, 210–11.

54　　Amery, *Empire at Bay*, 606–7.

55　　Moore, *Churchill, Cripps and India*, 34–35.

56　　Colville, *The Fringes of Power*, 159.

57　　Amery, *Empire at Bay*, 634.

58　　Colville, *The Fringes of Power*, 166.

15. 放大的地球

1　　F. L. Wills to Philip Spender, November 8, 1966. PSA.

2　　迈克尔认为英国地形测量局 （Ordnance Survey） 受军事视野上的限制， 没能发现维尔德 A5 的潜力。 MS to Sir Harold Hartley, July 16, 1938. PSA.

3　　"To the Editor of the Spectator." *Spectator*, December 9, 1938, 1006.

4　　Babington Smith, *Evidence in Camera*, 36–37. 康斯坦丝·巴宾顿·史密斯 （Constance Babington Smith） 是飞行部门的负责人， 写了第一本以战时相片情报为主题的书。 关于迈克尔， 她写道 ： " 他将成为战争初期对 （相片） 判读发展影响最大的人之一。 "

5　　Beesley, *Very Special Intelligence*, 74.

6　　Barker, *Aviator Extraordinary*, 138–39.

7　　Babington Smith, *Evidence in Camera*, 38.

8　　Millar, *The Bruneval Raid*, 131. Beesley, Very Special Intelligence, 127.

9　　Babington Smith, *Evidence in Camera*, 36–38.

10　　Ibid., 38.

11　　Ibid., 45.

12　　Halsall, "Historical Record, Squadron Leader Michael Spender."

13　　Millar, *Bruneval Raid*, 29.

14　　Babington Smith, *Evidence in Camera*, 49.

15　　Babington Smith interview with FO Eve Holiday, DFG 5690, May 1956. MED.

Holiday credits MS for this insight, as did Sidney Cotton. Also Babington Smith interview with Air Vice Marshal Sir Geoffrey Tuttle, DFG 5791, May 1956/7. MED. 科顿被免职后，杰弗里·塔特尔元帅（Marshal Sir Geoffrey Tuttle）接替了他的工作，负责皇家空军内部的相片判读。

16　As cited in Babington Smith, *Evidence in Camera*, 246.

17　Babington Smith interview with FO Eve Holiday, DGF 5690, May 1956. MED.

18　Fleming, *Invasion 1940*, 172.

19　*London Gazette*, July 23, 1940.

20　Babington Smith, *Evidence in Camera*, 79–80.

21　Mrs. Doreen Mackie oral history, Article ID: A4587645, July 28, 2005. RAFL.

22　Babington Smith, *Evidence in Camera*, 73–74.

23　Daniel, *Some Small Harvest*, 132.

24　SS to MS, February 14, 194[1?]. PSA.

25　Daniel, *Some Small Harvest*, 112.

26　Idle, *War over West Ham*, 113.

27　FitzGibbon, *Winter of the Bombs*, 42.

28　南希·科德斯特里姆对 1940 年 9 月 7 日晚的描述主要来自那天后她写给母亲的数封信，两个月后写给约翰·奥登的信，以及帝国战争博物馆（Imperial War Museum）中的口述记录。口述记录也曾使用在康斯坦丁·菲茨吉本（Constantine FitzGibbon）所著《冬日轰炸》（*The Winter of the Bombs*, pp.67–70）一书中。南希在 12 月写了这篇文章，经路易斯·麦克尼斯编辑后，交给《地平线》杂志。

29　FitzGibbon, *Winter of the Bombs*, 49.

30　Ministry of Home Security, *Front Line*, 26.

31　Fleming, *Invasion 1940*, 283.

32　Scott, *Time to Speak*, 91–92.

33　Ministry of Home Security, *Front Line*, 73.

34　Calder, *The Lesson of London*, 23–24.

35　Amery, *Empire at Bay*, 699, 834.

36　NS to JBA, December 7, 1940. PSA.

37　NS to MS, January 17, 1941. PSA. Sharp, "Memoir and Chronology." PSA. Moynihan, *Restless Lives*, 75.

38　NS to JBA, December 7, 1940. BERG.

39　Moynihan, *Restless Lives*, 75.

40　NS to JB, December 7, 1940. PSA.

41　Babington Smith interview with Harry Dawe, DFG 5673 [April 1956], 2. MED.

42　Daniel, *Some Small Harvest*, 112.

43　Babington Smith, *Evidence in Camera*, 79.

44　Daniel, *Some Small Harvest*, 129.

16. 印度代表

1　Ghosh, *Parichay-er Adda*, August 9, 1940, 216.

2　Ibid., September 1, 1939.

3　Ibid., August 9, 1940, 216.

4　Nehru, *The Discovery of India*, 414.

5　Ghosh, *Parichay-er Adda*, August 9, 1940, 216.

6　Ibid., September 13, 1940, 220.

7　Ibid., September 27, 1940, 225.

8　Ibid., July 12, 1940, 211.

9　Ibid., November 22, 1940, 229.

10　Ibid., November 15, 1940, 227.

11　Ibid., November 22, 1940, 230.

12　Sinclair, "A Memoir," 52.

13　Ghosh, *Parichay-er Adda*, November 15, 1940, 228.

14　Ibid., November 22, 1940, 229.

15　Intelligence Branch, Home Department, New Delhi, May 17, 1940, CPI Secret Mtg. PMROK.

16　Ghosh, *Parichay-er Adda*, November 22, 1940, 230.

17　January 18, 1944. 由于沃尔特·怀特（Walter White）在伦敦，他听到伴随两下防空警报，传来一阵不算激烈的枪响，但这让他感到非常意外。"啊，"他开口，摇了摇满头银发的脑袋，"它会让美国意识到战争爆发的非常、非常可怕的现实，在纽约的人是完全无法想象的。"我认为，这是解开怀特的疑问的关键：他是个充满想象力又敏感的人。如果我们在他谈到大英帝国时向他展示激动人心和了不起的事，远比和他争论种族理论有用。AF Morley File 462/32BB Proposed visit of Walter White, secretary, National Association for the Advancement of Coloured People, to UK and India, BL: IOR/L/I/1/830 1943–1945.

18   Gilbert, *Winston S. Churchill*, vol. 5 companion, part 3, 827. Cited in Mukerjee, *Churchill's Secret War*, 10.

19   AMEL 1/6/21, India Office to PM, April 8, 1941. Cited in Mukerjee, *Churchill's Secret War*, 13.

20   Raghavan, *India's War*, 214–215. Sarila, *The Shadow of the Great Game*, 112.

21   Schuster, "The Deadlock in India."

22   Amery, *Empire at Bay*, 758. "我无意中向温特（Wint）和舒斯特提供的信息对他的书造成了很大影响……那段时期，印度陆军的扩张和印度军火生产是相当重要的事。"

23   Snow, *People on Our Side*, 20.

24   Schuster, "The Deadlock in India."

25   Cyril S. Fox, "The GSI and War, Confidential memo." BL: IOR/V/27/610/4 1940 and BL: IOR/V/27/410/13B 1943.

26   Amery, *Empire at Bay*, 675.

27   Schuster, "The Deadlock in India."

28   Ghosh, *Parichay-er Adda*, January 10, 1941, 220.

29   Raghavan, *India's War*, 59, citing various sources.

30   Roy, *In Freedom's Quest*, vol. 1, ix–xi.

31   Ghosh, *Parichay-er Adda*, January 10, 1941, 235.

32   Ibid., January 10, 1941, 235.

33   Interview with Datta-Ray, March 2014, Kolkata.

34   CRA to JBA, April 12, 1940, May 15, 1940. BERG.

35   Ghosh, *Parichay-er Adda*, February 14, 1941, 240.

36   Ibid., March 21, 1941, 242.

37   SD to JBA, January 11, 1937. BERG.

38   Ghosh, *Parichay-er Adda*, June 14, 1940, 205.

39   Sinclair, "A Memoir," 54. PSA.

40   Tharoor, *An Era of Darkness*, 138.

41   Ghosh, *Parichay-er Adda*, March 14, 1941, 241.

42   Ibid., March 18, 1941, 244.

43   Ibid., June 21, 1940, 206.

44   Datta and Robinson, *Selected Letters of Rabindranath Tagore*, 525.

45   Amery, *Empire at Bay*, 725.

46　Mukerjee, *Churchill's Secret War*, 57. Citing Connell, *Wavell: Supreme Commander*, 31, 19.

47　Raghavan, *India's War*, 216–18.

48　Amery, *Empire at Bay*, 750.

49　Ibid., 841.

50　Kanakendranath Datta, memoir of his uncle.

51　Spender, "Letter to a Colleague in America."

52　Spender, *Citizens in War, and After*, 12.

53　SS to MS, February 14, 194[1]. PSA.

54　Spender, *World within World*, 270.

55　WHA to SS, March 13, 1941. BERG.

56　BL: IOR/I/1506.

57　Schuster, *India and Democracy*, 441–42.

58　Bose, *An Acre of Green Grass*, 66, 77–78.

59　Datta, *World of Twilight*, 52.

60　Shils, *The Culture of the Indian Intellectual*, 21. 最初发表在印度杂志 《探索》 （ Quest ） 和美国文学评论杂志 《希瓦尼评论》 （ Sewanee Review, 1958 ）。 虽然文章没有提到苏丁的名字, 可根据前后文意思, 希尔斯 （ Shils ） 提到正在为他安排芝加哥大学 （ University of Chicago ） 奖学金的事。

17. 无尽的悲伤

1　Raghavan, *India's War*, 35.

2　Churchill, *The Second World War*, vol. 4, 181. " 世界上没有哪个地方的庞大人口像印度人那样被保护, 得以远离世界大战的恐怖和危险。 他们被扛在我们小小岛国的肩膀上经历了所有斗争。 "

3　Raghavan, *India's War*, 68–71.

4　Kamtekar, "A Different War Dance."

5　Khan, *The Raj at War*, 162–63, 170.

6　Roy, *In Freedom's Quest*, vol. 1, ix–xi.

7　Voigt, *India in the Second World War*, 170–71.

8　Bose and Jayal, *Modern South Asia*, 131.

9　Special Branch file, March 1942. PMROK.

10   Curie, *Journey among Warriors*, 401.

11   Newell, *Burma: 1942*, 36.

12   SB to JBA, March 31, 1942. BERG.

13   Weigold, *Churchill, Roosevelt and India*, 101. Curie, *Journey among Warriors*, 448.

14   The Papers of Colonel Louis B. Johnson, UVASC: "让我惊讶的是，为达成让人满意的解决方案需要做出不那么重要的让步时，克里普斯尴尬地告诉我，在没有丘吉尔同意的情况下，他都无权修改原始提案的内容。"

15   SB to JBA, March 31, 1942. AMA.

16   LM to HM, September 25, 1947, Box 64. BOD.

17   SB to JBA, March 31, 1942. AMA.

18   Sinclair, "A Memoir," 49, 54–56, 64, 66. PSA.

19   SB to JBA, August 30, 1942. AMA.

20   Snow, *People on Our Side*, 42.

21   *Statesman*, August 14, 1942, 1, 5; August 16, 1942, 1.

22   Orwell, *Diaries*, 359.

23   Mansergh and Lumby, *Transfer of Power*, vol. 3, 661.

24   Informer Report of Fifth Column activity, July 1942. Special Branch file. PMROK.

25   *The Argus* (Melbourne), February 24, 1943, citing Lionel Felden in the *Evening Standard*.

26   West, *Orwell*, 78.

27   SB to JBA, April 4, 1942, and August 31, 1942. AMA.

28   SB to JBA, May 19, 1942. AMA.

29   JBA to NS, July 16, 1944. PSA.

30   SB to JBA, December 2, 1943. BERG.

31   Bose, *Azad Hind*, 8.

32   Special Branch file no. 757. PMROK. 为了可读性，这些从孟加拉文翻译过来的传闻都经过编辑。

33   Mitra, *Towards Independence*, 113.

34   Mitra, *Towards Independence*, 104. Special Branch file no. 803. PMROK.

35   Ray, *My Reminiscences*, 107.

36   Mitra, *Towards Independence*, 105.

37   Mukerjee, *Churchill's Secret War*, 122.

38   Mansergh and Lumby, *The Transfer of Power*, 632. Amery, *Empire at Bay*, 872.

39   "India: Death by Hunger," *Time*, February 8, 1943.

40   Moorhouse, *Calcutta*, 121.

41   Special Branch file. Report Re: Importation of rice and paddy. April 27, 1943. 01522/105 1943. PMROK.

42   Amery, *Empire at Bay*, 887–89. Mansergh and Lumby, *Transfer of Power*, vol. 3, 953, 995.

43   Phillips, *Ventures in Diplomacy*, 353.

44   Mansergh and Lumby, *Transfer of Power*, 1052.

45   Ray, *My Reminiscences*, 108.

46   Roy, *My People Uprooted*.

47   Venkataramani, *Bengal Famine of 1943*, 38.

48   Ministry of Transport Papers, Government of India to Secretary of State for India, July 21, 1943, as quoted in Mukerjee, *Churchill's Secret War*, 130. Mansergh and Lumby, *Transfer of Power*, vol. 4, 169.

49   Special Branch file. Report Re: Importation of rice and paddy. 01522/ 105 1943. PMROK.

50   Moorhouse, *Calcutta*, 123.

51   Burchett, *Democracy with a Tommygun*, 145–46.

52   Das, *Bengal Famine*, 5.

53   Venkataramani, *Bengal Famine of 1943*, 31.

54   Calcutta *Statesman*, October 19, 1943, 1.

55   "Mr. Amery on Food Crisis," Calcutta *Statesman*, October 13, 1943, 1. Calcutta *Statesman*, October 24, 1943, 8.

56   Branson, *British Soldier in India*, 103.

57   Das, *Bengal Famine*, 7.

58   Mukerjee, *Churchill's Secret War*, 100.

59   Branson, *British Soldier in India*, 98, 103–4.

60   Moorhouse, *Calcutta*, 126–27.

61   Fast, *Departure and Other Stories*, 130–42.

62   Branson, *British Soldier in India*, 111.

63   Datta, *World of Twilight*, xix–xxi, 85.

64   LM India Diary: Ms Res. C. 1059 Box 44. BOD. Burchett, *Democracy with a Tommygun*, 153.

65　Ray, *My Reminiscences*, 108.

66　Bayley and Harper, *Forgotten Armies*, 296.

67　韦维尔（Wavell）认为，孟加拉大饥荒是"英国统治下的人民经历过的最严重灾难"。Wavell, *Wavell: The Viceroy's Journal*, 54. Mukerjee, *Churchill's Secret War*, 207.

68　de Paiva Abreu, "India as Creditor: Sterling Balances." Website.

69　Wavell, *Wavell: The Viceroy's Journal*, 12–13.

70　Voigt, *India in the Second World War*, 170–171. Amery, *Empire at Bay*, 836, 948.

71　Amery, *Empire at Bay*, 899. Mansergh and Lumby, *The Transfer of Power*, vol. 4, 129.

72　Mukerjee, *Churchill's Secret War*, 203.

73　Amery, *Empire at Bay*, 950. Colville, *The Fringes of Power*, 534.

74　Panter-Downes, *London War Notes*, 288.

18. 从天而降的男孩

1　NS to JBA, December 7, 1940. PSA.

2　Babington Smith, *Evidence in Camera*, 145.

3　MS to NS [end of March 1941]. PSA.

4　Beesley, *Very Special Intelligence*, 79.

5　Babington Smith interview with Quentin Craig, DFG 5670 [April 1956]. MED.

6　Babington Smith, interview with Peter Riddell, DFG 5764 [May 1957]. MED.

7　Babington Smith interview with Geoff Dimbleby, September 1956.

8　Babington Smith interview with Rose Macaulay, DFG 5783, May 1956/7. MED.

9　Babington Smith interview with Ann Rendell [May 1957], 2. MED.

10　MS to NS, June 7, 1942. PSA.

11　MS to JA Spender, August 15, 1941. PSA.

12　Spender, *World within World*, 282.

13　MS to JA Spender, August 15, 1941. PSA.

14　MS to NS, March 9, 1941. PSA.

15　MS to NS, February 21 [1941]. PSA.

16　Spender, *World within World*, 282. Also Babington Smith interview with Rose Macaulay, DFG 5783, May 1956/7. MED.

17　MS to NS, January 13, 1943. PSA.

18　MS to NS, April 15, 1941. PSA.

19　MS to NS, April 19, 1941. PSA.

20 NS to LM, May 7, 1940.

21 MS to NS, February 17, 1941. PSA.

22 NS to MS, March 12, 1941. PSA.

23 NS to MS, January 17, 1941. PSA.

24 NS to MS, January 1, 1941. PSA.

25 NS to MS, February 21, 1943. PSA.

26 MS to J. A. Spender, August 15, 1941. MS to G. E. Schuster [September 1941]. PSA. Babington Smith interview with Humphrey Spender, DFG 5782, June 1957, 1. MED.

27 H. Hemming to MS, June 6, 1941. PSA.

28 MS to J. A. Spender, August 15, 1941. PSA.

29 MS to NS, July 26, 1943. PSA.

30 MS to J. A. Spender, August 15, 1941. PSA.

31 J. A. Spender to MS [March 1942]. PSA.

32 MS to NS, September 9, 1942. PSA.

33 MS to NS, September 12, 1942. PSA.

34 MS to NS, September 9, 1942. PSA.

35 MS to NS, January 1, 1945. NS to JBA, December 18, 1941. PSA.

36 MS to NS, February 20, 1943. PSA.

37 NS to JBA, March 4, 1944. PSA.

38 MS to NS, February 26, 1945. PSA.

39 Babington Smith interview with Humphrey Spender, DFG 5782 [June 1957], 1. MED

40 Michael Alfred Spender RAF Service Record. PSA.

41 MS to NS, September 26, October 2 and 5, 1944. PSA.

42 MS to NS, October 25, 1944. PSA.

43 MS to NS, December 1, 1944. PSA.

44 MS to NS, February 1, 1945. PSA.

45 Sebald, *On the Natural History of Destruction*, 27.

46 Grayling, *Among the Dead Cities*, 89.

47 Spender, *World within World*, 282. Babington Smith interview with Rose Macaulay, DFG 5783, May 1956/7. MED.

48 Sebald, *A Natural History of Destruction*, 29.

49 Grayling, *Among the Dead Cities*, 20.

50   MS to NS, November 17, 1944. PSA.

51   MS to NS, December 9, 1944. PSA.

52   Wing Commander Edward Gordon Hughes DSO, DFC, "Appreciation of Michael Spender." PSA.

53   MS to NS, February 12, 1945. PSA.

54   MS to NS, April 26, 1945. PSA.

55   Wing Commander Edward Gordon Hughes DSO, DFC, "Appreciation of Michael Spender." PSA.

56   Babington Smith interview with Humphrey Spender, DFG 5782, June 1957, 2. MED.

57   MS to NS, January 22, 1941. PSA.

58   Wing Commander Edward Gordon Hughes DSO, DFC, 飞行员休斯 (Hughes) 受重伤, 可幸存了下来。 他认为飞机可能是被击落的。 许多机场周围还有 "未投降" 的德国村庄。 国防部 (Ministry of Defence) 的记录中, 形容此次飞机坠毁原因不详。

59   Email, Philip Spender to author, July 13, 2016.

60   MS to NS, December 23, 1944. PSA. 这首诗发表在法国刊物上。

61   Stern, *The Hidden Damage*, 126.

62   "Musée des Beaux Arts," in Auden, *Collected Poems*, 143.

19. 无法相容的神，无法调和的差异

1   WHA to JBA, February 27, 1946. BERG.

2   Dalton, *Mahatma Gandhi*, 145.

3   Talbot, *An American Witness*, 188.

4   Mosley, *The Last Days of the British Raj*, 31–32, as quoted in Hajari, *Midnight's Furies*, 13.

5   *Sunday Statesman*, August 18, 1946, 4.

6   *Sunday Statesman*, September 1, 1946, 1.

7   Special Branch file. Incident Reports, August–November 1946. PMROK.

8   Talbot, *An American Witness*, 191–92. 据塔尔博特 (Talbot) 估计, 死亡人数为 4000 人, 但引用了军队估计的数字 7000 到 10000 人。

9   Datta, *World of Twilight*, 85.

10   *Sunday Statesman*, August 25, 1946, 4, and September 4, 1946, 4. LM to HM, September 25, 1947, Box 64. BOD.

11 *Statesman*, September 20, 1946, 8.

12 JBA to WHA, August 30, 1946. BERG.

13 Datta, *World of Twilight*, 85.

14 JBA to WHA, August 30, 1946. BERG. Datta, *World of Twilight*, 85.

15 *Bharat*, October 8, 1946. Special Branch Incident files, August–November 1946. PMROK.

16 Special Branch Incident files, August– November 1946. PMROK.

17 Hajari, *Midnight's Furies*, 18, citing Ispahani, *Quaid-e-Azam as I Knew Him*, 234, and "Mr. Nehru on Riots," *Times of India*, August 19, 1946, 7.

18 Datta, *World of Twilight*, 85–86.

19 JBA to WHA, January 17, 1948, draft of letter in Auden, "1938–1939 Journal." AMA.

20 LM to HM, August 10, 1947. Box 64. BOD.

21 MacNeice, "1947 Notes." BERG. LM to HM, August 16, 1947. Box 64. BOD.

22 LM to HM, August 16, 1947. Box 64. BOD.

23 MacNeice, "1947 Notes." BERG. LM to HM, August 10, 1947. Box 64. BOD.

24 LM to HM, August 10, 1947. Box 64. BOD.

25 LM to HM, August 19 and 28, 1947. Box 64. BOD.

26 LM to HM, August 28, 1947. Box 64. BOD.

27 Sinclair, "A Memoir," 45. PSA.

28 LM to HM, August 28, 1947. Box 64. BOD.

29 MacNeice, "1947 Notes." MSS MacNeice. BERG.

30 Ibid.

31 http://parliamentofindia.nic.in/ls/debates/vol5p1.html. Indian Parliament website.

32 Hajari, *Midnight's Furies*, 153.

33 Sinclair, "A Memoir," 89–90. PSA.

34 LM to HM, September 21 and 22, 1947. Box 64. BOD.

35 Dalton, *Mahatma Gandhi*, 153.

36 Ray, *My Reminiscences*, 126. Chadha, *Gandhi*, 440.

37 Datta, *World of Twilight*, 86.

38 Dalton, *Mahatma Gandhi*, 155.

39 Ray, *My Reminiscences*, 127–129.

40 其他的都将化作尘土；可是 / 关键时刻人们依然会说出他的名字，独立的梦想不会消逝/侵略必然毁灭。 Datta, *Art of the Intellect*, xiv. Datta, *World of Twilight*, 87.

41　LM to HM, September 25, 1947. Box 64. BOD.

42　LM to HM, September 16 and 20, 1947. Box 64. BOD.

43　LM to HM, September 26, 1947. Box 64. BOD.

44　MacNeice, "1947 Notes." BERG.

45　LM to HM, September 29, 1947. Box 64. BOD. 这首诗的作者是苏辛·戴伊（Sushin Dey）。

46　LM to HM, September 29, 1947. Box 64. BOD.

47　Sinclair, "A Memoir," 66–67. PSA.

48　SD to JBA, March 19, 1937. BERG.

49　Datta, *World of Twilight*, xxiv.

50　JBA to NS, August 27, 1947. PSA.

51　JBA to NS, November 17, 1947; July 22, 1948; and July 9, 1949. PSA.

52　MacNeice, *Autumn Journal*, 5.

53　Horrell, "Tilman's Everest Southside Reconnaisance." www.markhorrell.com/2015/tilmans-everest-south-side-reconnaissance. 贝克韦尔神父是查尔斯·休斯顿（Charles Houston）的朋友。休斯顿是美国大学生，他和父亲曾在 1936 年让蒂尔曼带他们攀登楠达德维峰。贝克韦尔也参加了这次考察。

54　JBA to WHA, March 15, 1951. BERG.

55　JBA to WHA, June 3, 1951. BERG. JBA to NS, July 15, 1951; JBA to NS, September 20, 1956. PSA.

56　JBA to NS, July 22, 1948. PSA.

57　JBA to NS, July 19, 1951. PSA.

58　JBA to WHA, January 17, 1948, BERG.

59　Datta, *World of Twilight*, xx.

60　JBA to WHA, September 10, 1946. BERG. JBA to NS, July 21, 1949. PSA.

61　JBA to WHA, September 10, 1945, BERG. JBA to SB, March 25, 1952. AMA. See also J. B. Auden, "The Bearing of Geology on Multipurpose Projects," in Radhakrishna, *J. B. Auden*, 221.

62　GAA to SB, February 19, 1951. BERG.

63　JBA to SB, July 2, 1952, and April 3, 1953. AMA.

64　JBA to SB, April 3 and 11, 1953. AMA.

65　JBA to SB, May 19, 1953. AMA.

66   Jeremy Berkoff to SB after JBA's death on January 21, 1991.

67   JBA to SB, May 28, 1953. AMA.

68   JBA to WHA, September 19, 1946. BERG.

69   JBA to SB, May 27, 1953. AMA.

70   JBA to NS, October 17, 1956. PSA.

71   SB to JBA, August 20, 1968. AMA.

72   Auden, "1938–1939 Journal." AMA.

73   Radhakrishna, *J. B. Auden*, 14.

74   SB to JBA, August 20, 1968. AMA.

75   JBA to SB, October 23, 1955. AMA.

76   JBA to NS, October 17, 1945. PSA.

77   Philip Spender, emails and interviews, and introduction in *Nancy Sharp (Nancy Spender) 1909-2001*. PSA.

78   WHA to SB, undated. AMA.

20. 夜幕降临

1   MacNeice, "India Diary." BOD. See also MacNeice, "India at First Sight," 42-43. BERG.

2   JBA to NS, October 17, 1945, May 16, 1947. PSA.

3   Radhakrishna, *J. B. Auden*, comment by S. V. Srikantia, 222. 1991 年，奥古斯特·甘塞尔（August Gansser）在奥登的讣文中写道："当今依旧困扰喜马拉雅山地质学家的许多问题，其实早在奥登细心的田野调查和关键推论中便提出了。"具有传奇色彩的瑞士地质学家甘塞尔认为，约翰·奥登是"最伟大的喜马拉雅山地质学家之一"，也是他心目中的偶像。

参考文献

Unpublished Primary Sources

Auden, J. B. "1929 Journal" and "1938–39 Journal." Unpublished notebooks.

Halsall, Christine. "Historical Record, Squadron Leader Michael Spender at the Air Operating Company." Personal email, September 5, 2013.

Money, Anita. "Sheila." Unpublished Word document, July 24, 2015.

Mukherji, Sajni. "The Dickens World Revisited: Humphry House in 1930s Calcutta." Unpublished typescript. Courtesy of the author.

Sinclair, Elinor. "A Memoir." Unpublished Word document. Courtesy of Margaret Sinclair.

Spender, Michael. "Address on Greenland." Delivered at the Rembrandt Hotel on behalf of the Danish Council in 1942. Unpublished typescript.

———. "The End of an Expedition." [1937]. Unpublished typescript.

———. "Geography at Work." Unpublished typescript.

———. "Mediaeval Incident." December 13, 1936. Unpublished typescript.

———. "1935 Everest Journal" and "1937 Karakoram Journal." 2 vols. Unpublished notebooks.

———. Review of *The Pilot's Book of Everest*. [1936]. Unpublished typescript.

———. "Trans-Himalayan Coronation." [1937]. Unpublished typescript.

Spender, Nancy. "Memoir and Chronology." Various versions, unpublished MSS.

Spender, Stephen. "Miss Pangborne." Unpublished typescript.

Spender, Violet. "1917 Diary."

Books and Journal Articles

Aberigh-Mackay, George R. *Twenty-One Days in India: Being the Tour of Sir Ali Baba, K.C.B.* London: W. H. Allen, 1896.

Amery, Leopold. *The Empire at Bay: The Leo Amery Diaries, 1929–1945.* Edited by John Barnes and David Nicholson. Foreword by Lord Stockton. London: Hutchinson, 1988.

Anand, Mulk Raj. *Author to Critic: The Letters of Mulk Raj Anand to Saros Cowasjee.* Calcutta: A Writer's Workshop Production, 1973.

Andrews, C. F. *The Indian Earthquake*. London: Allen and Unwin, 1935.

Astill, Tony. *Everest: The Reconnaissance 1935; The Forgotten Adventure*. Southampton: privately printed, 2005.

Auden, J. B. *Centenary of the Geological Survey of India 1851–1951: A Short History of the First Hundred Years*. Calcutta: GSI, 1951.

———. "An Excursion to Gangotri." *Himalayan Journal* 8 (1936).

———. *Reminiscences of Retired Officers and Staff of the Geological Survey of India and Eminent Geoscientists from the Country and Abroad*. Calcutta: GSI, 1964.

———. "A Season's Work in the Central Himalaya." *Himalayan Journal* 12 (1940).

———. "The Structure of the Himalaya in Garhwal." *Records of the Geological Survey of India* 7 (1937): 407–33.

———. "Traverses in Nepal." *Himalayan Journal* 7 (1935).

Auden, W. H., and Christopher Isherwood. *The Ascent of F6* and *On the Frontier*. New York: Random House, 1986.

———. *Collected Poems*. Edward Mendelson, ed. London: Faber and Faber, 1991.

———, and Christopher Isherwood. *Journey to a War*. London: Faber, 1939.

———. *Juvenilia: Poems 1922–1928*. Edited by Katherine Bucknell. London: Faber and Faber, 1994.

———, and Louis MacNeice. *Letters from Iceland*. New York: Faber and Faber, 1937.

———, and John Garrett, eds. *The Poet's Tongue: An Anthology*. London: G. Bell, 1957.

———. *Selected Poems*. Edited by Edward Mendelson. New York: Vintage, 2007.

———. *Tell Me the Truth about Love: Ten Poems*. New York: Vintage, 1994.

Ayyub, Abu Sayeed. "Sudhindranath Datta." *Quest* (Fall 1960).

Babington Smith, Constance. *Evidence in Camera: The Story of Photographic Intelligence in World War II*. With a foreword by Marshal of the Royal Air Force, the Lord Tedder G.C.B. London: Chatto & Windus, 1958.

Battacharya, Manoshi. *Chittagong: Eye of the Tiger*. Noida, UP: HarperCollins, 2014.

Bayley, C. A., and T. N. Harper. *Forgotten Armies: The Fall of British Asia*. Cambridge, MA: Belknap Press, 2005.

Beesley, Patrick. *Very Special Intelligence: The Story of the Admiralty's Operational Intelligence Centre 1939–1945*. London: Hamilton, 1977.

Bell, Kathleen. "Nancy Spender's Recollections of Wystan Auden." *W. H. Auden Society Newsletter*, nos. 10 and 11 (September, 1993): 1–3.

Berlin, Isaiah. *Flourishing: Letters 1928–1946*. Edited by Henry Hardy. London: Chatto & Windus, 2004.

Birla, G. D. *In the Shadow of the Mahatma: A Personal Memoir*. Bombay: Orient Longmans, 1953.

Blacker, L. V. Stewart. "The Mount Everest Flights." *Himalayan Journal* 6 (1934).

Bose, Buddhadeva. *An Acre of Green Grass: A Review of Modern Bengali Literature*. Calcutta: Orient Longmans, 1948.

Bose, Subhas Chandra. *Azad Hind: Writings and Speeches 1941–1943*. Delhi: Permanent Black, 2002.

———. *The Indian Struggle 1929–1934*. London: Wishart, 1935.

Bose, Subrato, and Ayesha Jalal. *Modern South Asia: History, Culture, Political Economy*. London: Routledge, 1998.

Branson, Clive. *British Soldier in India: The Letters of Clive Branson*. London. Communist Party, 1944.

Brett, William Bailie. *A Report on the Bihar Earthquake and the Measures Taken in Consequence Thereof*. Bihar: Government Printing, 1935.

Burchett, Wilfred. "Life and Death in India." From *Democracy with a Tommygun*, 145–46. www.marxists.org/archive/burchett/1946 /democracy-with-a-tommygun/cho8.htm.

Burton, Antoinette, ed. *Family History: Janaki Agnes Penelope Majumdar*. New Delhi: Oxford University Press, 2003.

Calder, Ritchie. *The Lesson of London*. London: Secker & Warburg, 1941.

Carpenter, Humphrey. *W. H. Auden: A Biography*. Boston: Houghton Mifflin, 1981.

Carritt, Michael. "India before the Storm." *Labour Monthly* 22, no. 5 (May 1940): 294.

———. *A Mole in the Crown: Memoires of a British Official in India Who Worked with the Communist Underground in the 1930s*. New Delhi: Rupa, 1986.

Chadha, Yogesh. *Gandhi*. New York: John Wiley and Sons, 1997.

Chakrabarty, Dipesh. *Provincializing Europe: Postcolonial Thought and Historical Difference*. Princeton, NJ: Princeton University Press, 2000.

Chandra, Bipan, et al. *India's Struggle for Independence 1857–1947*. London: Penguin, 1987.

Churchill, Winston S. *The Second World War*, vol. 4, *The Hinge of Fate*. Boston: Houghton Mifflin, 1950.

Collier, Peter. "The Impact on Topographic Mapping of Developments in Land and Air Survey 1900–1939." *Cartography and Geographic Information Science* 29, no. 3 (2002): 155–74.

Colville, John. *The Fringes of Power: Downing Street Diaries 1939–1955*. Rev. ed. London: Weidenfeld & Nicolson, 2004.

Cotton, Sidney, with Ralph Barker. *Aviator Extraordinary: The Sidney Cotton Story*. London: Chatto & Windus, 1969.

Courtauld, Augustine. "Michael Spender." *Polar Record* 4, no. 31 (1945): 352–53.

Curie, Eve. *Journey among Warriors*. Garden City, NY: Doubleday, Doran, 1943.

Curtis Brown, Beatrice, ed. *Women of Britain: Letters from England*. New York: Harcourt, Brace, 1941.

Dalton, Dennis. *Mahatma Gandhi: Non-violent Power in Action*. New York: Columbia University Press, 1993.

Daniel, Glyn Edmund. *Some Small Harvest*. London: Thames & Hudson, 1986.

Das, Tarak Chandra. *Bengal Famine 1943: As Revealed in a Survey of the Destitutes in Calcutta*. Calcutta: University of Calcutta Press, 1949.

Dasgupta, R. K. *English Poets on India and Other Essays*. Calcutta: Calcutta Book House, 1945.

Datta, Sudhindranath. *Art of the Intellect: Uncollected English Writings of Sudhindranath Datta*. Edited by Sukanta Chaudhuri. Introduction by Amiya Deb. New Delhi: Chronicle Books, 2008.

———. *The World of Twilight: Essays and Poems*. Bombay: Oxford University Press, 1970.

Davenport-Hines, Richard. *Auden*. New York: Random House, 1995.

Dev, Amiya. *Sudhindranath Datta*. New Delhi: Sahitya Akademi, 1982.

Devas, Nicolette. *Two Flamboyant Fathers*. London: Collins, 1966.

Dodds, W. E. *Missing Persons: An Autobiography*. Oxford: Clarendon Press, 1977.

Fast, Howard. *Departure and Other Stories*. New York: Little, Brown, 1949.

Fellowes, P. F. M., L. V. Stewart Blacker, P. T. Etherton, and Squadron Leader the Marquess of Douglas and Clydesdale. *First over Everest: The Houston-Mount Everest Expedition, 1933*. With a foreword by John Buchan and an account of the filming of the flight by Geoffrey Barkas. London: John Lane The Bodley Head, 1933.

FitzGibbon, Constantine. *The Winter of the Bombs; The Story of the Blitz of London*. London: Norton, 1958.

Fleming, Peter. *Invasion 1940: An Account of the German Preparations and the British Counter-Measures*. London: R. Hart-Davis, 1957.

French, Patrick. *Younghusband: The Last Great Imperial Adventurer*. London: HarperCollins, 1994.

———. *Liberty or Death: India's Journey to Independence and Division*. London: HarperCollins, 1997.

Ghosh, Shyamalkrishna. *Parichay-er Adda*. Calcutta: K. P. Bagchi, 1990.

Gilbert, Martin. *Winston S. Churchill*, vol. 5 companion, part 3, documents, *The Coming of War 1936–1939*. London: Heinemann, 1982.

Glendevon, John. *The Viceroy at Bay: Lord Linlithgow in India*. London: Collins, 1971.

Grayling, A. C. *Among the Dead Cities: The History and Moral Legacy of the WWII Bombing of Civilians in Germany and Japan*. New York: Walker, 2006.

Hajari, Nisid. *Midnight's Furies: The Deadly Legacy of India's Partition*. Boston: Houghton Mifflin Harcourt, 2015.

Hansen, Peter H. "The Dancing Lamas of Everest." *American Historical Review* 101, no. 3 (June 1996): 712–47.

House, Humphry. *I Spy with My Little Eye*. Calcutta: Bharati Bhavan, 1937.

Howe, Stephen. *Anticolonialism in British Politics: The Left and the End of Empire, 1918–1964*. New York: Oxford University Press, 1993.

Idle, E. Doreen. *War over West Ham: A Study of Community Adjustment; A Report Prepared for the Fabian Society and the Ethical Union*. London: Faber & Faber, 1943.

Isherwood, Christopher. *Christopher and His Kind 1929–1939*. New York: Farrar, Straus & Giroux, 1976.

Ishwari, Prasad. *The Life and Times of Maharaja Juddha Shumsher Jung Bahadur Rana of Nepal*. New Delhi: Ashish Publishing House, 1975.

Isserman, Maurice. *Fallen Giants: A History of Himalayan Mountaineering*. New Haven, CT: Yale University Press, 2008.

Kamtekar, Indivar. "A Different War Dance: State and Class in India 1939–1945." *Past and Present*, no. 176 (2002): 187–221.

Keay, John. *The Great Arc: The Dramatic Tale of How India Was Mapped and Everest Was Named*. New York: HarperCollins, 2000.

Khan, Yasmin. *The Raj at War: A People's History of India's Second World War*. Delhi: Penguin Random House, 2015.

Kling, Blair B. *Partner in Empire: Dwarkanath Tagore and the Age of Enterprise in Eastern India*. Berkeley: University of California Press, 1976.

Kutsobin, Pyotr. *Ajoy Kumar Ghosh and Communist Movement in India*. New Delhi: Sterling Publishers, 1987.

Laughton, Bruce. *William Coldstream*. New Haven, CT: Yale University Press, 2004.

Laybourn, Keith. *The General Strike Day by Day*. Stroud: Alan Sutton Publishing, 1996.

MacNeice, Louis. *Autumn Journal: A Poem*. New York: Random House, 1939.

———. *Collected Poems*. New York: Oxford University Press, 1967.

———. *I Crossed the Minch*. With eight drawings by Nancy Sharp. London: Longmans Green, 1938.

———. *Selected Letters of Louis MacNeice*. Edited by Jonathan Allison. London: Faber & Faber, 2010.

———. *Selected Prose of Louis MacNeice*. Oxford: Clarendon Press; New York: Oxford University Press, 1990.

———. *The Strings Are False: An Unfinished Autobiography*. London: Faber & Faber, 1982.

Mansergh, Nicholas, and E. W. R. Lumby, eds. *The Transfer of Power 1942-7*. London: Her Majesty's Stationery Office, 1971.

Mason, Kenneth. *Abode of Snow*. Foreword by Doug Scott. Seattle: Mountaineers Books; London: Diadem Books, 1987.

———. "Notes." *Himalayan Journal* 8 (1935).

———. "The Problem of Mount Everest." *Himalayan Journal* 9 (1937).

Medley, Robert. *Drawn from Life*. Boston: Faber & Faber, 1983.

Mendelson, Edward, ed. *Early Auden*. New York: Viking Press, 1981.

Millar, George. *The Bruneval Raid: Flashpoint of the Radar War*. London: Bodley Head, 1974.

Ministry of Home Security by the Ministry of Information. *Front Line, 1940-41: The Official Story of the Civil Defence of Britain*. London: His Majesty's Stationery Office, 1942.

Mitra, Asok. *Three Score and Ten*, vol. 1. Calcutta: Mandira, 1987.

———. *Towards Independence 1940-1947: Memoirs of an Indian Civil Servant*. Bombay: Popular Prakashan, 1991.

Moon, Penderel. *Strangers in India*. New York: Reynal & Hitchcock, 1945.

Moore, R. J. *Churchill, Cripps and India*. Oxford: Clarendon; New York: Oxford University Press, 1979.

Moorhouse, Geoffrey. *Calcutta*. London: Weidenfeld, 1972.

Mosley, Leonard. *The Last Days of the British Raj*. London: Weidenfeld & Nicolson, 1964.

Moynihan, John. *Restless Lives*. Bristol: Sansom, 2002.

Muggeridge, Malcolm. *Chronicles of Wasted Time*, vols. 1 and 2. London: Collins, 1972-73.

———. *Like It Was; The Diaries of Malcolm Muggeridge*. Selected and edited by John Bright-Holmes. London: Collins, 1981.

Mukerjee, Madhusree. *Churchill's Secret War: The British Empire and the Ravaging of India during World War II*. New York: Basic Books, 2010.

Muldoon, Andrew. *Empire, Politics and the Creation of the 1935 India Act: Last Act of the Raj*. London: Ashgate, 2013.

Mulgan, John, ed. *Poems of Freedom*. Introduction by W. H. Auden. London: Victor Gollancz, 1938.

Nehru, Jawaharlal. *The Discovery of India*. New York: John Day, 1946.

Newell, Clayton R. *Burma, 1942*. Washington, DC: US Government Printing Office, 1995.

Norgay, Tenzing, with James Ramsey Ullman. *Tiger of the Snows: The Autobiography of Tenzing of Everest.* New York: G. P. Putnam's Sons, 1955.

Orwell, George. *The Collected Essays, Journalism, and Letters of George Orwell.* 4 vols. New York: Harcourt Brace and World, 1968.

——. *Diaries.* Edited by Peter Davison. London: Penguin, 2010.

Overstreet, Gene D., and Marshall Windmiller. *Communism in India.* Berkeley: University of California Press, 1959.

Panter-Downes, Mollie. *London War Notes, 1939–1945.* New York: Farrar, Straus & Giroux, 1971.

Parker, Peter. *Isherwood: A Life.* New York: Random House, 2004.

Perrin, Jim. *Shipton and Tilman: The Great Decade of Himalayan Exploration.* London: Hutchinson, 2013.

Pery, Jenny. *The Affectionate Eye: The Life of Claude Rogers.* Bristol: Sansom, 1995.

Peterson, J. C. K. *Bengal District Gazetteers: Burdwan.* Calcutta: Bengal Secretariat Book Depot, 1910.

Phillips, William. *Ventures in Diplomacy.* Boston: Beacon Press, 1953.

Powys-Lybbe, Ursula. *The Eye of Intelligence.* London: W. Kimber, 1983.

Prashad, I. *The Life and Times of Maharaja Juddha Shumsher Jung Bahadur Rana of Nepal.* New Delhi: Ashish Publishing House, 1996.

Pugh, Martin. *Hurrah for the Blackshirts: Fascists and Fascism in Britain between the Wars.* London: Jonathan Cape, 2005.

Radhakrishna, B. P., ed. *J. B. Auden: A Centenary Tribute.* Bangalore: Geological Society of India, 2003.

Raghaven, Srinath. *India's War: The Making of Modern South Asia 1939–1945.* London: Allen Lane, 2016.

Rao, B. Shiva. *India's Freedom Movement: Some Notable Figures.* New Delhi: Orient Longman, 1972.

Ray, Renuka. *My Reminiscences: Social Development during the Gandhian Era and After.* New Delhi: Allied, 1982.

Roy, M. N. *India and War.* Lucknow: Radical Democratic Party, 1942.

——. *M. N. Roy's Memoirs.* Bombay: Allied Publishers, 1964.

Roy, Samaren. *In Freedom's Quest: A Study of the Life and Works of M. N. Roy.* Calcutta: Minerva Associates, 1998.

——. *M. N. Roy and Mahatma Gandhi.* Calcutta: Minerva Associates, 1987.

Roy, Tathagata, *My People Uprooted.* Kolkata: Ratna Prakashan, 2001.

Ruttledge, Hugh. *Everest, 1933.* London: Hodder & Stoughton, 1934.

——. *Everest: The Unfinished Adventure.* London: Hodder & Stoughton, 1937.

Sanyal, Hirankumar, ed. *Twenty Years of Parichay and Other Memories [Paricha-yer Kudi Bacchar o onyano smritichia].* Calcutta: Papyrus, 1978.

Sarila, Narendra Singh. *The Shadow of the Great Game*. New Delhi: HarperCollins India, 2005.

Sarkar, Sumit. *The Swadeshi Movement in Bengal 1903–1908*. New Delhi: Peoples Publishing House, 1973.

Sarkar, Susobhan Chandra. *Essays in Honour of Professor S. C. Sarkar*. New Delhi: Peoples Publishing House, 1976.

Sarkisyanz, Manuel. *From Imperialism to Fascism: Why Hitler's "India" Was to Be Russia*. New Delhi: Deep & Deep, 2003.

Schuster, George. "The Deadlock in India." *Spectator*, May 15, 1941, 7.

———, and Guy Wint. *India and Democracy*. London: Macmillan, 1941.

Science, "Announcements." Vol. 81, no. 2106 (May 10, 1935): 443–70.

Scott, Michael. *A Time to Speak*. Garden City, NY: Doubleday, 1958.

Sebald, W. G. *On the Natural History of Destruction*. New York: Random House, 2003.

Sharma, Man Mohan. *Through the Valley of Gods: Travels in the Central Himalayas*. New Delhi: Vision Books, 1978.

Shils, Edward. *The Culture of the Indian Intellectual*. Chicago: University of Chicago, Committee on South Asian Studies, 1959.

Shipton, Eric. "Michael Spender." Obituary. *Geographical Journal* 106, no. 5/6 (1945): 238–39.

——— with H. W. Tilman, Michael Spender, and J. B. Auden. "The Shaksgam Expedition." *Geographical Journal* 91, no. 4 (1938): 313–39.

———. *The Six Mountain Travel Books: Nanda Devi, Blank on the Map, Upon That Mountain, Mountains of Tartary, Mount Everest Reconnaissance Expedition 1951, Land of Tempest*. With an introduction by Jim Perrin. Seattle: The Mountaineers, 1985.

———. *That Untravelled World: An Autobiography*. New York: Scribner, 1969.

———, and R. Scott Russell. "Karakoram, 1939." *Geographical Journal* 95, no. 6 (1940): 409–24.

Singh, Kushwant. *Sahibs Who Loved India*. New Delhi: Viking, 2008.

Snow, Edgar. *People on Our Side*. New York: Random House, 1944.

Spender, Harold. *The Fire of Life: A Book of Memories*. Foreword by F. S. Marvin. London: Hodder & Stoughton, 1926.

Spender, J. A. *The Changing East*. London: Cassell, 1926.

———. *The Indian Scene*. London: Methuen, 1912.

Spender, Michael. "The Elusive Element." *Spectator*, June 19, 1938, 30.

———. "The Gentle Savage." *Spectator*, October 14, 1938, 30.

———. "Guns and Carbohydrates." *Spectator*, April 9, 1937, 657–58.

———. "Mount Everest, 1938." *Spectator*, March 11, 1938, 9.

Sarila, Narendra Singh. *The Shadow of the Great Game*. New Delhi: HarperCollins India, 2005.

Sarkar, Sumit. *The Swadeshi Movement in Bengal 1903–1908*. New Delhi: Peoples Publishing House, 1973.

Sarkar, Susobhan Chandra. *Essays in Honour of Professor S. C. Sarkar*. New Delhi: Peoples Publishing House, 1976.

Sarkisyanz, Manuel. *From Imperialism to Fascism: Why Hitler's "India" Was to Be Russia*. New Delhi: Deep & Deep, 2003.

Schuster, George. "The Deadlock in India." *Spectator*, May 15, 1941, 7.

———, and Guy Wint. *India and Democracy*. London: Macmillan, 1941.

Science, "Announcements." Vol. 81, no. 2106 (May 10, 1935): 443–70.

Scott, Michael. *A Time to Speak*. Garden City, NY: Doubleday, 1958.

Sebald, W. G. *On the Natural History of Destruction*. New York: Random House, 2003.

Sharma, Man Mohan. *Through the Valley of Gods: Travels in the Central Himalayas*. New Delhi: Vision Books, 1978.

Shils, Edward. *The Culture of the Indian Intellectual*. Chicago: University of Chicago, Committee on South Asian Studies, 1959.

Shipton, Eric. "Michael Spender." Obituary. *Geographical Journal* 106, no. 5/6 (1945): 238–39.

——— with H. W. Tilman, Michael Spender, and J. B. Auden. "The Shaksgam Expedition." *Geographical Journal* 91, no. 4 (1938): 313–39.

———. *The Six Mountain Travel Books: Nanda Devi, Blank on the Map, Upon That Mountain, Mountains of Tartary, Mount Everest Reconnaissance Expedition 1951, Land of Tempest*. With an introduction by Jim Perrin. Seattle: The Mountaineers, 1985.

———. *That Untravelled World: An Autobiography*. New York: Scribner, 1969.

———, and R. Scott Russell. "Karakoram, 1939." *Geographical Journal* 95, no. 6 (1940): 409–24.

Singh, Kushwant. *Sahibs Who Loved India*. New Delhi: Viking, 2008.

Snow, Edgar. *People on Our Side*. New York: Random House, 1944.

Spender, Harold. *The Fire of Life: A Book of Memories*. Foreword by F. S. Marvin. London: Hodder & Stoughton, 1926.

Spender, J. A. *The Changing East*. London: Cassell, 1926.

———. *The Indian Scene*. London: Methuen, 1912.

Spender, Michael. "The Elusive Element." *Spectator*, June 19, 1938, 30.

———. "The Gentle Savage." *Spectator*, October 14, 1938, 30.

———. "Guns and Carbohydrates." *Spectator*, April 9, 1937, 657–58.

———. "Mount Everest, 1938." *Spectator*, March 11, 1938, 9.

———. "New Maps for Britain." *Spectator*, November 18, 1938, 11.

———. "The New Photographic Survey of Switzerland." *Geographical Journal* 79, no. 5 (1932): 383–97.

———. "The Photo-Surveyed Maps of the Mount Everest Region and Nyonno Ri." *Himalayan Journal* 11 (1939): 176–79.

———. "Tibetan Tent." *Spectator*, October 16, 1936, 9.

Spender, Philip. *Nancy Sharp (Nancy Spender) 1909–2001: Paintings and Works on Paper.* London: The Gallery, 2002. Exhibition catalog.

Spender, Stephen. *The Backward Son.* London: Hogarth Press, 1940.

———. *Citizens in War, and After.* Foreword by Herbert Morrison. Photography by John Hinde. London: G. G. Harrap, 1945.

———. *Forward from Liberalism.* London: Victor Gollancz, 1937.

———. "Letter to a Colleague in America." *New Statesman and Nation*, November 16, 1940, 490.

———. *World within World.* New York: St. Martin's Press, 1994.

———, ed. *W. H. Auden: A Tribute.* London: Weidenfeld & Nicholson, 1975.

Spurling, Hilary. *The Girl from the Fiction Department: A Portrait of Sonia Orwell.* London: Hamish Hamilton, 2002.

Stallworthy, Jon. *Louis MacNeice.* New York: Norton, 1995.

Steevens, G. W. *In India.* New York: Dodd, Mead, 1899.

Stern, Jacques. *The Hidden Damage.* New York: Harcourt Brace, 1947.

Suraiya, Jug. *Rickshaw Ragtime: Calcutta Remembered.* New York: Penguin Books, 1993.

Sutherland, John. *Stephen Spender: The Authorized Biography.* New York: Penguin Books, 2004.

Tagore, Rabindranath. *Selected Letters of Rabindranath Tagore.* Edited by Andrew Robinson and Krishna Datta. Cambridge: Cambridge University Press, 1997.

Talbot, Philips. *An American Witness to India's Partition.* Foreword by B. R. Nanda. New Delhi: Sage, 2007.

Tharoor, Shashi. *An Era of Darkness: The British Empire in India.* New Delhi: Aleph, 2016.

Tilman, H. W. "The Himalayan Club Dinner." *Himalayan Journal* 11 (1939): 176–79.

———. *When Men and Mountains Meet.* Cambridge: Cambridge University Press, 1946.

Unsworth, Walt. *Everest: The Mountaineering History.* 3rd ed. Seattle: Mountaineers, 2000.

Valdiya, K. S. *The Making of India: Geodynamic Evolution.* Chennai: Springer, 2015.

Venkataramani, M. S. *Bengal Famine of 1943: The American Response*. Delhi: Vikas, 1973.

Voigt, Johannes H. *India in the Second World War*. New Delhi: Arnold-Heinemann, 1987.

Wager, L. R. "Mount Everest's Weather in 1933." *Himalayan Journal* 6 (1934).

Warren, Charles. "Eric Shipton." Obituary. *Alpine Journal* 83, no. 327 (1978).

Wavell, Archibald Perceval. *Wavell: The Viceroy's Journal*. Edited by Penderel Moon. London: Oxford University Press, 1973.

Weigold, Auriol. *Churchill, Roosevelt and India: Propaganda during WWII*. New York: Routledge, 2008.

West, W. J., ed. *Orwell: The War Broadcasts*. London: Duckworth BBC, 1985.

Yates, Anne, and Lewis Chester. *The Troublemaker: Michael Scott and His Lonely Struggle against Injustice*. London: Aurum Press, 2006.

Younghusband, Francis. "The Problem of the Shaksgam Valley." *Geographical Journal* 68, no. 3 (1926): 225–30.

Science, "Announcements." Vol. 81, no. 2106 (May 10, 1935): 443–70.

Websites

Biographical Memoirs of Fellows of the Royal Society
rsbm.royalsocietypublishing.org/content/13/358

Female Poets of the First World War
http://femalewarpoets.blogspot.com/2014/04/violet-spender-one-of -her-poems.html

Marcela de Paiva Abreu, "India as Creditor: Sterling Balances"
http://nehrumemorial.nic.in/en/news/368-india-as-a-creditor -sterling-balances-1940-1956-22nd-january-2015.html

Independence Day Resolution passed by the Indian National Congress in 1930
www.nationalarchives.gov.uk/education/empire/transcript /g3cs3s2t.htm

Legacy of Midnapore: Freedom Movements at Contai
www.midnapore.in/town_contai_freedom.html

Indian Parliament: Constituent Debates (Proceedings)
http://parliamentofindia.nic.in/ls/debates/vol5p1.htm

Wings over Everest
www.youtube.com/results?search_query=wings+over+everest

Tilman's Everest Southside Reconnaissance, by Mark Horrell
www.markhorrell.com/blog/2015/tilmans-everest-south-side -reconnaissance

索 引

aerial photography, 58, 60, 62, 90, 189, 217–23, 228–29, 262
aerial photogrammetry. *See* photogrammetry
Aghil Range, 146–47, 151–52, 156
Aghil Pass, 147, 151–52, 157, 171
Ahmed, Muzzafar, 137
Aircraft Operating Company (AOC), 217, 219, 228, 263
Air Ministry, 83, 187, 218–20
Air Raid Precautions (ARP), 242
All India Muslim League, xii, xii, 21, 55–56, 112, 126, 199, 209, 234, 235, 240, 256–58, 274, 276, 283
Amery, Leo (Leopold Charles Maurice Stennet), 210, 216, 236, 237, 243, 244, 246, 250, 255–56, 258, 260
Anand, Mulk Raj, 117, 139, 180–81, 316
Anderson, Hedli, 183, 285
Anderson, Sir John, 141, 228
Anglo-Gurkha War (1814–1816), 78
Angtharkay, 144, 149, 151
Anschluss of Austria, 166–67
Anti-Cow Slaughter League, 278–79
AOC. *See* Aircraft Operating Company
ARP. *See* Air Raid Precautions
Ascent of F6, The (Auden/Isherwood play), 106, 107, 127–28, 145, 164–65, 180, 183
Atlantic Charter, 242–43, 252
Auden, Constance Rosalie, 23, 71, 164–65, 238
Auden, George Augustus, 14–15, 56, 71
Auden, John Bicknell: analysis, 40–43, 44; on British rule, 124–25; childhood, 11, 12, 14–15; Calcutta life, 39–40, 125, 137, 251–52; and M. J. Carritt, 139–41;

conversion to Catholicism, 287; death, 291; Everest hopes, 15–16, 23, 79, 80, 85, 88, 90, 91, 94, 104, 106, 160, 171, 267, 287; fears of impotence, 47–48, 251; final return to Calcutta, 297; and Great Calcutta Killing, 276; GSI, work in the Hindu Kush: 188; hydroelectric projects: 236–37, 295; and investigation of 1934 earthquake: 79, 93; last Englishman employed by: 288–89; work in the Ranigunj: 22–23; work in the Son River Valley: 39, 48; and the war: 236–37, 252; and H. House, 129, 132, 134–35; Himalayan work, Garhwal, 133, 168, 171, 183–84, 187–89, 190–94, 294–96; Himalayan work, Karakoram, 133–34, 144, 146–47, 151, 152–53, 154–55, 160–62; Krol Belt, 23–26, 75–77, 84–85; marital prospects, 39–40, 43–44, 167–68, 187–88, 195, 200; marriage to M. Marshall, 84–85, 107; marriage to S. Bonnerjee, 197–99, 200, 207–8, 239, 248–51, 286, 288, 290; passage to India, 12–22; relationship with W. H. Auden, 10–11, 14, 23, 43–44, 71, 106–7, 128, 129, 173, 178, 183, 205–8, 274, 276–77; relationship with S. Datta, 130–33, 197, 200, 240, 243, 285, 297; relationship with N. Sharp, 168–75, 176–77, 204, 268, 269, 286–88, 290, 295–96; and World War II, 167, 207
Auden, Sheila Bonnerjee, 196–200, 207–8, 239, 248–52, 286, 288, 290, 292–93
Auden, W. H. (Wystan Hugh), xv, 63, 123, 124, 132, 136, 185, 188, 222, 227, 243, 291, 298; China trip, 173; death, 291; GPO Film Unit, 106; Iceland visit, 127;

India visit, 292–93; and Munich crisis, 177–78; "Palais des beaux arts," 273; *Poems of Freedom*, 180; relationship with J. B. Auden, 10–11, 14, 23, 128, 130, 168, 175, 183, 195, 205–7, 274, 276, 277, 287; relationship with S. B. Auden, 291–92; relationship with L. MacNeice, 50, 127; relationship with M. Spender, 10–11, 94, 106–7, 272; relationship with S. Spender, 63, 127, 244; relationship with N. Sharp, 71, 72, 165, 169, 174, 176, 182, 204, 268; sexuality, 41, 53, 71–72, 107, 117; and Spanish Civil War, 128–30, 164–65, 205–6; and World War II, 178, 206–208; with U.S. Strategic Bombing Survey, 272–73. *See also The Ascent of F6* (Auden/Isherwood play)

August Offer, 230–31, 242

Austen, Jane, 179

Azad Hind, 247. *See also* Freedom India broadcasts

babas, 105, 163, 193, 294–95

Bahadur, Maharaja Juddha Shumsher Jung, 79

Baltis, 146–47, 148–51, 152, 160–61

Bengal: 1905 partition of, xxi, 29–30, 234, 240, 281; 1947 partition of, 281, 282–83, 284; Bengal Renaissance, 31; Bengal famine of 1943, 255–58, 282; Bengalis, 28–30, 38, 111, 119, 240, 241; cholera outbreak, 257; Midnapore unrest, 52–56, 116, 251, 258; Provincial Assembly, 256, 258, 276

Berlin, Sir Isaiah, 123, 139

Bhotias, 89

Bismarck, disappearance of, 263–64

Blackshirts, 113

Boggins, Betty, 187–89, 191, 195, 200

Bonnerjee, Anila, 196, 198, 238–39

Bonnerjee, Bharat, 184, 186, 197–98

Bonnerjee, Minnie. *See* Emmerson, Minnie Bonnerjee

Bonnerjee, Protap, 184–87, 197–98, 237

Bonnerjee, Ratna, 185–86

Bonnerjee, Sheila. *See* Auden, Sheila Bonnerjee

Bonnerjee, W. C. (Womesh Chandra), 185–86

Bose, Subhas Chandra, 19–20, 36, 142–43, 241, 249–51, 255

Bradley, Ben, 117–18, 142

Bradshaw-Isherwood, Kathleen, 165

British Gazette (newspaper), 50–51

British Raj, xix, 15, 18, 29, 51, 53, 112, 115, 125, 163, 206

British Union of Fascists, 134

Britten, Benjamin, 106, 182

Brownell, Sonia (Euston Road Venus), 204–5, 228, 298

Bryant, Dan, 91–92, 95, 97, 102

Burma, fall of, 248, 250, 254

Café Royal, London, 171, 184

Calcutta: 1934 Nepal Bihar earthquake, 78; bombing of, 254; capital of Bengal province, 27, 116–117; cultural riches, 31, 34, 180; English contempt for "baboos," 28, 38, 208; famine, 253, 255, 256–60; Great Calcutta Killing, 274–77; mercantile class, 30, 11; nightlife, 30, 141, 184; partition of 1905, xxi, 29, 196, 240; partition of 1947, 281, 283–84; physical appearance and climate, 33–34, 115, 141, 187, 289; social life of Bengali *bhadralok*, 27–28, 30, 34, 37, 185–86, 211, 215; social life of colonial English, 39–40, 41, 125, 154; Special Branch of Police activities, 54, 124, 137–39; unrest, 30, 36, 49, 114, 121, 136, 142–43, 233–34, 250, 252–53; wartime, 233, 235, 241, 242, 243, 247–48

Calcutta Flying Club, 167

Cambridge Mountaineering Club, 85, 91

Cariappa, Field Marshall Kodandera, 280

Carritt, Gabriel, 52–53, 107, 117, 129

Carritt, Michael John: as Assistant District Officer in Bengal, 52–56, 58, 114; during Blitz, 297; friendship with J. B. Auden, 125, 139–141; friendship with H. House, 133, 138; as ICS Special Officer, 114–19, 124–25, 129–30, 135–37, 141–43; underground work with Rev. M. Scott, 118–119, 124–25, 133, 136, 141, 179

Central Legislative Assembly, 19, 46
Chamberlain, Sir Arthur Neville, xx, 174,
    176–78, 179, 209, 210, 228, 243
Chanda, Apurba, 32–33, 122, 230–31, 233,
    257, 297
Chatterjee, Bankim, 35
Chomolungma. See Mount Everest
Churchill, Sir Winston Spencer, 158, 220,
    237, 298; on aerial bombing of Greek
    Resistance, 271; on aerial bombing of
    Hamburg, 285; and Air Ministry, 220;
    and Sir John Anderson, 228; anticom-
    munist views of, 134; Atlantic Charter
    and India, 242–43; and Sir Stafford
    Cripps, 248; on Czechoslovakia's isola-
    tion after the Anschluss, 167; Die Hard
    views of, 134, 210; and Dunkirk, 221;
    on general strike of 1926, 50; on the
    1935 Government of India Act, 208; on
    Hindu-Muslim tensions, 211, 236, 256,
    261; and Adolf Hitler, 134; and Rupert
    Brooke, 79; and Viceroy Linlithgow,
    216, 235–36, 256; on sterling debt to
    India, 246, 260–61; as subaltern, 53,
    158; views on India, 83, 110, 242; writ-
    ing style, 28, 110–11
Clutterbuck, Lord Peter and Lady,
    145–46, 161
Coldstream, Nancy. See Sharp, Nancy
Coldstream, William (Bill), 66–72, 107,
    129, 165, 169, 170, 175–76, 182–83, 203–5,
    228, 265, 269, 291, 298
Comintern, 119, 121
Communist Party of Great Britain
    (CPGB), 113–14, 117
Communist Party of India (CPI), 112, 119,
    121, 142–43, 161, 210, 214, 241, 289, 297
Confessions of a Nazi Spy (film), 207
Congress Party. See Indian National
    Congress
continental drift, theory of, 77, 296
Cotton, Sidney, 218–22
Coward, Noël, 171
Crevasse Glacier, 147, 155–56, 159, 164
Cripps, Sir Stafford, 248
Criterion (journal), 34
Curzon, Viceroy George, 17, 29–30, 240

Daily Mail (newspaper), 110–11
Dalai Lama, His Holiness the, 23, 81–82, 86
Dalmia, Ramkrishna, 278–79
Datta, Dwarkanath, 30–31
Datta, Sudhindranath: work for ARP,
    241–43, 254, 259–60; friendship with
    J. B. Auden, 129–31, 132–33, 184, 187, 200,
    207, 289; death of, 297; depression, 28,
    32–33, 242–43, 245, 286; family, 29–32;
    and Bengal famine, 259–60; feelings
    about M. Gandhi, 35–36, 283, 284, 288;
    and Great Calcutta Killing, 275–77;
    and L. MacNeice, 284–86; Parichay, 34,
    239, 241; Parichay adda, 34–38, 119–24,
    179–81, 195–96, 198, 199, 210–16, 230–34,
    237–41; relationship with S. Bonnerjee,
    186, 195, 197–98, 199–200, 207, 248–49,
    251; on R. Tagore, 32–33, 242, 284; on
    women novelists, 179–80; youth, 27
De Sahib (Special Branch informer), 35,
    135, 198
Die Hards, 83, 110–11
Direct Action Day (August 16, 1946), 274–75
dominion status. See India Dominion
    Status
Dunkirk evacuation, 213, 221, 222
Dutt, Michael Madhusudan, 35
dyarchy, 18, 111

East India Company, 22, 28, 31, 44, 58, 78
East Rongbuk Glacier, 85, 87, 89, 98, 99, 109
Eisenhower, General Dwight D., 268
Eliot, George, 179
Eliot, T. S. (Thomas Stearns), 34, 35
Emmerson, Lindsay, 196, 198, 199, 212, 239,
    248, 289, 297
Emmerson, Minnie Bonnerjee, 134, 196,
    198–99, 211–12, 237–39, 248, 251, 286,
    288–89, 290, 297
Eurasian Plate, 76
Evening Standard (newspaper), 173
Everest, Sir George, 57
Everest Committee. See Mount Everest
    Committee

fascism, xv, 114, 119, 125, 128, 130, 143, 181,
    199, 208, 215, 238

Fast, Howard, 258–59
All-India federation, 112, 208, 209
Felszeichnung, 61, 189
Finch, George, 107–9
Fleming, Peter, 177
Forster, E. M. (Edward Morgan), 163, 164;
    A Passage to India, 163, 180, 321n
France, 212–13, 215, 220, 230–32, 237, 245
Freedom India broadcasts, 247, 249–50,
    252. *See also* Azad Hind
Freud, Sigmund, 35

Gandhi, Mohandas, xxi, xxiv, 20–22,
    35–36, 49, 83, 113, 120, 196, 227, 236–37,
    248; assassination, 288; and Comin-
    tern, 119, 143, 241; 1947 fast unto death,
    282–84; and Great Calcutta Killing,
    282–84; 1943 hunger strike, 254–55;
    and India National Congress, 45; and
    Linlithgow, 111–12, 126, 161, 209–10, 250,
    255–56; on mass civil disobedience, 46,
    234; in Noakhali, 277, 282–83; Non-
    Cooperation Movement, 15, 18–19, 29,
    42–43, 51; nonviolent tactics, 18–19, 143,
    234; Quit India Movement, 250, 254–55;
    Salt March, 46, 54–55, 110, 196; support
    for England, 209; untouchability, 78;
    on village-based industry, 21–22, 288
Gangotri: region, 108; Gangotri glacier,
    104, 294; Gangotri (temple town), 105,
    189, 192–93; Jogin peaks, 105, 192
Garhwal district, 25, 78, 86, 104, 129, 168,
    171, 183–84, 191, 289, 294–96
Gaumukh, 104; pilgrimage to, 104–5, 296
general strike of 1926 (U.K.), 49–51
Geological Survey of India (GSI), xv, 12,
    17, 22, 25, 56, 76, 79, 94, 129, 140, 162,
    188–89, 193, 237, 274, 286, 287, 288–89
George V, King of Great Britain, 17, 30
Ghosh, Ajay, 142
Ghosh, Shyamal Krishna. *See* secret
    diarist (Shyamal Krishna Ghosh)
Gide, André, 121
Gorky, Maxim, 36, 117
Government of India Act (1919), 18–20, 111
Government of India Act (1935), 110–11,
    120, 208–9

GPO Film Unit, 70, 71, 106
Great Barrier Reef, 52, 56
Great Calcutta Killings, 275–77, 282, 283
Great Game, 159
Great Indian Arc of the Meridian, 57, 59, 62
Great War. *See* World War I (1914–1918)
Greenland, 85, 90, 93, 103, 159, 163–64, 222,
    267, 296
GSI. *See* Geological Survey of India

Haarmann, Erica. *See* Spender, Erica
    Haarmann
Hamburg, bombing of, 251, 270–71
Hartz Mountains, 39, 43
Hemming, Major Harold "Lemnos,"
    217–18, 245, 263, 266
Hess, Rudolph, 253, 304
Hillary, Edmund, 290, 298
Himalayan Club, 23–24, 91, 146, 171
Himalayan Journal, 24, 80
Himalaya tectonics, 25–26, 75–77, 130, 192,
    288, 296
Hindustan Times (newspaper), 280
Hinks, Arthur L., 52, 56, 59–60, 81–82, 85,
    86, 93, 109, 190, 290
Hitler, Adolf, 119, 120, 128, 134, 142, 143, 144,
    148, 166–67, 174, 176–78, 179, 190, 196, 199,
    206, 208, 212–13, 215, 230, 233, 241, 252
homosexuality, 52–54, 71–72, 206
Hooghly River, 27, 33, 185
Hope, Victor Alexander John. *See*
    Linlithgow, Marquess of (Victor
    Alexander John Hope)
House, Humphry, 122–25, 129, 131–35,
    137–39, 140–41, 183, 196, 213, 270, 297;
    and *I Spy with My Little Eye*, 139, 181
Houston, Lady Poppy, 82–84, 90, 110, 270

India and Democracy (Schuster), 235, 244
India dominion status, 18, 45, 46, 82, 210,
    216
India Empire Society, 83
Indian independence, xxiii, 20, 46–47, 180,
    210, 280, 283
Indian National Congress: and S. C. Bose,
    36, 142, 143; relations with Communist
    Party of India, 114, 119, 142, 241; and

Cripps negotiations, 248; Declaration of Independence, 45–46; and fall of France, 213; relations with Jinnah and Muslim League, 19, 196, 209, 45–46, 185; relations with Linlithgow, 111–12, 216, 230–31, 235–38; and Non-Cooperation Movement, 21; postwar period, 274, 276; regional elections of 1937, 120–21, 126, 141–43, 161; relations with M. N. Roy, 210, 238; and Quit India Movement, 250, 254; and Willingdon, 55
Indian Plate, 76
Invasion Warning Sub-committee, 221
Irvine, Sandy, 16, 23–24, 78, 81, 84, 87, 148
Isherwood, Christopher, 63–64, 106, 154, 164, 177, 243, 278. *See also The Ascent of F6* (Auden/Isherwood play)

Jinnah, Muhammad Ali, xxi–xxii, 55–56, 112, 196, 209–10, 231, 234, 240, 248, 255–56, 274, 276–77, 279, 281
John, Augustus, 66, 171, 173
Joshi, P. C. (Puran Chand), 112, 121, 137, 142
Journey to a War (Auden/Isherwood), 178
Joyce, James, 35
Jung, Karl, 35, 189

K2, 132, 145, 147, 151, 152, 162
Kallman, Chester, 195
Karakoram, 80, 132, 133, 146–47
Karakoram expeditions, 1937: 131–33, 150–53, 155–62, 168, 194; 1938: 171, 175, 188, 190
Keynes, J. M. (John Maynard), 260–61
Knights of the Flying Carpets, 81
Krol Belt, 24–25, 48, 77, 79, 85
Kusang, 101

land records, 58, 281, 292
League Against Imperialism, 117, 142
Lenin, Vladimir, 15, 117, 120, 143, 211
Linlithgow, Marquess of (Victor Alexander John Hope): and L. Amery, 244, 250, 255–56; and W. Churchill, 216, 235–36, 256; and declaration of war, 208–9; and 1937 elections, 120, 126; on famine, 254–58; and federation of Indian

states, 111–12, 208; and M. Gandhi, 161, 209, 250, 255–56; Nehru on, 231; on self-rule, 230–31; viceroy of India, 110–12, 120–21, 126, 208–11, 228, 230–31, 234, 235, 244, 246, 250, 260
Lloyd George, David, 9
London bombing, 224–28, 234, 235, 241, 243, 269, 271
London Gazette (newspaper), 270

Macaulay, Thomas Babington, 28, 29
MacNeice, Louis: 1947 trip to India, xix–xxiv, 259–60, 278–82, 284–86; ; and J. B. Auden, 172, 173, 286–87; and W. H. Auden, 127–28, 292, 294; and general strike of 1926, 50; marriage to H. Anderson, 183, 285; and M. R. Anand, xix, 180; relationship with N. Sharp, xxiv, 128–29, 165, 169–70, 172–74, 178, 204–5, 264, 265, 291, 298
Madras Weekly (newspaper), 81
Main Central Thrust (Himalaya fault), 296
Mallik, Basanta Kumar, 37–38, 119, 123, 232
Mallory, George, 15–16, 23–24, 25, 42, 78, 79, 80, 81, 84, 87, 88, 148, 155
Marshall, Margaret, 40–44, 84–85, 107, 187
Marx, Karl, 114, 117, 121, 136
Mason, Kenneth, 146
Meerut Conspiracy Case, 117–18
Mexican Communist Party, 210
Mirjakar, S. S., 112, 118
Morning Post (newspaper), 107–8
Mosley, Oswald, 113, 134
Mountain Club of India, 23
Mount Everest: "mountain of destiny," xxiv, 23, 79, 106, 109, 158; and J. B. Auden, 41–44, 132; expeditions, 1920s: 15–16, 25, 78, 80, 171; 1933: 85–90, 92–93, 108, 189; 1935: 91–104, 107, 144, 149, 153, 155, 158, 189; 1936: 105, 132; 1938: 133, 155, 157, 160, 167; flight over, 81–84, 90; geology of, 76; mapping of, 93, 100, 168, 189–90; and Tibet, 23–24, 91
Mount Everest Committee, 23–24, 55, 59, 80, 82, 86, 91, 93, 108–9, 171, 298
Mukherjee, Hirendranath (Hiren-da),

120–22, 134–35, 196, 211, 213–15, 230–31, 233, 234, 240–41, 297
Munich Agreement, 183, 235
Munich Crisis, 176–79
Muslim League. *See* All India Muslim League
Mussolini, Benito, 82, 119, 120, 142, 179

Nagumo, Admiral Chuichi, 248
Naidu, Sarojini, 195–96, 279, 288
Nanda Devi, 92, 106–7, 109, 127, 155, 161
Nanga Baba, 295
Nanga Parbat, xxiv, 80, 105, 108, 144, 145, 161
Naval Intelligence, 219–20, 243
Nazi-Soviet pact, 199, 206, 215
Nazism, xv, xxiv, 37, 108, 113, 130, 141, 144, 167, 176, 179, 196, 107, 208, 233–34
Nehru, Jawaharlal, xxi, 20, 46, 55, 78, 111, 119, 196, 199, 209–210, 216, 236, 237, 238, 288, 289, 292, 297; and commu-nism, 119, 121; Congress deadlock, 216; and Great Calcutta Killing, 276, 277; and Government of India Act (1935), 120–21, 126; and Indian independence, 20, 209–10, 280–81; on Linlithgow, 231; and idea of Pakistan, 274; Quit India campaign, 234, 240, 247, 248, 250; and M. N. Roy, 210, 238
Nehru, Motilal, 19–20, 46–47
Nepal-Bihar earthquake of 1934, 77–79, 93
New York Daily News (newspaper), 236
Non-Cooperation Movement, 15, 18–20, 42–43, 51
Norgay, Tensing, 100, 157, 290
Normandy landings, 268
Nyonno Ri survey, 95, 97, 99, 103

Orwell, George, 180–81, 250, 298; *Road to Wigan Pier*, 139
Owen, Wilfred, 273

Pakistan, xxi–xxii, 209, 231, 240, 279, 281, 283, 289, 297; Nehru on, 274; J. B. Auden and 286, 288
"Palais des beaux arts" (Auden), 273
Parichay (journal), 34, 38, 119–20, 212, 214, 239–40, 241, 284

Parichay adda, 34–38, 119–24, 179–81, 195–96, 198, 199, 210–16, 230–34, 237–41
Parsees, 113, 239, 247
Passage to India, A (Forster), 163, 180
Peddie, District Officer James, 54–55
photogrammetry, 59–60, 62, 270
Poems of Freedom, 180
Pound, Ezra, 35
Progressive Writers' Association, 179, 284
propaganda, 15, 51, 107, 222, 235, 267, 271–72
Purna Swaraj, 20, 46. *See also* Indian independence

Quit India Movement and uprising, 250, 253, 254–55

Radcliffe, Sir Cyril, 281
Radhakrishnan, Sarvepalli, 280, 281–82
Raniganj coalfields, 22–26, 30, 47, 181
Records of the Geological Survey of India, 168
RGS. *See* Royal Geological Society
Robinson, Edward G., 207
Roosevelt, Eleanor, 236
Roosevelt, Franklin Delano, 236, 242–43
Roy, Jamini, 196–97, 249, 285
Roy, Kitty, 186, 196
Roy, M. N. (Manabendra Nath), 209–10, 237–39; views on W. Churchill, 238; and J. Nehru, 210
Roy, Ramohan, 35
Royal Flying Corps, 217
Royal Geological Society (RGS), 23, 52, 56, 81, 96, 100, 108, 158, 168, 171, 189, 295
Russian Revolution (1917), 15, 36, 119
Ruttledge, Hugh, 86–87, 89, 90, 92, 93, 108–9

Saint-Exupéry, Antoine, 220–21
Salt March (1930), 46, 54, 110, 196
Sarkar, Susobhan, 119–21, 122, 123, 129, 133, 213, 215–16, 233, 241, 289, 297
Sarpo Laggo Glacier, 147, 151, 156
Schuster, George Ernest, 10, 44–45, 235–36, 244–45, 246–47, 298
Schuster, Hilda (Granny) 10, 51, 145, 162

Schuster, Violet. *See* Spender, Violet
　Schuster
Scott, the Reverend Michael, 112–14,
　118–19, 124–25, 133, 136, 141–42, 178–79,
　184, 186, 187, 192, 227, 297–98
Sea Customs Act (1878), 117
secret diarist (Shyamal Krishna Ghosh),
　38, 119, 120, 121, 122, 179–80, 197, 199,
　211–12, 215, 230, 232–33, 238–39, 241
Sepoy Rebellion (1857), 37
sepoys, 37, 145, 246
Set, the (Anglo-Bengali elite; *bhadralok*),
　27–28, 30, 185, 285
Sharp, Nancy: ambulance work, 204, 205,
　223–28, 265, 268; art interests, 286,
　298; background, 65–66; death, 298;
　marriage to W. Coldstream, xxiii, xxiv,
　66–72, 170, 183, 203–5, 228; relation-
　ship with J. B. Auden, 168–72, 173–75,
　177, 187, 190, 194, 195, 287–88, 290,
　295–96; relationship with L. MacNeice,
　xxiv, 128–29, 165, 173–74, 204–5, 298;
　relationship with M. Spender, 172–73,
　175, 177, 182–83, 189, 203–4, 265–69,
　270, 271, 272, 291; relationship with
　W. H. Auden, 71–72, 107, 165, 176, 182;
　suicide attempt, 205
Sherpas, 89, 92–93, 96, 99–100, 101, 102,
　105, 146–47, 148, 149, 151, 152, 153, 156,
　157, 159, 180, 264, 287, 290
Shipton, Eric, 86, 268, 295, 298; aerial
　photography, 189; Everest expeditions,
　1933: 86, 88–89; 1935: 91–104, 105, 106–7;
　1936: 109; 1938: 167; 1952: 287; 1953: 298;
　Karakoram expeditions, 1937: 131–33,
　137, 144–46, 147–48, 150–52, 155–58, 159,
　160–61, 162–64, 168; 1938: 175, 171, 188–89,
　190; relationship with M. Spender, 101,
　102, 161–62; as surveyor, 95, 144–47, 171;
　and B. Tilman, 92–93, 106–7, 109, 145,
　147, 155–58, 160, 162
Sikhs, xxii, 111, 281, 282
Sinclair, Elinor, 213, 249, 251, 286
Sinclair, Sinbad, 213, 249, 279, 282, 286
Singh, Juin, 192–95, 295
Sino-Burmese Frontier Commission, 157
Slade School of Fine Art, 65–67, 68, 175

Smythe, Frank, 86, 88–89, 105, 191
Son River Valley, 39
Spectator (newspaper), 148, 162, 167, 217,
　235, 266
Spender, Alfred, 9–10, 17–22, 44–45, 49,
　51–52, 267; *The Changing East*, 51–52
Spender, Christine, 4, 5, 6, 7, 149, 176
Spender, Erica Haarmann, 63, 93–94, 97,
　99, 100, 103, 145, 149, 162, 166–68, 172,
　175–76, 268, 286
Spender, Edward Harold, 5–8, 9–10, 51, 52
Spender, Humphrey, 3–5, 222, 272
Spender, May (Aunt May), 18–19, 93
Spender, Michael Alfred: aerial survey in
　Greenland, 90; and *The Ascent of F6*,
　107, 127–28, 145; and J. B. Auden, 131–32,
　154–55, 173; and W. H. Auden, 94; on
　British Empire, 163–64; childhood, 3–4,
　6–7, 9, 10–11; death, 272–73, 291, 295;
　Everest reconnaissance (1935), 93–104;
　and general strike of 1926, 49–51; Great
　Barrier Reef survey, 52, 56; His Master's
　Voice Gramophone Company (HMV)
　work, 56; Jungian analysis of, 189;
　Karakoram expedition of 1937, 144–64,
　157, 171; Karakoram expedition of 1938,
　172, 175; marriage to E. Spender, 63,
　93–94, 100–101, 167–68, 268; photo-
　graphic intelligence work, 217–21,
　222–23, 224, 228–29, 262–64, 269–70;
　relationship with N. Sharp, 172–73,
　176–77, 182–83, 203–4, 265–68, 270, 272;
　and E. Shipton, 101, 102, 161–62; and
　S. Spender, 63–64, 127, 243–44; stereo-
　graphic survey work, 59–62; surveying
　and mapmaking, 56, 64, 96, 98, 100, 159,
　163; views on prewar Germany, 166–67;
　on war in Europe, 166–67, 190, 222,
　228–29, 268–72
Spender, Nancy. *See* Sharp, Nancy
Spender, Stephen Harold, 139, 265, 285,
　295; childhood, 3–11; communist activ-
　ity, 127, 166; on general strike of 1926,
　50; on homosexuals, 182; on India's in-
　dependence, 180–81; relationship with
　M. Spender, 50, 63–64, 264; at Oxford,
　83, 123; on painting, 173, 175, 243–44,

298; on the war, 176, 222, 243–44, 269,
271, 273; writings, 127, 166, 189, 271
Spender, Violet Schuster, 3–10
Spitfire airplanes, 120–1, 196, 199, 210,
213, 218–19, 221, 223, 230, 262, 264, 266,
269, 270
Stalin, Joseph, 211, 215, 232–33, 241, 297
Statesman (newspaper), xxiii, 55, 91, 196,
212, 216, 251, 257–59, 274–75
Steevens, G. W. (George Warrington), 158
stereographic surveying, 59–60, 167, 270
stereoplotters, 167
stereoscope, 229, 234–35, 265
sterling debt between Great Britain and
India, 246–47, 260–61
Strategic Reconnaissance Wing, 268
Stravinsky, Igor, 36
"Structure of the Himalaya in the Garhwal,
The" (J. B. Auden), 168, 171, 289
Sudetenland, 176, 179
Suhrawardy, Shaheed Huseyn, 36–37, 230,
231, 240, 256–58, 274–76, 282–83, 297
Suhrawardy, Shahid Hassan, 36–37, 121,
129, 138, 180, 232–33, 240, 248, 249, 275,
289, 297
Survey of India, 58
swadeshi, 22, 29, 51

Tagore, Dwarkanath, 30–31
Tagore, Rabindranath, xix, 7, 35, 239–40,
242, 270, 284
Tatler (magazine), 40
Tendrup, Dawa, 105, 192
Tensing, Ang, 100, 144, 149, 152–53
Tensing, Sen, 100, 102, 144, 148, 151
Tilman, Harold William (Bill): death,
298; Everest expeditions, 1935: 92, 95;
1936: 106, 102; 1938: 133, 137, 157, 160, 167,
171; Karakoram expedition, 131–32, 137,
145, 147–48, 151, 153, 155–56; on modern
way of life, 158, 162; postwar expedi-
tions, 287; Nanda Devi ascent, 109, 110,
127; and E. Shipton, 92–93, 106–7, 109,
145, 147, 155–58, 160, 162, 167, 245
Time (magazine), 236, 255
Times of India (newspaper), 283
Times of London (newspaper), 66, 84, 210,
235

Trial of a Judge (S. Spender), 166
Tsering, Ang, 100, 101, 105, 192
Tsering, Nyima, 100, 101

U.S. Strategic Bombing Survey, 273

Vindhya Range, 48

Wager, Lawrence Rickard (Bill): and
J. B. Auden, 85, 88, 90, 94; on Everest,
85–86, 88–89, 90, 95; on exploration,
92; photographic intelligence work,
222; on H. Ruttledge, 90, 108; on
M. Spender, 93, 267
War Cabinet, 210–11, 216, 243, 254, 256,
260
Wegener, Alfred, 77
Wehrmacht, 215, 232, 241, 269
Weimar Germany, 120, 215
Wescott, Bishop Foss, 78, 178–79, 242
Westminster Gazette (newspaper), 9
Wien, Karl, 144, 145, 161
Wild A5, 189–90, 217, 218
Wild phototheodolite, 61–62, 96, 159
Wild stereoautograph, 59–60, 62
Wings over Everest (film), 83–84
Woolf, Virginia, 180
Workman, Dr. William Hunter and
Mrs. Fanny, 159–60
World Bank, 289
World War I (1914–1918), 20, 21, 37, 80, 246,
262, 273
World War II (1939–1945), xx–xxi; decla-
ration of, 204, 205–7, 208–9; German
invasion threat, 221–23, 228–29;
Japanese invasion threat, 254; mobi-
lization of India, 235–37, 242, 244–45,
246–47; Operation Gomorrah, 270–72;
Parichay adda views on, 199, 211–16,
230–34, 238, 241; portents, 166–67, 190;
VE Day, 273

Yeats, W. B. (William Butler), 165
Younghusband, Sir Francis: on Mount
Everest, 82, 86; in Karakoram, 145, 147,
151–52

Zeiss stereoplanigraph, 62

图书在版编目（CIP）数据

最后的英国人：爱情、战争与英国在印度统治的终结／（美）黛博拉·贝克（Deborah Baker）著；徐臻译 . ‐‐北京：社会科学文献出版社，2021.12

书名原文：THE LAST ENGLISHMEN：LOVE，WAR AND THE END OF EMPIRE

ISBN 978‐7‐5201‐8869‐2

Ⅰ.①最… Ⅱ.①黛… ②徐… Ⅲ.①英国－殖民统治－历史－印度－通俗读物 Ⅳ.①K351.4‐49

中国版本图书馆 CIP 数据核字（2021）第 179190 号

最后的英国人
—— 爱情、战争与英国在印度统治的终结

著　者／	〔美〕黛博拉·贝克（Deborah Baker）
译　者／	徐　臻

出 版 人／王利民
责任编辑／刘　娟
责任印制／王京美

出　　版／社会科学文献出版社·甲骨文工作室（分社）（010）59366527
　　　　　　地址：北京市北三环中路甲29号院华龙大厦　邮编：100029
　　　　　　网址：www. ssap. com. cn
发　　行／市场营销中心（010）59367081　59367083
印　　装／三河市东方印刷有限公司

规　　格／开　本：889mm×1194mm　1/32
　　　　　　印　张：14.375　插　页：0.25　字　数：329千字
版　　次／2021年12月第1版　2021年12月第1次印刷
书　　号／ISBN 978‐7‐5201‐8869‐2
著作权合同
登 记 号　　／图字01‐2019‐1987号
定　　价／88.00元